Partizipative Softwareentwicklung im Kontext der Geschlechterhierarchie

D1717659

Europäische Hochschulschriften

Publications Universitaires Européennes
European University Studies

Reihe XLI
Informatik

Série XLI Series XLI
Informatique
Informatic

Bd./Vol. 41

PETER LANG

Frankfurt am Main · Berlin · Bern · Bruxelles · New York · Oxford · Wien

Martina Hammel

Partizipative Softwareentwicklung im Kontext der Geschlechterhierarchie

PETER LANG
Europäischer Verlag der Wissenschaften

Bibliografische Information Der Deutschen Bibliothek
Die Deutsche Bibliothek verzeichnet diese Publikation in der
Deutschen Nationalbibliografie; detaillierte bibliografische
Daten sind im Internet über <http://dnb.ddb.de> abrufbar.

Zugl.: Hamburg, Univ., Diss., 2002

Gedruckt mit Unterstützung der Hans-Böckler-Stiftung.

Gedruckt auf alterungsbeständigem,
säurefreiem Papier.

D 18
ISSN 0930-7311
ISBN 3-631-50901-4

© Peter Lang GmbH
Europäischer Verlag der Wissenschaften
Frankfurt am Main 2003
Alle Rechte vorbehalten.

Printed in Germany 1 2 4 5 6 7

www.peterlang.de

Danksagung

Besonders danke ich meinen beiden engagierten Betreuerinnen Prof. Dr. Christiane Floyd und Prof. Dr. Ulrike Teubner. Prof. Dr. Christiane Floyd war immer zum Gespräch bereit, wenn „Not an der Frau war", und hat mit ihrer intellektuellen Beweglichkeit meine Überlegungen kritisch und konstruktiv im Hinblick auf die Informatik hinterfragt. Die notwendige Unterstützung bei Fragen zur Geschlechterforschung und wichtige methodische Hinweise für die empirische Untersuchung erhielt ich vor allem durch die Betreuung von Prof. Dr. Ulrike Teubner.

Ich danke der Hans Böckler Stiftung, die es mir durch die materielle und ideelle Unterstützung ermöglicht hat, meine praktischen Erfahrungen in dieser wissenschaftlichen Arbeit zu reflektieren und weiterzuentwickeln. Darüber hinaus danke ich der Hans Böckler Stiftung für die materielle Unterstützung bei der Veröffentlichung dieses Buches.

Besonderer Dank gilt allen meinen Interviewpartnerinnen und -partnern, die sich oft mehrere Stunden Zeit nahmen. Das gemeinsame Nachdenken über die Projektarbeit mit meiner Kollegin Karin Schmidt hat dazu beigetragen, den praktischen Bezug bei aller Theorie nicht zu verlieren.

Bei Yvonne Dittrich und Rupert Röder bedanke ich mich für die kontinuierlichen Diskussionen über die Wechselbeziehungen der Informatik mit gesellschaftlichen Fragen und ihre sachkundige Kritik. Sie haben mich durch Kommentare und Anregungen wesentlich unterstützt. Für viele spannende Zusammentreffen gilt mein Dank Esther Burkert, Olga Zitzelsberger und Mechthild Kiegelmann, mit denen ich im Rahmen einer Arbeitsgruppe „Qualitative Interviews" der Hans Böckler Stiftung theoretische und empirische Fragen diskutieren konnte. Jutta Reuss danke ich für ihr sorgfältiges Lesen. Durch ihre Korrekturvorschläge wurde vieles zur Verbesserung der Lesbarkeit beigetragen.

Vor allem in der letzten Zeit vor Beendigung der Dissertation wurde meine Motivation erhalten durch die Unterstützung und Geduld von Detlef Oertel und Ina Hammel, wofür ich mich bei beiden herzlich bedanke. Schließlich möchte ich all jenen Freundinnen und Freunden meinen Dank aussprechen, die mich auf diesem Weg begleitet haben.

Inhaltsverzeichnis

Einleitung: „Programme, die auch Frauen bedienen können"

Mit dem Text „Wir machen Spitzentechnologie anwenderfreundlich, Programme, die auch Frauen bedienen können." warb in den 80er Jahren eine namhafte Computerfirma für ihr Produkt. Diese Werbung ist ein Ausdruck dessen, welche Vorstellungen zum Verhältnis von „Frauen" und „Informations- und Kommunikationstechnologien" bestehen.

Einerseits vermittelt der Text, dass Frauen normalerweise Computersysteme nicht bedienen könnten. Nur dann, wenn die Technik in spezifischer Weise für „Frauen" gestaltet sei – vielleicht „anwenderfreundlich"? - dann könnten **auch** Frauen diese Systeme bedienen. Andererseits unterstellt der Text gleichzeitig, dass Frauen sich an dieser Stelle von Männern unterschieden. Darüber hinaus ließe sich aus der Textstelle die These ableiten, dass Computersysteme in spezifischer Weise für Frauen gestaltet werden können – und bei diesem Produkt auch wurden.

Im Mittelpunkt dieser Untersuchung steht die Frage, welche Rolle das Geschlechterverhältnis bei der Gestaltung von Softwaresystemen und Softwareentwicklungsprozessen spielt. Ausgangspunkt ist die Softwaretechnik unter dem Aspekt, bei den zu gestaltenden Systemen den Anwendungsbezug sicherzustellen. Vermehrt werden heutzutage partizipative Vorgehensweisen in der Softwareentwicklung als alternative (oder komplementäre) Methode gegenüber technisch ausgerichteten Systementwicklungsmethoden gesehen. Dabei werden spätere Benutzerinnen und Benutzer[1] frühzeitig in den Systementwicklungsprozess einbezogen, um Fehlentwicklungen zu vermeiden. In der Regel werden bei partizipativer Systementwicklung lediglich direkt Betroffene, oft auch in repräsentativen Formen, beteiligt.[2]

In dieser Arbeit werden zwei konkrete Projekte partizipativer Anforderungsermittlung aus einem speziellen Blickwinkel untersucht: Wie stellen sich die partizipativen Prozesse und die Kommunikation in den Projekten aus Sicht der beteiligten Benutzerinnen dar? Im Kernbereich werde ich mich mit der Frage nach der Bedeutung des Geschlechterverhältnisses in diesen Verfahren auseinander setzen. Die besondere Chance, die Dimensionen des Geschlechterverhältnisses empirisch zu untersuchen, bot sich, da ich zusammen mit Kolleginnen in zwei partizipativen Projekten als Beraterin mitwirkte. Bei beiden Projekten sollte eine Softwarelösung für „typische Frauenerwerbsbereiche" entwickelt werden, so dass sich die Gruppe der beteiligten Beschäftigten aus Frauen zusammensetzte. Die Gruppe der beteiligten Benutzerinnen formulierte ihre Anforderungen vor dem Hintergrund ihrer Praxiserfahrungen, die geprägt waren durch spezifische Kooperations- und Kommunikationssituationen. In einem Fall

---

1   Bei den Begriffen „Betroffene", „Benutzer", „Anwender", „Entwickler" usw. beziehe ich mich auf die Definitionen, die sowohl bei Steinmüller 1993, Wicke 1988 und auch bei Kieback u.a. 1993 aufgeführt werden.

2   Sie genügen nicht den Ansprüchen einer „sozialverträglichen Technikgestaltung" im weiteren Sinne, bei der ebenfalls mittelbar Betroffene, z.B. auch durch Rationalisierung, beteiligt werden sollen oder Arbeitsgestaltung und Arbeitsorganisation zum Thema wird (vgl. Wicke 1988).

kam es darüber hinaus zur Diskussion dieser Anforderungen zwischen den Benutzerinnen und den Entwicklern.[3]

In der vorliegenden Untersuchung wird die Position vertreten, dass Ansätze partizipativer Systementwicklung im Spannungsfeld von Arbeitsorganisation und Technikgestaltung gesehen werden müssen. Weiter liegt der Arbeit die These zu Grunde, dass hierarchische Strukturen und Verhältnisse als wichtige Faktoren in partizipativen Verfahren berücksichtigt werden müssen. Geschlechterhierarchie, als eine Ausprägung des Geschlechterverhältnisses, spielt auch in diesen Projekten eine Rolle. Ziel der Untersuchung ist aufzuzeigen, wie und wo Geschlechterhierarchie in partizipativen Softwareentwicklungsprozessen wirksam werden kann. Aus dieser Analyse lässt sich ablesen, an welchen Stellen sich in partizipativen Prozessen Möglichkeiten und Grenzen ergeben, der Geschlechterhierarchie entgegenzuwirken.

Als Einstieg in die, hier sehr verkürzt dargestellte, Argumentationskette dienen eine Vielzahl von Beiträgen zu der Problematik, dass Softwaresysteme auch heute noch häufig den Arbeitserfordernissen nicht genügen. Dies wird unter anderem damit begründet, dass im Softwareentwicklungsprozess der spätere Nutzungskontext nur ungenügend berücksichtigt wird. Die kontroversen Diskussionen in der Informatik, um die es hier geht, finden üblicherweise auf der Dijkstraschen „Brandmauer" statt (vgl. Dijkstra 1989). Diese Brandmauer soll, so Dijkstra, zwischen der formalen, mathematisch korrekten Beschreibung eines Gegenstandsbereichs, die zur Aufgabe der Informatik gehört, und einer dem Realitätsausschnitt angemessenen Beschreibung trennen. Letztere soll nicht zu den Aufgaben der Informatikerinnen und Informatiker zählen, da diese Beschreibung andere, nicht zur Informatik zählende, Methoden und Modelle erfordert. Dieser Sicht wurde mehrfach widersprochen, so auch von Terry Winograd (1989), der darauf hinweist, dass Softwaresysteme in einen Nutzungskontext und in menschliche Handlungen eingebettet sind. Zum einen lassen sich die Arbeitsprozesse nicht immer vollständig in Regeln fassen; häufig verändern sich die Regeln im Zuge der Nutzung (vgl. u.a. Suchman 1987, Denning 1991, Sachs 1995). Zum anderen werden Softwaresysteme von Perspektiven geprägt, die im Softwareentwicklungsprozess eingenommen werden – und viel zu selten wird die Perspektive der späteren Benutzerinnen und Benutzer einbezogen. Die Analyse des Nutzungskontextes und auch das Schließen der immer verbleibenden Gestaltungslücken wird von den beteiligten Perspektiven beeinflusst.

Dass der anfangs zitierte Werbetext nicht nur eine Stilblüte aus dem Bereich Marketing ist, sondern auf eine durchaus ernst zu nehmende Situation verweist, wird durch eine Untersuchung von Charles Huff und Joel Cooper (Huff/Cooper 1987) bestätigt. Die Autoren gehen davon aus, dass ein Computerprogramm gewissermaßen als Mittler zwischen den Erwartungen der ProgrammiererInnen und den späteren BenutzerInnen fungiert. Ihre These ist, dass die Erwartungen

---

3 Die Projekte standen im Zusammenhang mit meiner Tätigkeit im Frauensoftwarehaus e.V., Frankfurt, einem Beratungs-, Schulungs- und Informationszentrum für Frauen im Bereich Informations- und Kommunikationstechnologien.

der ProgrammiererInnen bezogen auf die BenutzerInnen einen Einfluss auf die Gestaltung der Software und entsprechend auf die Interaktionsmöglichkeiten mit der Software haben. Diese These überprüften sie anhand der folgenden Forschungskonstellation. 43 Lehrende, davon 34 Frauen, sollten für Jugendliche der 7. Klassenstufe (im englischen Text „students") ein Programm entwerfen. Die Lehrenden wurden in drei Gruppen aufgeteilt. Jede Gruppe erhielt die Aufgabe, ein Lernprogramm für Interpunktionsregeln zu entwerfen, jedoch mit unterschiedlichen Angaben über die Zielgruppe. Die eine sollte ein Programm entwerfen für Schüler der 7. Klassenstufe, die zweite für Schülerinnen der 7. Klassenstufe und die dritte Gruppe sollte das Programm entwerfen für Jugendliche der 7. Klassestufe, ohne Geschlechtsangabe. Im Anschluss an die Entwurfsphase wurden die Personen gebeten, ihr Konzept entsprechend verschiedener Vorgaben zu bewerten. Bei der Beurteilung zeigte sich, dass sich die Programme für Mädchen signifikant unterschieden von jenen für Jungen und denen für die Gruppe ohne Angabe des Geschlechts. Die Unterschiede zwischen den Programmen für Jungen und denen für die Gruppe ohne Angabe des Geschlechts waren dagegen gering. Die Autoren stellten fest:

„Thus, both the boy and student programs are similar in being game oriented, but girl programs are learning tools" (Huff/Cooper 1987, S.527).

Auch als sie die männlichen Designer aus der Analyse herausnahmen und die Bewertung erneut prüften, kamen sie zum gleichen Ergebnis.

„Again, student and boy programs are on the game end of the dimension, and girl programs are on the tool end." (Huff/Cooper 1987, S.528)

Mit ihren Ergebnissen weisen sie auf die Problematik hin, dass geschlechtertypisierende Vorstellungen der Designerinnen und Designer in die Software einfließen. Nach ihrer Ansicht sind diese Forschungsergebnisse auch für die Arbeit zu Mensch-Maschine-Interaktion von Bedeutung, denn:

„Programmers' stereotypes of the users of their software will most likely affect the design of their programs regardless of the field in which the programs are designed, so we expect these findings will be applicable to areas other than education" (Huff/Cooper 1987, S.530).

In der o.g. Untersuchung bedienen die Designerinnen und Designer unbewusst Klischees. Aktuelle Untersuchungen zur Computernutzung von Mädchen zeigen ein ähnliches Bild (vgl. Berselli 1998). Spielprogramme für Jungen sind mit martialischen Monstern gespickt, Spielprogramme für Mädchen orientieren sich am Barbie-Ideal. So reagiert in einem Spiel, bei dem soziales Verhalten eingeübt werden soll, eine weibliche Figur verstört, als ein weiteres virtuelles Mädchen in gleichem Outfit auf dem Bildschirm erscheint. Die Spiele stärken vorherrschende Stereotype.

Entwicklerinnen und Entwickler haben im Vergleich zu den späteren Benutzerinnen und Benutzern mehr Möglichkeiten die zukünftigen Systeme zu gestalten. In dieser Hinsicht können klischeebehaftete Vorstellungen von Entwicklerinnen und Entwicklern zum Problem werden, da ihnen der Blick verstellt sein kann auf das, was die Anforderungen an die Systeme aus Sicht der späteren Benutzerinnen und Benutzer sein mögen. Im Rückbezug auf den Werbetext ließe sich also die These aufstellen, dass „Software für Frauen" lediglich das sein könnte, was Entwicklerinnen und Entwickler denken, was Frauen an ihrem Arbeitsplatz benötigen.

Technik erscheint in diesem Lichte weder eindeutig ökonomischen Kriterien noch irgendwelchen, wie auch immer sinnhaften, technischen Sachargumenten verbunden. Vielmehr zeigt sich hier zwischen Technikentwicklung bzw. -nutzung und Geschlechterverhältnis eine Wechselbeziehung. Mit dem Blick auf diese Wechselbeziehung ist eine grundlegende Frage verbunden (vgl. Schelhowe 1997, S.128): Welche Rolle spielt das Geschlechterverhältnis bei Konstruktion und Anwendung von Technik?

Auch wenn der Fokus der Untersuchung auf der „Konstruktion", insbesondere der Anforderungsermittlung, liegt, kann der Blick auf den Bereich „Anwendung" nicht gänzlich vernachlässigt werden. Bei der Problematik partizipativer Verfahren handelt es sich um einen Schnittbereich zwischen Systementwicklung einerseits und sozialen Verhältnissen, dem Nutzungskontext, andererseits. Ohne den Einbezug von Ergebnissen sozialwissenschaftlicher Technikforschung würden die Analysen und damit auch die Ergebnisse einseitig und mangelhaft bleiben.

Wie ein partizipativer Softwareentwicklungsprozess ausgestaltet werden kann um im Ergebnis eine dem Nutzungskontext angemessene Software zu erhalten, ist für die Softwaretechnik von Relevanz. Gleichzeitig stellt dies einen Versuch dar, die „Brandmauer" zu überwinden. Um das Wechselverhältnis „Systementwicklung und Nutzungskontext" zu analysieren ist es notwendig, die entsprechenden Erkenntnisse und Überlegungen aus beiden Gebieten einzubeziehen und im Hinblick auf die methodischen Vorschläge der partizipativen Verfahren zu reflektieren.

Den Nutzungskontext zu beachten erfordert eine Analyse, welche Aspekte eine Rolle spielen sollen und führt zugleich zu einer impliziten oder expliziten Auswahl. In dieser Arbeit wird die Geschlechterhierarchie als ein Aspekt explizit betrachtet. Damit ist es notwendig, in theoretischer Hinsicht, auf Ergebnisse und Ansätze aus den Geistes- und Sozialwissenschaften, in diesem Zusammenhang insbesondere auf die der Frauen- und Geschlechterforschung, zurückzugreifen.

Es ergibt sich für die theoretische Vorbereitung der empirischen Untersuchung folgendes Bild (vgl. Abbildung 1):

Zu Beginn werde ich die in der Praxis der Softwaretechnik beklagte Kluft zwischen Entwicklungsphase und Nutzungskontext ins Zentrum meiner Überlegungen stellen. Entsprechend wird in Kapitel 1 erläutert, welche speziellen Fragen sich bei der Entwicklung von Informationssystemen, die zur Unterstützung in kooperativen und kommunikativen Arbeitssituationen eingesetzt werden sollen, stellen. Der Blick ist dabei auf die Fragen in und aus der Softwaretechnik gerichtet.

In Kapitel 2 wird ein Analyserahmen für das Wechselverhältnis von Technikentwicklung und Organisation erarbeitet. Mit diesem wird die Wechselwirkung zwischen Nutzungskontext und Technikentwicklung betrachtet. Es werden Ansätze aufgezeigt, wie Technikentwicklung im Zusammenhang mit strukturellen Zwängen, gesellschaftlichen Normen und individuellen Handlungsmöglichkeiten interpretierbar ist – als soziale Strukturen und Praktiken, die auf Technisierungsprozesse durchschlagen.

Kapitel 1:
Softwaretechnik -
partizipative Ansätze

Kapitel 2:
Wechselwirkung Technik
und Arbeitsorganisation

Partizipative Softwareentwicklung im Kontext der Geschlechterhierarchie

Kapitel 3:
Geschlechterverhältnis /
Geschlechterhierarchie - Technik

Kapitel 4:
Partizipative Softwareentwicklung
und Hierarchien

Abbildung 1: Strukturierung der theoretischen Grundlagen

Das Geschlechterverhältnis ist eines jener gesellschaftlichen Verhältnisse, das über strukturelle Zwänge, gesellschaftliche Normen und individuelle Handlungen hergestellt wird. In Kapitel 3 wird anhand einer Standortbestimmung erläutert, wie sich die Geschlechterhierarchie herstellt. Dies bildet die Basis um auf die Fragen eingehen zu können, die sich aus einer gemeinsamen Betrachtung von Geschlechterhierarchie und Technikentwicklung ergeben. Wo lässt sich zeigen, dass die Geschlechterhierarchie bei Technikentwicklung eine Rolle spielt? Wo lässt sich zeigen, dass im Nutzungskontext die Geschlechterhierarchie eine Rolle spielt? Zu beachten ist, dass der Schwerpunkt der empirischen Untersuchung auf der Betrachtung eines Softwareentwicklungsprozesses liegt. Die Überlegungen bezogen auf die Nutzungsphase werden benötigt, um die Möglichkeiten und Grenzen eines partizipativen Softwareentwicklungsprozesses zu reflektieren.

Reflexionen auf theoretische Hintergründe und verschiedene partizipative Projekte mit dem Fokus auf Hierarchien stehen im Zentrum von Kapitel 4. Als theoretische Ansätze werden das „Modellmonopol" und die „Perspektivität" bei der Softwareentwicklung aufgegriffen. Darüber hinaus wird erläutert, dass im Hinblick auf Kommunikationssituationen in hierarchischen Verhältnissen neben Inhaltsaspekten auch Beziehungsaspekte eine Rolle spielen. Im Weiteren werden Erfahrungen der vergangenen Jahrzehnte in partizipativen Projekten im Hinblick auf Schwierigkeiten und Chancen zusammengefasst. Der Schwerpunkt liegt auf bundesdeutschen partizipativen, technisch-organisatorischen Gestaltungsprojekten, da der kulturelle und politische Kontext eine maßgebliche Rolle bei der Ausgestaltung von Projekten spielt. Insofern werden auch Erfahrungen aus Projekten zur „Humanisierung der Arbeitswelt" oder „Sozialorientierter Technikgestaltung" hinzugezogen, da diese im selben nationalen Kontext wie die zu untersuchenden Projekte stattfanden. Internationale Erfahrungen partizipativer Softwareentwicklungsprojekte werden exemplarisch einbezogen. Überleitend zu den Fragen, die an das empirische Material gestellt werden, wird im letzten Abschnitt von Kapitel 4 auf die international bekannten Projekte eingegangen, bei denen explizit und bewusst Frauen bei partizipativer Softwareentwicklung einbezogen wurden und die Geschlechterhierarchie thematisiert wurde.

Mit Kapitel 5 erfolgt eine Zusammenfassung und Strukturierung der erarbeiteten theoretischen Grundlagen und die Zuspitzung der Fragen im Hinblick auf die Auswertung der Interviews und Projektmaterialien. Der empirische Teil leistet eine Reflexion der konkreten Anforderungsermittlung vor dem Hintergrund der erarbeiteten theoretischen Grundlagen. In diesem Abschnitt wird die Auffassung erläutert, dass ein partizipativer Prozess in der Softwareentwicklung, wie auch einzelne Elemente eines solchen Prozesses, als strategisch ausgelegte Intervention in hierarchische Verhältnisse betrachtet werden kann.

Die Fragestellung der Untersuchung erfordert eine Methode die es ermöglicht, den partizipativen Prozess zu erfassen und der Reflexion zugänglich zu machen. Vorgehensweise und Instrumentarium der qualitativen Erhebungs- und Auswertungsmethode wird in Kapitel 6 erläutert. Um die subjektive Sicht der Benutzerinnen auf den Prozess der partizipativen Anforderungsermittlung zu erhalten, wurden leitfadengestütze Interviews durchgeführt. Ergänzend wurden Projektverantwortliche befragt, um bei Bedarf auf Einschätzungen zum Projektumfeld zurückgreifen zu können. Dies erwies sich insbesondere daher als sinnvoll, da in den beiden Projekten ein Einfluss der Geschlechterhierarchie auf den Systemgestaltungsprozess von den Projektverantwortlichen angenommen und in der Konzeption des Beteiligungsverfahrens berücksichtigt wurde. Diese Bezugnahme ermöglichte eine Reflexion der Annahmen und der eingesetzten Beteiligungselemente.

Die Auswertung des empirischen Materials beginnt in Kapitel 7 mit den Fallrekonstruktionen der beiden untersuchten Projekte. Hier werden die Rahmenbedingungen und spezielle Fragen zu den jeweiligen Projekten erläutert. Die Auswertung der Interviews in Kapitel 8 (siehe Abbildung 2) folgt der Strukturierung, die bereits für die theoretischen Kapitel leitend war: Softwareentwicklungsprozess, Aspekte von Organisation, Geschlechterhierarchie, partizipativer Prozess als strategische Intervention.

Die partizipative Anforderungsermittlung (Softwareentwicklungsprozess) wird maßgeblich beeinflusst von der Kommunikationssituation zwischen den EntwicklerInnen und den BenutzerInnen. Es zeigt sich auch in der vorliegenden Untersuchung, dass diese Kommunikationssituation von hierarchischen Verhältnissen geprägt ist. In den Interviews werden die Beziehungsaspekte der Kommunikation deutlich. Bei der Interpretation der Interviews im Hinblick auf die Situation der Anforderungsermittlung in Abschnitt 8.1 wird bei der Auswertung darauf geachtet, die Auswirkungen des hierarchischen Verhältnisses zwischen BenutzerInnen und EntwicklerInnen von jenen der Geschlechterhierarchie zu

Abbildung 2: Strukturierung der empirischen Untersuchung

trennen. Abschnitt 8.2 zeigt Bereiche auf, wo in den partizipativen Prozessen aus Sicht der Frauen organisatorische Faktoren zur Sprache kommen. Besonders berücksichtigt wird bei der Auswertung die Frage, welche Bedeutung das Ausschließen oder Einschließen organisatorischer Aspekte für die Anforderungsermittlung hat. In Abschnitt 8.3 werden die Projektkontexte entlang verschiedener Dimensionen der Geschlechterhierarchie analysiert. Dies sind strukturelle Aspekte, die sich z.b. in zeitlichen Ressourcen ausdrücken, Aspekte, die auf Zuschreibungen und Rollenverhalten hinweisen sowie jene Aspekte, die sich in individuellen Handlungen, z.b. Anerkennung, zeigen. Abschnitt 8.4 ist der Beurteilung verschiedener methodischer Elemente der partizipativen Prozesse gewidmet. Die formalen Entscheidungsstrukturen im partizipativen Prozess, die Zusammenarbeit in den unterschiedlichen Projektgruppen wie auch der partizipative Prozess als solcher werden aus Sicht der Benutzerinnen dargestellt. Abschließend werden die empirischen Ergebnisse im Zusammenhang diskutiert und bewertet.

In Kapitel 9 werden die Ergebnisse vor dem Hintergrund der theoretischen Überlegungen zusammengefasst, die sich – wie auch die gesamte Untersuchung – an folgenden übergeordneten Fragen orientieren:

· Welche Rolle spielt Geschlechterhierarchie in partizipativen Softwareentwicklungsprozessen?

· Welche Möglichkeiten und welche Grenzen sind bei der Konzeption von partizipativen Softwareentwicklungsverfahren innerhalb bestehender Hierarchien zu beachten?

· Wie sollte ein partizipatives Vorgehen in der Softwareentwicklung, das in hierarchischen Verhältnissen stattfindet, konzipiert werden?

In der Auswertung bildet die subjektive Perspektive der Benutzerinnen den Schwerpunkt. Diese Perspektive ist selten, da es wenige Projekte gibt, bei denen eine Gruppe von Frauen selbständig und qualifiziert in die Anforderungsermittlung einbezogen wurde. Noch seltener wurde diese Perspektive systematisch aus Sicht der Benutzerinnen (oder Benutzer) im Hinblick auf unterschiedliche Dimensionen der Wirkung von Geschlechterhierarchie aufgenommen. Der hier gewählte Ansatz gibt Aufschlüsse über das Verhältnis „Benutzerinnen/Entwickler", ermöglicht aber auch ein Überdenken von methodischen Elementen für partizipative Softwareentwicklungsprozesse unter Berücksichtigung hierarchischer Verhältnisse.

1 Softwaresysteme für Kommunikationssituationen

Die Entwicklung von Softwaresystemen wurde lange von der Vorstellung geprägt, Software allein als Formalisierung und Automatisierung von bestimmten Arbeitsprozessen zu betrachten.[4] Dass diese Sicht längst für viele Anwendungsbereiche nicht mehr ausreichend ist, zeigt sich am deutlichsten an jenen Arbeitsplätzen, wo Benutzerinnen und Benutzer Systeme in bestimmten Situationen zur Unterstützung einer Kommunikation mit Kolleginnen und Kollegen, Kundinnen und Kunden benötigen. Denn wer kennt sie nicht, diese Situationen? Am Serviceschalter oder am Telefon wird das Gespräch mit den Sachbearbeiterinnen oder Sachbearbeitern entlang der Eingabeanforderungen der Software abgewickelt. Manchmal fällt eine entschuldigende Bemerkung, dass das System jetzt – und nur jetzt – genau diese Angabe fordert.[5]

Der Gegenstand meiner empirischen Untersuchung sind Arbeitsbereiche, in denen die Beschäftigten in Kommunikationssituationen von einem Softwaresystem unterstützt werden sollen. Welche Fragen werden für die Entwicklung diese Softwaresysteme aus der Softwaretechnik gestellt? Welche Antworten gibt es aus Sicht der Softwaretechnik? Wo bleibt die Softwaretechnik eine Antwort schuldig?

Für die vorliegende Arbeit liegt, aus Sicht der Softwaretechnik[6], der Fokus auf interaktiver, kommunikationsunterstützender Software. Innerhalb der Überlegungen zu Computer Supported Cooperative Work (CSCW) gilt kooperations- und kommunikationsunterstützende Software als ein Anwendungsgebiet, das sich durch besondere Anforderungen auszeichnet (vgl. Kyng 1991, Grønbaek u.a. 1993). Systeme, die zum Ziel haben eine zwischenmenschliche Kommunikation zu unterstützen, sei es am Schalter oder am Telefon, benötigen eine auf verschiedene Kommunikationssituationen zugeschnittene Benutzungsschnittstelle.

Ich erörtere in diesem Kapitel die Überlegung, dass diese Anwendungssysteme eine Beteiligung von Personen aus der Praxis bei der Anforderungsermittlung erfordern. Daraus resultieren besondere Anforderungen an die Vorgehensmodelle[7], um die Systeme der Arbeitssituation angemessen konzipieren zu können. In Abschnitt 1.1 wird der Gegenstandsbereich der kommunikationsunterstützenden Software beschrieben. Wie in der Softwaretechnik im historischen Verlauf auf die sich verändernden Einsatzgebiete von Software reagiert wurde,

---

4   Vgl. zur Kritik daran z.B. Coy 1993, Nake 1992.
5   Solches war in der Anfangsphase des computergestützten Fahrscheinverkaufs an Schaltern der Deutschen Bahn AG zu erleben. Wollte eine Person mit der Kreditkarte bezahlen, konnte dies nur zu Beginn des Verkaufsprozesses im System berücksichtigt werden. Die Bahn behalf sich mit Schildern am Schalter, auf denen die Kundinnen und Kunden dazu aufgefordert wurden, noch vor Angabe des Reisewunsches ihre Zahlungsart zu nennen. Aus meiner Sicht ist dies ein deutliches Beispiel für eine Software, die nicht kommunikationsunterstützend ausgelegt ist.
6   Ich verwende den Begriff Softwaretechnik, synonym zum englischen Begriff Software Engineering, im Sinne von professioneller Entwicklung von großen Softwaresystemen (vgl. Floyd/Züllighoven 1999, S.764).

wird im Hinblick auf die Diskrepanz zwischen Entwicklungssicht und Nutzungskontext in Abschnitt 1.2 diskutiert, die eine Kritik an der Qualität der Produkte nach sich zieht. In Abschnitt 1.3 wird auf Lösungsansätze hierzu aus der Softwaretechnik hingewiesen. Abschnitt 1.4 zeigt partizipative Softwareentwicklungsansätze mit einem speziellen Blickwinkel auf, der darauf gerichtet ist, die Qualität der Produkte zu verbessern. Die weitere Diskussion partizipativer Softwareentwicklungsansätze wird zu einem späteren Zeitpunkt aufgegriffen. Abschließend wird die Argumentation, die sich auf diesen Gegenstandsbereich der interaktiven Systeme für Kommunikationssituationen bezieht, zusammengefasst und die offenen Fragen werden erläutert.

Die verengte Sichtweise, allein unter den Qualitätsaspekten „Gebrauchstauglichkeit" und „an Arbeitserfordernissen ausgerichtet", wurde gewählt, um Vermischungen der Argumentationsebenen zu vermeiden. Damit soll zugleich aufgezeigt werden, dass bei bestimmten Gegenstandsbereichen, wie z.B. Kommunikationssituationen, selbst eine Binnensicht der Softwaretechnik es nicht mehr ermöglicht, die Gegebenheiten im Nutzungskontext aus der Analyse auszuschließen.

1.1 Besondere Anforderungen? Interaktive Systeme für Kommunikationssituationen

Kommunikationssituationen werden mehr und mehr durch die mittlerweile allgegenwärtigen Anwendungssysteme unterstützt, beeinflusst und teilweise gestört. Treten hier Lücken zwischen Anwendungssystem und Arbeitshandeln auf, können diese – im Interesse der Unternehmen – im günstigsten Fall durch Einfallsreichtum der Beschäftigten ausgeglichen werden. Im ungünstigsten Fall bleibt das System ungenutzt. In jedem Fall aber erschweren schlecht gestaltete Systeme den Arbeitsalltag der Beschäftigten. Eine kommunikationsbezogene Gestaltung von Benutzungsschnittstellen wurde lange Zeit bei der Entwicklung von Systemen kaum berücksichtigt, stand doch die korrekte Erfassung und Verarbeitung der im Arbeitsprozess entstehenden Daten im Vordergrund.

Werden Systeme heute in Beratungssituationen vertriebsunterstützend mit dem erklärten Unternehmensziel „Kundenfreundlichkeit" eingesetzt, sind kommunikationsverfremdende oder -störende Effekte auch aus Unternehmenssicht unerwünscht. Ähnlich verhält es sich bei Systemen zur Erschließung von Unternehmensdaten. Sie werden im direkten Kontakt mit Kundinnen und Kunden benötigt, z.B. in Call-Centern oder an Beratungsschaltern. Entsprechen die Systeme den Kriterien Aufgabenangemessenheit und Gebrauchstauglichkeit nur

---

7 Zur Strukturierung der Begrifflichkeiten beziehe ich mich auf Georg Bremer (1998, S.33-34), der eine Systematisierung von Entwicklungsschemata, Vorgehens- und Projektmodellen vorgenommen hat. Entwicklungsschemata sind Überlegungen und Leitlinien, die einem Softwareentwicklungsprozess zu Grunde liegen. Beispiele für Entwicklungsschemata sind das Phasen- oder das Spiralmodell. Vorgehensmodelle sind spezifische Ausprägungen von Entwicklungsschemata. Die Vorgehensmodelle dienen als Orientierung für den Entwicklungsprozess. Projektmodelle sind konkrete, auf einen ganz bestimmten Anwendungsfall zugeschnittene, Vorgehensmodelle.

ungenügend, stören sie die Kommunikationssituation erheblich. Derartige Systeme müssen sich daran messen lassen, ob sie eine kommunikative Situation ermöglichen, und nicht allein daran, ob die Abwicklung erforderlicher Geschäftsprozesse sinnvoll durchführbar ist.[8] Das bekannte Problem, dass Software häufig nicht den Aufgaben angemessen gestaltet ist, tritt durch einen neuen Gegenstandsbereich, Software in Kommunikationssituationen, deutlicher hervor.

Um Systeme entsprechend kommunikationsorientierten Kriterien angemessen zu gestalten, ist eine hohe Kenntnis dessen notwendig, wie Kommunikationssituationen und Gesprächsverläufe sein können oder sollen. Diese müssen auf der Grundlage von Erfahrungen in den jeweiligen Bereichen zusammengetragen werden, da die erforderliche Flexibilität entlang von möglichen Gesprächsphasen und -situationen ebenfalls Eingang in die Systemgestaltung finden muss. Weil dieses Wissen über den Nutzungskontext weder auf Seiten der Softwarehersteller, noch auf Seiten des Managements in den Unternehmen vorhanden ist, wird ein Einbeziehen der Beschäftigten notwendig.[9] Insofern ist für diesen Gegenstandsbereich eine gesonderte Betrachtung der Anforderungen und Vorgehensmodelle erforderlich. Eine kurze historische Bestandsaufnahme über das Spannungsverhältnis von Softwareentwicklung und Nutzungskontext dient hierzu als Einstieg.

1.2 Softwareentwicklungsprozess und Nutzungskontext

Auch über dreißig Jahre nach Entstehen der Disziplin „Softwaretechnik" wird noch immer über mangelnde qualitative Standards von Softwaresystemen berichtet, die „Softwarekrise" scheint noch nicht überwunden. Der Begriff der „Softwarekrise" verdankt seine dramatische Benennung Fehlschlägen sowie Verzögerungen bei Softwareprojekten und qualitativ ungenügenden Produkten. Seit der NATO Konferenz in Garmisch-Partenkirchen Ende der 60er Jahre werden Methoden vorgeschlagen und angewandt, um die Krise zu beenden. Mit diesen, so Christiane Floyd (1994), konnten die Schwierigkeiten der 60er Jahre „im Prinzip" bewältigt werden. Als Ursachen für die damalige Krise beschreibt sie das Fehlen von Entwicklungsmethoden oder formalisierten Entwicklungsprozessen, mangelnde Formen für Projektorganisation und -management oder unstrukturiertes Programmieren. Diese methodischen Mängel gelten heute als überwiegend behoben, auch wenn viele der zur Verfügung stehenden Techniken in der Entwicklungspraxis nach wie vor nicht wahrgenommen oder umgesetzt werden (vgl. z.B. Glass 1994; Deifel u.a. 1999, S.34).

---

8   Vgl. Theißing 2001, ähnliche Überlegungen auch zu dem Begriff Service-Flow-Management bei Klischewski/Wetzel 2000.
9   Ich blende an dieser Stelle die Bedeutung der Arbeits- und Kommunikationsanalysen aus, da diese in der traditionellen Softwareentwicklung vorangestellt werden sollten. Prinzipiell können auch diese Analysen meist nur einen Teilbereich der sozialen Interaktion zugänglich machen (vgl. u.a. Denning/Dargan 1996, Bannon 1995). Für die Neu- und Umgestaltung von softwaregestützten Kooperations- und Kommunikationsvorgängen sind sie ebenfalls häufig nicht ausreichend.

Unter Verweis auf eine aktuelle Studie des Marktforschungsunternehmens IT Research[10] berichtet die Computerzeitung 1999, dass viele Projekte, in denen vertriebsunterstützende Systeme eingeführt worden sind, scheitern. Die Ursachen lagen, so die Untersuchung, in fehlender „Anwenderbeteiligung" und mangelhafter Software. Diese Ergebnisse werden durch weitere Untersuchungen gestützt. Die Gartner Group stellt fest, dass 60% aller Projekte scheitern, Forrester Research spricht von einer Erfolgsquote von 14%. Hauptproblem sei die Software selbst: zu wenig Qualität, Effizienz und Optimierung. Auch die Beteiligungsstruktur wird als eine Ursache für die Schwierigkeiten gesehen: die Geschäftsführung werde immer, die Managementebene des Vertriebs zu 82%, die Marketingebene nur zu 42% und die späteren Benutzerinnen und Benutzer[11] werden überhaupt nicht beteiligt (Computer Zeitung Nr. 26, 1999, S.6).

Angesichts dieser Realitäten ist die Vermutung naheliegend, dass der Brückenschlag zwischen dem Nutzungskontext und der Entwicklungsphase nicht gelingt. Die Folge ist, dass gelieferte Software häufig ungenutzt bleibt oder aufwendig nachgebessert werden muss. Dies ist ein Anzeichen für die in den vorherrschenden Entwicklungsschemata aufrechterhaltene Kluft zwischen BenutzerInnen und EntwicklerInnen. Die Ende der 60er Jahre unternommenen Anstrengungen der Forschungsrichtung Software Engineering, mit rigoros geplanten Prozessen den Problemen beizukommen, schlagen in dieser Hinsicht fehl. Ingenieursmäßig geplante Prozesse verstärken die dominante technische Sicht auf Softwaresysteme. Und so wird in einigen Veröffentlichungen eine Ignoranz der vorherrschenden Methoden der Softwaretechnik gegenüber dem Nutzungskontext festgestellt (vgl. Denning/Dargan 1996).

> „The standard engineering design process produces a fundamental blindness to the domains of action in which customers of software systems live and work."
> (Denning/Dargan 1996, S.107)

Dass Benutzungsprobleme von Software zu 60% Prozent auf mangelnde Aufgabenangemessenheit zurückgehen, die restlichen 40% Prozent auf „einfache" ergonomische Fehler, wie unübersichtliche Dialogelemente und uneinheitliche Gestaltung (vgl. Travis 1997), ist als eine Auswirkung dieser Ignoranz zu werten.

Die langjährige Diskrepanz zwischen Entwicklungsphase und Nutzungskontext, die veränderten Anforderungen neuer Anwendungsgebiete in kommunikativen und kooperativen Arbeitssituationen erfordern es, über Entwicklungsmethoden und Vorgehensweisen nachzudenken. Neu ist dies nicht. Im historischen Rückblick wird deutlich, dass ein Nachdenken über Entwicklungsmethoden im Zusammenhang mit jeweils neuen oder veränderten Anwendungsgebieten für Software steht. So war Software in der Frühzeit der Computer (1942-1948) davon geprägt, bekannte Algorithmen aus der Mathematik in Programmen nach-

---

10 Die Untersuchung wurde anlässlich der Vertriebssoftware-Messe Salestech 1999 durchgeführt.

11 In diesem Beitrag ist von späteren „Anwendern" die Rede, was entsprechend meiner begrifflichen Verwendung den Benutzerinnen und Benutzern entspricht.

zubilden (vgl. Klaeren 1994, S.22). Der Personenkreis, der die Programme erstellte und nutzte, stellte eine geschlossene Gruppe mit homogener Vorbildung dar. Ebenso behandelten die Programme eine eingeschränkte Problemklasse. Mit ihnen wurde nicht unmittelbar in Handlungsabläufe eingegriffen. In der weiteren Verbreitung der Computernutzung stellten Programme in den meisten Fällen nur einen Teil einer Problemlösung dar, wobei die Einsatzbereiche meist praktische Arbeitsabläufe der Benutzerinnen und Benutzer waren und bis heute sind.

So stellt auch Jonathan Grudin (1991) fest, dass bis in die siebziger Jahren eine Beteiligung der späteren Benutzerinnen und Benutzer kaum eine Rolle spielt, und auch nicht spielen musste. Mittlerweile ist diese jedoch unumgänglich, da sich sowohl die Einsatzbereiche als auch die Anforderungen der Software verändern, so zum Beispiel bei interaktiven Systemen. Georg Bremer bemerkt zu den veränderten Anforderungen an Systementwicklung:

„Je mehr die Softwaresysteme in das Anwendungsfeld eingebettet wurden, indem sie die dortigen Arbeitsprozesse unterstützten, um so mehr standen sie in Wechselwirkung mit ihrem betrieblichen Umfeld. Sie führten zur Veränderung von Arbeitsprozessen, die ihrerseits eine Anpassung dieser Systeme erforderlich machten." (Bremer 1998, S.35)

Dies weist darüber hinaus darauf hin, dass die Nutzbarkeit der Softwaresysteme in hohem Maße von einer Interaktion zwischen Software und Mensch abhängt, die teilweise erst im Verlauf Nutzung erkannt werden kann.[12] Softwaresysteme erfahren im Nutzungskontext von Benutzerinnen und Benutzern Sinnzuweisungen und werden im Arbeitskontext interpretiert. Peter Schefe bemerkt dazu, dass es kaum plausibel erscheint, dass Softwareentwicklung unabhängig vom Interpretationsbezug der Spezifikation bzw. von der Sinnzuweisung der Realisierung betrieben werden kann (vgl. Schefe 1999, S. 134).

Schon aus diesen Erläuterungen wird deutlich, dass sich die Beschränkung der Softwaretechnik auf ein ingenieursmäßiges Vorgehen und die formale, mathematisch korrekte Beschreibung eines Gegenstandsbereichs nicht halten lässt, sollen gebrauchstaugliche Produkte entwickelt werden, die den Arbeitserfordernissen genügen. Wird die Beschränkung aufrechterhalten, befindet sich die Softwaretechnik in einem Dilemma. Sie ist verantwortlich für eine professionelle Entwicklung von Anwendungssystemen, die sie ohne eine geeignete Analyse und Interpretation des Nutzungskontextes nicht oder nur ungenügend erfüllen kann. Der Nutzungskontext steht am Beginn des Entwicklungsprozesses und erfordert immer wieder neu einen Bezug der entwickelten Systeme zurück auf den Nutzungskontext. Gleichwohl scheinen der traditionellen Softwaretechnik von ihren Wurzeln her nur begrenzte Methoden zur Verfügung zu stehen, um diese Anforderungen zu erfüllen – will sie die Brandmauer aufrechterhalten.

---

12 Dieses Problem wird auch als Antizipations- oder Prognose-Dilemma bezeichnet, d.h. bei der Gestaltung der Informationssysteme kann die spätere Nutzung oder Wirkung nur in Grenzen vorausgesehen und vorweggenommen werden (vgl. Parpart/Schinzel 1996).

1.3 Überlegungen und Lösungsansätze aus der Softwaretechnik

Die Haltung innnerhalb der Informatik in den vergangenen Jahrzehnten zur Bedeutung von Informations- und Kommunikationstechnik spiegelt überwiegend eine ingenieursmäßige Vorstellung wider, die Informatik als „Problemlöser" zu begreifen: Sie entwickelt zielgerichtet funktionsgerechte technische Lösungen. Eine Problemstellung wird mit Methoden und Mitteln der Informatik gelöst. Dass dies eine verkürzte Sicht auf die Disziplin ist, besonders bei der Entwicklung von Informations- und Kommunikationssystemen zur Unterstützung menschlichen Handelns, wurde vielfach von Vertreterinnen und Vertretern der Informatik selbst kritisiert (vgl. u.a. Coy u.a. 1992, Heap u.a. 1992, Langenheder u.a. 1992, Schinzel 1996). Es stellt sich die Frage, welche Überlegungen aus der Softwaretechnik auf dieses Problemfeld in welcher Weise Bezug nehmen.

Eine Redefinition der Denkweise für die Softwaretechnik fordert Christiane Floyd (1987). Ihre Überlegungen[13] beziehen sich auf die Schwierigkeit der Softwaretechnik, Programme zu entwickeln, die menschliches Arbeitshandeln unterstützen. Diese Programme fasst sie unter die Kategorie der sozial eingebetteten Systeme (Floyd 1994, S.33).Daran schließt sie ihren Vorschlag an, im Hinblick auf diese Problemklasse einen Paradigmenwechsel für die Softwareentwicklung anzustreben (Floyd 1987).[14] Die vorherrschende Perspektive der Softwaretechnik nennt Floyd Produktionssicht. Einige Aspekte der Produktionssicht sind die Entfernung zwischen „Entwicklern und Nutzern", eine tayloristische Vorstellungen von Produktionsweisen, die primär ingenieursmäßige Ausrichtung sowie eine Priorisierung von technischen Anwendungen. Besonders bei sozial eingebetteten Systemen, die auch Gegenstand der vorliegenden Untersuchung sind, ist diese Perspektive unangemessen. Softwareentwicklung muss sich, so Floyd, an einer Gestaltungs- oder auch Designsicht orientieren, statt an einer Produktionssicht.

> „Da die Produktionssicht die Einordnung von Software in menschliche Sinnzusammenhänge systematisch ausblendet, verfremdet sie die Softwareentwicklung." (Floyd 1994, S.31)

Die Designsicht bei Floyd berücksichtigt die verschiedenen Perspektiven der Akteure im Softwareentwicklungsprozess, die sich in einem gegenseitigen Lernprozess unterstützen. Daran orientieren sich methodische Vorschläge, die z.B. evolutionären und partizipativen Vorgehen den Vorzug geben.

---

13 Diese Überlegungen gehen zurück auf die Klassifikation von Programmen von Meir M. Lehman (1980). Er unterscheidet: S-Programme, die wohldefinierte Probleme behandeln, d.h. die Programme sind durch ihre formale Beschreibung bereits gegeben (z.B. mathematische Lösungen); P-Programme, für die zwar eine formale Spezifikation existiert, es jedoch auf Problemsicht ankommt, die in der Programmlösung verfolgt wird (z.B. Schachprogramm); E-Proramme, deren Probleme aus der „realen Welt" kommen und in dieser wirken. Letztere sind die eingebetteten Programme, von denen Floyd spricht. Die Programme befinden sich in Wechselwirkung mit dem Kontext, in dem sie eingesetzt werden.

14 Floyd stimmt hier überein mit Überlegungen von Terry Winograd und Fernando Flores (1986).

In der Designsicht wird dem Nutzungskontext eine größere Bedeutung beigemessen als in der Produktionssicht. Durch partizipative Verfahren sollen die Expertinnen und Experten des Nutzungskontextes in die Softwareentwicklung einbezogen werden. Die Kennzeichen einer Softwareentwicklung als Design sind nach Floyd (1995):

· Gegenseitige Lernprozesse,
· Partizipation,
· Anerkennung unterschiedlicher Perspektiven,
· Ineinander greifende Zyklen der Problemerschließung, zyklische Projektmodelle,
· Evolutionäre Systementwicklung mit frühzeitiger Rückkopplung,
· Keine vollständige Formalisierung anzustreben, formale Konzepte als Modellierungsmittel.

Auch ohne einen Paradigmenwechsel für die Softwaretechnik einzufordern, zielen verschiedene Ansätze und Überlegungen darauf, die Kluft zwischen Nutzungskontext und Entwicklungsprozess zu berücksichtigen. Zyklische oder evolutionäre Vorgehensmodelle zielen auf diese Kluft (vgl. Bremer 1998). Von Klaus Kilberth, Guido Grycan und Heinz Züllighoven (1994, S.2) wird diese Situation als „semantische Lücke" zwischen Anwendungs- und Programmiermodell beschrieben. Ihr Vorschlag für eine objektorientierte Anwendungsentwicklung beinhaltet ein ebenfalls evolutionäres, mit Benutzerinnen und Benutzern kooperierendes Vorgehen.

Zu den weiteren methodischen Lösungsversuchen zählt das Use-Case-Konzept (Jacobson u.a. 1993), das im Rahmen objektorientierter Systementwicklung verbreitet ist. Ein Use-Case (Anwendungsfall) wird aus Nutzungssicht beschrieben. Der Ansatz nimmt ebenfalls Bezug auf die „semantische Lücke", indem funktionale Szenarien von Anwendungsfällen in das Prozessmodell integriert werden. Im Gegensatz zu Vorschlägen, die die Benutzerinnen und Benutzer frühzeitig und kontinuierlich in den Entwicklungsprozess einbeziehen, taucht dies bei den Use-Case-Konzepten und auch bei den darauf aufbauenden Konzeptionen, wie der Unified Modelling Language, lediglich in Nebensätzen auf.

Anders stellt sich dies bei der ISO 13407 „Human-centred design processes for interactive systems" (1999) dar. Hier wird die Partizipation von Benutzerinnen und Benutzern als ein integraler Bestandteil beschrieben. In dieser Norm werden nicht nur Kriterien für eine gebrauchstaugliche Software beschrieben, sie nimmt explizit Bezug auf den dafür notwendigen Entwicklungsprozess. Die ISO verlangt eine ausführliche Analyse des Nutzungskontextes zu Beginn eines Projektes. Weiter wird vorgeschlagen, für die Gestaltung ein interdisziplinäres Team zusammenzustellen unter Beteiligung der späteren Benutzerinnen und Benutzer. In jeder Projektphase sollen benutzungsrelevante Entscheidungen iterativ anhand von Entwürfen oder Prototypen mit den Betroffenen abgeklärt werden.

Wiederum ein anderer Weg wird beim „Instrument zur VorgangsAnalyse" (IVA)[15] eingeschlagen. Ziel ist die Erhebung und Modellierung computerunterstützter Vorgänge aus Sicht der Aufgabenträger, sprich der Benutzerinnen und Benutzer. Aus Sicht der Autorinnen und Autoren liegen zur Darstellung von Arbeitsabläufen bereits Methoden vor (z.b. Use-Cases), die jedoch den Nachteil haben, die zukünftigen Benutzerinnen und Benutzer zu wenig einzubinden. Bei IVA wird ein Interviewleitfaden eingesetzt, der Benutzerinnen und Benutzer bei der Erarbeitung eines Aufgabenmodells, aus deren subjektiver Sicht des Vorgangs heraus, unterstützen soll. Der Ansatz verbindet kognitive Modelle der Arbeit und psychologische Arbeitsanalysen (z.b. VERA, vgl. Volpert u.a. 1983) um dann, in der Vorgangsanalyse, Ergebnisse für die Softwareentwicklung und die Arbeitsgestaltung zu erhalten. Mittels IVA soll eine partizipative Softwareentwicklung unterstützt werden, bei der die künftigen Benutzer einbezogen werden können und deren Expertenwissen über ihren Arbeitsbereich erfasst werden kann.[16] In erster Linie geht es um eine praktikable Verbesserung der Anforderungsanalyse, bei der an dieser Stelle das Verhältnis zwischen Softwaresystem und Arbeitsorganisation gemeinsam betrachtet wird.

Trotz ähnlicher Problembeschreibung gibt es demnach verschiedene Varianten methodischer Wege. Der umfassende Perspektivenwechsel wird von Christiane Floyd beschrieben. Methodisch wird teilweise die Partizipation von Benutzerinnen und Benutzern vorgeschlagen, um die Anforderungen zu erheben und Mängel frühzeitig zu vermeiden. Weil keine Anforderungsermittlung alle Aspekte zu Tage fördern kann, die im Nutzungskontext vorhanden sind, geschweige denn antizipieren kann, welche neuen oder veränderten Anforderungen durch den Einsatz entstehen, werden zusätzlich in einigen Ansätzen evolutionäre und iterative Vorgehensmodelle bevorzugt. Die Arbeitsgestaltung explizit mit im Blick hat die Methode IVA, wobei diese sich allein auf die Anforderungsermittlung beschränkt und die Vorgehensmodelle für den Softwareentwicklungsprozess davon unabhängig betrachtet werden.

Da das Wissen der Benutzerinnen und Benutzer für interaktive, kooperations- und kommunikationsunterstützende Systeme notwendig ist, um diese gebrauchstauglich und den Arbeitserfordernissen angemessen zu entwickeln, werden partizipative Verfahren mehr und mehr gefordert, um die Lücke zwischen Softwareentwicklung und Nutzungskontext zu verringern.

1.4 Partizipative Softwareentwicklung als Lösungsweg

„Many of the best ideas for new products or product improvements come from the customer or end user of the product."
Erran Carmel und Mark Keil (1995), S.33

---

15 Dieses Vorgehen wurde im Projekt „Computerunterstützte Vorgangsanalyse" der Universität Mannheim zusammen mit der Universität Saarbrücken und der Daimler-Benz-Forschung entwickelt (vgl. Cierjacks u.a. 1997).

16 Deutlich weisen die Autorinnen und Autoren auch darauf hin, dass „auf diese Weise (..) Reibungsverluste bei der Einführung verringert werden (können)" und die Akzeptanz gesteigert werden könne.

In den vorherigen Ausführungen wurde die Perspektive stark auf die Softwaretechnik eingeschränkt. Für eine allgemeine Darstellung partizipativer Softwareentwicklung kann das nicht in dieser eingeschränkten Weise erfolgen. Einige der partizipativen Ansätze sind verwoben mit unterschiedlichen, über die Produktqualität im genannten Sinne hinausgehenden, Zielen menschengerechter Arbeitsgestaltung.[17] Im folgenden Abschnitt werden einige wichtige Wurzeln und Leitlinien partizipativer Ansätze vorgestellt.

Allgemeine Leitideen für eine Beteiligung der Benutzerinnen und Benutzer bei der Softwareentwicklung sind (vgl. Carmel u.a. 1993):

- Die Beschäftigten sollen durch das neue System eine gute Arbeitsunterstützung erhalten, anstatt ihre Arbeit oder Fähigkeiten zu automatisieren.
- Die Benutzerinnen und Benutzer sind am kompetentesten, ihre Aufgabenbereiche und Arbeitsweisen zu beschreiben.
- Die Vorstellungen und Erfahrungen der Beschäftigten sind für die Technikentwicklung ebenso wichtig, wie technische Entscheidungen oder Leistungskenngrößen.
- Informationstechnologie kann nur im Zusammenhang mit dem konkreten Arbeitskontext gestaltet werden.

Aus heutiger Sicht, da die Beteiligung von Beschäftigten bei der Softwareentwicklung eine gewisse Verbreitung erfahren hat, kann eine Praxis unter anderem daran unterschieden werden, wie weitreichend die späteren Benutzerinnen und Benutzer einbezogen sind (vgl. Mambrey u.a. 1989, Carmel u.a. 1993). Bei einer schwachen Form von Beteiligung haben die Benutzerinnen und Benutzer eine beratende oder konsultative Funktion (consultative design). Sie sind Informationsquelle und verfügen weder über Einfluss noch Kontrolle. Entscheidungen bleiben den Entwicklerinnen und Entwicklern vorbehalten. In anderen Vorgehensmodellen werden ausgewählte Benutzerinnen und Benutzer in einer aktuellen Designphase oder bei bestimmten Entscheidungen einbezogen (representative design). Sie erhalten an ausgewählten Punkten eine Mitsprachemöglichkeit. Ausgehend von skandinavischen Ansätzen steht „participatory design" für eine konsensorientierte Gestaltung (consensus design), bei der zukünftige Benutzerinnen und Benutzer verantwortlich und kontinuierlich in den Systementwicklungsprozess einbezogen werden.

Im Verlauf der vergangenen dreißig Jahre haben sich unterschiedliche Ansätze zur Beteiligung von Beschäftigten bei der Softwareentwicklung in Nordamerika, den skandinavischen und anderen europäischen Ländern entlang der jeweiligen politischen und kulturellen Bedingungen entwickelt (vgl. auch Gärtner/Wagner 1996). In Nordamerika ist die Beteiligung von künftigen Benutzerinnen und Benutzern in der Systementwicklung verbunden mit dem Ansatz des Joint Application Development (vgl. Carmel u.a. 1993) sowie, ab Mitte der 80er Jahre, mit Ansätzen aus den Forschungsbereichen „Computer Suppor-

---

17 Kriterien für eine menschengerechte Arbeitsgestaltung sind Schädigungsfreiheit, Beeinträchtigungslosigkeit, Persönlichkeitsförderlichkeit und Zumutbarkeit (vgl. Rauterberg u.a. 1994).

ted Cooperative Work" (CSCW), „User Centered Design" (UCD) oder „Human Computer Interaction" (HCI). Die europäische Diskussion ist geprägt vom soziotechnischen Ansatz ETHICS (Effective Technical and Human Implementation of Computer Systems) Großbritannien (vgl. Mumford 1987, Mumford u.a. 1978) und den „skandinavischen" Ansätzen des „participatory design" (vgl. Bjerknes u.a. 1987).

Der Ansatz Joint Application Development (JAD) wurde Anfang der siebziger Jahre von IBM eingesetzt. Die Methode diffundierte in die alltägliche Praxis der Softwareentwicklung in Nordamerika und war eine Zeitlang die meist verbreitete Methode, Benutzerinnen und Benutzer einzubeziehen. JAD wird zu den partizipativen Ansätzen gezählt, die ein „representative design" vorsehen. Ziel von JAD ist, das Design von Informationssystemen zu beschleunigen und die Qualität der Ergebnisse zu fördern (vgl. Carmel u.a. 1993). Einführung und Nutzung sind nicht Inhalt von JAD, ebenso wenig wie Arbeitsgestaltung explizit eine Rolle spielt.

Im Gegensatz zu JAD ist UCD von seinem Ursprung her kein partizipativer Ansatz. Zwar ist vorgesehen, Benutzerinnen und Benutzer während des Systementwicklungsprozesses direkt zu befragen, ein „User Centered Design" kann aber auch durch Modelle oder Simulationen von Beschreibungen der Benutzerinnen und Benutzer erfolgen. Insofern wird, wenn partizipative Vorgehensmodelle verwendet werden, auch von „participatory User Centered Design" gesprochen, was ebenfalls auf qualitativ bessere Resultate zielt (vgl. Caroll 1996).

Auch CSCW und Forschungen zu HCI sind nicht notwendigerweise mit partizipativen Ansätzen verknüpft. Dennoch entstanden in diesem Umfeld konkrete Projekte, bei denen repräsentative oder konsensorientierte Formen partizipativer Ansätze eingesetzt wurden.

Der erste Ansatz, der im europäischen Raum für die Diskussion in der Softwareentwicklung eine Rolle spielte, war ETHICS aus Großbritannien (Mumford u.a. 1978). Dieser Ansatz baut auf dem 1946 am Tavistock Institute (London) entwickelten soziotechnischen Systemansatz auf[18], wonach es um die Gestaltung der technischen und sozialen Subsysteme innerhalb von Unternehmen oder von anderen Produktions- oder Dienstleistungsbereichen geht. Der Ansatz MUST[19] (vgl. Kensing u.a. 1998) bezieht sich in der grundlegenden Sicht ebenfalls auf den sozio-technischen Ansatz.

> „We owe to the socio-technical approach the double focus on organizational and technical issues and for including management in a participatory approach."
> (Kensing u.a. 1998, S.181)

Überwiegend wurden die skandinavischen Ansätze, im Gegensatz zur nordamerikanischen Situation, beeinflusst von der jeweiligen nationalen Gewerkschaftspolitik, von kollektiver Interessenvertretung und den Leitlinien einer Demokratisierung des Arbeitslebens (vgl. Bjerknes u.a. 1987; Miller 1993). Dies

---

18 Soziotechnische Theorie, Tavistock Institute (London), erste Feldprojekte 1949 bei der britischen Bergbauindustrie (vgl. Mumford 1987).

19 Dänisches Akronym.

zeigte sich auch bei den Konzeptionen und Begründungslinien der partizipativen Ansätze, worauf an späterer Stelle eingegangen wird. Als eines der ersten partizipativen Projekte, das zum „skandinavischen Ansatz" bei der Gestaltung von Softwaresystemen gezählt wird, gilt das norwegische Projekt um Kristen Nygaard vom Norwegian Computer Center, das mit gewerkschaftlich organisierten Eisen- und Metallarbeitern Anfang der siebziger Jahre durchgeführt wurde (vgl. Clement/Besselaar 1993; Kuhn/Winograd 1996). Mit dem Werkstattbericht SCANORAMA (vgl. Floyd u.a. 1987) wurde der „skandinavische Ansatz"[20] für die Diskussion in der BRD rezipiert. In den folgenden Jahren wurden methodische Rahmenbedingungen für Softwareentwicklungsprozesse vorgeschlagen, bei denen die Partizipation der Benutzerinnen und Benutzer eine zentrale Rolle spielte.[21]

Die europäischen partizipativen Vorgehensmodelle sind überwiegend konsensorientiert ausgerichtet. Auf Grund der Beteiligung der Benutzerinnen und Benutzer werden diese Vorgehensmodelle auch als „benutzerzentriert", das Phasenmodell beispielsweise als „entwicklerzentriert", bezeichnet (Bremer 1998). Diese Bezeichnung orientiert sich allerdings ebenfalls an der nach wie vor bestehenden Dominanz „entwicklerzentrierter" Entwicklungsschemata und Vorgehensmodelle in Theorie und Praxis. Doch auch bei partizipativen Vorgehensmodellen stellt sich eine „benutzerzentrierte" Softwareentwicklung nicht einfach dar. Ein zentraler Aspekt bei den europäischen Ansätzen sind gegenseitige Lernprozesse zwischen Entwicklerinnen und Entwicklern auf der einen Seite und Benutzerinnen und Benutzern auf der anderen Seite. Im Vordergrund steht das Zustandekommen eines gemeinsamen Verständnisses über die zukünftige Software und deren Einbettung in ihren veränderlichen Nutzungskontext (vgl. Floyd 1994). Dieses gemeinsame Verständnis zwischen den Beteiligten über die erwünschte Software, kann einen Brückenschlag zwischen Entwicklungssicht und Nutzungskontext darstellen. Dabei spielt die Kommunikation zwischen den Beteiligten eine bedeutende Rolle. Da die Kommunikation in Softwareentwicklungsprozessen unter sozialen und organisatorischen Rahmenbedingungen stattfindet (vgl. u.a. Bräuer 1997, Reisin 1992a), wird sie von divergierenden Interessen unterschiedlicher Personengruppen beeinflusst (vgl. Floyd 1994, S.33; Falck 1989a). Zusätzlich ist es von betrieblichen und projektbezogenen Entscheidungsstrukturen abhängig, ob Benutzerinnen und Benutzer ihre Vorstellungen entwickeln, einbringen und durchsetzen können.

Für die Fragestellung dieser Untersuchung werden die partizipativen Methoden im Folgenden auf die repräsentativen und konsensorientierten Ansätze ein-

---

20 In dem Bericht werden unter „Skandinavien" Dänemark, Norwegen und Schweden zusammengefasst.

21 Dies sind z.B.: STEPS (Software-Technik für Evolutionäre, Partizipative Systementwicklung), vgl. Floyd u.a. 1989; PetS (Partizipative Entwicklung transparenzschaffender Software), vgl. Reisin 1992a; IMPACT (Integrierter Methodenansatz einer prospektiven und die Nutzer aktivierenden Strategie zur „C"ollektiven Gestaltung von Organisation, Tätigkeit und Technik), vgl. Falck 1989a)

geschränkt. Der Schwerpunkt liegt zusätzlich auf der europäischen Tradition, da diese dem politisch-kulturellen Kontext der hier zu untersuchenden Projekte entspricht.

1.5 Zusammenfassung: Eine Brücke über die Lücke?

Ausgangspunkt für die Diskussion in der Softwaretechnik ist die Orientierung an Qualitätskriterien. Softwaresysteme sollen gebrauchstauglich und an den Arbeitserfordernissen ausgerichtet sein. Werden die Systeme in Kommunikations- und Kooperationssituationen eingesetzt, ist das Einbeziehen der späteren Benutzerinnen und Benutzer mehr den je erforderlich, um Mängel der Systeme, die sich im Nutzungskontext negativ auswirken können, zu vermindern. Die Partizipation der späteren Benutzerinnen und Benutzer ist eine Chance, eine Brücke zwischen Entwicklungssicht und Nutzungskontext zu schlagen.

Damit aber sind bei Überlegungen zu Softwareentwicklungsprozessen die politischen, organisatorischen, sozialen und zwischenmenschlichen Bedingungen von Technikentwicklung und Technikeinsatz nicht weiter zu ignorieren. Diese Bedingungen müssen berücksichtigt werden, um geeignete methodische Vorschläge für partizipative Softwareentwicklung entwerfen zu können.

Widersprüchlich bleibt zumeist, in welcher Weise die sozialen, organisatorischen und zwischenmenschlichen Rahmenbedingungen im theoretischen und praktischen Wirkungskreis der Softwaretechnik berücksichtigt werden können oder sollen.[22] Welche Position dabei eingenommen wird, hängt davon ab, wie das Verhältnis zwischen Nutzungskontext, Arbeitsorganisation, Softwaresystemen und Softwareentwicklungsprozess aufgefasst wird. So gibt es nicht selten eine Überschätzung der Möglichkeiten von Seiten der Informatikerinnen und Informatiker, gesellschaftliche oder organisatorische Veränderungen beeinflussen zu können und damit auch einer Überschätzung der partizipativen Methoden.

Wie weitreichend der Einfluss während des Entwicklungsprozesses ist, spielt auch für die Berücksichtigung des Geschlechterverhältnisses eine Rolle. Denn hier stehen die Fragen im Raum, ob bzw. wie mittels Softwaresystemen das Geschlechterverhältnis fortgeschrieben wird, wie dies bereits in der Einleitung erwähnt wurde. Ein Ausloten der Möglichkeiten und Grenzen partizipativer Softwareentwicklungsprozesse kann daher nicht ohne eine Vorstellung von der Wechselwirkung zwischen Nutzungskontext und Softwareentwicklungsprozess geschehen.

22　Zur Kritik am „Gestaltungsdrang" vgl. z.B. Coy u.a. 1992; Nake 1992; Volpert 1992; Berger 1991, S.206/207.

2 Organisation als Kontext von Technikentwicklung – Technik als Kontext von Organisation

Wie die Bedeutung der Entwicklung und des Einsatzes von Informations- und Kommunikationssystemen für einen Anwendungskontext gesehen wird, ist ausschlaggebend für eine Einschätzung der Möglichkeiten, Grenzen oder Gefahren, die von den Technologien ausgehen. Ebenso ist die Sichtweise, welche Bedeutung der Anwendungskontext für Entscheidungen bei Technikentwicklung spielt, ausschlaggebend für die Frage, was im Entwicklungsprozess berücksichtigt oder reflektiert werden soll. Für Softwareentwicklung in bzw. für eine Organisation ist die Frage demnach, wie das Zusammenspiel zwischen Veränderungen der Organisation durch Informationssysteme sowie der Einfluss der Organisation auf Entwicklung und Einführung von Informationssystemen betrachtet wird.

In einer heute recht verbreiteten soziologischen Sicht wird dieser Zusammenhang in Kürze wie folgt formuliert:

„Technik entsteht als Produkt sozialer Prozesse, in ihre Sachgestalt schreiben sich die Sozialstrukturen ein, und vom Umgang mit der Technik gehen wiederum Folgen für den sozialen Wandel aus." (Rammert 1993)

In den techniksoziologischen Diskussionen kennzeichnet Werner Rammert (1993) widersprüchliche Argumentationsstränge zum technischen Wandel, die polarisiert als technischer bzw. sozialer Determinismus beschrieben werden. Auf der einen Seite wird die Position vertreten, dass sich der technologische Fortschritt nicht aufhalten lässt und gewissermaßen als Sachzwang je nach Forschungsstand wirkt (technischer Determinismus). Auf der anderen Seite wird der Einfluss sozialer Akteure betont und daraus gefolgert, dass der technische Wandel sozial und ökologisch gestaltet ist (sozialer Determinismus).

In den techniksoziologischen Diskussion spielten technikdeterministische Ansätze lange eine große Rolle. Diese wurden Mitte der 70er Jahre kritisiert und führten zu Ansätzen, die im Gegensatz dazu die sozialen Bedingungen und menschlichen Handlungen bei Entwicklung und Einsatz neuer Technologien betonen (social shaping of technology; vgl. MacKenzie/Wajcman 1985, Williams/Edge 1992). Kritiken wurden nicht nur bei der jeweiligen Wahl der treibenden Kraft, also soziale Akteure oder technischer Sachzwang, geäußert.[23] Auch die Ausschließlichkeit, mit der der jeweilige „Determinismus" vertreten wurde, geriet unter Kritik. Mittlerweile kehrte in diese Diskussion ein „sanfter Determinismus" zurück, wonach Technologien zwar als eigenständige Kraft gesehen werden, die Veränderungen eine Richtung geben und sie beeinflussen.

---

23 Die Kategorisierung von Ansätzen in technikdeterministische oder sozialdeterministische Ansätze könnte auch, in Anlehnung an sozialwissenschaftliche Auffassungen, in strukturalistische oder interaktionistische geschehen. Eine strukturalistischer Sicht würde Technikentwicklung in der Logik der Technik oder auch in der Logik der Kapitalverwertung sehen. Eine interaktionistische Sicht würde die Bedeutung der sozialen Akteure betonen. Vgl. Rolf 1998, S.31.

Art und Reichweite der Veränderungen werden jedoch als durch menschliche Akteure und organisatorische Kontexte vermittelt betrachtet (vgl. Bieber 1995).

Auch bei den Diskussionen in der Informatik sind beide Argumentationsstränge zu finden. Einerseits werden, mit dem Hinweis auf technische Sachzwänge und Logiken bzw. auf die Aufgabenbeschränkung der Informatik, soziale, politische und kulturelle Einflüsse negiert oder nicht thematisiert (vgl. z.B. Dijkstra 1989), andererseits wird unter Betonung derselben auf die Möglichkeiten, soziale Veränderungen zu bewirken, hingewiesen, wenn die Gestaltung der Softwaresysteme an sozialen Kriterien ausgerichtet wird (vgl. z.b. Winograd/Flores 1986, Denning 1991). Auch hier sind mittlerweile reflektierte Argumentationen zu finden, die eine Überhöhung der Möglichkeiten durch Gestaltung nivellieren und gleichzeitig, als Faktoren für Veränderungen, die technischen Systeme und die sozialen und politischen Rahmenbedingungen einbeziehen (vgl. z.B. Rolf 1998, Gärtner/Wagner 1996).

Rammert betont, dass es aus heutiger Sicht an einer soziologischen Theorie des sozialen und technischen Wandels fehlt. Die Komplexität des technischen Wandels und die Differenziertheit des sozialen Kontextes kann in den bisherigen soziologischen Theorien kaum angemessen beschrieben werden. Wird der Blick auf den betrieblichen Wandel, also die Veränderungen in Organisationen, beschränkt, reduziert sich die Komplexität nicht grundsätzlich. Es können dann aber Versuche unternommen werden, Einflussfaktoren und Wechselwirkungen entlang des Zusammenhangs „Technik(entwicklung)" und „Anwendungskontext" zu beschreiben.

Dies wird in den folgenden Ausführungen anhand zweier Ansätze dargestellt: an einem Ansatz, der dies aus dem Blickwinkel der Softwaretechnik beschreibt, und an einem Ansatz aus dem Bereich der Organisationssoziologie. Beide können an der Frage des Verhältnisses von Informations- und Kommunikationstechnik und Organisation zusammengeführt werden. Ziel hierbei ist es, eine Beschreibung der Wechselwirkung zwischen technischen Systemen und Nutzungskontext zu erreichen. Die beiden Ansätze bieten den Vorteil, dass sie sich in der Fragestellung nahe sind, im gewählten Blick unterscheiden und sich in ihren Schlussfolgerungen für die vorliegende Untersuchung gut ergänzen. Sie beziehen sich beide auf den gleichen Gegenstandsbereich, das Wechselverhältnis zwischen Technikentwicklung und Nutzungskontext, unterscheiden sich aber – disziplingemäß – in der Schwerpunktsetzung.

Christiane Floyd (Floyd 1997) beschreibt mit softwaretechnischem Blick das Konzept der Autooperationalen Form, das sich auf das Wechselverhältnis zwischen Artefakt und sozialem Kontext bezieht. Ihre Grundideen entwickelt sie auf dem Hintergrund der Diskussionen in der Informatik, mit dem Schwerpunkt auf der Modellierung des technischen Artefakts. Die Überlegungen von Wanda Orlikowski (Orlikowski 1992; Orlikowski u.a. 1995) zielen auf die Interaktion zwischen Technik und Organisation. Ihr Hauptinteresse gilt den organisatorischen Veränderungen nach der Technikeinführung und beim Technikeinsatz.

2.1 Autooperationale Form

„Dass die Modellierung ein komplizierter sozialer Prozess ist, in den Ziele und Interessenkonflikte eingehen, wird in der Praxis zwar deutlich, in der Wissenschaft jedoch nur wenig anerkannt. Das Ergebnis der Modellierung gewinnt in jedem Falle Gegenständlichkeit, es entsteht eine artifizielle Welt, deren Zustandsveränderungen mit Veränderungen in der Wirklichkeit korrelieren."
Christiane Floyd (1997), S.247,248

Die Überlegungen in diesem Zitat spiegeln die Ausführungen von Werner Rammert wider, zugleich mit dem Verweis, dass diese Sicht in der Wissenschaft – und es kann ergänzt werden: auch in der Praxis der Softwareentwicklung – kaum berücksichtigt wird. Es sind gleichermaßen beide Aspekte wiedergegeben, an welchen Stellen das Zusammenspiel zwischen Computersystemen und Nutzungskontext stattfindet. Auf der einen Seite steht die Modellierung als sozialer Prozess, auf der anderen Seite wirkt das Ergebnis der Modellierung vergegenständlicht im Nutzungskontext.

Christiane Floyd (1997) entwickelt mit ihren Überlegungen, die ich im Folgenden bezogen auf meine Frage nach dem Wechselverhältnis von Softwareentwicklung und Nutzungskontext ausführe, eine möglichst informatiknahe Beschreibung eines Problemfeldes, dem sich sonst vorrangig soziologische Disziplinen widmen. Sie baut ihre Argumentation auf die Begriffe der operationalen und Autooperationalen[24] Form auf, um damit eine spezifische Seite der Informatik und das Wechselverhältnis zwischen Artefakt und Kontext zu beschreiben.

„Unter operationaler Form verstehe ich eine Struktur aus möglichen Operationen in einem interessierenden Gegenstandsbereich.
Der Begriff *Operation* ist eine Beschreibungskategorie und bezieht sich auf beliebige Vorgänge, die als Vollzüge aufgefaßt werden. Operationen setzen einen Beobachter voraus, der den Vollzug beschreibt. Während der Vollzug effektiv ist, ist die Operation *symbolisch*. Sie setzt auf bereits vorliegende Erfahrungen mit (einer Klasse von) Vorgängen auf, ihre Formulierung beinhaltet Wissen um Vollzüge."
(Floyd 1997, S.243)

Operationen werden benannt, abgegrenzt und charakterisiert, z.B. anhand von Eingabe- und Ausgabeparametern und den Regeln ihrer Verknüpfung. Unterschiedliche Stufen für operationale Form sind Routine (geronnene Erfahrung aus der Praxis), Tradition (gemeinsame Praxis) und Verfahren (benannt und beschrieben). Die Operationen werden situations- und zweckabhängig gebildet und erfolgen in keiner zwingend vorgegebenen Weise. Werden Operationen in einem interessierenden Gegenstandsbereich gebildet, wird dieser Gegenstandsbereich operational rekonstruiert. Die Rekonstruktion beinhaltet Reduktionen.

„Im Sinne einer Zwecksetzung wird Wesentliches von Unwesentlichem getrennt (Abstraktion), das Wesentliche operational beschrieben (Modellbildung) und das Modell implementiert." (Floyd 1997, S.246)

---

24 Den Begriff der Autooperationalen Form übernahm Christiane Floyd von Fanny-Michaela Reisin (1992). Ich beziehe mich in meinen Ausführungen lediglich auf die Verwendung des Begriffs durch Christiane Floyd.

Eine operationale Rekonstruktion beinhaltet, dass Vorgänge mit dem Fokus auf das Wirken von Operationen durch „den Beobachter" reduziert sowie durch Verknüpfung von Operationen nachgebildet werden. Nach Floyds Interpretation lässt sich die Methode der Informatik als operationale Rekonstruktion beschreibbarer Vorgänge fassen, welche physikalisch-technische sowie lebendige Prozesse, Handlungsabläufe oder gedankliche Vorgänge sein können.

Mit der Implementation des Modells werden die vom „Beobachter" gewählten Ziele, Zwecke und Interessen in einem Computersystem umgesetzt. Die operationale Rekonstruktion durch den „Beobachter" ist jedoch begrenzt durch aktuell technische Möglichkeiten, strukturelle Zwänge oder Leitbilder.

Mit einem Computersystem wird die operationale Form abstrahiert. Die operationale Form wird durch die Ausführung am Computer zur Autooperationalen Form. Informatik verfestigt oder verändert so mittels der Computersysteme bestehende Handlungsmöglichkeiten und operationale Formen, und schafft gleichzeitig neue (vgl. Floyd 1997, S.241).

Im Einsatz wird die operationale Form als Autooperationale Form ein neuer Teil der Wirklichkeit. Die Autooperationale Form bildet im Nutzungskontext den Rahmen für situiertes Handeln; sie stellt Benutzerinnen und Benutzern veränderte Handlungs- und Erfahrungsspielräume zur Verfügung (vgl. Floyd 1997, S.248).

Zusammengefasst bedeutet dies, dass mit einem neuen System die

„...operationale Form artikuliert, abstrahiert, modelliert, verfestigt und als autooperationale Form wirksam gemacht (wird)." (Floyd 1997, S.243)

Floyd formuliert, dass sich die Informatik wesentlich als „Computer Science" und damit als technische Wissenschaft begreift, sich aber nicht allein darauf zurückziehen kann. Denn um ihr Potenzial voll zu entfalten, so Floyd, muss in der Informatik vordringlich die Wechselwirkung zwischen Autooperationaler Form und menschlichem Handeln betrachtet und zum zentralen Thema gemacht werden.

Es geht aber nicht allein darum, dass die Informatik ihr Potenzial voll entfalten kann. Denn die Informatik, und hier insbesondere die Softwaretechnik und diese ganz speziell bei sozial eingebetteten Systemen, kann sich dieser Wechselwirkung systemimmanent nicht entziehen. Oder wie Walter Volpert (Volpert 1992) dies formuliert: Informatikerinnen und Informatiker gestalten immer mit; sie können „nicht nicht gestalten". Es ist nicht eine Frage des positiven Wollens, sondern liegt - und dafür liefert Floyd eine immanente Begründung – in der Informatik.

Zusammenfassend hier die wichtigsten Kerngedanken dazu:

· Eine operationale Form ist geprägt von den Zielen, Zwecken, Werte, Interessen und dem Wissen des modellierenden „Beobachters".
· Eine Operationalisierung bedeutet eine Grenzziehung zwischen „innerhalb und außerhalb" für ein System, die vom „Beobachter" vorgenommen wird.
· Eine Autooperationale Form ist das Ergebnis eines Prozesses von Reduktion und Abstraktion komplexer Wirklichkeit.

- In die Autooperationale Form sind Werte, Interessen, Vorgehensweisen – häufig aber verdeckt – eingeschrieben.
- Durch den Einsatz der Autooperationalen Form wirken die eingeschriebenen Werte, Interessen und Vorgehensweisen im Nutzungskontext in einer eigenständigen und verselbstständigten Weise.

Der Nutzungskontext dient als Grundlage für die Operationalisierung und Modellierung. Die Autooperationale Form wiederum wird in den Nutzungskontext entlassen und wirkt dort als eigenständige Kraft. Auch da, wo sich die Informatik dessen nicht bewusst ist, wird sie eingreifen und Veränderungen herbeiführen. Vor allem da wo sie sich dieses Zusammenhang nicht bewusst ist, wird sie unreflektiert Werte, Interessen und tradierte Verfahren in eine Autooperationale Form gießen.

Zwei Aspekte, die Bedeutung des „Beobachters" und die Frage nach der Zwangsläufigkeit der Auswirkungen im Nutzungskontext, sind bei der Autooperationalen Form kritisch zu hinterfragen.

Durch die starke Betonung der Rolle des „Beobachters" werden strukturelle und kulturelle Bedingungen nur vermittelt über das Individuum thematisiert. Allein durch den „Beobachter" als modellierende Person wird das technische Artefakt geprägt, strukturelle und kulturelle Bedingungen können nicht als solche kritisch in den Blick genommen werden und geraten in den Hintergrund. Dadurch wird dem „Beobachter" die Verantwortung auferlegt, die transportierten Werte und Interessen zu reflektieren und sich gleichermaßen den Konsequenzen seines Tuns, seines Eingreifens in den Nutzungskontext, zu stellen. Diese Sicht allein ist jedoch nicht ausreichend um Modellierungsprozesse, also auch partizipative Softwareentwicklungsprozesses, zu beschreiben, da neben den individuellen Reflexionen und Handlungen auch soziale, strukturelle und kulturelle Bedingungen eine Rolle spielen. Implizit sind diese zwar über den „Beobachter" vermittelt bei der Autooperationalen Form berücksichtigt, sie lassen sich aber auch nur an diesem „Beobachter" kritisieren und diskutieren.

Da für Floyd der Softwareentwicklungsprozess im Vordergrund steht, problematisiert sie die Veränderungen im Nutzungskontext durch die Autooperationale Form auch aus dieser Sicht. Im Widerspruch zu der vorherrschenden Diskussionen innerhalb der Softwaretechnik zum Softwareentwicklungsprozess liefert Floyd einmal mehr Argumente für die Sicht, dass die technischen Artefakte in vielfältiger Weise in soziale Systeme eingreifen. Wie wenig zwangsläufig jedoch die Art und Weise einer künftigen Nutzung der technischen Systeme ist, wird von Seiten der Softwaretechnik – trotz vielfältiger empirischer Befunde – übersehen. So bemerkt auch Arno Rolf (1998) zur Bedeutung der Handlungen der Benutzerinnen und Benutzer:

> „Sie kommen zur Geltung, indem sie sich die Technik in ihrem Interesse aneignen oder indem sie sie zu verhindern bzw. ihre Nutzung zu vermeiden suchen. Diese Tatsache ist bislang weder ausreichend Teil der Modelle der Wirtschaftsinformatik selbst noch für Anwendungsentwickler selbstverständlich." (Rolf 1998, S.29)

Gestaltung findet zwar immer statt, damit dies nicht wieder in einen technischen Determinismus abgleitet, muss der Spielraum der Benutzerinnen und Benutzer von Computerartefakten reflexiv einbezogen werden. Ausgeführt wird dies von dem Techniksoziologen James Fleck (1993), der die Computertechnologien als konfigurative Technologien beschreibt. Die Konfigurationen sind meist sehr spezifisch, an lokale Kontexte und Handlungszusammenhänge gebunden – abhängig von den konkreten Organisationsstrukturen und den dortigen kollektiven und individuellen Arbeitspraktiken. Das Konzept der konfigurativen Technologie betont die Einzigartigkeit der Kontexte in welchen die Technologien eingesetzt werden. Damit lenkt auch Fleck den Blick auf die Handlungszusammenhänge der Benutzerinnen und Benutzer und weist zugleich darauf hin, dass auch standardisierte Systeme dem jeweiligen Kontext angepasst oder in spezifischer Weise angeeignet werden.

Wird in der Softwaretechnik das Verhältnis zwischen Artefakt und Nutzungskontext bewusst reflektiert, bietet dies die Chance, das Wechselverhältnis auch schon in der Entwicklungsphase einzubeziehen und entsprechend in den Vorgehensweisen zu berücksichtigen. Hierfür bietet der Ansatz von Christiane Floyd eine wertvolle Grundlage, indem sie den Modellierungsprozess in einen sozialen Kontext einordnet.

Daran schließt sich weiter die Überlegung an, wie die Vorstellungen zur Autooperationalen Form mit dem Wandel von Organisationen in Einklang gebracht werden können. Reorganisation kann beinhalten, dass bereits Operationalisiertes, z.B. alte Routinen, in Organisationen wieder geöffnet wird. Anzeichen hierfür sind die Diskussionen zur Veränderung organisationeller Strukturen, wie z.B. Abbau von Hierarchien, die Veränderung damit verbundener Arbeitsabläufe, aber auch die neuerliche Wertschätzung sozialer Kompetenzen. Diese Veränderungen können gerade im Zusammenhang mit dem Geschlechterverhältnis von Bedeutung sein.

Abschließend kann also festgestellt werden, dass mit der Autooperationalen Form eine Vorstellung gestützt werden kann, wonach der Modellierung auf Seiten der Softwareentwicklung für den Nutzungskontext eine große Bedeutung beizumessen ist. Verbleibende Unklarheiten oder auch nicht fassbare Anteile des Nutzungskontextes können im Modellierungsprozess durch den „Beobachter" ausgefüllt werden. Bei dieser Sicht kommt dem modellierenden „Beobachter", der sich im Rahmen struktureller Gegebenheiten, gesellschaftlicher Normen und Ansprüche bewegt, eine wichtige Rolle zu. Die durch den „Beobachter" vermittelten Zwecke, Interessen und Werte bestimmen die Möglichkeiten des zukünftigen technischen Systems jedoch nicht endgültig. Die Autooperationale Form steht zwar in Wechselwirkung mit dem Nutzungskontext, sie bestimmt ihn jedoch weder im positiven noch im negativen Sinne ausschließlich, da auch hier die lokalen Kontexte und Handlungszusammenhänge von Bedeutung sind. Insofern müssen sowohl individuelle Handlungsspielräume als auch strukturelle und normierende Rahmenbedingungen einbezogen werden.

2.2 Das „Structurational Model of Technology"

Wanda Orlikowski (1992) entwirft mit dem „structurational model of techology" ein Modell, in welchem sie, ebenso wie Christiane Floyd, darauf hinweist, dass Technik durch menschliches Handeln entsteht, aber auch durch Strukturen und Normen beeinflusst wird. Bezogen auf den Nutzungskontext sieht sie Technologie als ein Medium, das soziale Praktiken beeinflusst. Ihr Forschungs- und Arbeitsschwerpunkt liegt in der Organisationssoziologie. In einigen ihrer Veröffentlichungen befasst sie sich, zusammen mit weiteren Autorinnen und Autoren, mit der Analyse der Einführungs- und Anpassungsphase von Technik im Nutzungskontext. Wie gehen Benutzerinnen und Benutzer in der Implementierungs- und Anpassungsphase mit den Computer-Artefakten um? Wann und wo gibt es Veränderungen an Computersystemen während und nach der Einführungsphase? Die Intention von Orlikowski ist, für die Entwicklungs-, Einführungs-, Anpassungs- und Nutzungsphase von Technik einen geeigneten Analyserahmen zu beschreiben. Sie baut dabei auf der „theory of structuration" von Anthony Giddens (Giddens 1988) auf und entwirft ein „structurational model of technology".[25]

Orlikowski setzt in ihrem „structurational model of technology" voraus, dass Technologien durch menschliches Handeln gemacht, verändert und genutzt werden. In dem Modell sieht sie eine rekursive Beschreibung von Technologie vor. Technologie wird durch menschliches Handeln erzeugt und verändert und ebenso bei menschlichem Handeln genutzt. Nach Orlikowski ist es eine falsche Unterscheidung, Technologie entweder als objektive Kraft oder als beliebiges sozialkonstruiertes Produkt zu sehen. Technologie kann flexibel interpretiert werden (interpretively flexible).[26] Ihre Funktion variiert abhängig von den Handelnden, den unterschiedlichen Organisationen oder dem soziohistorischen Kontext. Sowohl Entwicklung als auch Nutzung von Technologie spiegeln dies wider. Die tradierte Auffassung, die Entwicklungsphase (Design Mode) vom Nutzungskontext (Context of Use) zu unterscheiden, ist nach Orlikowski lediglich eine analytische Vereinfachung. In der Praxis, das ist auch an den „Lebenszyklen" von Softwareprodukten abzulesen, sind diese beiden „Phasen" rekursiv aufeinander bezogen.

Orlikowski (1992) kritisiert Vorstellungen zum Verhältnis von Technikentwicklung und organisatorischem Kontext, wonach einerseits die Rolle der Akteure in diesem Zusammenhang nicht genügend gesehen wird, andererseits die Modelle entweder den Einfluss des organisatorischen Kontextes oder den des

---

25 Giddens zielt mit seinem Ansatz ebenfalls auf eine Lösung, bei der strukturelle und normative Bedingungen sowie individuelle Handlungen bezogen auf gesellschaftliche Veränderungen angemessen bewertet werden können. Nach seiner Sicht verfügen Akteure über individuelle Handlungskompetenzen und -möglichkeiten. Diese basieren aber auf Strukturen und Normen, die das Handeln erst ermöglichen. Ebenso sind die Strukturen und Normen auf die Akteure angewiesen, die diese Strukturen einerseits reproduzieren, aber andererseits mit ihrem Handeln auch ablehnen können.

26 Dieses Konzept von Orlikowski entspricht dem bereits genannten Konzept der „konfigurativen Technologie" von Fleck (1993).

technischen Artefakts zu stark betonen. Aus Sicht des „structurational model of technology" können Handlungen und Strukturen nicht unabhängig voneinander gesehen werden. Aus dieser Kritik heraus entwickelt sie ein Modell, das die drei Einflussgrößen – institutionelle Eigenschaften[27], Technologie und Akteure genannt – zusammen bringt. Die Abbildung 3 zeigt die Einflussgrößen, mit denen Orlikowski sowohl die Nutzung, Aneignung als auch die Entwicklung beschreibt.

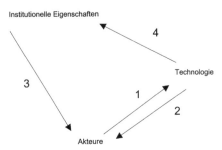

Abbildung 3: „Structurational Model of Technology", Orlikowski 1992, S.410

An Orlikowskis Modell von 1992 fällt auf, dass der Einfluss der Akteure auf die organisatorischen Gegebenheiten nicht vorkommt. Sie begründet dies damit, dass sie sich an dieser Stelle auf die Einflüsse beschränkt, die Technologien strukturieren (vgl. Orlikowski 1992, S. 411). Insofern konzentriert auch sie sich auf Technologie und fokussiert auf diese hinsichtlich deren Wechselwirkungsverhältnisses mit Organisation.

Die Beziehungen und Einflüsse entlang der Pfeile beschreibt sie wie folgt (vgl. Orlikowski 1992, S.409-411):

1) *Technologie als Produkt von menschlichen Handlungen:* Technologie ist das Ergebnis von menschlichen Handlungen wie Gestaltung, Entwicklung, Aneignung und Veränderung. Technologie entsteht allein durch menschliche Handlungen und wird durch fortwährende Benutzung und Anpassung geformt. Technologie selbst bleibt ohne menschliche Handlungen und Interpretationen ohne Bedeutung. Auffallend ist bei ihrer Darstellung, dass sie keinen direkten Einfluss von organisatorischen Gegebenheiten auf Technologie benennt, sondern diesen allein vermittelt über Akteure zulässt.

Die interpretative Flexibilität von Technologien wird bei zwei Interaktionsfällen sichtbar. In der Gestaltungs- und Entwicklungsphase bauen menschliche Akteure interpretative Rahmenbedingungen über das Wissen über die

---

27 Orlikowski fasst die institutionellen Eigenschaften sehr weit. Sie beinhalten organisatorische Dimensionen wie strukturelle Arrangements, Unternehmensstrategien, Ideologie, Unternehmenskultur, Kontrollmechanismen, standardisierten Abläufe, Arbeitsteilung, Kenntnisse, Kommunikationsmuster, aber auch staatliche Regulierungen, Verkaufsstrategien, professionelle Normen, Wissensstand über Technologien und sozioökonomische Bedingungen.

Arbeit, die automatisiert werden soll, ein. Bestimmte Möglichkeiten und Normen werden während der Gestaltung in die Technologie eingeschrieben. Im Nutzungskontext versehen menschliche Akteure die Technologien mit Bedeutungen, wodurch die eingeschriebenen Aspekte angeeignet werden und Einfluss auf die Handlungen haben.

Mit diesem Aspekt macht Orlikowski die Rolle der Akteure für ihr Modell deutlich.

2) *Technologie als Medium für menschliche Handlungen:* Technologie ermöglicht oder beschränkt menschliche Handlungen durch das interpretative Schema, die Möglichkeiten und Normen, die sie zur Verfügung stellt. Technologien vermitteln die Handlungen der Akteure. Jede Technologie erleichtert eine bestimmte Form von Arbeit, gleichermaßen kann eine spezifische Technologie eine bestimmte Form von Arbeit aber auch behindern.

An dieser Stelle ist der Rückbezug auf Vorstellungen eines technischen Determinismus am deutlichsten. Im Gesamtmodell betont Orlikowski, dass Technologie soziale Praktiken nicht bedingen kann. Menschliche Handlungen sind immer notwendig, um Technologie zu nutzen und dies birgt die Möglichkeit, anders zu handeln. Insofern können Technologien lediglich Rahmenbedingungen für soziale Praktiken setzen. Diese Rahmenbedingungen können sich sowohl erleichternd als auch beschränkend auswirken. Orlikowski hebt diese Janusköpfigkeit hervor, wonach bei einer Technologie beide Auswirkungen möglich sind, was in Untersuchungen oft nicht berücksichtigt wird. Technologien beinhalten – als Vermittler (Medium) sozialer Handlungen – beide Aspekte gleichermaßen. Welche der Auswirkungen im konkreten Fall überwiegt, ist abhängig von einer Vielzahl von Faktoren, die Handlungen und Motive der Akteure eingeschlossen.

3) *Institutionelle Bedingungen von Interaktion mit Technologie:* Institutionelle Bedingungen beeinflussen Menschen in ihrer Interaktion mit Technologien, beispielsweise durch Pläne, berufsspezifische Normen, den Stand der Wissenschaft bezogen auf Material und Wissen, Gestaltungsstandards oder verfügbare Ressourcen, wie Zeit, Geld, Kenntnisse. Erkennbar wird dieser Aspekt darin, dass in unterschiedlichen Kontexten – ob soziokulturell oder organisatorisch bedingt – Technologien sowohl unter unterschiedlichen Schwerpunkten entwickelt als auch die gleichen Technologien völlig unterschiedlich genutzt werden.

4) *Konsequenzen der Interaktion mit Technologien auf institutionelle Bedingungen:* Die Interaktion mit Technologie beeinflusst die institutionellen Bedingungen einer Organisation in dem Strukturen verändert oder verstärkt werden. (Individuelle) Handlungen werden geprägt durch einen Rahmen, der die Kommunikation beeinflusst, Ressourcen, die ein Ausdruck von Machtverhältnissen sind und Normen, die sich einschränkend auswirken können. Orlikowski weist mit diesen Einflüssen darauf hin, dass es Handlungsalternativen der Akteure mit Technologien gibt. Zwar werden üblicherweise die institutionellen Eigenschaften durch die Nutzung der Technologien verstärkt, manchmal aber auch verändert. Benutzerinnen und Benutzer sind sich häufig

dieses Aspekts nicht bewusst. Dennoch bietet die Interaktion mit Technologien das Potenzial, den status quo sowohl zu erhalten als auch zu durchbrechen. Auch hierfür gibt es Beispiele aus der Praxis, wonach Technologien nicht oder nicht in der geplanten Weise genutzt und so die bezweckten Ziele nicht erreicht werden.[28]

Prozess der Strukturierung von Technologie
Prozess der Strukturierung während der Technologienutzung

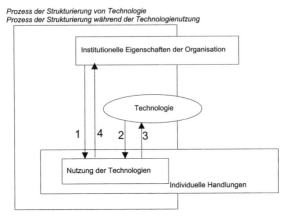

1: Institutionelle Bedingungen für die Nutzung
2: Technologische Bedingungen für die Nutzung
3: Technologische Konsequenzen der Nutzung
4: Konsequenzen für die institutionellen Eigenschaften durch die Nutzung

Abbildung 4: Darstellung entsprechend Orlikowski u.a. 1995, S.426

Die Abbildung 4 zeigt wie Orlikowski u.a. (1995) die Aspekte und ihre jeweiligen Einflüsse während der Nutzung beschreiben.

Die Strukturierung von Technologien ist beeinflusst davon, wie Benutzerinnen und Benutzer ihre Arbeit interpretieren, von der Organisation und der Technologie selbst (vgl. Orlikowski u.a. 1995, S.425). Der Einfluss der individuellen Nutzung von Technologien auf institutionelle Eigenschaften vollzieht sich oftmals unbemerkt und nicht gezielt. Ebenso bleibt der Einfluss der institutionellen Eigenschaften auf die individuelle Nutzung oft unberücksichtigt.

Konsequenzen für Technologien und Institution werden über die Handlungen der Benutzerinnen und Benutzer vermittelt, die Bedingungen für die Nutzung

---

28 Ein diesbezüglich erhellendes Beispiel aus der bundesdeutschen Diskussion liefert Eva Senghaas-Knobloch (1993). Das Überblicks- und Kontrollinteresse der EDV-Abteilung in einem Industriebetrieb führte zur Einführung eines Erfassungssystem für Reparaturaufträge. Die Reparateure, die ihre Aufträge darin erfassen sollten, nutzten das System jedoch in einer Weise, dass lediglich Datenmüll übrig blieb. Sie gaben Pseudoaufträge ein, um sich den für sie notwendigen zeitlichen Freiraum für Kleinarbeiten zu erhalten, die aus dem direkten Kontakt mit den in der Halle arbeitenden Arbeiterinnen resultierten.

der Technologien über die institutionellen Eigenschaften und die Technologien selbst gesetzt. Mit diesem Schema vermeidet Orlikowski sowohl einen sozialen wie auch einen technischen Determinismus und betont die Rolle der Akteure, abhängig von den jeweiligen Bedingungen. Eingebettet in die individuellen Handlungen wird der Einfluss von Technologien auf Institutionen vorwiegend über die Nutzung interpretiert. Dieses Schema erweist sich vor allem bei der Betrachtung sozial eingebetteter Software als hilfreich.

Während Orlikowski dieses Modell als Analysehintergrund benutzt, um die Bedeutung, Wirkung und Veränderung von Technologien im Nutzungskontext zu untersuchen, stellt sich die Frage, wie das „structurational model of technology" für die Entwicklungsphase fokussiert werden könnte. Wie können Einflüsse, Verhältnisse und Erfahrungen in der Softwareentwicklung innerhalb dieses Modells reflektiert werden?[29] Die Abbildung 5 stellt den Versuch dar, in enger Anlehnung an die von Orlikowski u.a. entwickelten Modelle, diese im Hinblick auf den Softwareentwicklungsprozess umzuinterpretieren. Die Wechselwirkung über die Nutzung der Technologie wird mit einem gestrichelten Pfeil symbolisiert, da sie – vermittelt über Vorstellungen einer späteren Nutzung – ebenfalls eine wichtige Rolle für den Entwicklungsprozess spielt.

Technologie ist in diesem Schema sowohl die bestehende als auch die entstehende. Den individuellen Handlungen wird innerhalb der technischen und organisatorischen Voraussetzungen eine Bedeutung beigemessen, hinsichtlich der Frage, wie die zukünftige Technologie gestaltet werden kann. Der Zusammenhang zwischen Nutzungskontext und Technikentwicklung wird in den Perspektiven auf individuelle Handlungen sowie Normen und Strukturen, als Einflussbeziehung durch die Institutionen auf die individuellen Handlungen, betont.

Das Schema vernachlässigt allerdings die Strukturen und Normen, die durch die Projektorganisation eines Softwareentwicklungsprojekts bestehen. In seiner Vereinfachung scheinen die Einflüsse der institutionellen Gegebenheiten allein auf die Entwicklung der Technologien zu wirken, und nicht auf die individuellen Handlungen. Dennoch kann mit diesem vereinfachten Schema der Gegenstand dieser Untersuchung betrachtet werden. Die Überlegungen von Christiane Floyd werden um die Bedeutung von Strukturen und Normen erweitert. Die Autooperationale Form könnte dann beschrieben werden als das Ergebnis eines Prozesses, in dem Strukturen, Normen und individuelle Handlungen wirken.

Der analytische Vorteil, Strukturen und Normen bei Softwareentwicklungsprozessen zu betrachten, erschließt sich bei der Beschreibung von Veränderungen. Individuelle Handlungen spielen bei Veränderungen zwar eine Rolle, sind aber nicht unabhängig von bestehenden Strukturen und Normen. Diese drücken sich beispielsweise in asymmetrischen Verhältnissen zwischen unterschiedlichen Beteiligten aus. Orlikowski bemerkt dazu:

---

29 Als Analyserahmen wurde das „structurational model of technology" beispielsweise von Matthew Jones und Joe Nandhakumar (1993) benutzt, um an einem konkreten Projekt den Systementwicklungsprozess zu betrachten.

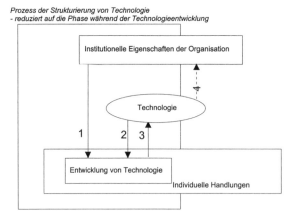

Prozess der Strukturierung von Technologie
- reduziert auf die Phase während der Technologieentwicklung

1: Einfluss institutioneller Eigenschaften auf die Entwicklung
2: Einfluss gegebener Technologien auf die Entwicklung
3: Einflüsse während der Entwicklung prägen, vermittelt durch
   individuelle Handlungen, die zukünftigen technologischen Systeme
4: Konsequenzen der Interaktion zwischen Technologie und Institution

Abbildung 5: Darstellung abgeleitet von Orlikowski 1992 und Orlikowski u.a. 1995

„When a given asymmetry of resources is drawn on by human actors in interaction, the existing structure of domination is reaffirmed. It is only when existing asymmetry of resources is changed – either through being explicitly altered or through being gradually and imperceptibly shifted – that existing structure of domination may be modified or undermined." (Orlikowski 1992, S.405)

Es geht also nicht allein darum, dass den technischen Artefakten Werte und Interessen eingeschrieben werden, sondern dass damit ebenfalls Veränderungen oder Verharrung möglich sind. Dabei geht es nicht nur um ungewollte oder gewollte technisch zentrierte Entwicklungen, sondern ebenfalls um die Möglichkeit, Strukturen und Normen innerhalb eines sozialen Gefüges zu verändern oder zu zementieren. Sollen bestehende Ungleichheiten und Asymmetrien verändert werden, kann dies aber nur gelingen, wenn eine ungleiche Ressourcenverteilung, die eine Ausdrucksform von hierarchischen Strukturen darstellt, aufgebrochen wird. Dann besteht die Möglichkeit, dass sich Machtverhältnisse oder Hierarchien verschieben. Die Betonung liegt auf „Möglichkeit", denn – wie dies aus mit vorherigen Erörterungen herausgearbeitet wurde – in der Nutzungsphase bestehen ebenfalls Variationsmöglichkeiten der Techniknutzung.

2.3 Zusammenfassung: (Geschlechter-)Neutralität der Organisations- und Technikentwicklung?

Das Verhältnis zwischen Organisation und Technik lässt sich weder als sozialer noch technischer Determinismus beschreiben. Es handelt sich um ein komplexes Wechselverhältnis, bei dem sich die Veränderungen der sozialen Verhältnisse und technischen Artefakte beeinflussen. Die Veränderungen sind als Potenziale zu betrachten, die sich unter gegebenen strukturellen Bedingungen und in variierenden Situationen unterschiedlich entfalten können. Ob die Potenziale eine einschränkende oder erweiternde Dynamik erhalten, hängt von individuellen Handlungen ebenso wie von den vorzufindenden festen oder sich verändernden Strukturen und Normen ab.

Welche Hinweise können die Überlegungen von Orlikowski und Floyd im Hinblick auf partizipative Systementwicklung und Geschlechterverhältnis bieten? Weder Orlikowski noch Floyd beziehen partizipative Softwareentwicklung oder das Geschlechterverhältnis explizit in ihren Analyserahmen ein.

Sowohl Orlikowski als auch Floyd argumentieren, dass es keine technisch zwangsläufige Entwicklung gibt. Beide widersprechen einmal mehr der These der Neutralität von Technik. Floyd schildert in ihren Ausführungen einerseits, wie der Systementwicklungsprozess vor sich geht, andererseits was dies für den Nutzungskontext bedeutet. Damit macht sie deutlich, dass im Softwareentwicklungsprozess Weichen für die spätere Nutzung gestellt werden. Sie betont, dass die Autooperationale Form – im Informationssystem vergegenständlicht – bestimmte Ideen verfestigt, die in der Modellierung eine Rolle spielten. Die Brüche zwischen Arbeitshandeln und technischem System und wie Benutzerinnen und Benutzer mit diesen Brüchen in der täglichen Praxis verfahren, sind nur begrenzt Gegenstand ihrer Überlegungen. Sie dienen in ihrer Argumentation als Ausgangssituation in dem Sinne, dass sie existieren und in der Softwareentwicklung methodisch darauf Bezug genommen werden muss. An ihrem Konzept wird deutlich, dass der Modellierungsprozess von Perspektiven der modellierenden Person (oder Personengruppe) geleitet ist.

Mit Orlikowskis „structurational model of technology" und der darin betonten Rolle der Akteure lässt sich eine Grundhypothese der partizipativen Softwareentwicklung untermauern. Die technischen Artefakte und organisatorischen Kontexte werden sowohl durch die Entwicklerinnen und Entwickler als auch durch die einbezogenen Benutzerinnen und Benutzer beeinflusst. Gleichzeitig weisen die Ausführungen von Orlikowski auch auf die potenziellen Grenzen einer partizipativen Softwareentwicklung hin. Strukturelle Rahmenbedingungen und institutionelle Bedingungen prägen die Situationen, in denen Technik entwickelt und genutzt wird. Hierarchien spielen in diesen Bedingungen eine Rolle.

Aus dieser Sicht lassen sich Hierarchien weder aus dem partizipativen Entwicklungsprozess ausgrenzen, noch ist es sinnvoll, sie zu ignorieren. Partizipative Softwareentwicklungsprozesse finden in strukturellen und normativen Gegebenheiten statt, die sowohl durch die Anwenderorganisation als auch durch die Projektorganisation beeinflusst sind. Zusätzlich sind partizipative Prozesse geprägt von den individuellen Handlungen der beteiligten Akteure oder von der Nichtbeteiligung bestimmter Betroffenengruppen. Für partizipative Prozesse sowohl die strukturellen und normativen als auch die individuellen Voraussetzungen zu betrachten, ist sinnvoll und notwendig, um sowohl die Chancen als auch die Grenzen auszuloten.

Durch die Beachtung der Handlungs- und Strukturebenen wird es möglich, das Geschlechterverhältnis bezogen auf die Technikentwicklung zu betrachten. Das Geschlechterverhältnis zeigt sich sowohl in Strukturen und Normen als auch in individuellen Handlungen. Mit den Ausführungen von Orlikowski und Floyd lässt sich, ohne dass diese dies explizit benennen, die These stützen, dass das Geschlechterverhältnis auf Technikentwicklung wirkt, und umgekehrt über die technischen Artefakte strukturell bestimmte Ausformungen des Geschlechterverhältnisses verfestigt werden können. Um die Bedeutung des Geschlechterverhältnisses in und für partizipative Softwareentwicklungsprozessen zu erfassen, ist nun zusätzlich eine detaillierte Sicht auf die Wechselwirkung zwischen Geschlechterverhältnis und Technikentwicklung bzw. -nutzung notwendig. Dies ist Ziel des nun folgenden Kapitels.

3 Geschlechterverhältnis – Technikentwicklung und -nutzung

„Both technology and gender are constitutive of each other and we need to develop frameworks that are capable of analyzing the diverse ways in which the two interact to produce a range of different subjective experiences and practices."
Flis Henwood (1993), S.45

Die Soziologin Ursula Holtgrewe (1997) zählt das Geschlechterverhältnis zu jenen sozialen Strukturen, die auf Technisierungsprozesse durchschlagen. Ebenso weist die Informatikerin Marja Vehvilainen (1991) vor dem Hintergrund der feministischen Diskussion in der Informatik darauf hin, dass soziale Praktiken im Prozess der Systementwicklung und -nutzung in die Systeme eingebaut werden (Vehvilainen 1991, S.248).

Nicht entschieden ist dabei, mit welcher Reichweite dies geschieht und welche Relevanz dies für das Geschlechterverhältnis aufweist. Ansatzpunkte, um dieser Frage nachzugehen, können nur aus einer Analyse entwickelt werden, die das Geschlechterverhältnis in Beziehung mit der komplexen Wechselwirkung zwischen Technikentwicklung/-nutzung und Organisation setzen. Dabei ist es von Bedeutung, soziale Verhältnisse und somit auch das Geschlechterverhältnis nicht als statisch sondern als veränderlich aufzufassen. Dies stellt eine gedankliche Voraussetzung auch schon in der Softwareentwicklungsphase dar, wenn die Veränderung des Geschlechterverhältnisses in Betracht gezogen wird.

Wenn also soziale Verhältnisse, und damit das Geschlechterverhältnis, auf Technisierungsprozesse wirken, und umgekehrt eine breite empirische Basis die Auswirkungen technischer Veränderungen auf das Arbeits- und Privatleben von Frauen nachweisen, legt dies eine Analyse der Arbeits- und Technikgestaltungsprozesse nahe. Dieses Kapitel dient dazu, Thesen und Belege aus der Literatur zu sichten, in der das Verhältnis von Geschlecht und technisch-organisatorischen Veränderungsprozessen untersucht wird.

Die zentralen Fragen, die diesem Kapitel zu Grunde liegen, sind: Wie schlägt sich das Geschlechterverhältnis in der Konstruktion und in der Nutzung von Technik nieder? Gibt es Anzeichen dafür, dass die Nutzung von Technik das herrschende Geschlechterverhältnis verfestigt oder aufbricht?

In Abschnitt 3.1 wird die theoretische Ausgangssituation bezogen auf das Geschlechterverhältnis innerhalb der feministischen Ansätze erläutert und der Begriff der Geschlechterhierarchie definiert. In Kapitel 3.2 wird die These illustriert und verdeutlicht, dass das Geschlechterverhältnis auf Technikentwicklung und -nutzung wirkt. Die theoretisch und historisch begründeten Ansätze und Beispiele werden entlang der Schwerpunktsetzungen der jeweiligen Autorinnen nach Entwicklungsphase oder Nutzungskontext gegliedert. In Kapitel 3.3 werden vertiefend einige feministische Überlegungen zum Softwareentwicklungsprozess veranschaulicht.

3.1 Zum Begriff „Geschlechterverhältnis"

Das Geschlechterverhältnis zählt zu jenen sozialen Strukturen, die über Normen und Wertesysteme zur Organisation gesellschaftlichen Lebens beitragen. Das Organisationsprinzip gesellschaftlicher Arbeitsteilung kann egalitär oder hierarchisch sein. Es ist heute in den allermeisten Fällen hierarchisch ausgeprägt, wobei die Geschlechtszugehörigkeit als ein Ordnungsprinzip fungiert. Dem Geschlechterverhältnis wird eine besondere Rolle zugesprochen bei der Ausformung sozialer Ungleichheit.

> „Mann- oder Frausein ist (..) eine autonome, d.h. nicht auf andere Ursachen reduzierbare Ursache für den Zugang zu ungleich verteilten Lebenschancen." (Cyba 1993, S.37)

Weitere soziale Ungleichheiten werden argumentativ, z.B. auf der Zugehörigkeit zu unterschiedlichen sozialen Schichten, ethnischen Gruppen, auf Alter oder Behinderung, aufgebaut und wirken gleichermaßen als eine Basis für Diskriminierung.

Innerhalb der feministischen Forschung gibt es eine breite Diskussion zur Relevanz der Kategorie „Geschlecht" im Verhältnis zu anderen Kategorien bei der Ausformung sozialer Ungleichheiten. Ich schließe an jene Positionen an, die davon ausgehen, dass „Frauen" nicht als einheitliche Gruppe, sondern als soziale Kategorie zu sehen ist. So verstanden führt „Frau-Sein" in vielen sozialen Gruppen zu spezifischen Ungleichheiten. So gibt es geschlechtertypische Problematiken im Alter, bei Menschen mit Behinderungen, bei Migration und auch innerhalb gesellschaftlicher Schichten. Die Schlechterstellung von Frauen ist ein allgemeines Prinzip, ein für alle Frauen wirksames Prinzip, im Konkreten aber kontextabhängig und veränderlich (vgl. Cyba 1993, S.37).

Diese feststellbaren geschlechtsspezifischen Ungleichheiten dürfen aber nicht dazu verleiten, von einer homogenen Gruppe „Frauen" auszugehen. Im Verlauf der feministischen Diskussionen wird heute mehr denn je betont, dass die Differenzen zwischen Frauen beachtet werden müssen, um nicht wiederum andere Diskriminierungserfahrungen zu ignorieren. Es gibt zu keiner Zeit lediglich nur eine einzige strukturierende Kategorie, die die Situation eines Menschen in der Gesellschaft prägt. Welche strukturierende Kategorie prägend für eine Diskriminierungserfahrung ist, kann nur unter Berücksichtigung der Situationen und der verschiedenen strukturierenden Kategorien betrachtet werden. Es bleibt daher ein Anspruch innerhalb der Frauenforschung (und Frauenbewegung), die unterschiedlichen Herrschaftsverhältnisse wahrzunehmen.

Zusammenfassend lässt sich sagen, dass Geschlechtszugehörigkeit hier und heute zu einem hierarchischen Verhältnis zwischen Männern und Frauen geformt wird – einer Geschlechterhierarchie –, wobei die Geschlechtszugehörigkeit für Frauen zu einer Schlechterstellung und zu ungleichen Chancen führt. Aus der mittlerweile sehr ausdifferenzierten feministischen Forschung[30] lässt sich als durchgängige Aussage ableiten, dass „Geschlecht" als gesellschafts-

---

30 Vgl. z.B. Knapp/Wetterer 1992; Knapp 1997; Aulenbacher/Goldmann 1993; Haraway 1995; Becker-Schmidt 1992, 1998; Teubner 1993; Butler 1991; Lorbeer 1999.

strukturierende Kategorie in den allermeisten Fällen der „mainstream/male-stream" Forschung nicht berücksichtigt wurde und wird. Insofern schließen feministische Forschungen Lücken, indem sie mit dieser analytischen Kategorie Fragen anders stellen und Antworten mit teilweise anderen Methoden suchen. Ein Beispiel dafür ist, die Frage zu betrachten, wie die Geschlechterhierarchie begründet und aufrechterhalten wird. Wichtige Beiträge zu dieser Frage sind in den wissenschaftlichen Arbeiten zu finden, die diese Mechanismen bei der „Vergeschlechtlichung von Berufsarbeit" untersuchen. Die Diskussion wird im Folgenden ausschnittweise wiedergegeben, da sie einerseits beispielhaft die Veränderlichkeit der Typisierung von „Frau-sein" bei gleichzeitiger Beibehaltung der Geschlechterhierarchie aufzeigt und andererseits auf Frauenerwerbsbereiche Bezug nimmt, was Teil des Untersuchungsgegenstandes dieser Arbeit ist.

Ausgangspunkt ist die empirisch nachweisbare Tatsache, dass eine Hierarchie zwischen „Frauenarbeit" und „Männerarbeit" sowie innerhalb von Berufen vorherrscht, die geschlechtlich geprägt ist. Worauf gründen sich diese Hierarchien? Relevant werden diese Überlegungen, da sie maßgeblich zu den Vorurteilen über Berufsfelder beitragen. Angelika Wetterer (1995) nennt Hierarchie und Differenz als strukturierende Faktoren der „Vergeschlechtlichung von Berufsarbeit", die auf der Zweigeschlechtlichkeit aufgebaut sind. Schon in der Festschreibung der zweigeschlechtlichen Differenz ist eine Hierarchisierung angelegt. „Wider besseres Wissens" erfolgen die Zuweisungen von Geschlechtsspezifika an Berufe oder Tätigkeiten. Brüche in diesen Zuweisungen sind längst aufgedeckt, wenn in Zeiten von Arbeitskräftemangel diese nicht mehr „„männlich" sondern „weiblich" passend beschrieben werden.[31] Dabei beweist die „Vergeschlechtlichung von Tätigkeiten" eine große Flexibilität:

> „Systematisch gesehen, funktioniert das nur deshalb, weil bedeutsam an der Ebene der Konstruktion und Rekonstruktion der Differenz allein der Vorgang des Unterscheidens selbst ist, die fortwährende Bestätigung und Reifizierung eines Gleichheitstabus zwischen den Geschlechtern (..), demzufolge diese sein, tun oder lassen können, was immer sie wollen, solange es nur verschieden ist - wobei die einzelnen Inhalte, die „die" Differenz von Fall zu Fall doch eigentlich ausmachen (sollen), letztlich beliebig sind." (Wetterer 1995, S.229)

Obwohl also die Zuweisung eines Geschlechts an Tätigkeiten keinen inhaltlichen Begründungen standhält, sondern eine gewisse Beliebigkeit aufweist, die sich vorrangig zum Nachteil von Frauen bei Bezahlung und Status auswirkt, wird die „Vergeschlechtlichung" beibehalten. Als die zwei Bedingungen, die dieses „Gelingen der Vergeschlechtlichung" ermöglichen, beschreibt Wetterer die scheinbare Plausibilität und dass soziale Ungleichheiten und Unterschiede auf „naturhafte" Unterschiede reduziert werden. Nach Ansicht von Angelika Wetterer sind die Zuordnungen vom Status der Tätigkeiten abhängig, nicht aber von den Inhalten. Auch wenn die gleichen Inhalte zuvor von dem jeweilig an-

---

31 Beispielsweise war Friseur früher ein Männerberuf, ebenso der des Sekretärs. Vgl. dazu auch Teubner 1992.

deren Geschlecht ausgeübt wurden, fällt dieses Wissen dem „sozial strukturierten Vergessen" zum Opfer.[32]

Carol Hagemann-White (1984) hat herausgearbeitet, dass die geschlechtsspezifischen Differenzen innerhalb der Geschlechter häufig größer sind, als zwischen den Geschlechtern. Die Angehörigen beider Geschlechter verfügen über weitestgehend deckungsgleiche Verhaltensmöglichkeiten. Weder eine biologisch[33] noch eine sozial begründete Argumentation von „Geschlecht" als Differenz erweisen sich als hilfreich bei der Frage nach der Geschlechterhierarchie. Sie werden „wider besseres Wissen" als Ursache für die Begründung der Hierarchie und der sozialen Ungleichheit herangezogen.

Aus diesem Grund schlägt Hagemann-White als analytische Grundlage vor, von einer „Nullhypothese" statt von der Hypothese der Differenzen zwischen den Geschlechtern auszugehen. Dies bedeutet, dass nicht die Hypothese der Differenz in eine Forschungsfrage eingehen soll, sondern die, dass es keine gibt.

Inhaltliche Zuschreibungen, strukturelle Ausgrenzungen und kulturelle Setzungen beeinflussen die Lebenswelten, beruflich wie privat, von Männern und Frauen und deren Selbstwahrnehmung. Sie führen zu ungleichen Chancen für Männer und Frauen im jeweiligen Kontext. Werden insbesondere inhaltliche Begründungen für die ungleiche Verteilung der Chancen herangezogen, werden Machtverhältnisse verschleiert.

> „Als hinge Partizipation an gesellschaftlichen Bereichen ab von subjektiven Eigenschaften! Machtverhältnisse, Interessenhierarchien und Ausgrenzungsstrukturen, die über das Ausmaß möglicher „Beteiligung" mit entscheiden, bleiben dagegen unerhellt." (Knapp 1989, S.221)

Diese Anmerkung von Gudrun Axeli Knapp verdeutlicht eine besondere Problematik, die bei der Partizipation von Frauen bei der Entwicklung technischer Systeme beachtet werden muss. Technische Artefakte können, vermittelt über die Akteure, als Produkte der gesellschaftlichen Verhältnisse betrachtet werden. In ihnen zeigen sich Machtverhältnisse, Interessenhierarchien und Ausgrenzungsstrukturen. Technische Artefakte sind demnach Produkte, „wo sich Geschlechterverhältnisse in vielfältiger und immer neuer Weise artikulieren und manifestieren" (Engler 1993, S.68).

Um die weiteren Überlegungen zum Verhältnis zwischen Technikentwicklung/-nutzung und Geschlechterverhältnis zu strukturieren, eignen sich die drei Dimensionen der Wirkung des Geschlechterverhältnisses, die Sandra Harding (1990, S.14) beschreibt: die strukturelle, die symbolische und die individuelle Dimension. Sie sind miteinander verwoben und haben kulturspezifische Ausprägungen.

Mit der **strukturellen** Dimension sind gesellschaftlich verfestigte Strukturen gemeint, die zur Benachteiligung von Frauen führen können, so z.B. die ge-

---

32 Das Vergessen der „Computerfrauen" wurde aufgearbeitet z.B. von Ute Hoffmann (1987) sowie, aus übergeordnetem Blick, von Regina Becker-Schmidt (1992), speziell ab S.73.

33 Zur kulturellen Konstruktion des sozialen und biologischen Geschlechts vgl. Heinz 1993.

46

schlechtshierarchische Arbeitsteilung. Nach wie vor besteht die Unterscheidung von Frauen- und Männerberufen. Nach wie vor erreichen Frauen und Männer trotz gleicher formaler Ausgangssituation unterschiedliche hierarchische Organisationsstufen. Frauenberufe und Positionen, in denen vorwiegend Frauen beschäftigt sind, genießen geringeres Ansehen und werden schlechter entlohnt (vgl. auch Winker 1995, S.32).

Bei der **symbolischen** Dimension geht es um inhaltliche Zuschreibungen, die mit den Geschlechtern verbunden werden. So wird heute innerhalb unserer Kultur beispielsweise Technik mit Männlichkeit verknüpft, Emotionalität oder Intuition mit Weiblichkeit. Diese und ähnliche Stereotype prägen und beeinflussen auch die strukturelle und die individuelle Dimension. Die inhaltlichen Zuschreibungen sind selektiv, anpassungsfähig und veränderlich. Alle Zuschreibungen basieren auf der normativen Idee der Geschlechterdifferenz.

Die **individuelle** Dimension des Geschlechterverhältnisses bezieht sich auf die subjektive und kollektive Prägung der Individuen. Harding verbindet damit Geschlechtsidentitäten, die Frauen und Männer während ihres Lebensweges annehmen und die geprägt sind von einem Machtunterschied zwischen den Geschlechtern. Sowohl durch die strukturellen als auch durch die symbolischen Ausprägungen des Geschlechterverhältnisses werden Selbst- und Fremdwahrnehmung sowie Handlungen von Individuen[34] beeinflusst. Dennoch beinhaltet vor allem die individuelle Dimension die Möglichkeiten der persönlichen Widersprüche und Ambivalenzen, während mit den strukturellen und symbolischen Dimensionen eher Kräfte beschrieben werden, die von kulturellen und gesellschaftlichen Bedingungen geprägt sind. Dies zeigt sich auch beim Zusammenhang von Geschlechterverhältnis und Technik. Während Technik bei Männern meist zu einer positiven Assoziation führt, wirkt dies bei Frauen meist genau gegenteilig, und wirkt sich auf die Handlungsmöglichkeiten aus.

Mit den drei Dimensionen nach Sandra Harding ist der theoretische Rahmen, in dem das Geschlechterverhältnis im Zusammenhang mit Technikentwicklung/-nutzung im Folgenden betrachtet wird, aufgespannt. Ohne die Betrachtung der individuellen und strukturellen Gegebenheiten und Situationen der Personen oder Personengruppen sowie der Symbolismen, die mit Technik und Geschlecht verbunden werden, bleibt ein Bild von der Wirkung des Geschlechterverhältnisses auch im Softwareentwicklungsprozess, bzw. in diesen hier zu untersuchenden partizipativen Prozessen, unvollständig. Individuelle Wege und Umgangsweisen zeigen längst Brüche auf und ermöglichen potenzielle Veränderungschancen. Fremd- und Selbstzuschreibungen sind heute nicht mehr ungebrochen. Nach wie vor ist die vorherrschende Tendenz – gerade bezogen auf Technik –, dass dies bei Männern zu einem positiven, bei Frauen zu einem negativen Selbstbild führt. Was traut sich eine Frau in einem männlich dominierten Berufsfeld zu? Was traut sich ein Mann in einem männlich dominierten Berufs-

---

34 Zu den individuellen Handlungsmöglichkeiten zählt beispielsweise, welche Prioritäten Frauen im Spannungsfeld zwischen Beruf und Familie setzen (Priorität von Familie bzw. Beruf, schwankende Prioritäten, Vereinbarung). Vgl. Mussmann/Papst 1990.

feld zu? Scheinbar selbstverständliche Selbstbilder prägen die Haltung im Umgang miteinander und mit technischen Themen.

3.2 Vergeschlechtlichte Technologie

Bei feministischen, sozialwissenschaftlichen und technikhistorischen Untersuchungen steht das Wechselverhältnis zwischen Geschlechterverhältnis und Technologie im Mittelpunkt. Es wird die Frage gestellt, wie sich der Einfluss des Geschlechterverhältnisses, z.b. durch Stereotype und Klischees, auf Technikentwicklungsprozesse und Techniknutzung auswirkt. In den folgenden beiden Abschnitten werden exemplarisch Ergebnisse aus dieser Forschung aufgezeigt.

3.2.1 Geschlechterverhältnis und Entwicklungsphase

„Wenn Technik unter Berücksichtigung beruflicher Stereotypen entworfen wurde, ist es kaum verwunderlich, daß die Geschlechterteilung weiterhin in den Arbeitsplatz integriert ist."
Judy Wajcman (1994), S.47

Eine der verbreiteten Grundannahmen, Technikentwicklung sei „neutral" und folge immanenten Linien, wird von techniksoziologischen Positionen aus zurückgewiesen (siehe Kapitel 2). Die feministische Forschung betrachtet Technikentwicklungsprozesse speziell unter dem Gesichtspunkt, welche Bedeutung Annahmen über das Geschlecht der Zielgruppe der potenziellen Benutzerinnen und Benutzer auf die Entwicklung und die Artefakte haben können.

Software, so Jeanette Hofmann (1997), lässt sich nicht ohne Annahmen über die zukünftigen Benutzerinnen und Benutzer sowie die voraussichtlichen Nutzungsweisen entwickeln. Die Autorin zeigt entlang dreier Konzeptionen von Textverarbeitungsprogrammen der 70er und 80er Jahre, wie sich diese Annahmen in den entwickelten Systemen niederschlugen[35]: dem menugesteuerten Textautomaten, der tastaturgesteuerten Programmoberfläche und der graphisch orientierten Programmoberfläche.

Die menugesteuerten Textautomaten (z.B. WangWriter, IBM Display Writer) und die tastaturgesteuerten Programmoberflächen (z.B. WordStar, WordPerfect) wurden für die gleiche Zielgruppe entwickelt: (weibliche) Büroarbeitskräfte, deren Hauptaufgabe darin bestand, Texte zu bearbeiten. Bei den beiden technischen Lösungen wurde jedoch von unterschiedlichen Annahmen ausgegangen. Während die menugesteuerten Textautomaten ein Bild der potenziellen Benutzerin als technisch ungebildeter Anfängerin zu Grunde legten, erforderten die tastaturgesteuerten Programmoberflächen, dass die Benutzerinnen sich auf die programmspezifische Bediensprache und Logik einlassen mussten. Beide Programme waren auf Rationalisierungs- und Effizenzeffekte der routinehaften Textbearbeitung ausgerichtet, die Lösungsansätze unterschieden sich jedoch.

---

35   Ihr Beitrag beruht auf Befragungen (transkribierte Interviews) von Entwicklern von Textverarbeitungsprogrammen und Literaturrecherchen.

„Die imaginierte Adressatin der Textautomaten erweist sich als ewige Anfängerin, deren technische Kompetenz so gering erschien, dass durch unproduktives Schreiben entstehende Kosten niedriger veranschlagt wurden als jene durch mögliches Fehlverhalten." (Hofmann 1997, S.78)

Während im Falle der Textautomaten also das Fehlverhalten durch rigide Programmführung eingeschränkt werden sollte, wurden bei den tastaturgesteuerten Programmoberflächen Kompetenzen im Umgang mit Computern erwartet. Die Erfahrungen und Ansprüche aus Sicht der Entwickler, wie ein effizienter Umgang mit dem Computer aussehen sollte, wurden auf die vermuteten Anforderungen der Benutzerinnen der Textverarbeitungsprogramme, als technische Expertinnen, übertragen (vgl. Hofmann 1997).

Bei der Betrachtung dieser beiden Beispiele, die den gleichen Adressatenkreis betreffen, ist augenfällig, mit welch unterschiedlichen Eigenschaften die Zielgruppe belegt wurde. Werden diese Systeme nun für die Textproduktion eingesetzt, strukturieren sie unterschiedliche Techniknutzungsmöglichkeiten. Ein Textautomat ermöglicht es kaum, Kompetenzen weiterzuentwickeln, was bei Programmen wie WordPerfect oder WordStar unumgänglich ist.[36]

Die dritte von Hofmann betrachtete Konzeption einer Textverarbeitung, die graphisch orientierte Programmoberfläche (z.B. Star von Xerox, Macintosh), zielte auf eine vorwiegend männerdominierte Erwerbsgruppe. Manager und Wissensarbeiter ohne „eigene" Sekretärin, sollten Texte verfassen können, ohne technische Kenntnisse haben zu müssen. Bei dieser Zielgruppe wurde angenommen, dass es sich um Gelegenheitsschreiber handelte. Ein mangelndes Interesse an Computern wurde vorausgesetzt, weil Textproduktion in diesem Fall lediglich eine Nebentätigkeit darstellte. Das zu Grunde liegende Nutzerbild war das des „dauerhaften und selbstbewussten Dilettanten" (vgl. Hofmann 1997). Während bei der „technischen Expertin" die tägliche Routine vorausgesetzt wurde und dies den Lernaufwand programmspezifischer Kommandos rechtfertigte, wurde bei den graphisch orientierten Programmsystemen darauf geachtet, dass sie leicht zu erlernen und zu bedienen waren. Die Anforderungen an das Erinnerungsvermögen des Gelegenheitsschreibers, sollten möglichst gering sein.

Die Darstellungen von Hofmann sind in mehrfacher Hinsicht aufschlussreich. Hofmann zeigt auf, dass Annahmen über die potenziellen Benutzerinnen und Benutzer sowie über deren Nutzungsweisen nachhaltigen Einfluss auf die technische Lösung haben.[37] An den herstellerspezifischen Unterschieden wird deutlich, dass die gleichen Annahmen nicht zwangsläufig zum gleichen Systemde-

---

36 Das gleiche gilt für das Textbearbeitungsprogramm TeX, das im wissenschaftlichen Umfeld bevorzugt eingesetzt wurde. Es erforderte von vornehrein technische Kenntnisse und förderte diese zugleich.

37 Hofmann erwähnt den Einfluss der technischen Weiterentwicklung im Bereich Hard- und Software nur am Rande. Es könnte durchaus argumentiert werden, dass gerade die technischen Fortschritte die jeweiligen Konzepte von Textverarbeitung ermöglichten. Dies stellt allerdings ihrer Argumentation, welche Bilder von Benutzerinnen und Benutzern sowie Nutzungsweisen für die Entwicklung eine Rolle spielten, nicht in Frage, da darin keine Zwangsläufigkeit liegt.

sign führen. Wird das Geschlechterverhältnis dabei in den Blick genommen, lässt sich erkennen, dass sich die Bilder von Benutzerinnen und Benutzern an der typischen geschlechtshierarchischen Arbeitsteilung im Bürobereich orientieren. Die typischerweise weiblichen Schreibkräfte werden dabei entweder als technikfremde Anfängerinnen oder technische Schreibexpertin konzipiert. Der Büroarbeiter kann sich die technische Inkompetenz leisten, denn seine Hauptaufgaben liegen in anderen Bereichen. Mit den entwickelten Systemen werden somit die geschlechtsspezifischen Schreibverhältnisse in Büros als gesellschaftlich tradierte Organisationsformen fortgeschrieben (vgl. auch Webster 1993).

Ein weiteres Beispiel aus dem Bürobereich stellen Sabine Helmers und Regina Buhr (Buhr/Helmers 1993, Buhr 1996) vor. Sie verfolgten eine angeblich „vorurteilsfreie Entwicklung" im Rahmen eines Projekts zur Erforschung sozialer und kultureller Einflussfaktoren auf Technikgeneseprozesse. Die Feldstudie führten sie in einem größeren Unternehmen durch, das Büromaschinen produziert. Sie fragten nach der Berücksichtigung von Interessen der „Schreibkräfte" und der Anpassung der Schreibmaschinenkonstruktionen an die Vorstellungen der Bedienerinnen im Verlauf des 20. Jahrhunderts. Ihre Untersuchung basiert auf der Auswertung einschlägiger Fachzeitschriften und anekdotenhafter Geschichten von Entwicklern. Trotz der sehr unterschiedlichen Materialien stießen sie dabei auf ein ungebrochen klischeehaftes Frauenbild, das auf Körperliches reduziert und von Technikferne geprägt war (vgl. Buhr 1996, S.65).

In einer Schlüsselgeschichte wurden die komplizierten Berechnungen benannt, die angestrengt wurden, um die Schreibmaschinentastatur an die „typischerweise längeren weiblichen Fingernägel" anzupassen. Befragungen von „Schreibkräften" heute ergaben, so die Autorinnen, dass es sich hierbei um ein Scheinproblem handelte. Ein reales Problem stellte dies nicht dar. Wenn überhaupt, so war dieses „Problem" bei Sekretärinnen vorhanden, deren Schreibarbeitsanteil allerdings lediglich 20% ausmachte. Irritierend war, dass für die Lösung dieses „Problems" kostspielige Entwicklungskapazitäten eingesetzt wurden, von Benutzerinnen geforderte, sinnvolle technische Neuerungen oder alternative Lösungen dagegen wenig Beachtung gefunden hatten. So gab es zeitgleich mit der Entwicklung der mechanischen Schreibmaschine Vorschläge, diese Maschinen mit einem elektrischen Antrieb zu versehen. Es dauerte bis in die 50er Jahre, bis diese Lösung sich durchgesetzt hatte, obwohl schon in den zwanziger Jahren die Nachteile der mechanischen und die Vorteile der elektrischen Schreibmaschine bekannt waren (vgl. Buhr/Helmers 1993).

Auch die Entwicklung der automatischen Radiervorrichtung, in der Zeit von 1923 bis 1925 beständig von Benutzerinnen gewünscht, ließ bis in die 40er Jahre auf sich warten. Mit technisch-ökonomischen Begründungen wurde diese Entwicklung blockiert. Die Entscheidung der Firma AEG, die bekanntermaßen unergonomische Remington-Standardtastatur entgegen geeigneteren Tastaturen durchzusetzen, wurde damit begründet, dass die „eingewöhnte Masse" nicht einfach umlernen kann. Bei der flächendeckenden Einrichtung von Computerarbeitsplätzen wiederholte sich dies, was z.B. zu den Gelenkschädigungen bei Datentypistinnen führte (vgl. Buhr/Helmers 1993, S.54).

Für die Autorinnen spiegeln diese Begebenheiten das Vorurteil männlicher Entwickler wider, Frauen, insbesondere Schreibmaschinenbedienerinnen, hätten wenig bis gar keine geistigen Kapazitäten.

„Die historischen Beispiele zeigen, daß es sich bei dem aktuellen Scheinproblem, eine Tastatur für langnägelige Schreibkräfte zu entwickeln, nicht um einen Einzelfall handelt, sondern dass die Entwicklungsgeschichte der Schreibmaschine dadurch gekennzeichnet ist, daß nur scheinbar wichtige Veränderungen konstruiert und als nutzerfreundlich ausgewiesen wurden, während technisch machbare und den einschlägigen Fachkreisen bekannte nutzerfreundliche Entwicklungen nicht verwirklicht wurden. Die hier exemplarisch angeführten Fälle belegen nicht nur die handlungsleitende Kraft von Leitbildern auf technische Entwicklungsarbeiten, sondern verdeutlichen auch die Langlebigkeit diskriminierender und irrealer Frauenbilder." (Buhr/Helmers 1993, S.54)

Diese Art Entwicklungen seien allerdings langfristig nicht im unternehmerischen Interesse, wenn es um die Nützlichkeit und Akzeptanz von Technik gehe, und so werde die Einbeziehung der nutzenden Personen letztlich auch aus ökonomischen Gründen notwendig. Denn sonst werden „unter dem unreflektierten Einfluss von Vorurteilen (...) technische Probleme herausgebildet und bearbeitet, die aber den Absatz nicht erhöhen, wenn sie an den Nutzerinnen vorbeigehen" (Buhr/Helmers 1993, S.55). Deutlich wird insbesondere, dass sich das „technisch Bedingte" bei näherer Betrachtung als nicht (geschlechts)neutral erweist. Regina Buhr (1996) kommt zu dem Schluss, dass die Problemsicht „der Techniker" weniger an realen Problemen als an „Scheinproblemen" orientiert ist. Gekennzeichnet von Alltagsferne und frauenfeindlichen Bildern besteht die Gefahr, dass auftretende Gestaltungsoptionen aus der Sicht der Entwickelnden und nicht im Hinblick auf die spätere Aufgabenangemessenheit genutzt werden. Auf Maßstäbe außerhalb der im Pflichtenheft definierten Vorgaben befragt, antwortete einer der Ingenieure: „In erster Linie muss es mir selbst gefallen" (Buhr 1996, S.66).
Diese Ergebnisse ähneln der Kritik an Softwareentwicklungsprozessen, wonach die Softwaresysteme häufig an Nutzungskontexten vorbei entwickelt und auf Grund verbleibender Gestaltungsspielräume eher durch die Sicht der Entwicklerinnen und Entwickler, als durch die Interessen der späteren Benutzinnen und Benutzer geprägt werden. Buhr weist darauf hin, dass dies kein Naturgesetz ist, sondern veränderbar. Sie drängt darauf, „eine Mitwirkung von Frauen sowohl auf der Herstellungsseite als Ingenieurinnen als auch eine Einbeziehung der Bedienerinnen in den Entwicklungsprozess" (Buhr 1996, S.67) zu forcieren. Nach ihrer Ansicht kann dies zu einer realistischeren und dem Anwendungsfeld adäquateren Technikentwicklung führen. Sie hält ein Einmischen heute für möglich, da sowohl die aktuelle Rationalisierungsdynamik als auch die Fragen aktueller Technikentwicklung eng mit dem Anwendungsfeld verknüpft sind.

„Ohne das Know-How und die Kooperationsbereitschaft derjenigen, die vor Ort die neue Technik anwenden sollen, ist der Rationalisierungserfolg nicht mehr sicher." (Buhr 1996, S.67)

Die Ausführungen von Hofmann, Buhr und Buhr/Helmers bekräftigen die These, dass Annahmen über Benutzerinnen und Benutzer sowie Nutzungsweisen in das Design von Artefakten einfließen. Während Hofmann aufzeigt, wie auch bei der gleichen Zielgruppe – weibliche Büroarbeitskräfte – unterschiedliche Vorstellungen über Kompetenzen vorhanden sind, die jedoch alle die geschlechtshierarchische Arbeitsteilung fortschreiben, betonen Buhr und Helmers den diskriminierenden Charakter der geschlechtlichen Stereotype. Ihre Ergebnisse weisen Ähnlichkeiten mit jenen von Huff/Cooper auf. In beiden Untersuchungen kommen die Autorinnen und Autoren zu dem Schluss, dass geschlechterstereotype Vorstellungen in die Konzeption eingehen. In den erwähnten Untersuchungen wird die Frage gestellt, inwieweit diese Vorstellungen mit der „Realität", auf die Bezug genommen wird, in Übereinstimmung sind. Bei Buhr/Helmers (1993) und Buhr (1996) insbesondere wird deutlich gemacht, wie sich eingehende Vorurteile negativ bei der Arbeit mit den Technologien auswirken können. Im Ergebnis sind die Artefakte dem Nutzungskontext nicht angepasst und genügen dadurch unter Umständen nicht einmal Anforderungen an Effektivität.

Hofmann dagegen argumentiert, dass allein schon die Erkenntnis, dass Annahmen über Benutzerinnen und Benutzer sowie Nutzungsweisen in das Softwaredesign einfließen, nahe legen sollte, diese Annahmen systematisch zu diskutieren.

> „Resümierend betrachtet läßt sich Software ohne Vorstellungen über künftige Anwender und Anwendungsweisen nicht entwickeln (..). Umgekehrt greifen Nutzerbilder, sobald sie sich einmal als Programmcode manifestiert haben, jedoch strukturierend in das alltägliche Handeln ein und verändern dies. Deshalb verdienen sie eine größere öffentliche Beachtung als ihnen bislang zuteil wird." (Hofmann 1997, S.97)

Die Annahmen können den Nutzungskontext, dies legen die Ergebnisse von Hofmann nahe, fördernd oder benachteiligend für die Benutzerinnen und Benutzer strukturieren. Wird Software mit der Vorstellung entwickelt, die Benutzerinnen und Benutzer hätten ein technisches Desinteresse oder technische Inkompetenz, wird gewissermaßen eine „self fulfilling prophecy" erzeugt.[38] Hofmann weist relativierend allerdings auch auf die Aneignungsweisen und Umdeutungen hin, die während der Nutzungsphase möglich sind.

Ergänzende Belege für die Wirksamkeit geschlechterstereotyper Vorstellungen auf Technikentwicklung sind bei der Technisierung des Hausarbeitsbereichs zu finden. Gerade hier können gängige gesellschaftlich benachteiligende Vorstellungen zu „Frauenarbeit" sichtbar gemacht werden. Der Hausarbeitsbereich ist davon gekennzeichnet, dass Frauen nach wie vor den Löwinnenanteil der Arbeit erledigen.[39] Welche Annahmen über die Benutzerinnen und über die Nutzungsweisen herrschen bei der Technikentwicklung, die vornehmlich von Männern durchgeführt wird, vor?

---

38 In gewisser Weise lässt sich dies auch an vielen „benutzerfreundlichen" und „leicht erlernbaren" Systemen ablesen. Sie sind zwar meist auf Anhieb bedienbar. Funktionsweise oder Fehlfunktionen zu verstehen, gelingt selbst technisch versierten Menschen nicht unbedingt.

Aktuelle Beispiele, wie z.B. die derzeitigen Vorstellungen von „intelligent homes" oder „smart houses", zeigen sich in Hochglanzbroschüren und Äußerungen der Akteure über diese Technologien. Diese sind zwar noch im Entstehungs- und Erprobungsstadium, verraten vielleicht aber gerade daher in unverblümten Zukunftsvisionen einiges über die (Nicht)Sicht auf Hausarbeit. So argumentiert beispielsweise Gisela Dörr (1995), dass die technischen Konzepte zwar in den Hausarbeitsbereich eindringen, allerdings die „traditionellen weiblichen Arbeitsbereiche" nicht berücksichtigt werden. Ihre These wird unterstützt durch Ergebnisse zweier Studien zur Technikakzeptanz in der Bevölkerung. Auf die Frage, „Was soll die Technik der Zukunft für mich persönlich leisten?" wurden von 21% der Frauen und von 12% der Männer vorrangig die Erleichterungen in Haushalt und Garten genannt. Mit sechs Prozent stehen „Erleichterungen und allgemeine Verbesserungen für den Haushalt" ganz oben. Gleich darauf folgt der Wunsch an eine Technik-Fee, „welche die oft so ungeliebten Arbeiten wie Bügeln, Putzen, Aufräumen, Abwaschen und Kaffeekochen im Handumdrehen erledigt" (Informatik Spektrum 1998, (21)6, S. 375).

Gisela Dörr will mit ihrer These auf ein grundlegendes Problem der Technikgenese hinweisen, dass nämlich „die Anstöße für die Entwicklung von Haushaltstechnik (...) sich in der Regel nicht aus den Bedürfnissen derjenigen (ergeben), die im Haushalt arbeiten (...)" (Dörr 1995, S.169). Stattdessen beeinflussen die Vorstellungen der (meist männlichen) Technikentwickler die Gestaltungsvorschläge der „intelligent-home's". Diese Vorstellungen wiederum sind von der Grundannahme der geschlechtsspezifischen Arbeitsteilung geprägt. Die Vorschläge scheinen „auf die Bedürfnisse berufstätiger Männer mit ausgeprägtem technischen Interesse" (Dörr 1995, S.169) ausgerichtet.

Dies lässt sich auch bei Ann-Jorunn Berg (1995, S.86) in ihrer Beschreibung von Projekten zu „smart house's" herauslesen. Obwohl teilweise in den Verkaufsbroschüren auf die Erleichterung im Haushalt angespielt wird (lächelnde Hausfrauen neben dem Küchencomputer), bleibt Hausarbeit bei den Projekten unbedeutend. Die Technologie greift in einen „weiblichen Arbeitsbereich" ein, ohne dass das Wissen und die Anforderungen von Frauen darin beachtet werden. Informations- und Kommunikationstechnologie, als männlich geltende Domäne, wird von Männern – Entwicklern und Betreibern – in eine als weiblich geltende Domäne eingestellt. Die Visionen der „smart homes" bieten, so ihre Analyse, keine neue Technologie um Hausarbeit zu vermindern oder zu erleichtern, sondern vernetzen und integrieren bestehende Haushaltsgeräte. Das Hauptaugenmerk der Integration und Kontrolle bezieht sich auf Energie, Alarmsysteme und Vernetzung von chipgesteuerten Einheiten (der Wäschetrockner ist verbunden mit dem Fernseher und meldet, wann sein Programm beendet ist). Die strukturell ungleiche Arbeitsteilung zwischen den Geschlechtern im Hausarbeitsbereich

---

39 Aus einer repräsentativen Studie des BMFJ von 1992 zum Thema „Gleichberechtigung von Frauen und Männern" geht hervor: Die traditionellen Muster der Aufgabeteilung bleiben im Osten wie im Westen fortbestehen. 77% der Frauen im Westen und 70% der Frauen im Osten putzen die gemeinsame Wohnung, 78% bzw. 74% der Frauen sind fürs Kochen zuständig.

wird nicht thematisiert, sondern geht als unumstrittene Voraussetzung in die Gestaltung der Technologien ein. Hausarbeit ist nicht im Blickfeld der technologischen Entwicklung. Mit dem Fokus auf Vernetzung wird ein technophiles Konzept entwickelt, das sich nicht an einer Auflösung von Ungleichheit orientiert. Durch die Ignoranz der tatsächlichen Arbeitsverteilung und des Arbeitsaufkommens sowie durch die Ausrichtung der Techniken auf eher Männern zugeordnete Ideen von technischer Kontrolle und Integration wird die geschlechtliche Arbeitsteilung im Haushalt fortgeschrieben.

Das herrschende Geschlechterverhältnis fließt in Entscheidungsprozesse ein, stellen auch Susan Ormrod und Cynthia Cockburn in ihrem Forschungsprojekt zum Lebenszyklus des Mikrowellenherds fest.

„Wir haben auch gesehen, wie der Mikrowellenherd unter Berücksichtigung von zwei Perspektiven entworfen wurde: zum einen im Hinblick auf den unmittelbar bevorstehenden Herstellungsprozess und zum anderen im Hinblick auf den etwas ferner liegenden Kauf und die folgende Nutzung. Die in jedem dieser Prozesse antizipierten Geschlechterverhältnisse wurden in die Entscheidungsfindung einbezogen." (Cockburn/Ormrod 1997, S.21)

Die bislang beschriebenen Forschungsergebnisse beziehen sich im Schwerpunkt auf vergeschlechtlichte Zuschreibungen von Kompetenzen und Arbeitsschwerpunkten und zielen damit auf die individuellen und symbolischen Dimensionen des Geschlechterverhältnisses. In ihnen dokumentiert sich die Ungleichheit zwischen den Geschlechtern. Werden die Ungleichheiten gar nicht erst wahrgenommen, bewirken sie bei der Technikentwicklung gute Voraussetzungen für Festschreibungen und Fortsetzungen des herrschenden Geschlechterverhältnisses, vergegenständlicht in den technischen Artefakten.

Ein Beispiel, an dem sich die Möglichkeit unterschiedlicher Technikentwicklungspfade auch entlang der strukturellen Dimension des Geschlechterverhältnisses zeigen lässt, beschreibt Cynthia Cockburn (1983) mit ihrer Untersuchung der technologischen Veränderungen des Setzens. Im neunzehnten Jahrhundert konkurrierten die Maschinen von Lynotype und Hattersley. Während Hattersley eine Aufteilung der Arbeitsvorgänge vorsah, die auf den Einsatz von ungelernten Kräften im Arbeitsbereich des (gelernten) Setzens ausgerichtet war, mechanisierte die Lynotype-Maschine das Können der Setzer. Lynotype hatte eine Technik gewählt, die den Setzern mit ihrer starken Gewerkschaft entsprach, d.h. nicht vornehmlich den Interessen der Unternehmen. Die Entscheidungen für oder gegen QWERTZ[40] bzw. Lynotype bei computerisierten Fotosatzsystemen fiel ebenfalls im Hinblick auf den personellen Einsatz von Frauen **oder** Männern. Computerisierte Fotosatzmaschinen mit QWERTZ-Tastatur wurden an der Tastatur der Schreibmaschine orientiert und im Hinblick auf den Einsatz billigerer weiblicher Schreibkräfte entwickelt. Die völlig andersartige Lynotype-Tastatur, die im 19. Jahrhundert einen Mechanisierungsschritt im Satzwesen

---

40 Bekannt ist diese Abkürzung als QWERTY, entsprechend der Buchstabenfolge links oben auf der Tastatur, der früheren Schreibmaschinentastatur. Der Begriff wurde ihn an die deutsche Tastaturbelegung angepasst.

darstellte, hätte dagegen das Spezialkönnen der männlichen Lynotype-Bediener gesichert.

Cockburns Untersuchung ist ein Beispiel dafür, wie die geschlechtshierarchische Arbeitsteilung, als struktureller Aspekt des Geschlechterverhältnisses, eine Weichenstellung für technische Entscheidungen darstellen kann. Aus der Perspektive von Unternehmen kann es durchaus vorteilhaft sein, wenn Frauen und Männer auf dem Arbeitsmarkt konkurrieren. Durch die den Frauen zugewiesene familiale Arbeit ergeben sich zusätzlich andere Einsatzmöglichkeiten, da Frauen auch als Teilzeit- und Übergangskräfte arbeiten. Diese Beschäftigungsstruktur bedeutet gleichzeitig, Frauenlöhne niedrig zu halten zu können.[41] Insofern kann diese Untersuchung als Beispiel dienen, wie die geschlechtshierarchische Arbeitsteilung unter ökonomischen Gesichtspunkten absichtlich aufrechterhalten wird.

Zusammenfassend kann für die Technikentwicklung festgehalten werden, dass sich – neben definierten Zielen – Annahmen über Benutzerinnen und Benutzer sowie Nutzungsweisen im technischen Artefakt niederschlagen. Unterschiedliche Annahmen bewirken unterschiedliche technische Konzepte. Diese Annahmen sind nicht selten – implizit oder explizit – von geschlechterstereotypen und teilweise Frauen diskriminierenden oder benachteiligenden Vorstellungen geprägt. Diese Vorstellungen, gekoppelt mit der Fortschreibung der geschlechtshierachischen Arbeitsteilung, fließen im Büroarbeitsbereich ebenso wie im Hausarbeitsbereich in die Designentscheidungen ein. Die technischen Artefakte ihrerseits setzen Rahmenbedingungen, strukturieren die Nutzungsweisen, repräsentieren die Bilder herrschender gesellschaftlicher Verhältnisse und schreiben diese fort.[42] Zum Teil gehen diese Annahmen an der Realität vorbei und sorgen für untaugliches Design.

Auf die Dimensionen des Geschlechterverhältnisses nach Sandra Harding bezogen, weisen die Beispiele folgende Aspekte auf:

· Strukturelle Dimension: geschlechtshierarchische Arbeitsteilung im Berufs- und Privatleben; Einsatz weiblicher Arbeitskräfte; Frauenarbeitsbereich=Haushalt und Büro/Schreibarbeit; Männerarbeitsbereich=Technikentwicklung.

· Symbolische Dimension: Geschlechterstereotypen, wie z.B. lange Fingernägel; Technikferne von Frauen; Zuschreibung technische Inkompetenz eher gegenüber Frauen; unterschiedliche Bedeutung technischer Kompetenz oder Inkompetenz bei Männern und Frauen.

---

41 An verschiedenen Beispielen zeichnet Cynthia Cockburn nach, wie sich organisierte Arbeiter mithilfe der Gewerkschaften gegen die Berufstätigkeit von Frauen zur Wehr gesetzt haben. Frauen wurde es nicht ermöglicht, sich zu organisieren. Gewerkschaften schlossen Frauen bewusst aus. Vgl. Cockburn 1988, S. 46ff.

42 Wäre Technikentwicklung weniger von Vorurteilen behaftet, welchen Ziele würde sie folgen? Judy Wajcman kritisiert, dass die bestehenden methodologischen Normen von Technikentwicklung nicht in Frage gestellt werden. Problematisiert wird in erster Linie eine „unseriöse", weil vorurteilsbeladene, Technikentwicklung, nicht aber eine „normale". Vgl. Wajcman 1994, S.16.

- Individuelle Dimension: Entwickler als Technikmacher; „Entwickler-Sicht"; individuelle oder kollektiv geprägte Annahmen über Zielgruppen; Gelenkschädigungen; belastende Arbeitsmittel.

3.2.2 Männliche Technik – weibliche Technik: Nutzungskontext

„Wenn man das alles (Haushaltstechnologien) auseinandernimmt, ist eine Waschmaschine heute wahrscheinlich genauso kompliziert wie eine HiFi-Anlage. Aber das Image ist immer noch das gleiche (weil) Haushaltsgeräte weiblich sind und HiFi und Video-Geräte männlich."
Eine Ausbildungsmanagerin, zitiert nach Cynthia Cockburn und Susan Ormrod (1997), S.28

Von Beginn der Büroautomatisierung an wurde darauf hingewiesen, dass sich mit dem Einsatz der Informations- und Kommunikationstechnologien bestehende Strukturen sozialer Ungleichheit verhärten können (vgl. z.b. Rothschild 1981). Seit einigen Jahren wird häufiger thematisiert, dass die Veränderungen durch Einsatz von Informations- und Kommunikationstechnologien auch Chancen für ein Aufbrechen der geschlechtshierarchischen Arbeitsteilung bieten. Nach Ute Tischer (1998) nutzen Frauen computergestützte Arbeitsmittel quantitativ in gleichem Maße wie Männer. Deutlich mehr Frauen als Männer verfügen über einen Computer am Arbeitsplatz, wobei das Spektrum der verwendeten Programme bei Frauen von überdurchschnittlich häufiger Nutzung einer Textverarbeitung über Buchhaltungs- bis zu Abrechnungssystemen reicht.[43]

Die Auswirkungen von Technikeinsatz sind nach Geschlecht verschieden (vgl. z.B. Volst/Wagner 1990; Cockburn 1983 und 1993; Aulenbacher 1991). Die unterschiedlichen Auswirkungen gründen unter anderem darauf, dass Technologien in Frauenarbeitsbereichen keine statusfördernde Aura entfalten, sondern weiterhin mit minder qualifizierter Arbeit verknüpft werden. So gelten auch nach wie vor der Büro- und Hausarbeitsbereich, in denen zunehmend Technologien Einzug gehalten haben, als nicht technisiert in einem qualifizierten Sinne.

Technologien werden, je nach Kontext in dem sie benutzt werden, geschlechtlich belegt. Dieser Zuschreibungsprozess erfolgt über geschlechtlich bebilderte Erklärungen von Technik, die allesamt ein verzerrtes, diskriminierendes Bild erzeugen (vgl. Wajcman 1994, S.64).

„Die Einführung von Kraftmaschinen reduzierte die körperlichen Anforderungen an Tausenden von Arbeitsplätzen, wodurch physische ‚Stärke' als Kriterium für die Dominanz von Männern in zahlreichen Produktionsbereichen an Relevanz verlor. Dennoch blieben sie in der Regel geschlechtsspezifisch segmentiert. Die Technik unterlag dabei einer variablen Bewertung: Im Tätigkeitsfeld der Frauen war sie entweder minderwertig oder galt als besonders einfach handhabbar, während die Männern zugängliche Technik von vornherein eine höhere Bewertung erfuhr. (...) Techniken erhielten durch diese Mechanismen ein Geschlecht." (Osietzki 1992, S.56-57)

---

43   Vgl. auch Dostal/Troll 1995.

Verknüpft mit diesen Mechanismen, werden Frauen und Männern unterschiedliche technische Kompetenzen zugedacht. Häufig werden Kriterien wie „einfach zu bedienen" oder „Anwendungsfreundlichkeit" mit Frauen in Verbindung gebracht. Wie Cynthia Cockburn und Susan Omrod ausführen:

> „Wo eine Frau oder ein Mann in einem dem Geschlechter-Stereotyp entgegengesetzten Verhältnis verwendet wird, hat dies immer einen geschlechtsbezogenen Zweck. Wird zum Beispiel eine Frau gezeigt, wie sie einen Camcorder benutzt, dann wahrscheinlich, um zu zeigen, daß er besonders klein und leicht ist. Wird ein Mann gezeigt, wie er eine Mikrowelle benutzt, dann entweder, weil er Berufskoch ist und die Werbung die technologische Komplexität betont, oder weil er ‚eine Nicht-Frau' ist und die Werbung die Bedeutung hat, zu zeigen: ‚Jeder Idiot kann es.'" (Cockburn/Ormrod 1997, S.42)

Auf diesem Hintergrund lassen sich auch die Arbeiten von Juliet Webster (1993, 1991a, 1991b) lesen, die in mehreren Beiträgen die Wechselwirkung zwischen dem Geschlechterverhältnis und der Büroautomatisierung aufzeigt. Sie lenkt mit ihren Ausführungen den Blick auf die komplexe und nicht deterministische Entwicklung, die eine Einführung von Bürotechnologien an den Arbeitsplätzen von Frauen bedeutet. Webster weist deutlich darauf hin, dass die meisten Untersuchungen den Schwerpunkt auf technische Entwicklungen legen.

> „In so doing, it fails to grasp the non-technical factors which contribute to the development and form of technologies: the economic, political, social and organizational artefacts and relationships which condition the path of technological development and which give technologies their ever-changing form." (Webster 1993, S.111)

Die vergeschlechtlichten Arbeitsaufgaben im Bürobereich gehen als Einflussgröße in die Entwicklung, Implementation und Anpassung von Technologien ein (vgl. Webster 1993, S.122).

Während Buhr und Helmers (siehe Kapitel 3.2.1) wie auch andere Autorinnen betonen, Frauen – und speziell die betroffenen Frauen im Bürobereich – müssten bei der Entwicklung einbezogen werden, um Fehler oder diskriminierende Einflüsse auf die Technologie zu vermeiden, lenkt Webster den Blick auf die lokalen Kontexte, die ihrer Meinung nach eine bedeutende Rolle spielen. Die Nutzungskontexte sind ebenfalls von vergeschlechtlichten Aufgabenzuweisungen geprägt. Juliet Webster stellt in ihrer Untersuchung zur Automatisierung der Büroarbeit in Großbritannien fest, dass in den Berufen der Schreibkräfte und Sekretärinnen, beides Frauenarbeitsbereiche, bestehende Ungleichheiten nicht so sehr verändert, sondern bestehende Tendenzen erweitert und verstärkt wurden (vgl. Webster 1991b). Während Sekretärinnen teilweise vielseitigere Aufgaben wahrnehmen konnten, führte der Einsatz von Computertechnologie für die Schreibkräfte zu einer weiteren Anhäufung eintöniger und standardisierter Tätigkeiten. Die Gründe für Technikeinsatz sind weniger in technischen oder sachlogischen Zwängen zu suchen, sondern in der Weichenstellung durch vormalige Entscheidungen über Tätigkeitszuschnitte, Standardisierungen sowie Personaleinsatz und -entwicklung.

„Technologies emerge in particular social contexts in response to particular problems, influencing these and themselves, and are reshaped in response to the changing patterns of work organization and social relations within which they are situated." (Webster 1993, S.122)

Auch Judy Wajcman kommt bei ihren Untersuchungen zum Verhältnis von Technik und Geschlecht zu dem Schluss, dass technischer Wandel dazu tendiert, „diejenigen zu bevorteilen, die bereits über anerkannte Fähigkeiten und ein bestimmtes Maß an Kontrolle über ihre Aufgaben verfügen" (Wajcman 1994, S.50).

In ihrer Untersuchung zu Veränderungen weiblicher Assistenzarbeit in Kleinstbetrieben nach einer EDV-Einführung geht Ursula Holtgrewe (1997) der unsichtbaren (Frauen)Arbeit an der Schnittstelle zur sozialen Implementation nach. Als Ausgangsthese formuliert sie – in Übereinstimmung mit Thesen aus der Informatik –, dass während der Technikentwicklung formalisierte und eingegrenzte Ausschnitte des Nutzungskontextes geschaffen werden (vgl. Holtgrewe 1997, S.39). Bevorzugte Perspektiven sind eingeschränkt, andere werden nicht in die Analyse einbezogen. Wird ein technisches System „sozial implementiert", entsteht eine Lücke zwischen der vorhandenen Arbeitssituation und dem eingegrenzten formalisierten Ausschnitt. Diese Lücke zu schließen erfolgt durch Vermittlungs- und Gewährleistungsarbeit.[44] Diese Arbeit der Benutzerinnen im Verlauf einer sozialen Technikimplementation wird meist nicht wahrgenommen (vgl. Holtgrewe 1997, S.40). Sie vermitteln zwischen dem täglichen Arbeitshandeln und den neuen technischen Systemen, gewährleisten damit das praktische Funktionieren im alltäglichen Handeln.[45] Die häufig klaffende Lücke zwischen technischen Systemen und täglich erforderlichem Arbeitshandeln entspricht dem Problemfeld in der Softwaretechnik, wenn die Systeme dem Arbeitskontext nicht angemessen sind (siehe Kapitel 2). Diese Lücken und Unstimmigkeiten zwischen technischem, institutionellem und praktischem Funktionieren, wie Holtgrewe dies aufgliedert, müssen von den Benutzerinnen geschlossen werden.

Strukturell liegt es nahe, diese innovativen Leistungen zu unterschätzen. Funktioniert Technik und Organisation womöglich allein durch die Leistungen der Benutzerinnen, bleibt dies unsichtbar und kann der Qualität von Technik und Organisation zugeschrieben werden. Ist die Lücke zu groß, so dass es nicht

---

44 Holtgrewe verweist in diesem Zusammenhang auf Überlegungen von Susan Leigh Star (1991), in denen diese zwei Welten – Kontext und formalisiertes Modell – durch fließende Grenzen getrennt sind. Abstraktionen, Formalisierungen finden in einem historischen und kulturellen Zusammenhang statt. Es kann keine absolute Aussage getroffen werden, was einbezogen wird und was nicht. Star stellt die Frage, was hinter den Abstraktionen verborgen sein könne. Wie wird Wissen produziert, reproduziert und schließlich in technische Systeme eingebettet?

45 In einem ähnlichen Zusammenhang ist die Bemerkung eines Programmierers über das Arbeiten mit einem Entwicklungswerkzeug zu sehen: „When things went wrong with the tool, we used to circumvent the tools left and right so that we could get on with our work." (Tyre/Orlikowski 1994, S.108).

leistbar ist diese zu schließen, wird sie sichtbar über Akzeptanzprobleme oder unerwartet geringe Produktivität (vgl. Holtgrewe 1997, S.43).

Latente Unterschätzungen oder auch die Unsichtbarkeit weiblicher Arbeitsleistungen werden von der Frauenforschung in verschieden Bereichen seit langem aufgezeigt.[46] Ähnliches wurde im Laufe der Büroautomatisierung deutlich, wo Frauen auch heute noch gängigen Vorurteilen ausgesetzt sind. Immer wieder müssen sie gegen Vorstellungen angehen, dass mit Textverarbeitung und PC alles schneller und einfacher gehe (vgl. auch Ott/Leisinger 1993 oder Webster 1991a). Dieses Vorurteil wirkt sich mehrfach auf die Arbeitsbedingungen aus. Es bedeutet, dass Einarbeitungs- und Schulungszeiten kaum gewährt werden und Vorlagen von Vorgesetzten „schlampiger" erstellt werden, „weil es ja im Kasten ist". Dazu kommt die Notwendigkeit, sich eigenständig mit den fehlerhaften Softwareprodukten auseinander zu setzen und sich in diese einzuarbeiten. Anerkennung gibt es für diese Leistungen weder in Form von Vergütung noch durch eine Aufwertung des Berufsbildes.

Diese diskriminierenden Aspekte können nicht dem konkreten, wie auch immer gestalteten, Produkt angelastet werden. Die genannten Beispiele sind eng verbunden mit der Frage, wie Berufsfelder und Aufgaben geschlechtlich belegt sind (vgl. Wetterer 1995). Wie verzerrt (Frauen)Arbeit gesehen wird, nimmt Einfluss auf die Vorstellungen von Management oder Entwicklungsgruppen, auch wenn sie nach „bestem Willen" ein System für eine bestimmte Zielgruppe gestalten. Aus diesem Grund ist Vorsicht geboten, einer partizipativen Gestaltung oder der Qualifizierung der Benutzerinnen und Benutzer eine zu hohe Bedeutung beizumessen (vgl. Holtgrewe 1997; Webster 1993). Denn die Vermittlungs- und Gewährleistungsarbeit findet immer in den konkreten Kontexten des Arbeitshandelns statt und ist nicht allein vom Produkt abhängig.

Insofern liegt aus feministischer Sicht für eine Gestaltungsdiskussion der Schluss nahe, die tradierten Tätigkeitszuschnitte ebenso als Ansatzpunkt zu sehen wie auch die Gestalt der Technik selbst.

> „In fact, the interaction of gender, role and hierarchy seem to govern the pattern of office processes and social relations of control, and these forces complicate the effects of technological changes." (Webster 1993, S.121)

Es schließt sich ein Kreis: Berufsfelder und Aufgaben sind geschlechtlich belegt, diese Bilder wirken einerseits als Stereotype oder Klischees bei Entwicklerinnen und Entwicklern, andererseits aber auch bei den Beschäftigten selbst. Gleichermaßen ist es nicht nur ein „Versehen", dass die Geschlechterhierarchie bei technisch-organisatorischen Veränderungen fortgesetzt wird (vgl . Cockburn 1983). Oder wie Webster dies ausführt:

> „If gendered divisions of labour are involved in the conception and design of technologies, then they are certainly involved in the actual production of them. In information technology, there is a sharp sexual division between men, who are

---

46 Für den Hausarbeitsbereich weisen dies die Arbeiten von Gisela Dörr (1991,1992), Judy Wajcman (1994), Maria Osietzki (1992) sowie Sibylle Meyer und Eva Schulze (1995) nach.

principally involved in the design, development, marketing, selling, and installation, management and servicing of systems, and women, who are concentrated in the low-skilled assembly of them." (Webster 1994, S.317,318)

Vergeschlechtlichung von Technologien ist im Hinblick auf die symbolische Dimension mit Vorurteilen verknüpft und an vermeintlich unqualifizierte Arbeit von Frauen gekoppelt. Hinsichtlich der strukturellen Dimension ist sie auf die geschlechtshierarchische Arbeitsteilung angewiesen.

Auf die Dimensionen des Geschlechterverhältnisses nach Sandra Harding bezogen, weisen die Beispiele folgende Aspekte auf:

- Strukturelle Dimension: Geschlechtshierarchische Arbeitsteilung, unsichtbare Arbeit, mangelnde Qualifikationschancen.
- Symbolische Dimension: geschlechtliche Typisierung von Berufen, geschlechtliche Typisierung von Technologien.
- Individuelle Dimension: mangelnde Anerkennung der Leistungen von Frauen, Aneignungsweisen, „Gewährleistung".

3.3 Feministische Sichten auf den Softwareentwicklungsprozess

„As feminists we are led to battle with the abstractions in several ways: nothing that they are historically specific, not timeless; grounded in male experience, not universal; biased, not neutral. We want to make what the abstraction has hidden, visible."
Susan Leigh Star (1991), S.82

Welche Bedeutung spielt die Kategorie Geschlecht in der Diskussion um Softwareentwicklungs- und Anforderungsermittlungsprozesse? Die Argumentation feministischer Informatikerinnen schließt an Modellierungs- und Methodenkritiken in der Informatik an (vgl. z.B. Schefe 1999; Klischewski 1996, S.172ff, Coy u.a. 1992). Ausgangspunkt ist, die Wertesysteme und Interessen der modellierenden Akteure zu hinterfragen. Ebenfalls in Frage steht die ingenieursmäßige Sicht, einen „one-best-way" im Gestaltungsprozess zu proklamieren (z.B. Klischewski 1996, S.204ff). Die feministische Forschung bringt die sozial- und geisteswissenschaftlich begründeten Ansätze zur Bedeutung des Geschlechterverhältnisses in Wissenschaft und Technikentwicklung in diese Informatikdiskussion ein.

Carolien Metselaar (1991) beschreibt diese Problemlage entlang des Analyseprozesses bei wissensbasierten Systemen. Dieser erfordert Entscheidungen, welches Wissen und welche Art von Entscheidungsprozessen in welcher Weise formalisiert werden sollen. Bei dieser für die Softwareentwicklung allgemein gültigen Problematik wird in der herrschenden Forschung weit mehr Wert auf die technischen Aspekte der Wissensaquisition als auf die sozialen und politischen gelegt. Das Wissen vorherrschender Gruppen wird formalisiert und einbezogen, während jenes von Personenkreisen mit weniger Einfluss ausgeschlossen bleibt. Über die Formalisierung entsteht eine zusätzliche Autorität der dominierenden Expertinnen und Experten, wodurch sich unerwünschte normative Effekte ergeben können (Metselaar 1991). Die Analyse von Wissen ist von

Werturteilen geleitet, die Konzeption von Systemen hat häufig implizit oder explizit politischen Charakter.[47] Den Einfluss impliziter geschlechtertypisierender Werturteile auf Systeme beschreibt sie anhand der „Karriereberatung". Sofern die in den Anforderungsermittlungsprozess involvierten Personen, die die Karriereberatung durchführen, von Vorurteilen gegenüber Frauen und Männern beeinflusst sind, ist es mehr als wahrscheinlich, dass Vorurteile in das wissensbasierte System übernommen würden. Über die manifeste Größe eines technischen Systems kann dies zu einer unerwünschten Festschreibung führen.

> „It seems that stereotyped ideas as an implicit part of knowledge easily become incorporated in a knowledge based system. There is a chance that this will not happen. Knowledge acquisition requires a very detailed analysis of knowledge. Implicit value judgments on gender may become explicit. The process of knowledge acquisition makes an open discussion on gender assumptions possible." (Metselaar 1991, S. 239)

Metselaar betrachtet die Wissensaquisition als eine Chance, implizite stereotype Vorstellungen aufzudecken und zu diskutieren, da dieser Analyseprozess eine große Genauigkeit erfordert. Umgekehrt, darauf weist sie in ihren Schlussfolgerungen hin, gewinnt die Modellierung und Analyse, wenn wertbeladene Urteile hinterfragt werden.

> „A solution to these problems will not only result in more desirable system design from a social point of view but will also result in better performance of the systems themselves, because they will not be designed on the basis of wrong assumptions and prejudices." (Metselaar 1991, S. 244)

Auch in der Frauenforschung der Informatik wird auf das strukturelle Problem hingewiesen, dass – auch wenn es sich um Technikentwicklungen in einem Frauen zugewiesenen Arbeitsbereich handelt – Frauen mit ihren Kompetenzen und Interessen nicht in die Designentscheidungen einbezogen werden. Frauen bleiben in der Entwicklungsphase ausgeschlossen von den sozialen Handlungen, die die Gestaltung beeinflussen können. Der Ausschluss beeinträchtigt einerseits die Nutzungsqualität der Systeme, andererseits werden dadurch auch darüber hinausgehende Einflussmöglichkeit unterbunden.

Sind maßgeblich Frauenarbeitsplätze von technisch-organisatorischen Veränderungsprozessen betroffen, wird aus feministischer Sicht für die Beteiligung der betroffenen Frauen plädiert. Begründet wird dies zum einen mit den häufig benachteiligenden Auswirkungen auf Frauenarbeitsplätze, die durch das Einbringen der Interessen durch die betroffenen Frauen abgemildert werden sollen. Zum anderen gilt, vor dem Hintergrund ungeeigneter Arbeitssysteme, dass die

---

47   Die politische Dimension zeigt sie an Beispielen auf. So wurden z.B. bei einem Forschungsprojekt, das zum Ziel hatte ein wissensbasiertes System für die Zuteilung von Arbeitslosenunterstützung zu entwickeln, unterschiedliche Auffassungen über den zu Grunde zu legenden Entscheidungsprozess deutlich. Sollte die gesetzlichen Regelungen, die rein normativer Natur waren, aufgebaut oder die Praxis der Angestellten berücksichtigt werden, die innerhalb bestimmter Ermessensspielräume ihre Entscheidung nivellieren konnten? Innerhalb der Organisation musste geklärt werden, welchem Entscheidungsverlauf der Vorrang gegeben werden sollte.

betroffenen Frauen ihre Kompetenzen in den Entwicklungsprozess einbringen sollen, um ihren Arbeitsaufgaben angemessenere Systeme zu erhalten. Allgemein wird in der feministischen Diskussion der Informatik von einer negativen Abgrenzung ausgegangen: Ohne Beteiligung können Frauen ihre, wenn auch divergierenden, Interessen sicher nicht in den Aushandlungsprozess einbringen.

> „Nur wenn sie [Frauen, m.h.] ihre Bedürfnisse formulieren und ihre Rechte einfordern, können sie die herrschenden Bedingungen verändern und auch den Computereinsatz in ihrem Sinne gestalten." (Fuß/Ansorge 1989, S.243)

Ein Beispiel, wie gesellschaftlich benachteiligende Strukturen mit technischen Mitteln fortgeschrieben und sogar verstärkt werden, liefern Gabriele Winker und Gabriele Preiß (2000) mit ihrer Untersuchung von elektronischen Stadtinformationssystemen. Angesichts der nach wie vor zahlenmäßigen Differenz der Geschlechter bei der Nutzung des Internet, stellen sie die Frage, ob das technische Medium geschlechtertypisch geprägt sei. Sie evaluierten die Inhalte von Internetauftritten aus 16 Städten der BRD im Hinblick darauf, ob sie einen typischen Frauen-Alltag unterstützen. Die Autorinnen kommen zu dem Schluss, dass die virtuelle Abbildung der Städte noch weit schlechter aussieht, als die bestehende städtische Realität. Die Systeme sind ohne einen geschlechtersensiblen Blick entwickelt und verstärken in ihrer derzeitigen Fassung gesellschaftlich benachteiligende Strukturen für Frauen.

Ein geschlechtersensibler Blick ist jedoch nicht an ein Geschlecht gebunden, wenn er auch häufiger bei Frauen zu finden ist. Dies moniert auch Ulrike Erb (1998) bezogen auf die Gestaltungsmöglichkeiten der Informationsgesellschaft. Sie weist in dem Zusammenhang auf die bekannte Kritik hin, dass Technik durch Partizipation von Frauen nicht „von allein" sozialverträglicher bzw. „frauenfreundlicher" wird. Diese Hoffnung ist vielmehr eine weitere Festschreibung von Frauen auf ihre Rolle als „Heilsbringerinnen" (vgl. Erb 1998, S.197). Erb kritisiert die häufig indirekte Vereinheitlichung der Interessen von Frauen:

> „Frauen stellen keine homogene Interessengruppe dar, wenn es um die Gestaltung der Informationsgesellschaft geht. Technikkritikerinnen verfolgen andere Ziele als Gestaltungswillige[48], Technikerinnen andere als Betroffene, Frauen in hochtechnisierten Gesellschaften andere als in weniger industrialisierten Ländern. Gestaltungsansätze der einen Gruppe können durchaus in Widerspruch geraten zu Interessen anderer." (Erb 1998, S.188)

Auch Ina Wagner betont in der Reflexion auf ein Projekt im Krankenhausbereich die Interessenunterschiede bei Krankenschwestern in verschiedenen hierarchischen Positionen (vgl. Wagner 1993a, S.300). Demnach müssen die Ebenen von Interessen, die in einem technisch-organisatorischen Entwicklungsprozess zum Thema werden können, differenziert werden. So kann es sich um

---

48 Die Polarisierung „Technikkritikerinnen" und „Gestaltungswillige" erscheint heute nicht mehr angemessen, da gerade Technikkritikerinnen verstärkt gestaltungswillig sind und selten eine absolute Enthaltsamkeit propagieren.

produktbezogene Interessen handeln, die explizit auf aufgabenangemessene Systeme zielen, oder Interessen, die sich auf die konkrete Arbeitssituation oder -organisation beziehen. Eine darüber hinausgehende Perspektive bezieht kulturelle, sozialpolitische und/oder feministisch orientierte Interessen ein, die z.B. ein Aufbrechen von Geschlechterstereotype als Ziel haben können.

Häufig werden diese Perspektiven nicht getrennt, wodurch in der feministischen Diskussion innerhalb der Informatik die Annahme propagiert wird, bei partizipativen Verfahren können „Interessen der Frauen" berücksichtigt werden. Empirisch nachweisen lässt sich die Annahme, dass ohne partizipative Verfahren „Interessen von Frauen" nicht berücksichtigt werden. Durch einige wenige Beispiele lässt sich untermauern, dass in partizipativen Verfahren Interessen von Frauen berücksichtigt werden konnten. Dabei müsste jedoch genauer betrachtet werden, um welche Ebenen der Interessen es sich handelt und wo Differenzen verschiedener Frauen auftreten. Es müsste analysiert werden, welche Interessen eingebracht werden können und die Voraussetzungen hinterfragt werden, die es ermöglichen gerade diese Interessen einzubringen.

Auf die Dimensionen des Geschlechterverhältnisses nach Sandra Harding bezogen, weisen die Beispiele folgende Aspekte auf:

- Stukturelle Dimension: Formen der Geschlechtertrennung in den gesellschaftlichen Strukturen führen dazu, dass Frauen meist nicht an Technikentwicklung beteiligt werden. Frauen gehören unterschiedlichen Statusgruppen an, wodurch eine einheitliche Interessenlage nicht vorausgesetzt werden kann. Gesellschaftliche Strukturen spiegeln sich in der Modellierung. Strukturelle Benachteiligung wird erhalten, unter Umständen verstärkt.
- Symbolische Dimension: Geschlechterstereotype und Vorurteile fließen in Designentscheidungen ein und werden damit aufrechterhalten. Werden Frauen einbezogen, wird ihnen häufig die Rolle der „Heilsbringerinnen" zugeschrieben.
- Individuelle Dimension: Individuell zeigen sich Unterschiede bei den Interessen und im Umgang mit Widersprüchen und Ambivalenzen.

3.4 Zusammenfassung: Von Brüchen und Nischen

Die im Technikentwicklungsprozess angesiedelten Beispiele zeigen den bewussten wie auch den unbewussten Einfluss von Annahmen, Wertesystemen und Interessen auf Technik- und Systemgestaltung. Die technischen Systeme werden im Nutzungskontext eingesetzt. Wie sie sich letzlich im Nutzungskontext auswirken, ist abhängig von organisatorisch vorherrschenden Strukturen sowie individuellen und situativen Handlungen. Soweit decken sich die Überlegungen in diesem Kapitel mit jenen von Orlikowski (vgl. Kapitel 2.2). Die ergänzenden Argumente aus feministischer Sicht beziehen sich auf beispielhafte Analysen des Geschlechterverhältnisses in ihrer Wirkung auf Technikentwicklung und -nutzung und hierbei auf die genauere Betrachtung der symbolischen Dimension.

Um nicht schon durch die Technikgestaltung die Handlungsalternativen zum Nachteil von Frauen einzuschränken, werden von Soziologinnen und Informatikerinnen gleichermaßen partizipative Entwicklungsprozesse gefordert, die den betroffenen Frauen selbst eine Stimme geben. Für die Einordnung partizipativer Softwareentwicklungsverfahren unter feministischen Gesichtspunkten ist von Bedeutung, die Lücke zwischen täglichem Arbeitshandeln und technischem System zu berücksichtigen, die im Nutzungskontext geschlossen werden muss. Bessere und angemessenere Produkte sind unbedingt wünschenswert, wozu die partizipativen Vorgehen einen Beitrag leisten können. Gleichzeitig bleibt zu bedenken, dass partizipative Entwicklungsverfahren zwar eine Option hierfür darstellen, aber untrennbar verbunden bleiben mit Veränderungen der geschlechtshierarchischen Arbeitsteilung.

Wenn die Verhältnisse im Nutzungskontext ebenso eine große Rolle spielen wie Verhältnisse, Vorurteile und geschlechterstereotype Zuschreibungen während der Entwicklungsphase, stellt sich die Frage nach der Reichweite partizipativ angelegter Verfahren. Ina Wagner (1994) charakterisiert die existierenden Möglichkeiten innerhalb der globalen politischen Veränderungen als Nischen. Häufig gleichen die partizipativen Projekte Experimenten, die unter besonderen Bedingungen durchgeführt werden und lediglich eine zeitweilige Veränderung innerhalb der vorherrschenden Verhältnisse erlauben (vgl. Wagner 1994, S.32). Auch wenn Frauen an technisch-organisatorischen Veränderungsprozessen beteiligt sind, ist es für sie meist schwierig, ihre Interessen und Fragen auf die Tagesordnung bei Aushandlungsprozessen zu bekommen (vgl. Holtgrewe 1997). Es ist also nicht allein die Frage des Ausschlusses bzw. der formalen Partizipation, sondern auch die nach der Ausgestaltung des Prozesses selbst innerhalb eines geschlechtshierarchisch strukturierten Bereiches.

Zuschreibungen und Klischees unterliegen kulturellen und historischen Veränderungen. Eines bleibt bislang jedoch weitgehend gleich: Technik wird unterschiedlich bewertet je nachdem, welchen Geschlechts die Nutzenden sind. Wird die Technik von Frauen verwendet, gilt sie eher als minderwertig und einfach zu benutzen. Eine von Männern angewandte Technik wird höher bewertet (vgl. auch Osietzki 1992, S.56).

Zuschreibungen basieren auf gesellschaftlichen Strukturen, die heute weitestgehend von einer Hierarchie zwischen Frauen und Männern geprägt werden. Im Zusammenhang „Technik und Geschlecht", wie auch in vielen anderen gesellschaftlichen Zusammenhängen, sind tradierte Vorstellungen, von dem was Frauen und Männer tun und sind, brüchig geworden. Nichtsdestotrotz zeigen die Beispiele in diesem Kapitel, wie langlebig und zäh – oft wider besseres Wissen – geschlechterstereotype Annahmen und Vorstellungen sind.

Die Beispiele zeigen auch, wie sich das Geschlechterverhältnis in Technikentwicklungsprojekten niederschlagen kann. Da in der Informatik Projekte allzu häufig vorwiegend nach ihrer technologischen Ausrichtung eingeordnet werden, kann sich der politische Gehalt hinter einem scheinbar unpolitischen, weil lediglich technologisch ausgerichteten Inhalt, verbergen. Wird Geschlecht als Kategorie in technologischen Entwicklungen nicht wahrgenommen, wie das meist der Fall ist, ist das Fortschreiben geschlechtshierarchischer Strukturen und Zuschreibungen wahrscheinlich. Der Ausschluss von Frauen wird verknüpft mit der Nichtbeachtung der Wirkung der Geschlechterhierarchie in den verschiedenen Dimensionen: struktureller, symbolischer und individueller. Die feministische Kritik bezieht sich nicht allein auf den Ausschluss. Die Kritik fordert gleichzeitig dazu auf, die Wirkungsweisen der Geschlechterhierarchie als gestaltendes Moment in technologischen Entwicklungsprozessen wahrzunehmen.

Partizipative Entwicklungsverfahren unter Beteiligung von Frauen stellen Nischen dar, in denen die Brüche mit den traditionellen Strukturen, Geschlechterrollen und -zuschreibungen produktiv für emanzipative Ziele genutzt werden können. Dazu müssen die Einflüsse in den verschiedenen Dimensionen des Geschlechterverhältnisses reflektiert werden. Unter einer emanzipatorischen Zielsetzung, die Geschlechterhierarchie zu verändern, sind darüber hinaus Strategien erforderlich, die die komplexe Situation von Frauen berücksichtigen.

Für die Betrachtung partizipativer Softwareentwicklungsprozesse werfen die Analysen verschiedene Fragen auf. Mit partizipativen Methoden wird in der Softwaretechnik unter anderem das Ziel verfolgt, die zukünftigen Systeme stärker an den Anforderungen des Nutzungskontextes auszurichten. Wenn aber Werte, Interessen und Annahmen geprägt sind von Geschlechterstereotypen und diese auf die Gestaltung der Systeme Einfluss haben, genügt dann allein schon die Beteiligung der jeweiligen Zielgruppe um die Anforderungen aus dem Nutzungskontext einzubeziehen? Die Analysen dieses Kapitels legen nahe, dass über die formale Beteiligung hinaus Interventionen auch auf die normierende Wirkung der symbolischen und individuellen Dimensionen gerichtet sein müssen. Damit Frauen ihre Vorstellungen und produktbezogenen Interessen in die technisch-organisatorischen Veränderungsprozesse einbringen können, müssen auch die hierarchischen Verhältnisse berücksichtigt werden, in der eine Zusammenarbeit mit Entwicklerinnen und Entwicklern stattfindet. Die Zusammenarbeit und die gegenseitigen Lernprozesse von BenutzerInnen und EntwicklerInnen stellen grundlegende Bestandteile der partizipativen Verfahren dar. Der Frage, welche Bedeutung Hierarchien für das Gelingen einer Zusammenarbeit und damit auch für das gemeinsam zu entwickelnde Ergebnis haben, kommt daher eine wichtige Rolle zu.

4 Hierarchien und partizipative Softwareentwicklung

„In the long run, we should explore models of technological change that do not cause the poorest groups in society to pay for such changes (...)."
Sally Hacker (1990), S.64

Seit den siebziger Jahren wurden partizipative Softwareentwicklungsprojekte unter den verschiedensten Rahmenbedingungen durchgeführt. Viele davon wurden wissenschaftlich begleitet und dokumentiert, Erfahrungen und Erkenntnisse in Tagungsberichten erschlossen. Da gerade bei den Anfängen des „participatory design" (PD) eine gesellschaftspolitische Zielsetzung eine Rolle spielte, sind hier Diskussionen zu Demokratisierung am Arbeitsplatz, Hierarchien und unterschiedlichen Interessenlagen zu finden. Im Hinblick auf die vorliegende Untersuchung sind jene Überlegungen von Interesse, die Hierarchien in partizipativen Entwicklungsprozessen benennen und reflektieren.

Die Diskussionen in der Informatik in der Bundesrepublik zu beteiligungsorientierter Softwareentwicklung sind von zwei, nur teilweise verbundenen, Richtungen geprägt. Dies sind einerseits die auf softwaretechnische Ziele orientierten Projekte, die eine Kluft zwischen Nutzungskontext und Systementwicklung auf Grund professioneller Ansprüche vermindern wollen. Auf der anderen Seite gibt es Erfahrungen mit gewerkschaftspolitisch motivierten Beteiligungsprojekten, die auf emanzipatorische und demokratisierende Effekte am Arbeitsplatz und auf die Verbesserung der Arbeitsqualität zielen. Da die partizipativen Projekte nach betriebspolitischen und kulturellen Rahmenbedingungen variieren, sind die Erfahrungen nur schwer zu vergleichen bzw. nur in begrenztem Maße übertragbar.

Um den Diskussionsstand zur partizipativen Softwareentwicklung im Hinblick auf die Bedeutung hierarchischer Verhältnisse zu klären, wird in den ersten drei Abschnitten ein eingegrenzter Rückblick auf Erfahrungen und Theorien vorgenommen. Im Weiteren werden Erfahrungsberichte aus beteiligungsorientierten Prozessen in verschiedenen Bereichen daraufhin analysiert, wo sie Problemfelder benennen oder Lösungsmöglichkeiten vorschlagen. Von besonderem Interesse sind für die Untersuchung die Erfahrungen jener partizipativen Projekte, die in Frauenerwerbsbereichen angesiedelt waren. Da die hier zu untersuchenden Projekte in der BRD durchgeführt wurden, und daher auch in diesem politischen und kulturellen Rahmen zu betrachten sind, wird überwiegend auf die deutschsprachige Diskussion zurückgegriffen und die internationale nur auszugsweise bzw. bei konzeptionellen Fragen einbezogen.

4.1 „Participatory Design" – ein eingrenzender Rückblick

„PD started as a question of information and worker's rights ... It [later became] an instrument for increasing productivity. Now the trend is toward realizing and sharing possible gains. It is time to revive the democracy dimension, without losing the productivity and gains aspects. Without democracy, we lose the general dimension, and are left with just a number of local methods for designing IT systems."

Kari Thoresen, zitiert von Andrew Clement und Peter Van den Besselaar (1993), S.36

In die Diskussion um partizipative Softwareentwicklung flossen von Beginn an verschiedene Argumentationslinien ein, die sich in ihren Zielen unterschieden, wenn nicht sogar widersprachen. Demokratisierungsbestrebungen und Mitbestimmungsforderungen von Gewerkschaften, Akzeptanzförderung und qualitativ verbesserte Systeme vermischten sich und beeinflussten unterschiedliche Schwerpunktsetzungen bei Vorgehensmodellen und Beteiligungskonzepten. Wie schon in Kapitel 1 ausgeführt, wurde die Diskussion in der Bundesrepublik durch die „skandinavischen Ansätze" mit geprägt. Die skandinavischen Projekte traten mit gesellschaftspolitischen und gewerkschaftlichen, weniger mit softwaretechnisch motivierten Zielen an. Sie waren verbunden mit einer forschungspolitischen Tradition die in den frühen 60er Jahren durch eine Kooperation zwischen dem Londoner Tavistock Institute of Human Relations und dem norwegischen Institut für Sozialforschung zu Fragen einer „industrial democracy" begann. Der zu Grunde liegende Ansatz ist die Theorie der sozio-technischen Systeme, d.h. soziale und technische Aspekte in Organisationen in einer möglichst angemessenen Weise zusammenzubringen. Der sozio-technische Ansatz war leitend für die theoretischen Grundlagen von ETHICS (Mumford u.a. 1978), einem partizipativen Softwareentwicklungsansatz, der vor allem in Großbritannien prägend wirkte.

Zwar beeinflusste der sozio-technische Ansatz auch partizipative Ansätze in Skandinavien, abweichend dazu allerdings standen bei diesen Projekten, die unter „participatory design" zusammengefasst werden, gewerkschaftliche und gesellschaftspolitische Fragestellungen im Vordergrund. Diese Fragestellungen standen auch bei einem der ersten skandinavischen Projekte in den siebziger Jahren (vgl. Kapitel 1.4) im Vordergrund. Im nachfolgenden Zeitraum wurden in Skandinavien weitere Projekte durchgeführt. Sie waren darauf ausgerichtet möglichst effektive Wege zu finden, wie Systementwicklerinnen und -entwickler mit Organisationen von Arbeiterinnen und Arbeitern zusammenarbeiten können, um Systeme zu entwickeln, die die Qualität des Arbeitslebens fördern. DEMOS war ein weiteres Projekt, das in der zweiten Hälfte der 70er Jahre mit einem interdisziplinären Forschungsteam durchgeführt wurde. Das Projekt richtete ebenfalls den Fokus auf Gewerkschaften, „industrial democracy" und die zunehmende Computerisierung der Arbeitswelt (vgl. Ehn 1992, S.107). Weitere skandinavische Projekte sind UTOPIA (vgl. Bødker u.a. 1987), Florence (vgl. Bjerknes/Bratteteig 1987), das finnische „study-circles"-Projekt (vgl. Vehvilainen 1991) und PROTEVS (vgl. Fris 1995). Für die skandinavischen partizipativen Ansätze spielten institutionalisierte Verhandlungen zwischen Gewerkschaften und Arbeitgebern eine bedeutende Rolle.

Beim „collective resource approach" (vgl. Ehn/Kyng 1987) wurde von einer gleichgestellten Zusammenarbeit zwischen BenutzerInnen und EntwicklerInnen ausgegangen. Auslösend für die Vereinbarungen waren die Leitlinien einer „industrial democracy". Weil die Beschäftigten in hohem Maße vom Einsatz der

67

neuen Informations- und Kommunikationstechnologien betroffen waren, sollten diese einen Einfluss bekommen, auf „planning, methods, and pacing of work" (Kuhn 1996, S. 284). Der „collective resource approach" war ebenfalls stark mit Gewerkschaftspositionen verbunden. In diesem Zusammenhang sind die Diskussionen anzusiedeln, die sich mit emanzipatorischen Potenzialen bei der Softwareentwicklung auseinander setzen (vgl. Kendall/Avison 1993).

Der Ansatz zur „industrial democracy" und der „collective resource approach" waren in gewisser Weise eine Antwort auf den Ansatz der soziotechnischen Systeme, der unter Kritik geraten war, akzeptanzfördernd und zu stark an betrieblichen Effizienzpotenzialen ausgerichtet zu sein.

> „Sociotechnical projects often lost their grounding in industrial democracy when conflicting interests between labor and management led to the adoption of management priorities over union priorities." (Kuhn 1996, S. 284)

Unter dem Begriff „cooperative design" wurde ein weiterer Partizipationsansatz gefasst, der Methoden und Techniken für die Beteiligung von Benutzerinnen und Benutzern beinhaltete (vgl. z.B. Greenbaum/Kyng 1991a, Grønbaek u.a. 1993). Dabei wurde unter anderem versucht, die informellen Arbeitshandlungen in den Blick zu bekommen (vgl. z.B. Sachs 1995, Suchman 1995). Auch bei diesem Ansatz ging es vornehmlich um die Erfahrungen und Einsichten der Benutzerinnen und Benutzer, die für die Softwareentwicklung, aber ebenso für die Arbeitsgestaltung, eine Bedeutung hatten.

Auch in anderen europäischen Ländern waren viele dieser frühen partizipativen Softwareentwicklungsprojekte verknüpft mit der jeweiligen nationalen Gewerkschaftspolitik. Die europäischen Gewerkschaften standen der zunehmenden Computerisierung der Arbeitsplätze vorwiegend ablehnend gegenüber. Rationalisierung und Arbeitsplatzverlust, Kontrolle und Leistungsverdichtung waren die begründeten Befürchtungen aus Sicht von Gewerkschaften und Beschäftigten.

Vor diesem Hintergrund wurden in der BRD im Zuge von staatlich geförderten Programmen wie „Sozialorientierte Gestaltung von Technik" und „Humanisierung der Arbeitswelt" ebenfalls partizipative Projekte in Zusammenarbeit mit den Gewerkschaften durchgeführt (vgl. z.B. Mambrey/Oppermann 1983). Nahezu zeitgleich wurde der skandinavische Ansatz durch den SCANORAMA-Bericht (Floyd u.a. 1987) für die bundesdeutsche Diskussion, sowohl die gewerkschaftlich orientierte als auch die softwaretechnische, erschlossen.

Diesen Diskussionstraditionen gegenüberzustellen sind partizipative Ansätze, die vor allem als methodische Fragestellung in der Softwaretechnik gesehen werden. So zeichnet sich die bundesdeutsche Diskussion zu „participatory design" im Gegensatz zur skandinavischen dadurch aus, dass partizipative Ansätze von Beginn an vornehmlich aus der Softwaretechnik heraus thematisiert wurden. Der Methodenrahmen STEPS (Floyd u.a. 1989) bezieht sich auf die Gestaltung von Software. Der aus der wissenschaftlichen Auseinandersetzung mit dem STEPS-Ansatz entstandene Methodenansatz IMPACT von Margrit Falck (1989a, 1989b) betont dabei die Verbindung zur Organisationsgestaltung bei der

Softwareentwicklung. Auch im skandinavischen Raum wurde in den vergangenen Jahren, aufbauend auf Erfahrungen in verschiedenen Projekten, eine Methode für partizipatives Softwaredesign, MUST, erarbeitet (vgl. Kensing u.a. 1998).

Die Grundelemente dieser softwaretechnisch orientierten Methodenansätze bilden die Beteiligung von Benutzerinnen und Benutzern in einer kooperativen Situation mit Entwicklerinnen und Entwicklern sowie eine evolutionäre, iterative Vorstellung des Entwicklungsprozesses. Tragend für dieses Unterfangen ist die Idee der kooperativen Lern- und Kommunikationsprozesse (vgl. z.B. Kyng 1995, Floyd u.a. 1989).

> „The users must learn about technology from the system experts in order to understand what computer technology can do for them; and the system experts have to learn about the application domain from the users in order to build a flexible and efficient system that fits the users' needs." (Bjerknes 1993, S.39)

Naheliegend ist daher, dass in der Praxis die Kooperation zwischen BenutzerInnen und EntwicklerInnen und damit auch die Kommunikationssituation häufig problematisiert wird (vgl. z.B. Hofstetter 1987, Kensing/Munk-Madsen 1993, Rauterberg u.a. 1994).

4.2 Kommunikation und Kooperation

> „When users do have trouble, designers often think they are stupid."
> John D. Gould, Clayton Lewis (1985), S.303

In der ersten Annäherung soll nun die Problembeschreibung im Hinblick auf Softwareentwicklungsprojekte zusammengefasst werden. Bei der Entwicklung von Softwaresystemen für kooperative Arbeitsprozesse ist das Wissen der Benutzerinnen und Benutzer notwendig, um die Systeme an den Arbeits- und Kommunikationsprozessen auszurichten. Software soll von BenutzerInnen und EntwicklerInnen im Team entwickelt werden. Im Mittelpunkt der partizipativen Softwareentwicklung steht die Kooperation zwischen BenutzerInnen und EntwicklerInnen (vgl. Reisin 1992a). Kooperation als Leitlinie wird der ansonsten dominierenden Perspektive der Entwicklerinnen und Entwickler gegenübergestellt (vgl. Kyng 1991, Greenbaum/Kyng 1991b). Hierfür notwendig ist, dass eine Kommunikation zwischen den Beteiligten hergestellt werden kann. Insofern stellt sich die Gewährleistung dieser Kommunikation für die Softwaretechnik auch als ein methodisches Problem dar.

Um verschiedene Aspekte der zwischenmenschlichen Kommunikation in den Blick zu bekommen, werden die folgenden Überlegungen hinzugezogen:

- Kommunikation hat einen Inhalts- und einen Beziehungsaspekt. Eine Kommunikation zwischen zwei Personen drückt auch aus, in welcher Beziehung der oder die Kommunizierenden stehen (vgl. Watzlawick u.a. 2000, S.53-56).
- Es ist unmöglich, nicht zu kommunizieren. Kommunikation beschränkt sich nicht nur auf Worte, sondern umfasst ebenso nonverbales Verhalten (Gestik, Mimik). Auch ein Versuch sich nicht zu Verhalten oder nicht zu kommuni-

zieren ist Teil einer Kommunikationsbeziehung (vgl. Watzlawick u.a. 2000, S.50-53).

- Beziehungsformen, die eine Kommunikationssituation prägen, können komplementär (unterschiedlich) oder symmetrisch (gleich) sein. Eine komplementäre Beziehung besteht, wenn eine Person eine vorrangige, die andere Person eine zweitrangig Position einnimmt. Sie beruht auf gesellschaftlichen oder kulturellen Kontexten (z.B. Eltern und Kind, Vorgesetzte und Untergebene, LehrerInnen und SchülerInnen). Komplementäre Beziehungen bauen auf sich gegenseitig ergänzenden Unterschieden auf. In einer symmetrischen Beziehung wird Gleichheit und eine Verminderung von Unterschieden angestrebt (vgl. Watzlawick u.a. 2000, S.68-70).

Wie wird die Kommunikationssituation bei partizipativer Softwareentwicklung gesehen? „Eines der Hauptprobleme ist die Kommunikation zwischen Benutzern und Entwicklern", so Rauterberg u.a. (1994, S.48). Ihre Vorschläge Verständigungsprobleme zu bearbeiten, sind sich gegenseitig ergänzende (komplementäre) Qualifizierungsmaßnahmen für die beteiligten Gruppen und ein gemeinsames Begriffsglossar. Finn Kensing und Andreas Munk-Madsen (1993) thematisieren ebenfalls das häufig vorgebrachte Argument, dass partizipative Softwareentwicklungsprojekte scheitern, weil sich BenutzerInnen und EntwicklerInnen „nicht verstehen". Nach ihrer Ansicht sind die Entwicklerinnen und Entwickler dafür verantwortlich, die Techniken und Methoden zur Verfügung zu stellen, damit die Beteiligten am Softwareentwicklungsprozess die jeweils gegenseitigen Bereiche verstehen und sich entsprechend einbringen können. Ihre methodischen Vorschläge beziehen sich auf ein Verständnis der inhaltlichen Aspekte, die für das Design des zukünftigen Produktes in Frage kommen. Relativierend bemerken sie, dass trotz der Methoden und Techniken Projekte problematisch verlaufen können.

> „This may be related to power games in the user organization or to other factors which are most often out of the developers' control." (Kensing/Munk-Madsen 1993, S.84)

Aspekte außerhalb der Kontrolle der Entwicklerinnen und Entwickler sehen auch Mehl u.a. (1993, S.77). Sie beziehen sich auf „Machtdifferenzen", die durch Alter, soziale Rollen oder beruflichen Status gekennzeichnet sind. Zwischen BenutzerInnen und EntwicklerInnen besteht nach ihrer Ansicht eine Machtdifferenz, die sich kaum beeinflussen lässt und sich jeglicher Planung entzieht. Ihr konstruktiver Vorschlag mündet in einen Appell an die Entwicklerinnen und Entwickler, sich bewusst zu sein, dass von ihnen eine erheblich höhere Einflussnahme auf das Ergebnis ausgehe.

Um die Kommunikationssituation im partizipativen Softwareentwicklungsprozess zu verbessern, gibt es mittlerweile eine reichhaltige Auswahl an praktischen Hinweisen (vgl. z.B. Bräuer 1997, Kuhnt 1997) die versuchen, das gegenseitige Verständnis und gemeinsame Lernprozesse zu fördern. Meist wird davon ausgegangen, dass die Kommunikationsprobleme auf inhaltlichen Missverständnissen beruhen, z.B. der Unkenntnis der jeweils anderen Arbeitsgebiete.

Grundlegend sind Qualifizierungseinheiten für BenutzerInnen sowie EntwicklerInnen. Vor allem für Entwicklerinnen und Entwickler wird gefordert, die kommunikative Kompetenz zu stärken. Hinzu kommen allgemeine Diskussionsmethoden (individuelle Diskussionsregeln, Methoden für Gruppendiskussionen, Zukunftswerkstätten), Visualisierungsmethoden (Simulationsmethoden, Metaplan, Entwurfsattrappen), technische Darstellungsmethoden (Prototyping) und weitere Ansätze, die z.b. Spiele zur Verständigung über den Gegenstand einsetzen (vgl. Muller/Kuhn 1993, Kensing/Munk-Madsen 1993). Teilweise wird empfohlen besondere Funktionen einzuführen, die zwischen BenutzerInnen und EntwicklerInnen vermitteln, übersetzen (vgl. z.b. Williams/Begg 1993) oder BenutzerInnen vertreten.

Die Methoden zielen überwiegend auf die inhaltlichen Aspekte der Kommunikation zwischen BenutzerInnen und EntwicklerInnen. Aus den dokumentierten Projekterfahrungen wird aber auch deutlich, dass Beziehungsaspekte in der Kommunikation zum Tragen kommen. Die Schwierigkeiten bei der Kommunikation liegen vielfach an der gegenseitig mangelnden Wertschätzung von untereinander fachfremden Personenkreisen. Dies ist aber nicht einfach auf die vorhandenen Verständigungsschwierigkeiten durch unterschiedliche fachliche Hintergründe zurückzuführen (vgl. Deifel u.a. 1999). Zusätzlich spielen für eine gelungene Kommunikation zwischen den Beteiligten auch die sozialen und organisatorischen Bedingungen des Nutzungskontextes eine Rolle. Dass die Benutzerinnen und Benutzer in bestimmten Strukturen und Machtrelationen innerhalb ihrer Organisationen arbeiten, wird in der Binnendiskussion der Informatik zu wenig beachtet (vgl. auch Bødker 1996). Oft ist der Informationsfluss zwischen den an der Softwareentwicklung Beteiligten mangelhaft und den Benutzerinnen und Benutzern fehlt die organisatorische Unterstützung des Managements (vgl. Deifel u.a. 1999). Auch Entwicklerinnen und Entwicklern fehlt es teilweise an einem Verständnis, wie sie die Benutzerinnen und Benutzer geeignet in die Vorgehensmodelle einbeziehen können (vgl. auch Beck 1993).

Auch Ralf Klischewski (Klischewski 1996, S.161) bestätigt dies, wenn er den kommunikationsorientierten Ansätzen in der Softwareentwicklung eine geringe Wirksamkeit in der Praxis bescheinigt. Denn diese setzen explizit oder implizit voraus, dass alle Beteiligten gleichberechtigt am Kommunikationsprozess teilnehmen (können) und fortlaufend eine Übereinkunft über gewünschte Funktionalität und Nutzungsmöglichkeiten von Software hergestellt werden kann und soll.

Dass die Kommunikation zwischen BenutzerInnen und EntwicklerInnen bei der partizipativen Softwareentwicklung eine wichtige Rolle spielt, ist einhellige Fachmeinung. Zur Gestaltung der Kommunikation bezogen auf die Inhaltsaspekte können mittlerweile viele Ansätze herangezogen werden. Auf die Beziehungsaspekte der Kommunikation wird kaum Bezug genommen. Ein Teilen dieser Beziehungsaspekte stellen die expliziten oder impliziten Hierarchien zwischen Projektbeteiligten dar. Wird explizit von einer Gleichheit zwischen den Projektbeteiligten ausgegangen, implizit bestehen jedoch Hierarchien, führt dies zu komplexen Kommunikationssituationen. Eine projektbezogene symmetrische Beziehungssituation verschränkt sich mit einer komplementären, die auf Grund sozialen und kulturellen Kontexten besteht. Die Verständigung über Inhalte wird dann von Beziehungsaspekten überlagert. Insofern müssen bei partizipativer Softwareentwicklung nicht nur die Inhaltsaspekte sondern ebenfalls die Beziehungsaspekte der Kommunikation berücksichtigt werden.

4.3 Von Modellmonopolen und Perspektiven

„Modeling is a complex activity of abstracting information and knowledge from a particular domain in order to achieve a model containing the essentials from the perspective of the modelers and their given goals"
Herrmann Kaindl, John M. Carroll (1999), S.28

Auf ein hierarchisches Verhältnis zwischen Akteuren zielen die allgemein anwendbaren Überlegungen von Stein Bråten (1973). Ein Gefälle zwischen den Beteiligten ergibt sich dann, wenn sie zwar formal gleichgestellt sind, eine Akteursgruppe gegenüber einer anderen aber bereits über eine dezidierte Vorstellung verfügt. Dies führt zu einer Übernahme der Vorstellungen (oder einem Schweigen). Dieses Verhältnis bezeichnet Bråten als Modellmacht oder Modellmonopol. Die beiden Akteursgruppen nennt er in dieser Beziehung modellschwach bzw. modell-stark. Wird dieses Verhältnis nicht berücksichtigt, entfaltet es seine eigene Dynamik: Die modell-schwache Akteursgruppe versucht sich unweigerlich im Modell der modell-starken Akteursgruppe auszudrücken. Folgerichtig empfiehlt Bråten, dass sich die modell-schwache Akteursgruppe aus dem Kommunikationsprozess zurückzieht, um ein eigenes Modell zu entwickeln und dann damit annähernd gleichberechtigt in die Diskussion zurückkehrt.

Übertragen auf einen partizipativen Softwareentwicklungsprozess kann eine „Modellmacht" der Entwicklerinnen und Entwickler abgeleitet werden (vgl. auch Floyd u.a. 1987, S. 113). Damit beteiligte Benutzerinnen und Benutzer ihre Interessen thematisieren können ist es wichtig, eine möglichst gleichberechtigte Kommunikationssituation zu erreichen, sonst können die Erkenntnisse aus dem Nutzungskontext nicht in den Designprozess einfließen.[49]

Die Bedeutung individuell und kollektiv unterschiedlicher fachlicher Hintergründe und Interessen bei der Softwareentwicklung wird mit dem Begriff der Perspektivität von Kristen Nygaard und Pål Sørgaard (1987) weitergeführt. Es handelt sich dabei um z.B. fachkulturell geprägte Sichten, die eingeschränkte oder polarisierte Ziele oder Wertigkeiten befördern. Damit die Macht einer Akteursgruppe nicht im negativen Sinne ausgespielt werden kann, wird von den Beteiligten, verstärkt jedoch von der modell-starken Seite, eine Reflexion der eigenen Perspektive erwartet. Sich der eigenen Perspektive bewusst zu werden, sie transparent zu machen und zu erkennen, dass diese partiell ist und nicht dominant über andere gestellt werden darf, rechnen die Autoren den Aufgaben der Entwicklerinnen und Entwickler zu. Gegenseitige Lernprozesse bei der Softwareentwicklung sollen es ermöglichen, die unterschiedlichen relevanten

---

49 Bezogen auf die Entwurfssituation und die Kommunikation im Softwareentwicklungsteam wurde dies von Jürgen Pasch (1994) als asymmetrischer bzw. symmetrischer Dialog bezeichnet.

Perspektiven zu erkennen (Nygaard/Sørgaard 1987, S.385). Auf dieser Basis kann den Fragen nachgegangen werden, wie die eingebrachten Perspektiven sowohl die Annahmen während der Analysephase als auch die Möglichkeiten, wie die späteren Benutzerinnen und Benutzer das System interpretieren, vorstrukturieren (vgl. Nygaard/Sørgaard 1987, S.386). Der gewöhnliche Softwareentwicklungsprozess fördert lediglich einen eingeschränkten Blick auf den Nutzungskontext (vgl. auch Denning/Dargan 1996). Dagegen liegt in den partizipativen Ansätzen der Anspruch, eine gleichberechtigte Kooperation herzustellen. Diese kann jedoch nur gelingen, wenn die Wertigkeiten – die Hierarchien in den Handlungszusammenhängen – reflektiert werden.

Auch bei Christiane Funken (1994) ist implizit ein Bezug zu Perspektivität und Modellmonopol enthalten, wenn sie davon ausgeht, dass „die Software-Entwickler (trotz Benutzerpartizpation) diejenigen sind, die die Programme maßgeblich prägen und über ihre Gestalt und ihren Einsatz verhandeln" (Funken 1994, S.77). Damit in partizipativen Prozessen Fehlentwicklungen bei der Systemgestaltung vermieden werden, müssen die Benutzerinnen und Benutzer wissen und formulieren können, was sie wollen. Meist entwickeln die Benutzerinnen und Benutzer aber erst im Verlauf des Diskussionsprozesses eine Vorstellung von einer späteren Nutzung. Daher betont auch Funken die Rolle der Kommunikation zwischen den Projektbeteiligten. Neben der fachlichen Distanz sieht sie die Auseinandersetzungen zwischen EntwicklerInnen und BenutzerInnen im Zusammenhang von „Macht und Herrschaft". Ausdruck des hierarchischen Verhältnisses sind die „Definitions- und Interventionsmacht" der Entwicklerinnen und Entwickler. Die Definitionsmacht bezieht sich darauf, dass Entwicklerinnen und Entwickler entscheiden, was sie aus dem Nutzungskontext als relevant anerkennen. Die Interventionsmacht verweist auf Situationen, in der Entwicklerinnen und Entwickler in der vorteilhafteren Lage sind, in die Modellbildung einzugreifen.

Auf die Aspekte von Machtverhältnissen zwischen den Beteiligten in partizipativen Softwareentwicklungsprozessen zielt auch Urs Andelfinger (1995) mit seinem Vorschlag einer „diskursiven Anforderungsermittlung". Er reagiert mit seinem Ansatz auf den Mangel partizipativer Softwareentwicklungsansätze, die implizit von „herrschaftsfreien Diskursen"[50] und gemeinsamen Zielen und Interessen der Beteiligten ausgehen. Er schlägt vor, ein Situationsprofil der realen Kommunikationssituation zu erstellen. In diesem Situationsprofil sollen Ausgangssituation, Akteure und ihre Rollen, Interessen, Werte, Erfolgskriterien, Interaktions- und Kommunikationskultur sowie eventuell Repräsentations- und Methodenaspekte erfasst werden (vgl. Andelfinger 1995, S.187ff). Anhand dieser Bestandsaufnahme, die eine Reflexion der Kommunikationssituation darstellt, sollen Strategien und Maßnahmen entwickelt werden, um die reale der idealen Kommunikationssituation anzunähern (vgl. Andelfinger 1995, S.129). Die diskursive Öffnung erfolgt, wenn diese Situationsbeschreibung mit den re-

---

50 Andelfinger baut auf der Theorie Kommunikativen Handelns von Habermas auf. Die Habermas'sche Idealvorstellung herrschaftsfreier Diskurse ergänzt er um die Überlegungen zum Verhältnis idealer und realer Kommunikation.

levanten Akteuren validiert wird. Aus seiner Sicht kann dann mit genügend Druck die situative Rahmenbedingung für eine stärkere Verständigungsorientierung geöffnet werden. Voraussetzung für diese Veränderungen ist eine rationale, diskursive Anerkennung der Situationsanalyse – und damit auch der hierarchischen Beziehungen.

Einen weiteren Aspekt der Perspektivwahl im partizipativen Softwareentwicklungsprozess, der auf die Einschätzung des Arbeitsklimas Bezug nimmt, verdeutlichen Nygaard und Sørgaard (1987) anhand der Interpretation von Überlegungen von Åke Sandberg (1976). Demnach können die politischen Bedingungen von Partizipation im Entwicklungsprozess entweder unter einer Harmonieperspektive, keine Grundkonflikte vorhanden, oder einer Konfliktperspektive, unlösbare Konflikte und Interessengegensätze vorhanden, betrachtet werden. Bei der Harmonieperspektive werden Konflikte als Missverständnisse und Uneinigkeiten interpretiert, die durch Information und Kommunikation gelöst werden können. Aus der Konfliktperspektive werden Konflikte in konfrontativen Situationen durch Verhandlung und Kompromissfindung aus dem Weg geräumt. Die jeweils eingenommene Perspektive jedoch beeinflusst die Interpretationsmöglichkeiten von beobachteten Situationen (vgl. Nygaard/Sørgaard 1987, S. 389). Aus einer Konfliktperspektive stellt sich ein beobachteter Konflikt als erwartbare Situation dar. Aus der Harmonieperspektive wird dies als ein auftauchender Konflikt bewertet, der gemeinsam gelöst werden kann. Wird eine harmonische Situation festgestellt, bedeutet dies aus der Konflikperspektive, dass latente Konflikte vorhanden sind, sich aber im Moment nicht zeigen. Aus einer Harmonieperspektive bestätigt sich die Einsicht, dass es sich um eine harmonische Situation handelt.

Ebenfalls um die Bedeutung der eingenommenen Perspektive geht es bei Bo Dahlbom und Lars Matthiassen (1993). Sie verweisen explizit auf Hierarchien, Konflikte und Interessen in der Anwendungsorganisation und vertreten die Position, dass Softwareentwicklung auch als eine Intervention in die Anwendungsorganisation gesehen werden kann.[51] Diese Perspektive entwickeln sie ergänzend zu der traditionellen Sicht einer technikzentrierten (Konstruktions- oder Produktionsperspektive) und der evolutionären Softwareentwicklung (Evolutionsperspektive). Dahlbom und Matthiassen sehen die drei Perspektiven in einem Wechselverhältnis. Je nach eingenommener Perspektive können nur bestimmte Phänomene und Problembereiche des technisch-organisatorischen Veränderungsprozesses wahrgenommen werden. In der Interventionssicht verändert sich die Rolle der BenutzerInnen und EntwicklerInnen.

> „Systems developers become consultants and change agents. (...) The users have become designers, and the task of the systems developer is to facilitate learning and give technical advice." (Dahlbom/Matthiassen 1993, S.119)

Mit der Interventionsperspektive wird der Nutzungskontext stärker ins Blickfeld der Softwareentwicklung gerückt. Benutzerinnen und Benutzer wer-

---

51   Dieser Ansatz wurde von Beate Kuhnt (1998) weiterentwickelt, die Softwareentwicklung als systemische Intervention in Organisationen beschrieben.

den zu gestaltenden Akteuren. Entwicklerinnen und Entwickler werden in die Verantwortung genommen, beratend und prozessgestaltend aktiv zu werden. Auftretende Widersprüche, durch konfligierende Interessen und hierarchische Beziehungen in der Anwendungsorganisation, werden aus dieser Perspektive in neue Interventionen umgesetzt.

Auffallend ist, wie viel Verantwortung in den verschiedenen Überlegungen den Entwicklerinnen und Entwicklern übertragen wird. Ob es sich im partizipativen Softwareentwicklungsprozess nun um Missverständnisse oder grundlegende Widersprüche handelt, Entwicklerinnen und Entwickler werden in die Pflicht genommen, sich einerseits der Schwierigkeiten bewusst zu sein und anderseits methodisch darauf zu reagieren. Die methodischen Überlegungen zielen jedoch zu einseitig auf die inhaltlichen Aspekte der Kommunikation oder individuelle Interaktionskompetenz (vgl. auch Pasch 1994), ohne die Beziehungsaspekte zwischen BenutzerInnen und EntwicklerInnen analytisch zu thematisieren.

4.4 Erfahrungen aus partizipativen Prozessen

Das Spannungsfeld, einerseits Technologien unter betriebsrelevanten, ökonomischen Zielen zu entwickeln, und andererseits demokratische Prozesse zu etablieren, die den Beschäftigten Entscheidungs- und Mitspracherechte einräumen, tritt in partizipativen Prozessen besonders deutlich hervor. Welche Perspektive, ob z.B. Konflikt- oder Harmonieperspektive, gewählt wird, beeinflusst auch die Einschätzung der Erfahrungen aus partizipativen Projekten in der Softwareentwicklung.

Provokativ formuliert Sandberg (1976), keine Perspektive zu wählen, bedeute die Harmonieperspektive zu wählen. Dies scheint weit verbreitet bei den Konzeptionen und der Beurteilung der Erfahrungen von partizipativer Softwareentwicklung. Dass es Konflikte gibt, wird zwar nicht grundsätzlich übersehen, die Umgangsweise damit entspricht jedoch häufig der der Harmonieperspektive.

So wird bei partizipativen Softwareentwicklungsprozessen häufig vorausgesetzt, dass ein Konsens zwischen BenutzerInnen und EntwicklerInnen über Zielnormen, Rahmenbedingungen, gegenseitige Verpflichtungen und Verantwortlichkeiten gleichwertig hergestellt werden kann. Auf der Basis eines konsensualen Verständnisses über die gemeinsame Projektsituation, nachdem Missverständnisse ausgeräumt wurden, können die unterschiedlichen Interessen und Perspektiven zwischen den unterschiedlichen Akteuren vermittelt werden. Gibt die Projektsituation Anlass, (unlösbare) Konflikte annehmen zu müssen, sind die Voraussetzungen für eine kooperative Softwareentwicklung nicht erfüllt (vgl. auch Mehl/Reisin 1989).

Bei der Darstellung der Erfahrungen mit partizipativer Softwareentwicklung werden Konflikte unzureichend reflektiert, da der Blick methodisch auf die Prozessgestaltung mit dem Ziel der Produkterstellung ausgerichtet ist. Auftretende Probleme werden als Missverständnisse betrachtet. Diese Art der Bearbeitung der Erfahrungen wurde bereits mehrfach kritisiert (vgl. z.B. Berger 1991,

Dahlbom/Matthiassen 1993, Peter Brödner und Peter Mambrey in Floyd u.a. 1990, Klischewski 1996).[52] Demgegenüber sind Positionen abzuheben, die partizipative Softwareentwicklung aus einer Konfliktperspektive betrachten (vgl. z.B. Green u.a. 1991, Bødker 1996). Sie betonen meist hierarchische Beziehungen im Projektzusammenhang und verdeutlichen die emanzipatorischen Potenziale von partizipativen Ansätzen.

Diese Diskussion kann auch entsprechend ihrer Historie betrachtet werden. Viele der frühen „participatory design"-Projekte wurden in unterstützten Umgebungen durchgeführt (vgl. Bødker 1996), wodurch die Konfliktperspektive, vor allem in der Softwaretechnik, weniger präsent sein musste. Dennoch bieten sie Erfahrungen, die für heutige Situationen berücksichtigt werden müssen. Die Harmoniesicht auf Organisationen und den Softwareentwicklungsprozess muss zurückgewiesen und unlösbare Konflikte als eine Bedingung anerkannt werden (vgl. Bødker 1996).

Wie widersprüchlich die Kooperation mit BenutzerInnen von Seiten der EntwicklerInnen gesehen wird zeigt der alte Branchenspruch „der Anwender (steht) im Mittelpunkt unserer Bemühungen – dort aber steht er uns voll im Weg"[53] auf eine selbstironische Weise. Er gibt Hinweise auf eine Konfliktperspektive und zeigt auf das hierarchische Verhältnis zwischen „technischem Experten" und „anwendungsorientiertem Laien". Schon dieses Verhältnis stellt für eine gelingende Kommunikation zwischen den am Prozess Beteiligten eine große Schwierigkeit dar, ohne das Geschlechterverhältnis „als Störfaktor" zu berücksichtigen.

Sowohl die organisatorischen Rahmenbedingungen des Nutzungskontextes als auch die Kooperationsbeziehung zwischen BenutzerInnen und EntwicklerInnen bieten gute Chancen, dass Autoritäts-, Hierarchie- und Beziehungsprobleme auftreten. Dies führt dazu, dass bestimmte Sachverhalte und Argumente nicht gehört oder berücksichtigt werden (vgl. Hofstetter 1983). Einige Reflexionen auf partizipative Softwareentwicklungsprojekte veranschaulichen dies.

In einer Retrospektive systematisierten Andrew Clement und Peter van den Besselaar (1993) partizipative Softwareentwicklungsprojekte der 70er und 80er Jahre. Sie befragten Forscherinnen und Forscher der international bekanntesten Projekte (16 von 25) nach ihren Projekterfahrungen. Die Projekte, so ein Ergebnis, wird sowohl von existierenden Technologien als auch von mehreren Ebenen der jeweiligen Organisation beeinflusst. Die Prozesse sind stark abhängig von den speziellen organisatorischen Kontexten, wodurch eine Übertragbarkeit nur sehr bedingt möglich ist. Auf die mangelnde Übertragbarkeit der Vorgehensmodelle und Vorgehensweisen wird auch in anderen Untersuchungen hingewiesen (vgl. auch Wagner 1994).

Neben der allgemeinen Erkenntnis, dass alle Projekte in jeweils spezifischen Rahmenbedingungen stattfinden und von kulturellen und politischen Faktoren

---

52 Auf entsprechende Kritiken wurde explizit Bezug genommen, so z.B. in Mumford 1994, Bjerknes 1993.

53 Zitiert nach Klumpp/Neubert 1994, S.104.

beeinflusst sind, haben Clement und van den Besselaar allgemeine Problemmuster herausgearbeitet. Sie stellen fest, dass der Zugang zu relevanten Informationen für die beteiligten Beschäftigten gewährleistet werden muss, damit partizipative Prozesse gelingen können. Gegenüber den Entwicklerinnen und Entwicklern verfügen die beteiligten Beschäftigten meist über weniger materielle Möglichkeiten (Räume, Computer, sonstige Materialien), ihre Beteiligung ermöglichen sie häufig durch freiwillige Mehrarbeit. Aus Sicht der Autoren ist es notwendig, dass die beteiligten Benutzerinnen und Benutzer unabhängige Positionen einnehmen und an Entscheidungen beteiligt sein können. Doch auch dann werden die Kenntnisse und Kompetenzen der beteiligten Beschäftigten über ihre Arbeitsfelder nicht genügend anerkannt und der direkte Bezug zu ihren Anforderungen und Interessen nicht hergestellt (vgl. Clement/Besselaar 1993, S.33 u. 35).

Die ungleich verteilten Ressourcen sind Auswirkungen struktureller Aspekte, wie der Hierarchie zwischen EntwicklerInnen und BenutzerInnen sowie der innerorganisatorischen Hierarchien. Die mangelnde Anerkennung verweist auf die Beziehungsaspekte der Kommunikationssituation.

In einer ebenfalls nahezu zehn Jahre zurückliegenden Untersuchung von Astrid Beck (1993) wurden, zusätzlich zu den bereits genannten Problembereichen, Einstellungen von Projektmitarbeiterinnen und -mitarbeitern in partizipativen Prozessen hinterfragt.[54] Die Entwicklerinnen und Entwickler erachteten zwar Partizipation als notwendig, aber eher als leidige Notwendigkeit. Sie schienen den Benutzerinnen und Benutzern geringschätzig zu begegnen. Entwicklerinnen und Entwickler beklagten, dass Benutzerinnen und Benutzer zu stark an Altem festhielten, kaum motiviert waren, aber auch, dass Benutzerinnen und Benutzer „zu viel" erwarteten. So reagierten diese unzufrieden auf Aussagen, dass sich etwas nicht technisch lösen ließe, mit den gewählten Entwicklungswerkzeugen nicht umsetzbar sei oder den Zeitrahmen sprengen würde. Diese Aussagen weisen nach Beck auf die fachlichen Hürden hin, die sich durch eine geeignete Prozessgestaltung und beidseitige Qualifizierungsschritte abmildern, aber nicht ganz vermeiden ließen. Damit könnten auch die von Beck festgestellten unklaren Vorstellungen über die Vorgehenweisen abgemildert werden (Beck 1993, S.270).

Beck charakterisiert die Mitwirkung der beteiligten Beschäftigten als überwiegend passiv. Teilweise schienen die Benutzerinnen und Benutzer zur Beteiligung gedrängt worden zu sein.[55] Auf Seiten der Benutzerinnen und Benutzer

---

54 Beck befragte zehn Entwicklerinnen und Entwickler (neun Männer, eine Frau) sowie elf Benutzerinnen und Benutzer (neun Männer, zwei Frauen) aus neun verschiedenen Projekten. Keines der Projekte war ein Forschungsprojekt. Die Partizipation wurde von „oben" projektiert. In keinem Fall war der Betriebsrat eingebunden. Es ist in dem Beitrag nicht ersichtlich, in welchen Projekten wie viele Frauen und Männer beteiligt wurden. „Geschlecht" wurde als Kategorie nicht berücksichtigt.

55 Vgl. dazu die Frage nach dem „Kooperationszwang" bei Mambrey u.a. 1989 und die Frage, ob Beteiligung gar nicht dem Bedürfnis der zu Beteiligenden entspricht bei Volkholz 1996.

fehlte das Grundwissen über die Möglichkeiten und Probleme der EDV-Gestaltung und des EDV-Einsatzes. Die meisten Benutzerinnen und Benutzer mahnten klarere Regelungen zu ihren Rechten und Verantwortlichkeiten an und kritisierten Entscheidungen, die „von oben" kamen.

Nach Beck können die „immer wieder zitierten Verständnisschwierigkeiten zwischen Entwicklern und Benutzern (..) zwar im Prinzip auch in dieser Untersuchung bestätigt werden, sind aber nicht als zentraler Konfliktpunkt anzusehen" (Beck 1993, S. 271). Diese seien vielmehr auf die mangelnde organisatorische Unterstützung durch das Management zurückzuführen, wodurch sich Probleme für Fachabteilungen und beteiligte Benutzerinnen und Benutzer ergeben. Vielfach seien die Fachabteilungen schuld, wenn es zu Fehlentwicklungen komme, weil die Zusammenarbeit nicht geregelt würde. Für die Prozesse habe es keine Regelungen zur Konfliktlösung oder Kommunikationsregeln gegeben.

Aus der Untersuchung leitet sie Anforderungen für eine kooperative Systemgestaltung ab, die sie vornehmlich an das Management richtet. Neben bekannten Forderungen, wie eine geregelte Freistellung von täglichen Arbeiten oder beteiligungsbezogene Qualifizierungen, stellt auch sie heraus, dass die Position der Benutzerinnen und Benutzer gegenüber den Entwicklerinnen und Entwicklern gestärkt werden müsse. Als einen weiteren Aspekt nennt sie, dass die Benutzerinnen und Benutzer untereinander in einen Kooperationsprozess – unabhängig von den Entwicklerinnen und Entwicklern – treten sollten. Dies deckt sich wiederum mit dem Vorschlag, der aus der Diskussion zum Modellmonopol abgeleitet werden kann.

Vor diesem Hintergrund ist die Zusammenfassung der strukturellen Probleme der „real-life participation" von Susanne Bødker (1996) zu sehen:

· Ein Einfluss besteht nur für die direkt involvierten Personen und nur während des Prozesses. Eine Kooperation zwischen den direkt involvierten Beschäftigten und ihren Kolleginnen und Kollegen existiert oft nicht.
· Themen wie Macht- und Ressourcen-Asymmetrien werden in vielen partizipativen Projekten nicht einbezogen. Häufig bleibt die Entscheidungsmacht den Mangementebenen vorbehalten.
· Oft erfolgt keine Freistellung von den sonstigen Arbeiten, wodurch die beteiligten Beschäftigten einer Doppelbelastung ausgesetzt sind.
· Die notwendigen Qualifizierungen für die beteiligten Beschäftigten werden häufig nicht ermöglicht.

Eine Ursache für genannten Probleme sind die hierarchische Position der beteiligte Benutzerinnen und Benutzer, die sich meist an den unteren Rängen der innerbetrieblichen Hierarchien befinden.

In den Untersuchungen spiegeln sich innerorganisatorische Hierarchien wider, die sich in mangelnden Ressourcen ausdrücken (z.B. Information, Material, Mehrarbeit). Zusätzlich ist das Fachwissen zwischen BenutzerInnen und EntwicklerInnen implizit hierarchisiert, wodurch die Kommunikation erschwert wird.

Weit mehr als in der Softwaretechnik wird die Bedeutung innerbetrieblicher hierarchischer Verhältnisse bei den Projektberichten aus den öffentlich geförderten Programmen „Sozialverträgliche Technikgestaltung" (SoTech) und „Humanisierung der Arbeitswelt"[56] (HdA) zu Informations- und Kommunikationstechnologien thematisiert. Auch diesen Projekten liegt die Annahme zu Grunde, dass Technik alternativ gestaltbar sei. Die Gestaltungspotenziale existieren jedoch nicht per se, sondern müssen durch Handeln eröffnet und realisiert werden. Die im Folgenden dargestellten Projektergebnisse wurden im Hinblick auf die Betrachtung von Hierarchien ausgewählt. Dabei besonders berücksichtigt wurden Überlegungen, die sich auf die spezifische Situation von Frauen in diesen Projekten beziehen. Es ist zu beachten, dass die Projekte nicht vorrangig den Aspekt der Geschlechterhierarchie im Blick hatten und so die Erfahrungsberichte diese Situation im Nachhinein reflektieren.

Die Beteiligung von Mitarbeiterinnen und Mitarbeitern bei technisch-organisatorischen Veränderungsprozessen wird überwiegend als schwierig zu installierender Prozess betrachtet (vgl. z.B. Mambrey u.a. 1989, Wicke 1988, Denisow/Duell 1996).[57] Als problematisch benennen Peter Mambrey, Reinhard Oppermann und August Tepper (1989) die ungleich verteilten Ressourcen, die unterschiedlichen Ziele und Interessen. Beteiligung sei prinzipiell möglich, wobei sie eine intensive Beteiligungspromotion und ausreichend effiziente Beteiligungsmethodik als besonders wichtig kennzeichnen. Nach ihrer Ansicht rechtfertigten die zusätzlich eingebrachten Gestaltungselemente die Beteiligung. Aus ihren Erfahrungen folgern sie unter anderem folgende Thesen:

- Externe Einflüsse sind notwendig, um aus den asymmetrisch verteilten Ressourcen und der darin verfestigten Handlungsorientierung auszubrechen.
- Die asymmetrisch verteilten Ressourcen und die Handlungsorientierung erfordern eine bestimmte Art der Beteiligungspromotion. Eine Verbesserung der Rechte der Arbeitnehmerinnen und Arbeitnehmer reicht nicht aus, auch die Handlungsmotivation und -strategien müssen verbessert werden.

---

56 Das Programm „Mensch + Technik – Sozialverträgliche Technikgestaltung" (1984—1988) wurde vom Land Nordrhein-Westfalen initiiert und gefördert. Das Programm „Humanisierung der Arbeitswelt" wurde von der Bundesregierung gefördert und bezog sich hauptsächlich auf industrielle Produktion. Beide waren darauf ausgerichtet, die Gewerkschaften und die Interessenvertretungen einzubeziehen. Projekte im Bereich Informations- und Kommunikationstechnologien stellten lediglich einen Teil der geförderten Projekte dar. Sie fanden hauptsächlich in den 80er Jahren statt. Vgl. z.B. Alemann/Schatz 1986, Kißler 1988, Neubauer 1996.

57 Die in diesem Zusammenhang durchgeführten Projekte wurden außerhalb der gesetzlich garantierten Rechte etabliert, da die Beteiligung explizit oder implizit nur von repräsentativ gewählten Interessenvertretungen wahrgenommen werden konnte. Beteiligung bedeutete hier, dass Betroffene ihre Interessen selbst vertreten. Von Gesetzes wegen hatten die Betroffenen weder Mitbestimmungsmöglichkeiten, noch Selbstbestimmungsrecht. Sie fanden grundsätzlich asymmetrische, zu ihren Ungunsten verteilte, Ressourcen vor. Beteiligung wurde daher aus Sicht der Gewerkschaften nur als ein Weg unter verschiedenen zur Interessenberücksichtigung verstanden.

Ob diese Aspekte positiv für die Benutzerinnen und Benutzer wahrgenommen werden können, hängt von ihrer Position innerhalb von Hierarchien ab. Dass es bei den Handlungsmöglichkeiten nicht allein um die Fragen zur zukünftigen Technik geht, sondern Hierarchien eine Rolle spielen, geht aus einem SoTech-Forschungsbericht über Projekte in Metallverarbeitungsbetrieben hervor (Greifenstein u.a. 1991). Es handelt sich hierbei um Technikeinführungsprojekte in Produktion und Verwaltung, die allerdings keine Software-Entwicklung beinhalten. Der Bericht gibt aber Aufschluss über Problemfelder, wenn Frauen von den technisch-organisatorischen Veränderungsprozessen betroffen sind. Im Hinblick auf die Programmatik der So-Tech-Projekte bemerken die Autoren:

„Unzweifelhaft gehört zur sozialverträglichen Technikgestaltung, daß der Technikeinsatz auch für Frauen, die nach wie vor größere Schwierigkeiten in der Arbeitswelt haben als ihre männlichen Kollegen, in erträglichen Grenzen gehalten wird." (Greifenstein u.a. 1991, S.175)

An einem Beispiel zeigen Ralph Greifenstein, Peter Jansen und Leo Kißler (Greifenstein u.a. 1991), wie die Beteiligung in einer elektronischen Fertigung verlief. Obwohl es sich bei der betroffenen Abteilung um eine „Frauenabteilung" handelte, wurde die Maschine zur Bestückung von Leiterplatten von den männlichen Vorgesetzten ausgewählt. Ein Facharbeiter wurde mit Einführung, Programmierung und Organisation betraut und erst zu einem späten Zeitpunkt wurde eine Arbeiterin hinzugezogen. Sie wurde als Multiplikatorin ausgebildet, die übrigen Frauen der Abteilung fühlten sich überrollt. Neben der Tatsache, dass die Maschine plötzlich „einfach da war", führten Konkurrenzen innerhalb der Gruppe der Arbeiterinnen zusätzlich zu einem eher negativen Bild des Technikeinführungsprozesses aus Sicht der Frauen.

Ein positives Beispiel aus dem selben Unternehmen zeigt, wie auch anders gehen kann. In der Personalabteilung, ebenfalls eine „Frauenabteilung", sollte ein neues EDV-System eingeführt werden. Bei diesem Vorhaben wurden Kenntnisse und Vorschläge der Arbeitenden schon in der Planungsphase berücksichtigt. Einige Probleme konnten so schon im Vorfeld gelöst werden. Ebenso wurden alle betroffenen Frauen auf das Anwendungsprogramm intensiv geschult. Im Gesamtbericht, so Greifenstein u.a. (1991), stellt dieses Projekt eher die Ausnahme dar.

Nach Ansicht der befragten Arbeitnehmerinnen werden sie bei technisch-organisatorischen Veränderungsprozessen nicht nach ihrer Meinung gefragt, auch wenn diese ihre arbeitsbezogenen Interessen betreffen. Zitate aus den Befragungen lauten: „Wir werden untergeackert" oder „Gefragt wirst du doch nicht" (Greifenstein u.a. 1991, S. 178).

Frauen erleben im Arbeitsalltag immer wieder, dass im Zuge der Einführung neuer technischer Systeme Männer die interessantere Tätigkeit zugewiesen bekommen. Die Erwartungen an die EDV-Einführung sind oft hoch, die Erfahrungen ernüchternd. Die Arbeitsbedingungen verändern sich negativ: weniger Autonomie, Knöpfchendrücken, Arbeit für Halbidioten. Nach Ansicht der Autoren sind Männer die betrieblichen Innovationsakteure und Technikprotagonisten. Dass Spielräume für Technikgestaltung von Frauen zu weit geringem Maße als von Männer gesehen werden (20%:60%, Greifenstein u.a. 1991), ist ein Anzeichen für die geschlechtsspezifisch unterschiedlichen Erfahrungen. Frauen machen häufig die Erfahrung, dass sie ihre Interessen nicht durchsetzen können. Technikgestaltung und Arbeitsgestaltung erscheinen daher Frauen subjektiv außerhalb ihrer Möglichkeiten. Diese Resignation ist ein Ergebnis der restriktiven Bedingungen für Frauen, die am unteren Ende der betrieblichen Hierarchien arbeiten.

Problematisiert werden muss in diesem Zusammenhang allerdings nicht so sehr die Technik sondern die Entscheidungswege und die männlich geprägten betrieblichen Hierarchien. Dies sind nachvollziehbare Gründe für Frauen, sich aus Beteiligungsverfahren zurückzuziehen, wodurch die Befürchtung nahe liegt, dass diese zu reinen Männerzirkeln werden. Dennoch

„(..) weisen die Untersuchungsergebnisse darauf hin, daß es die Bedingungen des weiblichen Lebens- und Arbeitszusammenhangs sind, die die Durchsetzung von Beteiligungs- bzw. Gestaltungsinteressen erschweren, obwohl Partizipationsbedürfnisse und -kompetenzen vorhanden sind." (Greifenstein u.a. 1991, S.185)

Auch der außerbetriebliche Lebenszusammenhang, die zugewiesene, traditionelle Stellung der Frau in der Gesellschaft, spielt eine nicht zu unterschätzende Rolle: „nämlich dann, wenn sich die „Unterordnung" nach Feierabend fortsetzt und die Doppelbelastung beginnt" (Greifenstein u.a. 1991, S.185). Auch die neueren Erfahrungen aus den begleitenden Untersuchungen zur Verwaltungsmodernisierung[58] bieten Einblicke in heutige Organisationsformen von Beteiligung. Zwar sind dies vorwiegend Reorganisationsprojekte, die aber heute zugleich mit Technikentwicklung oder -einführung verbunden sind. Mit dem Verwaltungsbereich betreffen diese technisch-organisatorischen Veränderungsprozesse einen Erwerbsbereich, in dem überwiegend Frauen arbeiten. Häufig werden Hinweise auf eine geschlechtsspezifische Problematik in Beteiligungsprozessen nicht gesehen, und das obwohl diese leicht erkennbar sind (vgl. Kißler u.a. 1999).

„Frauen sind in bestimmten Beteiligungsgruppen (mit Macht- und Entscheidungspotentialen ausgestatteten Gremien) weit weniger vertreten als Männer. Sie haben eingeschränktere Beteiligungszeiten und, aufgrund ihrer Mehrfachbelastung, auch erheblich reduzierte Motivation, sich auf Beteiligungsverfahren einzulassen, die nicht zu greifbaren Ergebnissen führen." (Kißler u.a. 1999, S.799)

Als Problem sehen Elke Wiechmann und Leo Kißler (1997), dass von einer geschlechtsneutralen Modernisierung ausgegangen wird (vgl. Wiechmann/Kißler 1997, S.53).[59] In ihrer Untersuchung kommen auch sie zu dem Schluss, dass

---

58 Als ein Postulat der Verwaltungsmodernisierung formulierten Leo Kißler und Ralph Greifenstein (1998): „Die Beschäftigtenbeteiligung ist ein unverzichtbarer Reformbestandteil und damit eine Handlungsmaxime. Sie muß vereinbart und geregelt werden, eine Scheinpartizipation darf nicht stattfinden" (Greifenstein/Kißler 1998, S.16).

59 Obwohl 50% der Beschäftigten Frauen sind, werden lediglich 3% der Verwaltungen von Frauen geleitet, 7% sind auf Dezernentenpositionen und 6% Amtsleiterinnen. Je mehr Verantwortung, desto weniger Frauen. Vgl. Greifenstein/Kißler 1998, S.27.

die „Macht- und Ressourcenasymmetrie" von Frauen stärker wahrgenommen wird als von Männern. Dies zeigt sich daran, dass an Informationsveranstaltungen doppelt so viele Männer wie Frauen teilnehmen. Frauen können sich häufig auf Grund ihrer „Lebens- und Arbeitsbedingungen" weniger zeitliche Freiräume und Experimentierfelder zugestehen als Männer. Veranstaltungen, die abends oder zeitlich mit offenem Ende konzipiert sind, werden eher von Männern wahrgenommen als von Frauen. Dies kann sogar dann zutreffen, wenn partizipative Projektorganisationen auf dem Prinzip freiwilliger Mehrarbeit während der Arbeitszeit beruhen (vgl. Greifenstein/Kißler 1998, S.28).

Auf der Grundlage der Erfahrungen mit partizipativen Entwicklungsprozessen der letzten Jahrzehnte kristallisieren sich folgende Aspekte als förderlich für ein Gelingen im Hinblick auf die Rolle der beteiligten Beschäftigten heraus:

- Informationspolitik,
- Zugang zu Ressourcen für die beteiligten Beschäftigten,
- Regelungen für Freistellungen,
- unabhängige Projektteams der Beschäftigten,
- Fortbildung und Qualifizierung für BenutzerInnen und EntwicklerInnen.

Zusammenfassend lassen sich hier zwei wichtige Aspekte erkennen. Werden zum einen konflikthafte und hierarchische Verhältnisse übersehen so führt dies dazu, dass diese nicht in einen konstruktiven Veränderungsprozess einbezogen werden können. Dies trifft sowohl auf die Ausführungen der partizipativen Softwareentwicklung als auch auf die politisch motivierten Gestaltungsprojekte zu. Zum anderen bestehen bei der Beteiligung von Frauen in partizipativen Prozessen strukturelle Hemmnisse auf verschiedenen Ebenen:

- Innerbetriebliche Hierarchie: Frauen meist in den unteren Hierarchiestufen, wenig weibliche Führungskräfte.
- Außerbetriebliche Hierarchie: zeitliche Rahmenbedingungen und Belastungssituationen durch gesellschaftlich zugewiesene Rollenverteilung.

Um die Kommunikationssituation bezogen auf inhaltliche Aspekte zwischen EntwicklerInnen und BenutzerInnen zu verbessern, muss demnach der Einfluss von strukturellen Rahmenbedingungen, wie dies bei gewerkschaftlich motivierten Projekten meist der Fall ist, stärker methodisch berücksichtigt werden.

4.5 Partizipation mit Frauen

„Systems designer have to reflect on which idea of democracy to build their methods and procedures. They might benefit from the feminist debate on how to create new democratic forms. Participation based on a corporate concept of democracy gives specific weight to the 'voice' of otherwise underrepresented actors."
Ina Wagner (1993b), S.100,101

Wenn partizipative Softwareentwicklungsprojekte in einem von Frauen dominierten Erwerbsbereich angesiedelt sind, zeigen sich weitere Aspekte des Geschlechterverhältnisses, wie z.B. Rollenzuschreibungen. Neben partizipativen

Projekten, in denen diese Aspekte implizit vorhanden waren und im Nachhinein reflektiert wurden, gibt es einige Projekte, die dies explizit berücksichtigt haben. Teilweise wird darauf hingewiesen, dass sich Aspekte des Geschlechterverhältnisses zufällig zu einem Thema entwickelten.[60] Sind partizipative Entwicklungsprojekte im Bibliothekswesen, Büroarbeitsbereich oder in Krankenhäusern angesiedelt, besteht eine hohe Wahrscheinlichkeit, dass es zu einer Kooperationskonstellation zwischen Entwicklern und weiblichen Beschäftigten kommt.[61] In diesen Konstellationen erschwert die Unterstellung technischer Inkompetenz der Frauen die Kommunikation.[62]

Die bekanntesten Projekte der internationalen Diskussion sind das norwegische Florence-Projekt (z.b. Bjerknes/Bratteteig 1987), das englische Projekt in einer öffentlichen Bibliothek (z.B. Green u.a. 1991 oder Green u.a. 1993b) und das finnische Projekt mit Büroangestellten (z.B. Vehviläinen 1991). Beispielhaft für die Berücksichtigung des Geschlechterverhältnisses bei einem partizipativen Arbeits- und Technikgestaltungsprojekt im bundesdeutschen Raum ist die Arbeit von Gabriele Winker (1995). Im Folgenden werden die Erfahrungen aus diesen und weiteren Projekten zusammengefasst.

Marja Vehvilainen (1991) beschreibt die Situation weiblicher Büroarbeitskräfte, die sich mit Technikern über Veränderungen an den bestehenden Systemen verständigen wollten. Diese erkannten die Büroarbeitskräfte nicht als eigenständige Partnerinnen an. Die Frauen wurden meist mit ihren Problemen allein gelassen, die Kooperation zwischen den technischen Experten und den Frauen war schwierig. Vehvilainen führt dies darauf zurück, dass die technischen Experten üblicherweise nach Maßgabe des Managements entwickelten. Die Ignoranz den Veränderungsvorschlägen der Praktikerinnen gegenüber sieht sie als Verlängerung der geschlechtshierarchischen Arbeitsteilung und als an Status orientiert. In ihrer Fallstudie waren alle technischen Experten Männer, obwohl es in dieser Berufssparte auch in Finnland zu der Zeit einen Frauenanteil von 30% gab.

Ähnlich berichtet Roslyn Feldberg (1993) von Aussagen einer Pflegemanagerin eines Krankenhauses in den USA, über Erfahrungen bei der Einführung von Computersystemen. Meist war nur ein geringer Anteil des Pflegepersonals an den Entscheidungen zur Computerausstattung beteiligt. Überwiegend entschied männliches Verwaltungspersonal darüber, meist entwickelten und instal-

---

60 Die „Zufälligkeit" für weibliche Beschäftigtengruppen als Beteiligte hat ihre Ursache in der geschlechtshierarchischen Arbeitsteilung. Nach Dostal (1996, S.5) sind Frauen in den Computer-Randberufen zu 72% vertreten. In den Computer-Kernberufen, also im Bereich der Softwareentwicklung sowie Herstellung und Pflege von Computersystemen, gibt es lediglich 23% Spezialistinnen. Insofern bedingt die geschlechtshierarchische Arbeitsteilung diese „Zufälle".

61 Dennoch ist es keine Seltenheit, dass auch bei von Frauen dominierten Berufsfeldern, Männer ausgewählt und protegiert werden.

62 Birgit Volmerg und Eva Senghaas-Knobloch (1992) untersuchten die Rahmenbedingung der Kommunikation zwischen EntwicklerInnen und BenutzerInnen. Sie benennen als einen Aspekt, der das Klima der Verständigung beeinflusst, das Geschlechterverhältnis (S.81). Die Studie fand im Forschungsumfeld von SoTech statt.

lierten männliche Ingenieure. Das Pflegepersonal wurde von den Vertretern des Softwarelieferanten übergangen. Die Entwickler richteten ihre Fragen immer an höhere Ebenen des Managements.

> „PflegemanagerInnen, AusbildnerInnen und ComputerexpertInnen sind diese Prozesse des Ausgeschlossen werdens sehr wohl bekannt. Sie drängen das Pflegepersonal, aktiver an allen Phasen der Entwicklung teilzunehmen. Aber sie beschränken sich darauf, zur Mitarbeit zu ermutigen, ohne die wirklichen Hindernisse, die dieser entgegenstehen, zu analysieren." (Feldberg 1993, S.118)

Diese Einschätzung teilen auch Eileen Green, Jenny Owen und Dan Pain (1991). Sie kritisieren, dass – trotz einer Tendenz zu partizipativen Projekten auf Grund gescheiterter Projekte – oft nur Personen aus der Managementebene statt der Beschäftigten einbezogen werden. Die vorgefundenen Strukturen und Normen werden akzeptiert, bestehende Konflikte ignoriert. Auch Ursula Holtgrewe verweist auf diesen Aspekt:

> „Aus Sicht der GestalterInnen neuer Techniken und des oberen Managements, (..),werden die Anforderungen der EDV-Nutzung tendenziell ausgeblendet oder als Akzeptanzprobleme definiert. NutzerInnen haben das Problem, ihre durchaus bestimmbaren Anforderungen überhaupt auf die Tagesordnung zu bringen." (Holtgrewe 1997, S.47)

Was aber sind die „wirklichen Hindernisse"? Feldberg moniert, dass weder die Autoritätsstrukturen, die zum ursprünglichen Ausschluss des Pflegepersonals führen, angesprochen werden, noch die interne Hierarchisierung des Pflegeberufs hinterfragt wird – oder die Art der Partizipation. Oft werden diplomierte Krankenschwestern lediglich dazu eingeladen, ein fertiges System zu erproben. Sie erhalten lediglich eine minimale Ausbildung am Computer. Aus Zeitmangel gelingt es dem Pflegepersonal nicht, sich mit weiteren Möglichkeiten des Systems vertraut zu machen. Dadurch verfügen sie auch über wenig Hintergrund, um Alternativvorschläge zu Systemen zu entwickeln (Feldberg 1993; vgl. auch Volst/Wagner 1990).

Als weiteres Hindernis nennt Feldberg, dass nur die technischen Veränderungen und selten die Veränderungen der Arbeitsorganisation und -praktiken betrachtet werden. Häufig wird nicht zur Kenntnis genommen,

> „ ... daß eben diese Neuerungen zu einer Verdrängung ihrer Arbeit, ihrer eigenen Arbeitskraft durch weniger qualifizierte Arbeitskräfte führen könnte (..)." (Feldberg 1993, S.119)

Die Verquickung von strukturellen Aspekten des Geschlechterverhältnisses, dem sozialen Status, der hierarchischen und beschäftigungspolitischen Dimensionen bei der Systementwicklung wird, so Helena Karasti (1994), bei Ansätzen des „gender oriented information systems development" beachtet. Karasti leitet für diese Ansätze Gemeinsamkeiten und Kriterien ab. Dazu gehört beispielsweise soziale Verhältnisse zu berücksichtigen, wodurch andere Vorgehensweisen vorgeschlagen werden. Partizipative Systementwicklungsansätze werden bevorzugt und kombiniert mit der Analyse des Geschlechterverhältnisses. Sozialen Aspekten wird im Vergleich zu den herkömmlichen Vorgehensmodellen eine größere Bedeutung beigemessen.

Dass feministisch orientierte Ansätze in der Systementwicklung notwendig sind, begründen Green u.a. (1991):

> „Non-feminist approaches don't adequately deal with issues of power and inequality within the workplace or how to help the least powerful system users to address power and inequality questions." (Green u.a. 1991)

Feministisch orientierte Ansätze sind von der Sicht gekennzeichnet, dass die weiblichen Beschäftigten an den unteren Enden der organisatorischen Hierarchien erweiterte Möglichkeiten benötigen, um sich in Entwicklungsprozesse einzubringen. Diese Position deckt sich mit den Überlegungen zum Modellmonopol, geht aber über die Kooperationsbeziehung zwischen EntwicklerInnen und BenutzerInnen hinaus. Die strukturellen Verhältnisse für Beschäftigte an hierarchisch untergeordneten Positionen führen zu anderen Bedingungen, wie sich diese Personen in Entscheidungsprozesse einbringen bzw. nicht einbringen können (vgl. auch Clement 1994).

Mit dem Blick auf weibliche Beschäftigtengruppen führen diese Überlegung, so Karasti, zu „frauenspezifischen" partizipativen Projektorganisationen. Das Geschlechterverhältnis wird berücksichtigt mit dem Ziel, die Projektorganisation demokratisierend zu gestalten. Die Projektorganisation ist darauf ausgerichtet, den beteiligten Benutzerinnen (und Benutzern) durch Partizipation Handlungsmöglichkeiten zu eröffnen oder zu erweitern. Die partizipativen Projektorganisationen sollten nicht als „frauenspezifische Konzepte" betrachtet werden. Sie sollten als allgemeine Konzepte verstanden werden, um Akteursgruppen mit geringerem Handlungsspielraum die Möglichkeit zu bieten, „gleichgestellt" mit anderen Akteursgruppen in Aushandlungsprozesse zu treten. Ziel ist es, den Einfluss auf technisch-organisatorische Veränderungsprozesse zu erhöhen und dabei die spezifische Situation der Akteursgruppen zu berücksichtigen.

Beispielhaft zu nennen ist ein finnisches Projekt, bei dem Marja Vehviläinen die „study circles" etablierte, um die Handlungsmöglichkeiten der weiblichen Büroarbeitskräfte zu erweitern.[63] In den „study circles" arbeitete sie als Beraterin mit zehn weiblichen Büroarbeitskräften zusammen. Hauptaufgabe der Gruppe war die Analyse der Arbeitsprozesse. Die Gruppe traf sich wöchentlich für zwei Stunden. Im ersten Schritt wurden die Möglichkeiten künftiger Informationssysteme mit Bezug zur täglichen Arbeitpraxis thematisiert. In einem zweiten Schritt begannen die Frauen technische Konzepte in ihrer eigenen Sprache zu formulieren. Als dritten Schritt diskutierten die Frauen ihre technischen Fragen und Probleme mit Experten, die nicht Gruppe angehörten.

---

63 Marja Vehvilainen arbeitete mit den zehn weibliche Bürobeschäftigte als Beraterin über eine Zeitraum von 7 Monaten zusammen. Sie wollte in Erfahrung bringen, ob die Büroarbeitskräfte selbst Entwicklungsarbeit als Teil ihrer täglichen Arbeit leisten können. Das Projekt fand daher außerhalb offizieller Projekte der Organisation, ohne Unterstützung von Personen der Managementebene oder technischer Expertinnen und Experten sowie ohne expliziten Bezug auf organisatorische Veränderungen statt.

Auch innerhalb eines britischen Gestaltungsprojektes im Bibliothekswesen, einem Frauenerwerbsbereich, wurden in der Anfangsphase 1987 „study circles" angewandt (vgl. Green u.a. 1993b, 1991), mittels derer die Beteiligten eingebunden wurden. Sie dienten als eine Basis für „Bewusstseinsbildung" und bewirkten ein Unterstützungsnetzwerk zwischen Betroffenen, aus dem neue Ideen und Informationen gewonnen wurden. Nach einer offenen Ankündigung der Workshops wurden fünf Gruppen gebildet, die sich im Durchschnitt sieben Halbtage trafen. Jede Gruppe bestand aus 6-8 Teilnehmerinnen, die intern ihre Tagesordnung und Aktivitäten bestimmten.

Als die drei wichtigsten Erfahrungen aus den „study circles" sehen Green u.a. (1991):

- Die Bibliotheksassistentinnen konnten ihre Erfahrungen, teilweise zum ersten Mal, austauschen. Sie konnten dabei bisher nicht explizite Fähigkeiten (skills) erkennen und ihr Wissen mit der geplanten Bibliotheksautomation in Verbindung bringen.
- Die Teilnehmerinnen der „study circles" konnten ihre eigenen Ideen voranbringen, anstatt lediglich auf die Vorschläge und Ideen anderer zu reagieren. Sie konnten Fragen über Computerisierung in eigener Weise stellen und übernahmen neue Rollen und Verantwortung.
- Die Gruppen spielten eine Schlüsselrolle, wenn die Verbindungen zwischen technischen und nicht-technischen Aspekten deutlich gemacht wurde.

Mit dem Projekt gelang es den Beschäftigten aktiv in die Planung einzugreifen. Der Erfolg sei jedoch stark abhängig von Unterstützung und Einverständnis des Managements. Die „study circles" ermöglichten Erfolge für die Frauen auf verschiedenen Ebenen. Auf der Systementwicklungsebene wurden ihre Hauptinteressen repräsentiert. Auch konnten sie gewisse Impulse für ihre neue Rolle in der Organisation geben. Dennoch: Obwohl sowohl das Management als auch die Gewerkschaften die Beteiligung begrüßten, kam es zu Schwierigkeiten, wenn es um die Folgen von Organisationsveränderungen, personelle Strukturen und damit verbundenen Arbeitskulturen ging (vgl. Green u.a. 1991, S.228).

Arbeits- und Technikgestaltung im Interesse von Frauen stand im Zentrum der Untersuchung von Gabriele Winker (1995). Sie untersuchte einen Technikeinführungsprozess in der Bremer Stadtverwaltung und die daraus entstehenden Bedingungen für Frauen. Hier wurde versucht, im Zuge einer anstehenden Reorganisation, ein weitgehendes Konzept von qualifizierter Mischarbeit für die „Schreibkräfte" umzusetzen.

Im Rahmen einer aktivierenden Gestaltung ist es notwendig, so Winker, eigenständige Frauenbereiche als Kommunikationsforen und eine umfassende Beteiligung zu ermöglichen. Diesen Elementen der Projektorganisation, die auch in den bereits erwähnten Projekten vorhanden sind, fügt sie „eine parteiliche Moderation" hinzu. Ziel ist es dabei, die Frauen zu einer kollektiven Beteiligung und Einflussnahme auf die Arbeits- und Technikgestaltung zu motivieren und zu befähigen. Dazu ist die Auseinandersetzung über bisherige Arbeitsstrukturen und berufliche Selbstverwirklichung in diesem Rahmen notwendig.

Bei einigen Projekten wurden teilweise explizit „Frauengruppen" vorgesehen. Diese Maßnahmen gehen zurück auf die Diskussionen aus der Frauenforschung zum Verhältnis „Männer – Technik – Frauen". Um die Rollendynamik zwischen Frauen und Männern bezogen auf technische Sachgebiete zu vermindern[64],wird seit einigen Jahren eine (zeitweilige) Geschlechtertrennung bei Qualifizierungen propagiert. Diese Maßnahme wird nicht mit kognitiven oder sozialen Differenzen zwischen Frauen oder Männer begründet. Qualifizierungen in geschlechterhomogenen Gruppen erlauben es, widersprüchliche Erfahrungen, die Frauen mit dem Computer machen, zu besprechen (vgl. Winker 1995). Dass die Qualifizierungen gelingen ist wesentlich, damit Anforderungen an die zukünftigen Systeme formuliert und in den Entwicklungsprozess hineingetragen werden können. In der Auseinandersetzung mit konkreten Technologien und mit Arbeitshandeln bieten die geschlechterhomogenen Gruppen zusätzlich die Möglichkeit, Handlungsstrategien zu entwickeln.

Dies wirkt jedoch nicht nur im Rahmen von Qualifizierungseinheiten, sondern spielt ebenfalls eine Rolle in Beteiligtengruppen. Frauengruppen bei partizipativer Softwareentwicklung oder Anforderungsermittlung zu etablieren, wenn überwiegend Frauenarbeitsplätze betroffen sind, ist eine Fortführung der Überlegungen zu Modellmonopol und Perspektivität. Zusätzlich gelingt mit geschlechterhomogenen Gruppen aber auch eine Bezugnahme auf „Beziehungsaspekte" in der Kommunikation. Wenn, wie dies in einigen Beispielen deutlich wurde, Rollezuschreibungen und Nichtanerkennung von technischen Kompetenzen bei Frauen stattfinden, wirken sich diese auf die Kommunikationssituation aus.

Beteiligung von Frauen bei technisch-organisatorischen Veränderungsprozessen sind nach wie vor selten. Viele der hier besprochenen Projekte sind im Zusammenhang mit Forschungsprojekten entstanden und dadurch von anderen, teilweise günstigeren Rahmenbedingungen beeinflusst. Strukturelle Barrieren für Frauen sind auf verschiedenen Ebenen auszumachen, wie dies aus den verschiedenen Projekten abzulesen ist. Die wichtigsten Vorschläge zur partizipativen Projektorganisation sind (zeitweilige) „hierarchiefreie" und damit geschlechterhomogene Arbeitskreise und Qualifizierungen, parteiliche Moderation sowie die explizite Berücksichtigung der beruflichen und privaten Bedingungen.

4.6 Zusammenfassung: Emanzipatorische Potenziale bei „Participatory Design"?

Aus der skandinavischen Tradition waren die Ziele der partizipativen Softwareentwicklung zu Beginn eng damit verbunden, die Position von Beschäftigtengruppen zu stärken. Ein Teil der Ansätze des „participatory design" beinhaltete Ziele wie Demokratisierung oder „emancipatory design". Im Zuge der Auseinandersetzungen um positive und negative Erfahrungen während der praktischen

---

64 Vgl. z.B. Nyssen/Kampshoff 1996, Hammel/Geideck 1998, Teubner 1998, Teubner/-Zitzelsberger 1995

Umsetzung wurden international weiterführende Überlegungen und Spezifizierungen für Vorgehensmodelle und Konzepte erarbeitet.

Die demokratisierenden Elemente hatten und haben unzweifelhaft Auswirkungen auf konkrete partizipative Entwicklungsprozesse. Abhängig von den bevorzugten Zielen (ökonomische oder demokratisierende) der beteiligten Akteure, verlagerten sich die Schwerpunkte. Partizipative Softwareentwicklung hat so zwar in den letzten Jahrzehnten zunehmend Verbreitung gefunden, einmal einbezogene emanzipatorische und demokratisierende Momente verblassten allerdings im Zuge einer Anpassung an in der Praxis dominierende Entwicklungsmodelle.

Für partizipative Prozesse im Umfeld von Frauenerwerbsbereichen werden gerade emanzipatorische Potenziale hervorgehoben. Aus dieser Sicht werden partizipative Projektorganisationen vorgeschlagen, die Frauen ermöglichen sollen, Gestaltungsinteressen wahrzunehmen. Strukturelle (inner- und außerbetriebliche) Bedingungen, Vorurteile bezogen auf Technikkompetenzen von Frauen und Männern und individuelle Handlungsmöglichkeiten sind dabei zu berücksichtigen. Diese Betrachtungsweise schließt an die Dimensionen des Geschlechterverhältnisses von Sandra Harding (siehe Kapitel 3.1) an.

Die methodischen Vorschläge, die Kommunikation zwischen BenutzerInnen und EntwicklerInnen bei partizipativer Softwareentwicklung zu fördern, sind vorwiegend auf die Inhaltsaspekte ausgerichtet oder setzen auf Interaktionskompetenz. Gleichzeitig zeigen Praxiserfahrungen und theoretische Überlegungen die Relevanz hierarchischer Strukturen für die Kommunikationssituation. Methodische Vorschläge, die sich an Beziehungsaspekten und nicht allein an Inhaltsaspekten orientieren, sind die „diskursive Anforderungsermittlung" als Analyseinstrument und der Rückzug der „modell-schwachen Akteursgruppe" als Intervention in eine hierarchische, asymmetrische Kommunikationssituation.

Werden die Dimensionen des Geschlechterverhältnisses einbezogen, wird die Bedeutung der Beziehungsaspekte um so auffälliger. Mit der Berücksichtigung des Geschlechterverhältnisses stellt sich auch die Perspektivwahl, ob Konflikt- oder Harmonieperspektive, in einem anderen Licht dar. Wird von geschlechtsneutralen Reorganisations- oder Technisierungsprozessen ausgegangen, verhilft dies dazu – auch bei partizipativen Prozessen – geschlechterstereotype Zuschreibungen und geschlechtshierarchische Strukturen zu belassen. Ohne Bezugnahme auf Hierarchiekonflikte in solchen Prozessen, und damit auch auf die Geschlechterhierarchie als latente Konfliktmöglichkeit, werden Vorgehensmodelle meist so ausgerichtet, als gäbe es diese nicht bzw. als spielten sie keine Rolle. Damit bleiben die Chancen für Beteiligte in hierarchisch benachteiligten Positionen, sich in die Gestaltungsprozesse einzubringen weit hinter dem zurück, was für eine Gestaltung von interaktiven Systemen notwendig wäre. Sie bleiben damit aber auch hinter den Möglichkeiten zurück, emanzipatorische Potenziale zu entwickeln, damit die beteiligten Benutzerinnen und Benutzer Interessen formulieren und durchsetzen können.

5 Verknüpfung der theoretischen Stränge

Dieses Kapitel führt die verschiedenen, bis jetzt nur teilweise verbundenen, theoretischen Stränge zusammen, um die Fragen für die empirische Arbeit zu konkretisieren und die Systematisierung der Auswertung zu erläutern. Dabei werden die wichtigsten Punkte aus den Theoriekapiteln zusammengefasst und die Abgrenzung vorgenommen, welche Aspekte in dieser Untersuchung nicht bearbeitet werden sollen bzw. auf Grund des empirischen Materials nicht bearbeitet werden können.

Die geschilderten Erfahrungen und Überlegungen sind von Ambivalenzen durchsetzt. Konzepte der Softwaretechnik, die als Qualitätskriterien die Gebrauchstauglichkeit und Aufgabenangemessenheit im Nutzungskontext anlegen, überschreiten den traditionellen methodischen Fundus. Was auf der einen Seite notwendig und hilfreich erscheint, um die Systeme entlang dieser Kriterien auszulegen, erfordert auf der anderen Seite eine Bezugnahme auf den Nutzungskontext sowie eine Zusammenarbeit mit sozialwissenschaftlichen Disziplinen.

Wird der formale Rahmen verlassen und soziale und politische Verhältnisse im Nutzungskontext berücksichtigt, finden weit mehr Themen Eingang in die Diskussion zu „guten Softwaresystemen". Für emanzipatorische und demokratisierende Ansprüche bei partizipativen Softwareentwicklungsmethoden gibt es positive wie negative Anzeichen. Werden Personengruppen einbezogen, die ansonsten keine Aushandlungsposition für die Entwicklung neuer Technologien haben, können sie ihre Stimme einbringen. Die Möglichkeiten werden von, zum Teil restriktiven, strukturellen und individuellen Rahmenbedingungen begrenzt. Gerade dies wird auch bei den feministischen Forderungen zur partizipativen Arbeits- und Technikgestaltung deutlich. Ambivalenzen zeigen sich, wie die Ausführungen der vorangegangenen Kapitel belegen, auch für Frauen. Sie haben zwar häufig ein Partizipationsinteresse, ziehen oder halten sich aber aus verschiedenen Gründen zurück.

Technologien, und so auch Informations- und Kommunikationstechnologien, werden durch gesellschaftliche Verhältnisse geprägt. Die technologischen Artefakte sind politisch. Umgekehrt beeinflussen Technologien die gesellschaftlichen Möglichkeiten. Mit dem „structurational model of technology" werden verschiedene Dimensionen der wechselseitigen Prägung aufgegriffen. Wesentlich für die Betrachtungsweise der Untersuchung ist dabei, die strukturellen, normativen und individuellen Dimensionen zu berücksichtigen und in Bezug zu setzten. Dieses Schema lässt sich mit der Strukturierung von Sandra Harding, in welchen Dimensionen das Geschlechterverhältnis wirkt, verbinden.

Die Auswertung nimmt auf drei Dimensionen Bezug, die sich den beiden Erklärungsansätzen (zu Technikentwicklung und Wirkungsweise des Geschlechterverhältnisses) bestehen.Die strukturelle sowie die individuelle Dimension ist in beiden Erklärungsansätzen vorhanden. Begrifflich unterscheiden sich die symbolische und die normative Dimension, sie zielen jedoch auf das gleiche gesellschaftliche Phänomen. Beispielhaft wird dies an der Wirkung der Geschlechterhierarchie deutlich. Auch wenn strukturelle Bedingungen verändert werden und auch individuelle Handlungsweisen zu finden sind, die einer Geschlechterhierarchie entgegenwirken, wie z.b. bei den beruflichen Orientierungen von Frauen, wirken gesellschaftlich implizite Normen oder symbolische Dimensionen durch inhaltliche Selbst- und Fremdzuschreibungen, Geschlechterrollen und Geschlechterstereotype hartnäckig weiter. Die symbolische Dimension nach Harding und die normativen Einflüsse nach Orlikowski u.a. werden im Folgenden unter dem Begriff normativ-symbolisch geführt. Normativ betont in diesem Zusammenhang die starke Wirkung, symbolisch betont die impliziten Ausprägungen.[65] Die Auswertung wird entsprechend entlang der Dimensionen systematisiert:

- Strukturelle Dimension,
- normativ-symbolische Dimension
- und individuelle Dimension.

Partizipative Softwareentwicklung ist auf dem Hintergrund der Analysen eine notwendige Herangehensweise, sollen gebrauchstaugliche Anwendungssysteme für kommunikative und interaktive Situationen entwickelt werden. Mit dem Blick auf die Qualität, die sich im Nutzungskontext daran messen lassen muss, ob die Systeme an den Arbeitserfordernissen ausgerichtet sind, wird es notwendig, das arbeitsorganisatorische Umfeld für das zukünftige System einzubeziehen. Damit werden die organisatorischen Rahmenbedingungen für den Softwareentwicklungsprozess deutlicher, als dies bei der Entwicklung herkömmlicher Anwendungssysteme der Fall ist. Politische und soziale Bedingungen aus der Organisation der Unternehmen wirken auf die Zielsetzung der Produkte, aber auch auf den partizipativen Prozess selbst. Beispiele für die Wirkung auf den partizipativen Prozess sind Organisationskulturen sowohl im auftragnehmenden als auch im auftraggebenden Unternehmen, aber auch die Kommunikationssituationen zwischen den Projektbeteiligten. Die Betrachtung der Organisationskulturen betreffen vornehmlich strukturelle und normativ-symbolische Dimensionen. Mit der Kommunikationssituation kommen individuelle Handlungsweisen hinzu.

Als Leitmotiv wird in dieser Untersuchung die Geschlechterhierarchie thematisiert. Aus den theoretischen Überlegungen lassen sich deutliche Hinweise ableiten, dass die Geschlechterhierarchie in den Technikentwicklungsprozess hineinwirkt. Eine besondere Bedeutung wird diesem Umstand deshalb beigemessen, weil eine Motivation für die Gestaltung von Systeme sein kann, mit diesen nicht gesellschaftliche Ungleichheit oder Benachteiligung fortzuschreiben. Feministische Forderungen richten sich daher darauf aus, frühzeitig am Technikentwicklungsprozess anzusetzen. Innerhalb der Diskussion der Frauenforschung in der Informatik werden zwei Forderungen verbunden. Zum einen

---

65 Auch Margrit Falck (1989b) strukturiert den Ansatz IMPACT in drei Dimensionen, wobei die starke Organisationssicht auf den Prozess deutlich wird. Die kollektive Dimension bezieht sich auf die soziale Organisation, die individuelle Dimension auf Arbeits- und Handlungsorganisation, die technische Dimension auf die Organisation der Einsatz- und Umgangsweisen mit Technik.

geht es um die partizipative Arbeits- und Technikgestaltung, um Ungleichheit und Benachteiligung zu vermindern. Zum anderen betrifft dies die Problematik der Softwaresysteme für kommunikative und interaktive Arbeitssituationen (vgl. Erb 1998, S,196).

Überlegungen und Ansätze, die mit einer frauenpolitischen Motivation entwickelt und umgesetzt wurden, können für die Konzeption partizipativer Prozesse Hinweise geben. Feministische Überlegungen zur Geschlechterhierarchie lassen sich mit den theoretischen Auseinandersetzungen über Perspektivität und Modellmonopol verbinden. Der Bezug zu Kommunikationsprozessen zwischen EntwicklerInnen und BenutzerInnen ist vorhanden, auch wenn hier nicht auf „Geschlecht" eingegangen wird. Der hierarchische Aspekt, der sich z.B. in der Wertigkeit von Fachkulturen, Wissensvorsprüngen oder faktisch größerem Einfluss beim Modellieren des zukünftigen Systems ausdrückt, wird dabei thematisiert.

Mit der Annahme einer Geschlechterhierarchie wird die Konfliktperspektive eingenommen. Außerdem wird, entsprechend der Analyse von Sandra Harding, davon ausgegangen, dass in einem partizipativen Prozess nicht allein inhaltliche Aspekte (Kenntnisse, Zugang zu Information, Ressourcen) zum Tragen kommen. Untersuchungsergebnisse zu partizipativen Projekten bestätigen diese Annahme. Insofern wird in dieser Untersuchung auch der Beziehungsaspekt der Kommunikation zwischen BenutzerInnen und EntwicklerInnen hinterfragt.

Werden diese Einflüsse auf den Softwareentwicklungsprozess ernst genommen, stellt sich die Frage, ob sie in der Konzeption des partizipativen Prozesses berücksichtigt werden können. Die praktischen und theoretischen Arbeiten zu partizipativen Softwareentwicklungsprozessen, sowohl aus der Softwaretechnik als auch aus den gewerkschaftlich motivierten Projekten, sind Beispiele für Versuche, diese Einflüsse zu berücksichtigen. Werden in der Softwaretechnik Methoden entwickelt, dann mit dem Ziel, bei der Anforderungsanalyse eine dem Nutzungskontext angemessenere Modellierung zu erreichen. Die partizipativen Methoden werden den traditionellen, technikzentrierten Softwareentwicklungsmethoden gegenübergestellt. Partizipative Softwareentwicklung kann als eine Intervention in einen ingenieurs- bzw. technikdominierten Zusammenhang betrachtet werden. Sie fordert von Softwareentwicklerinnen und -entwicklern andere Denk- und Handlungsmuster.

Es erscheint geeignet, für die vorliegende Untersuchung von „strategischen Interventionen" zu sprechen. Der Begriff „Intervention" wurde, wie in Kapitel 4.3 beschrieben, in Bezug auf die Softwareentwicklung bereits von Bo Dahlbom und Lars Matthiassen (1993) eingeführt und von Beate Kuhnt (1998) weiterentwickelt. Softwareentwicklung wird in beiden Fällen als eine Intervention in die Anwendungsorganisation betrachtet. Im Gegensatz zu den o.g. Ansätzen zielt der Begriff der „strategischen Intervention" vornehmlich auf Elemente, die den partizipativen Prozesse beeinflussen, um (geschlechter)hierarchisch geprägte Strukturen, implizite Zuschreibungen und individuelle Handlungsweisen aufzubrechen. Mit „strategischen Interventionen" sollen solche Maßnahmen gefasst werden, die dazu geeignet sind, in hierarchische Verhältnisse einzugreifen mit dem Ziel, diese Verhältnisse zu Gunsten der Benachteiligten zu beeinflussen. Ausschließlich aus Frauen zusammengesetzte Beteiligungsgruppen in einem Softwareentwicklungsprozess zu initiieren, kann insofern als strategische Intervention in ein männerdominiertes Gefüge interpretiert werden. Ziel hierbei ist es, die durch die Geschlechterhierarchie geprägten Handlungsmuster aufzubrechen. Dabei können geschlechterhomogene Gruppen, wie sie in einigen partizipativen Prozessen mit weiblichen Beschäftigtengruppen etabliert wurden (vgl. Kapitel 4.5), als eine „paradoxe Intervention" gesehen werden (Wetterer 1993). Paradox bedeutet in diesem Fall, dass obwohl mit diesen Interventionen das Ziel verbunden wird, Frauen von der ihnen zugeschriebenen „Sonderrolle" in Bezug auf Technik zu entlasten, die „Frauengruppe" gerade eine solche ausdrückt. Zu begründen ist dies damit, dass in diesen „Frauengruppen" ein Freiraum entsteht, Fähigkeiten und Neigungen selbst zu definieren, anderen Erklärungen Raum zugeben und letztlich die gewohnten Zuschreibungen zu durchbrechen. Diese Aspekte betreffen die normativ-symbolische Dimension der Wirksamkeit der Geschlechterhierarchie.

Für die Auswertung und Interpretation der beiden Projekte partizipativer Anforderungsermittlung mit Benutzerinnen wird die beschriebene Systematisierung (strukturell, normativ-symbolisch, individuell) angelegt, um die komplexen Zusammenhänge zu entzerren. Des Weiteren werden für die Untersuchung der partizipativen Prozesse die folgenden thematischen Schwerpunkte gesetzt:

· Partizipativer Anforderungsermittlungsprozess,
· Arbeitsorganisation,
· Geschlechterverhältnis als Projektkontext
· und Beurteilung der strategischen Interventionen.

Die Forschungsanlage zielt darauf ab, die Einschätzungen der befragten Benutzerinnen im Hinblick auf strukturelle, normativ-symbolische und individuelle Aspekte zu untersuchen. Bei der Auswertung der Interviews werden diese Dimensionen als Orientierungsrahmen berücksichtigt. Gleichzeitig wird in der Untersuchung aber auch vermieden, die im Spannungsfeld „Technik und Geschlechterverhältnis" häufig nahegelegte Differenz zwischen den Geschlechtern vorauszusetzen oder inhaltlich zu rekonstruieren (vgl. Teubner 1993, S.271).

Bei den Untersuchungsfragen zu den thematischen Schwerpunkten lassen sich die drei Dimensionen häufig nicht in gleichwertiger Weise bearbeiten. Dies liegt zum einen daran, dass der Schwerpunkt der Untersuchung auf der Analyse der Geschlecherhierarchie bei der partizipativen Anforderungsermittlung liegt. Zum anderen beinhalten die subjektiven Einschätzungen der Benutzerinnen keine analytische Vollständigkeit und legen teilweise andere Schwerpunkte nahe.

Für Notwendigkeit der Partizipation wurde bei beiden Projekten von Seiten der jeweiligen Projektverantwortlichen damit begründet, dass die zukünftigen Systeme an den Arbeitserfordernissen ausgerichtet werden sollten. In einem Fall wurde explizit darauf hingewiesen, dass mit dem System eine interaktive Kommunikationssituation (telefonische Beratung) unterstützt werden muss. Den

Kompetenzen der Benutzerinnen, ihren Erfahrungen aus der Praxis und ihrer Perspektive auf ein zukünftiges Arbeiten, wurde daher eine große Bedeutung beigemessen.

Insofern war es aus softwaretechnischer Sicht für dieses Projekt relevant, dass die Kommunikation zwischen Benutzerinnen und Entwicklern[66] gewährleistet wird. Im Zusammenhang mit den theoretischen Überlegungen sind aus Sicht der Softwaretechnik folgende Fragen zu stellen:

- Wie stellte sich die Kommunikation zwischen den Entwicklern und den Benutzerinnen dar (inhaltliche Ebene der Kommunikation versus Beziehungsebene)?
- Wie wurde der Gegenstandsbereich, ein System zur Unterstützung interaktiver Kommunikation zu gestalten, im Prozess sichtbar?
- Inwieweit konnten die Benutzerinnen spezifische Anforderungen einbringen?

Die Wechselwirkung zwischen Kontext (Organisation) und Technikentwicklung (Technik) wird in Bezug auf die Überlegungen der Benutzerinnen zu organisatorischen Aspekten thematisiert. Es ist dabei von Interesse, wie sich die hierarchischen Verhältnisse der Anwendungsorganisation aus Sicht der Benutzerinnen darstellen. Außerdem wird in diesem thematischen Bereich untersucht, ob sich aus Sicht der Benutzerinnen konkrete Aspekte der Wechselwirkung abzeichnen. Folgende Fragen werden dabei gestellt:

- Inwieweit wurde die Wechselwirkung mit Arbeitsorganisation aus Sicht der Benutzerinnen im partizipativen Entwicklungsprozess zum Thema?
- Welche Hierarchien waren in den partizipativen Prozessen aus Sicht der Benutzerinnen in welcher Weise erkennbar?

Da bei beiden Projekten ausschließlich Frauen als Beteiligte einbezogen wurden, ist von besonderem Interesse, ob bzw. wie sich die Geschlechterhierarchie in den Prozessen zeigte. Ausführlich wird dies entlang der drei systematisierenden Dimensionen des Geschlechterverhältnisses in der Projektarbeit bearbeitet. Die hier zu beantwortenden Fragen sind:

- Welche Aspekte während der Projektarbeit waren auf Geschlechterhierarchie zurückführbar?
- Wie wirkten sich Aspekte der Geschlechterhierarchie auf die Projektarbeit aus?
- Wie äußerten sich die Benutzerinnen zu Geschlechterhierarchie? Wo wurde diese explizit oder implizit erkennbar?

Für die Untersuchung der beiden Projekte werden die einzelnen partizipationsfördernden Elemente (z.B. Qualifizierungsmaßnahmen, Entscheidungsstrukturen) als strategische Interventionen beschrieben. Auf Grund der speziellen Konzeption der Vorgehensmodelle, auf Qualifizierung und Stärkung der Benutzerinnengruppen Wert zu legen, wird die Beurteilung der strategischen Inter-

---

66 Es waren tatsächlich alles Männer.

ventionen aus Sicht der Benutzerinnen ermittelt. Die Fragen bezogen auf die strategischen Interventionen lauten:

- Welche Interventionen wurden wie von den Benutzerinnen beurteilt?
- Wo waren die Grenzen der Interventionen?
- Welche Interventionen bezogen sich auf welche Dimensionen (individuell, normativ-symbolisch, strukturell)?

Mit der Untersuchung dieser Fragen entlang der beschriebenen Systematisierung werden zwei wesentliche Ziele verfolgt. Zum einen wird mit dieser detaillierten Sicht ein „geschlechtersensibler" Blick auf partizipative Softwareentwicklung mit weiblichen Beschäftigten entwickelt. Zum anderen werden Hinweise dafür gesucht, ob bzw. wie und wo die (Geschlechter)Hierarchie bei der Konzeption von Vorgehensmodellen, z.B. durch Etablieren von geeigneten strategischen Interventionen, berücksichtigt werden kann.

6 Suchbewegungen – Zur sozialwissenschaftlichen Untersuchungsmethode

Mit der vorliegenden Untersuchung wird nach der Rolle von Geschlechterhierarchie in partizipativen Softwareentwicklungsprozessen gefragt. Die Frage, wie sich Geschlechterhierarchie in konkreten partizipativen Softwareentwicklungsprojekten mit Frauen als Beteiligten auswirkt, führt über die methodischen Grenzen der Informatik hinweg. Sie erfordert zusätzlich zu den Kenntnissen zu Softwareentwicklung ein Instrumentarium, mit dem die sozialen Zusammenhänge bezogen auf Geschlechterhierarchie ermittelt werden können. Dieses Kapitel dient zur Klärung des sozialwissenschaftlich empirischen Vorgehens.

Ein Ziel der Untersuchung ist es, subjektive Einschätzungen der beteiligten Benutzerinnen zu den Beteiligungsprozessen aufzunehmen. Für die Erschließung der Fragestellung aus empirischer Sicht wurden leitfadengestütze, offene Interviews in Anlehnung an die Methode des „problemzentrierten Interviews" nach Andreas Witzel (1982) durchgeführt. Die Auswertung orientiert sich an Witzel (1995).

Von besonderer Bedeutung ist meine eigene Rolle als Akteurin in den jeweiligen Prozessen und die als Interviewerin. Alle Interviewten, bis auf eine Person, kannten mich aus der gemeinsamen Arbeit in den Projekten. Im Folgenden begründe ich, warum ich diesen methodischen Weg für geeignet halte, die Fragestellung zu bearbeiten und meine eigene Rolle zu reflektieren.

6.1 Ausgangssituation der empirischen Untersuchung

Einschätzungen der Benutzerinnen und Benutzer, was aus ihrer Sicht befördernd oder hinderlich für ihr Einbringen in den Beteiligungsprozess ist, sind in der Literatur zu partizipativer Softwareentwicklung bislang wenig erschlossen. Die vorrangigen Hinweise, was Benutzerinnen und Benutzer benötigen, beziehen sich auf Qualifizierungsnotwendigkeiten oder Teilhabe an Informationsflüssen. Dagegen sind die Einschätzungen von Entwicklerinnen und Entwicklern in die Diskussionen um die Ausgestaltung partizipativer Vorgehen eingeflossen.[67]

Mit dieser Untersuchung wird der Gruppe der beteiligten Benutzerinnen in einem partizipativen Softwareentwicklungsprozess eine Stimme gegeben. Es werden in der Literatur benannte Hindernisse und Vorteile partizipativer Verfahren anhand der Einschätzungen der Benutzerinnen geprüft und nach Erkenntnissen gesucht, die sich aus dieser Perspektive als neu erschließen. Die Befragung der Projektverantwortlichen zu projektorganisatorischen und betrieblichen Hintergründen wird an einigen Stellen zur Einordnung der Einschätzungen der Benutzerinnen hinzugezogen.

Als Beteiligte, Moderatorin und Beraterin verfüge ich über Kontextwissen bezogen auf Projekt, Personen und Prozesse, wodurch sich im Forschungspro-

---

67 Vgl. z.B. Pasch 1994 oder Strübing 1993, wobei es hier allgemein um Einstellungen, Haltung oder Kompetenzdefizite von Entwicklerinnen und Entwicklern in Softwareentwicklungsprozessen geht.

zess eine Rolle ähnlich der teilnehmenden Beobachtung ergibt. Eine weitere Rolle spielt, dass ich von Seiten der Interviewten als „Fachfrau mit frauenpolitischem Hintergrund" eingeordnet wurde. Ich brachte ein theoretisches und auf Erfahrungen gründendes Vorverständnis zur Bedeutung von Geschlechterhierarchien zunächst in die Projektarbeit und dann in den Forschungsprozess mit ein. Insofern ist für die Wahl einer Erhebungs- und Auswertungsmethode ebenfalls ausschlaggebend, welche Möglichkeiten sie bietet, meine spezifische Situation bzw. den Einfluss meines theoretischen Vorverständnisses zu reflektieren.

6.2 Auswahl der Untersuchungsmethoden

Um subjektive Einschätzungen der Befragten zu erhalten, werden qualitative Erhebungsverfahren als geeignet angesehen. Von Bedeutung ist, dass die Befragten ihre Sichtweise alltagssprachlich formulieren können. Ebenso sind qualitative Interviews gerade für eine verhältnismäßig kleine Stichprobe geeignet, wie dies bei der vorliegenden Untersuchung der Fall ist. Unabhängig von den inhaltlichen Überlegungen bietet die Anzahl der zu befragenden Personen keine Basis für eine quantitative Erhebung. Von Nachteil sind standardisierte Erhebungsmethoden, da diese die Zielrichtung der subjektiven Einschätzungen verfehlen können. Qualitative Ansätze ermöglichen eine Analyse, die eher in die Tiefe geht und entlang der Prozesse orientiert ist.

Die Hypothese, dass sich das Geschlechterverhältnis in den partizipativen Entwicklungsprozessen zeigt, lässt sich nicht mit standardisierten Fragen überprüfen. Gesellschaftlich besteht häufig eine eher ablehnende Haltung gegenüber der „Frauenfrage". Dadurch könnten direkte Fragen, auch auf Grund der Einschätzung meiner persönlichen Einstellung, zu einer konfrontativen Haltung oder umgekehrt zu einer solidarisierenden Antwort – einer sozialen Erwünschtheit entsprechend – führen.

Dieser Situation kann auch durch eine qualitative Erhebungsmethode nur bedingt entgegen gearbeitet werden. Möglichkeiten ergeben sich bei der Erhebung, wenn durch Nachfragen erkennbar werden kann, ob die befragte Person auch mit weiteren Argumenten ihre Position einhält. Dies ist ein weiterer Vorteil gegenüber quantitativen Erhebungen. Verfälschende Darstellungen können in den Interviews dennoch vorhanden sein, denen dann bei der Interpretation begegnet werden kann. So muss beachtet werden, ob im Vergleich zwischen verschiedenen Personen Situationen ähnlich dargestellt werden. Gleichzeitig können Tendenzen von Verfälschungen herausgefiltert werden, wenn einzelne Personen im Vergleich Situationen durchgängig positiv bzw. negativ schildern. Die Erhebungsmethode trägt mit einer offenen Kommunikationssituation dem Umstand Rechnung, eine Dominanz der Interviewerin im Gespräch zu vermindern.

Auf der Grundlage dieser Überlegungen entschied ich mich für die Erhebungsmethode des „problemzentrierten Interviews" (vgl. Witzel 1982), die als hinreichend bewährte Forschungstechnik gilt. Sie ist durch die halboffene Interviewtechnik besonders geeignet, subjektive Einschätzungen aufzufangen. Sie trägt dem Umstand Rechnung, dass es nicht allein um eine Untersuchung von Hypothesen geht, sondern um das Erweitern des Wissens aus der spezifischen Sicht der Befragten (in diesem Fall vor allem der Benutzerinnen). Besonders wichtig für die Untersuchung ist, dass die Beteiligten ihre subjektive Sicht zum Ausdruck bringen können. Sie sollen als Expertinnen dieses Prozesses befragt werden. Gerade im qualitativen Interview haben Befragte die Möglichkeit, ihre Wirklichkeitsdefinition mitzuteilen (vgl. Lamnek 1989, S.61). Ziel ist, die Handlungskontexte der Benutzerinnen in den beiden Projekten zu erschließen und darüber zu einer Interpretation des jeweiligen Gestaltungsprozesses innerhalb der Beteiligungsphase zu kommen. Dies dient dazu, meine Einschätzungen zu relativieren, zu ergänzen, in Frage zu stellen oder auch zu bestätigen.

Notwendig hierzu ist das Herstellen einer offenen Gesprächssituation, in der die Interviewende durchaus nachfragen oder auf Widersprüche hinweisen kann, ohne aber die Erzähllogik zu stören (vgl. Lamnek 1989, S.63). Bestandteile der Erhebungsmethode des „problemzentrierten Interviews" sind halbstrukturierte Leitfäden, Kurzfragebögen, mit denen sozialstatistische Daten erhoben werden, die Interviews aufzuzeichnen sowie die Postskripte, die im Anschluss an ein Interview angefertigt werden (vgl. Lamnek 1989, S.76,77; Witzel 1985, S.89-91).

Meine methodischen Überlegungen orientieren sich darüber hinaus an grundlegenden Aspekten der qualitativen Sozialforschung (vgl. Hopf 1979, S.29), wie z.B. der engen Wechselbeziehung zwischen theoretischem Vorverständnis und empirischem Material oder dem Verfahren, einer sich schrittweise vorantastenden Klärung und Revision von Begriffen, Interpretationen und theoretischen Annahmen. Vorangestellte Erwartungen und theoretische Überzeugungen sollen einen möglichst offenen Charakter haben. Sie sollen im Idealfall in der Wechselbeziehung zwischen qualitativ erhobenen Daten und dem vorläufigen theoretischen Vorverständnis präzisiert, modifiziert oder revidiert werden. Die Erhebungsmethode des „problemzentrierten Interviews" entspricht diesen Überlegungen, da es dieses Verhältnis reflexiv miteinbezieht.

Ansätze, die davon ausgehen, dass mit der empirischen Untersuchung im Idealfall eine Theorie ohne theoretisches Vorwissen generiert werden kann, bieten für die Untersuchung keine Handhabe. Die Vorstellungen, dass die Forschenden sich als „tabula rasa" ihrem Untersuchungsgegenstand nähern können, erfuhren bereits mehrfach Kritik. Dies ist im Grunde nicht möglich. Daten sprechen nicht unvoreingenommen für sich selbst (vgl. Witzel 1995, S.52).

„Es muß vielmehr die Tatsache berücksichtigt werden, daß theoretische Konzepte über den untersuchten Gegenstandsbereich, das Alltagswissen des Untersuchers und die jeweiligen Forschungsfragestellungen stets die Aufmerksamkeitsrichtung bei der Erhebung und Auswertung der Daten bestimmen." (Witzel 1995, S.52)

Von besonderer Bedeutung ist daher, dass das Vorwissen offen gelegt wird. Diese Offenlegung kann auf verschiedenen Ebenen erfolgen. Die erste Ebene ist die der Beschreibung der theoretischen Vorannahmen und Forschungshypothesen, die Einfluss auf den Leitfaden sowie die Gesprächsinteraktion haben können. Bezogen auf eine zweite Ebene, die des Interviews, erscheint mir eine Offenlegung zwiespältig. Bei der Datenerhebung ist die Aufgabe, zum Reden einzuladen und die persönlichen Einstellungen wahrzunehmen. Eine Offenlegung meiner theoretischen Vorannahmen könnte einerseits im Interview eine „soziale Erwünschtheit" verstärken, sie könnte aber auch zu einer vertrauensvolleren Gesprächssituation beitragen. Bei den durchgeführten Interviews, bei denen bereits eine persönliche Beziehung durch die vormaligen Arbeitszusammenhänge existierte, habe ich die Rolle von Geschlechterhierarchie nicht offen thematisiert, sie dürfte allerdings den meisten Personen bekannt gewesen sein. Mir kam es hier ganz besonders darauf an, dass die InterviewpartnerInnen Erlebnisse und Einschätzungen möglichst aus sich heraus beschreiben. Erst gegen Ende des Interviews habe ich, wenn dies notwendig war, explizit nachgefragt.

Eine dritte Ebene des Offenlegens von Vorwissen setzt bei der Interpretation an. Nach Witzel werden „theoretische Aussagen auf der Basis des vorhandenen Datenmaterials *und* des vorhandenen theoretischen Wissens formuliert" (Witzel 1995, S.52). Empirisch begründete Hypothesen müssen dann in einem nächsten Schritt am Datenmaterial geprüft werden.

Bei der Gestaltung der Forschungsbeziehung habe ich Wert darauf gelegt, das Vertrauen der befragten Personen zu achten. Die Beziehungen waren gekennzeichnet durch eine relative Offenheit, die auch Widersprüche zu meinen Vorinterpretationen zuließen, um diese zu korrigieren. Diese Annahme sehe ich bestätigt in der Beschreibung von Witzel, der davon ausgeht, dass die Interviewten erfahrungsgemäß Vorurteile und Missverständnisse korrigieren bzw. mit neuen Einsichten versehen. Es lässt sich jedoch nicht ausschließen, dass in den Interviews wenig Kritik an der mit meiner Person oder der meiner Kolleginnen verbundenen Rolle der Beraterin thematisiert wird, obwohl diese vorhanden sein kann. Dies muss bei einer Reflexion der Rolle der Beratungsinstitution im Beteiligungsprozess beachtet werden.

Trotz aller Versuche, die Interpretationen in gewisser Weise zu objektivieren, teile ich die Bedenken von Christiane Schmidt (1997), dass es keine ideale Strategie gibt. Sie fasst die Probleme von Auswertungstechniken bei qualitativen Interviews, die sie in ihrem Forschungsfeld identifiziert hat und die eine gewisse Allgemeingültigkeit haben, wie folgt zusammen:

- „Nicht alle Vorannahmen sind bewußt und kommunizierbar; bei der Auswertung können unbewußte Fixierungen zu ‚blinden Flecken' führen. Gegen solche Erkenntnisblockaden schützt der Diskurs im Forschungsteam nur unzureichend.
- Schon durch den Interviewleitfaden und die Nachfragestrategien werden eventuell Themen überbetont, die die Befragten nicht wichtig finden. Dies kann zu Fehlinterpretationen und falschen Gewichtungen in der Auswertung verleiten.
- Die eigenen theoretischen Prämissen können so dominant sein, daß das Material stromlinienförmig interpretiert wird.

· Andererseits kann eine Scheu, sich über den einzelnen konkreten Fall hinauszubegeben, dazu führen, daß die Analyse auf der Ebene des zusammenfassenden Nacherzählens bleibt und einfach ‚alles' interessant gefunden wird, nur weil es die befragte Person (‚die Betroffene') gesagt hat." (Schmidt 1997, S.566)

Im Verlauf der Untersuchung kamen auch für mich diese Bedenken immer wieder zum Vorschein. So waren einige Fragen, die ich mir für die empirische Arbeit gestellt habe, nicht „einfach" abzufragen. Es war zwar möglich, nach dem zeitlichen Verlauf des Projekts oder auch nach den subjektiven Einschätzungen zu speziellen Elementen zu fragen, nach Hierarchien kann aber in den seltensten Fällen direkt gefragt werden. Diese Fragen müssen aus den Erzählungen beantwortet werden, wofür die offene Gesprächssituation besonders wichtig ist.

Die Auswertungsmethode, wie sie von Andreas Witzel (1995) beschrieben wird, ermöglicht einen reflektierenden Blick auf die Rolle der Interviewenden, da Interaktionen, kommunikative Störungen und Ähnliches im Verlauf einer Kommentierung markiert werden. Dadurch erschließt sich die Möglichkeit, Aussagen der Befragten im Licht der spezifischen Situation interpretieren zu können.

6.3 Zur eigenen Rolle und Perspektive in der Untersuchung

Meine Perspektive in der Untersuchung ergibt sich einerseits aus der Rolle und Positionierung meiner Kolleginnen und mir in den Beteiligungsprojekten, andererseits aus meiner Rolle als Forschende und Interviewerin. Auch bin ich persönlich geprägt durch meine Studien- und Berufserfahrungen hinsichtlich einer nicht mehr vermeidbaren Aufmerksamkeit gegenüber Ausdrucksformen des Verhältnisses „Frauen – Technik – Männer". Sabine Collmer fasst Ergebnisse aus einer Befragung von Trainerinnen im EDV-Bereich für meine Sicht treffend zusammen:

„Die fortgesetzte Zuordnung ihrer Person zur sozialen Kategorie „weiblich" versetzt sie in eine Art permanenten Beweiszwang, „dennoch" kompetent zu sein. Anders als bei männlichen Kollegen wird ihnen nämlich beim Erstkontakt mit Kunden, Kollegen und Vorgesetzten nicht prinzipiell eine Kompetenzerwartung entgegengebracht und bis zum Beweis des Gegenteils aufrechterhalten, sondern ihre Technikkompetenz muß immer wieder unter Beweis gestellt werden." (Collmer 1997, S.253,254)

Wie auch Sabine Collmer formuliert, waren meine Kolleginnen und ich in den Projekten oft konfrontiert mit einer Haltung von Seiten der Entwickler, die uns potenziell geringere Kompetenz bezogen auf Technik zuschrieb. Diese Auseinandersetzungen sowie die langjährigen Erfahrungen mit Qualifizierungen von Frauen im Bereich Informations- und Kommunikationstechnologien (vgl. Geideck/Hammel 1998) prägte unsere Arbeit mit den Benutzerinnen. Wir erwarteten von Frauen keinen kritischeren oder humanzentrierteren Blick als von Männer in diesen Bereichen, denn an Frauen dürfen keine höheren Maßstäbe angelegt werden, weil sie Frauen sind.

Unsere Vorgehensweise lässt sich als dahingehend offen beschreiben, dass wir zwar strukturelle Bedingungen – wie Zugang zu Informationen oder Zusammenstellung von geschlechterhomogenen Gruppen – verändern, aber keine Handlungsanweisungen oder Verhaltensvorschriften ausgeben. Zugespitzt formuliert ist es ein Ziel, Frauen die Entfaltung zu ermöglichen, die Männer qua Geschlecht und Zuschreibung haben können (Technikfaszination und im Extrem auch unkritische Näherungen an technische Entwicklungen), selbst wenn wir dies aus anderen Gründen nicht als positiv bewerten. Diskussionen an kritisch zu bewertenden Aspekten, wie z.b. Datenschutz, werden allgemein gesellschaftspolitisch aufgegriffen und nicht an Geschlechterstereotype gekoppelt.

Unser Konzept weist Analogien zum Konzept der Parteilichkeit[68] auf, das Barbara Kavemann (1997) anhand einer Untersuchung zu Projekten, die zu „Gewalt gegen Frauen und Mädchen" arbeiten, begrifflich herleitet:

> „Zusammenfassend kann gesagt werden, daß als ausschlaggebend dafür, ob eine Praxis parteilich im feministischen Sinne genannt wird, die patriarchatskritischen, gesellschaftsverändernden Ziele der Arbeit und die persönliche Haltung der Arbeitenden zu Mädchen und Frauen anzusehen sind." (Kavemann 1997, S.186)

Die Institution, in der wir als Beraterinnen arbeiteten, ist in der feministischen Forschung und Praxis verortet. Der Begriff „Parteilichkeit" wird daher sinnvoller Weise in diesem inhaltlichen Zusammenhang geklärt. Feministische Parteilichkeit richtet sich vorwiegend auf Frauen und berücksichtigt die gesellschaftliche Eingebundenheit von Frauen. Dabei wird die Kritik nicht eingeschränkt auf die Kritik an der Unterdrückung von Frauen, sondern zielt auf jede Gewalt- und Herrschaftsausübung über andere (vgl. Kavemann 1997).

Parteilichkeit bedeutet nicht Identifikation, sondern Solidarität (Kavemann 1997, S.194). Ein wichtiger Bestandteil der Solidarität ist, Distanz zu wahren. Dies ist unter anderem auch damit zu begründen, dass die Gruppe „Frauen" einer strukturellen Gewalt ausgesetzt ist, die je nach ökonomischer, sozialer und kultureller Lage differenziert werden muss. Denn es gilt auch, einen Machtmissbrauch durch die Beraterinnen zu verhindern.

> „Unterschiedlichkeiten zu erkennen und anzuerkennen beinhaltet auch, Machtunterschiede zwischen Frauen (..) nicht zu verwischen. Diese klare Sicht kann einen erneuten Mißbrauch von Macht – diesmal durch die Beraterin – verhindern und dazu verhelfen, Bedürfnisse nach Unterstützung an der Lebensrealität der Beratungssuchenden auszurichten, sie nicht in eine Schablone von Frauenbiographien zu pressen und Selbstbestimmung zu fördern." (Kavemann 1997, S.194,195)

Die von den Beraterinnen eingenommene parteiliche Haltung befördert eine persönliche Vertrauensstellung gegenüber den Benutzerinnen. Diese wiederum beeinflusst die Interviewsituation, und somit die Situation des Erkenntnisprozesses. Kontextwissen wird im Erkenntnisprozess bei qualitativen Erhebungen mittlerweile als positiv anerkannt. Bei einer parteilichen Haltung ist die Kritik,

---

68   Der Begriff kommt aus dem marxistisch-leninistischen Wörterbuch und hat dort seine politische Geschichte. In diesem Zusammenhang gibt es ihn in vielen Sprachen. Im feministischen Sprachgebrauch gibt es ihn nur auf Deutsch. Vgl. Kavemann 1997.

es könnten Wahrnehmungsverzerrungen eintreten, angemessen. Um sich nicht selbst wieder den Blick zu verstellen auf Verhältnisse, die nicht im eigenen Erfahrungshorizont liegen, ist ein undogmatisches Herangehen erforderlich, eine Offenheit in der Analyse und Interpretation. Wahrnehmungslücken oder -sensibilitäten, die z.b. berufsbedingt oder der persönlichen Lebensgeschichte geschuldet sind, müssen berücksichtigt werden. Dies erfordert eine Offenheit und ein Interesse, den Versuch zu unternehmen die eigenen Wahrnehmungen und Verleugnungen zu sehen – Eigenes nicht auf andere zu übertragen (vgl. Kavemann 1997, S.198). Diese Überlegungen waren sowohl Bestandteil der praktischen Arbeit in den Beteiligungsprojekten als auch leitend für die empirische Untersuchung.

Die Interviewsituation, in der ich als vormalige Beraterin nun als Forschende war, beurteilte ich als ambivalent. Einerseits wurden mir auf Grund des Vertrauensverhältnisses Erfahrungen und Einschätzungen mitgeteilt, die eine fremde Person nicht erfahren hätte. Insofern erhielt ich zum Teil sehr persönliche Äußerungen, die nur mit großer Sensibilität in die Untersuchung einfließen konnten. Andererseits werden vermutlich Themen vermieden, die mit einer Kritik an der Rolle der Beraterinnen und ihren Einstellungen verbunden sind. Da die Untersuchung der Prozesse partizipativer Anforderungsermittlung auf die Bedeutung des Geschlechterverhältnisses ausgerichtet war, und dabei die Erfahrungen und Einschätzungen der Benutzerinnen im Zentrum standen, waren vor allem die persönlichen Äußerungen wichtig.

6.4 Durchführung der Untersuchung

Interviews durchzuführen war für mich eine Herausforderung. Die Auseinandersetzung zu Interpretierbarkeit und Einflussnahme erinnern an Fragen aus der Informatik, wie ein (sozialer) Kontext erfasst oder dargestellt werden kann. Diese Fragen stellen sich in der Informatik bei der Modellierung, so z.B. auch bei den Überlegungen, wie Wünsche und Vorstellungen von Benutzerinnen oder Benutzern erfasst werden können. Methoden der qualitativen Sozialforschung, obwohl sie in einer gewissen Weise ad hoc verwendet werden, sind bislang kaum fundiert in die Informatik eingeflossen. Die einzelnen Schritte des methodischen Vorgehens werden im Folgenden ausführlich beschrieben, um die Nachvollziehbarkeit zu ermöglichen.

6.4.1 Auswahl der Interviewten

In der vorliegenden Untersuchung wurde eine Auswahl von Beteiligten an zwei partizipativen Prozessen nach ihren Einschätzungen und Erfahrungen mit den jeweiligen Projekten befragt. Im ersten Fall (Fall A) strebte ich an, alle sieben beteiligten Benutzerinnen für ein Interview zu gewinnen; eine Frau lehnte jedoch ein Gespräch ab. Die zwei Projektmanager des Entwicklungsprojekts willigten ein, sich befragen zu lassen. Sie hatten das partizipative Verfahren initiiert und maßgeblich gestützt. Die Projektzeit lag zum Zeitpunkt der Befragung etwa zwei Jahre zurück. Alle Personen waren mittlerweile mit anderen Aufgaben befasst.

Im zweiten Fall (Fall B) interviewte ich drei von insgesamt 12 Benutzerinnen sowie den Projektverantwortlichen. Das Projekt lag zum Zeitpunkt der Befragung etwa sieben Jahre zurück. Die Auswahl der Befragten folgte pragmatischen und inhaltlichen Gründen. Eine Einschränkung wurde im Hinblick auf die zeitlichen Rahmenbedingungen und den mit empirischer Arbeit verbundenen Aufwand notwendig. Durch den inzwischen vergangenen Zeitraum nahm ich an, dass nur die besonders engagierten Benutzerinnen sich entsprechend an die Projektzeit erinnern würden. Auch waren viele der damaligen Benutzerinnengruppe mittlerweile in anderen Bereichen eingesetzt. Nach dem Interview mit dem Projektverantwortlichen entschied ich, drei Personen um ein Interview zu bitten, die sofort einwilligten. Sie können als „Aktivistinnen" gesehen werden, die sich in und nach der Einführung bei technisch-organisatorischen Veränderungen im Verwaltungsbereich ihrer Organisation engagierten.

6.4.2 Leitfaden

Für jedes Projekt habe ich zwei gesonderte Leitfäden entwickelt, die sich an einigen Stellen jedoch decken. Die Entwicklung der Leitfäden erfolgte auf der Grundlage der jeweiligen Projektprotokolle, um Anknüpfungspunkte für Erinnerungen der Befragten zu finden. Des Weiteren flossen meine internen Kenntnisse der Projekte ein, wodurch sich eine Parallele zur teilnehmenden Beobachtung ziehen lässt. Bezogen auf die Benutzerinnen lag der Schwerpunkt auf Fragen nach Ereignissen während der Projektlaufzeit und ihrer subjektiven Wahrnehmung des Prozesses. Die Projektleiter befragte ich zusätzlich, in ihrer Eigenschaft als Funktionsträger, über Betriebs- und Kontextwissen, das mit dem jeweiligen Beteiligungsprojekt in Zusammenhang gestanden hat.

Um die Leitfäden für Projekt A auf ihre Brauchbarkeit zu überprüfen, führte ich zwei Probeinterviews durch. Die Personen, die sich zur Verfügung stellten, waren meine Kollegin, die ich mit dem Leitfaden für die Benutzerinnen befragte, und ein Berater der Projektleitung, den ich mit dem Leitfaden für die Projektleitung befragte. Für Projekt B erschloss sich eine solche Möglichkeit nicht. Ich orientierte mich beim Leitfaden für Projekt B an den Erfahrungen aus den Probeinterviews und den Interviews mit den Beteiligten aus Projekt A.

6.4.3 Interviews

Die Gespräche verliefen in freundlicher Atmosphäre. Alle Befragten stimmten einer Tonbandaufzeichnung zu. Den Interviewten sicherte ich die Vertraulichkeit der Gespräche sowie die weitgehendste Anonymisierung zu. Da sich die Beteiligten zum größten Teil untereinander kannten und die Projekte trotz aller Versuche der Anonymisierung möglicherweise erkennbar bleiben, bedeutete dies auch, bestimmte Äußerungen nur mit größter Sensibilität zu zitieren.

Die Interviews dauerten im Durchschnitt zwei Stunden, das längste belief sich auf drei Stunden, das kürzeste auf eine Stunde. In den meisten Fällen suchte ich die zu befragenden Personen an ihren Arbeitsstellen oder in ihren Wohnungen auf. In einem Fall erwies es sich als günstig, das Interview bei mir zu Hause durchzuführen.

Vor Beginn eines Interviews wies ich deutlich auf die Offenheit der Interviewform sowie auf die Absicht hin, subjektive Einschätzung zu erhalten. Das Interview sollte ein Gespräch sein, d.h. Schleifen etc. waren möglich und teilweise, auf Grund von Erinnerungslücken, notwendig. Als Einstieg fragte ich nach der Erinnerung, wie für die Person das Projekt begonnen hat. Im Anschluss an die Gespräche fertigte ich kurze Postskripte an, in denen ich auch etwaige Nachgespräche beschrieb. Alle Interviews habe ich mit eingeschränktem linguistischen und paralinguistischen Zeichenkatalog vollständig transkribiert. Pausen notierte ich in einfacher Form, kürzere Pausen mit (..), längere mit (...). An zentralen Stellen vermerkte ich die Stimmmodulation (lauter, leiser). Personen-, Orts- und Firmennamen anonymisierte ich. Während des Transkribierens fertigte ich Notizen zu Stimmungen und Themen an, die mir auffällig erschienen. Die Transkripte versah ich rechts und links mit einem breitem Seitenrand und mit Zeilennummern, um die ersten Interpretationen im Transkript später vermerken zu können.

6.4.4 Auswertungsschritte

Bei der Auswertungsstrategie orientierte ich mich an dem Vorgehen von Witzel (1995). Im ersten Schritt ging ich die Interviews Zeile für Zeile durch und notierte die angesprochenen Themen sowie die Bezüge zu Leitfadenfragen für eine spätere Vergleichbarkeit. Für unterschiedliche Ebenen der Themen benutzte ich verschiedene Farben, so zum Beispiel für die „äußere Projektentwicklung" oder für die Aussagen über andere ebenfalls interviewte Personen. Ich markierte die Stellen, die bei den Befragten eine „soziale Erwünschtheit" vermuten ließen und die Stellen, die explizit meine Rolle, die meiner Kollegin oder der Institution, in der wir beschäftigt waren, angesprochen. Dieser Schritt kann als Rekonstruktion der Vorinterpretation im Interview bezeichnet werden. Das interaktive Bemühen der Gesprächspartner wird rekonstruiert, um die darin eingeschlossenen Vorinterpretationen zu erhalten (vgl. Witzel 1995, S.58).

Im zweiten Schritt untersuchte ich die Transkripte nach zentralen Themen, die die befragte Person als wichtig formuliert hatte. Mit den zentralen Themen erschlossen sich einige, von meinen Voreinstellungen unabhängige, Einstellungen und Einschätzungen der Interviewten. Es wurden hier auch Themen aufgegriffen und formuliert, die meine ursprüngliche Sicht auf die Projekte nicht enthielten. Die zentralen Themen sind ein erster ausgeprägt theoriegenerierender Interpretationsschritt (vgl. Witzel 1995, S.65), der in Annäherung der offenen Kodierung (Strauss/Corbin 1996) entspricht.

Abweichend von Witzel (1995, S.60) fasste ich die einzelnen Interviews in ausführlichen Dossiers zusammen. Die von Witzel benannten vier Schritte (Falldarstellung, zweite Rekonstruktion, Dossier, zentrale Themen) verkürzte ich auf einen Schritt, in dem die vier anderen enthalten waren. In diesem ausführlichen Dossier (8-10 Seiten) fasste ich Aussagen zusammen und nahm Zitate aus den Interviews mit auf. Jede Zusammenfassung oder jedes Zitat versah ich mit Seiten- und Zeilenangaben, um bei Fragen und Unklarheiten wieder auf das vollständige Transkript zurückgreifen zu können. Dieses Vorgehen diente einerseits dazu, das Material handhabbar zu machen. Andererseits bildete es einen wichtigen Schritt hin zu einer Konzentration der Aussagen im Hinblick auf die Kernfragen: der Rolle von Hierarchien und der Einschätzung des Beteiligungsverfahrens.

Die Falldarstellungen folgen zwei Strukturierungen. Die erste grobe Struktur ist für beide Fälle gleich, um an den Forschungsfragen entlang interpretieren zu können. Sie beginnen mit der kurzen Ausführung zum Status der Person und ihren persönlichen Anmerkungen, gefolgt von ihren Äußerungen zur Selbsteinschätzung. Die weiteren Gliederungspunkte sind z.B. der Wissensstand der Person vor Projektbeginn, äußerer Projektverlauf, die jeweiligen zentralen Themen, Aussagen zu Hierarchie, Aussagen zu Elementen des Beteiligungsverfahrens. Die grobe Gliederung schließt mit meinen Anmerkungen zu schwierigen Interaktionen während des Interviews, offen gebliebenen Fragen, widersprüchlichen Aussagen beziehungsweise zu Interpretationsschwierigkeiten.

Unterhalb der groben Gliederung ist die Strukturierung an den Interviews selbst orientiert. Welche Themen werden benannt? Welche Begriffe erscheinen für die Einschätzungen und Äußerungen geeignet? Diese zweite Strukturierung spiegelt zwar einerseits in weiten Teilen Leitfadenfragen wider, andererseits bleibt damit genug Raum, um den offenen Antworten und neuen Erkenntnisschritten Rechnung zu tragen. In diesem Sinne entspricht diese Strukturierung dem von Witzel benannten Auswertungsschritt der „zweiten Rekonstruktion". Sie stellt eine Kombination der durch den Leitfaden hervorgebrachten und der durch die Interviewpartnerinnen und -partner gesetzten relevanten Themen dar (Offenheitsprinzip).

In den jeweiligen Abschnitten ordnete ich die Aussagen in chronologischer Reihenfolge, fasste individuelle Situationsdeutungen, Verhaltens- und Entscheidungsbegründungen in unterschiedlichen Handlungskontexten zusammen. Wo dies benannt wurde, fasste ich Äußerungen zu nicht realisierten Optionen, rückblickender Beurteilung früherer Handlungsweisen und Deutungen zusammen.

Diese Dossiers bildeten in der Folge meine hauptsächlichen Arbeitsmaterialien für die Interpretation und boten gleichzeitig einen leichten Zugang zu den Originaltranskripten. Ich ordnete die Dossiers je Projekt zusammen, um dadurch einen Überblick über projektspezifische Aussagen zu erhalten.

Für die mich interessierenden Fragen bildete ich für die einzelnen Projekte Zusammenfassungen quer über die Interviews. Meine Fragen orientierten sich an den Beschreibungen der Benutzerinnen von Hierarchien, mit speziellem Fokus auf Geschlechterhierarchie im Beteiligungsprozess, und an ihrer Beurteilung von Elementen des Beteiligungsverfahrens. Bezogen auf das Beteiligungsverfahren strukturierte ich meine Überlegungen im Hinblick auf „strategische Interventionen" als Elemente im partizipativen Vorgehen und auf die jeweiligen Interventionsebenen.

Diese thematischen Zusammenfassungen bilden die Grundlage für die Ergebnisse der empirischen Arbeit, wie sie in den Kapiteln 7 und 8 dargestellt werden.

7 Fallrekonstruktionen

Um die empirischen Befunde auf der Grundlage der Interviews in den Kontext der partizipativen Projekte einordnen zu können, werden in diesem Kapitel die jeweiligen Rahmenbedingungen dargestellt. Dabei geht es um die Vorgeschichte, die organisatorischen Vorstellungen und Ziele innerhalb der Anwendungsorganisation und um die technischen Vorbedingungen. In einem weiteren Abschnitt werden die Rahmenbedingungen des partizipativen Vorgehensmodells und die Projektstruktur beschrieben.

7.1 Projekt A

Ein großes bundesdeutsche Unternehmen betrieb eine telefonische Kundenberatung als einen Vertriebszweig. Die Kundengespräche waren von einem hohen Informationsbedarf und einer flexiblen aber dennoch gezielten Gesprächsführung gekennzeichnet. Das Personal benötigte Angaben über die Kunden, Produkte und Vertriebsbedingungen, die in der Regel als Akten und Kataloge vorlagen. Zusätzlich wurden Informationen aus alten Großrechnersystemen abgerufen.

Zur Unterstützung des Personals sollte eine Software (für ca. 4000 Arbeitsplätze) beschafft werden, die alle benötigten Informationen übersichtlich zur Verfügung stellen würde. Als Kriterium für die Software galt, dass die Gespräche mit Kunden und Kundinnen nicht durch softwaretechnische Bedingungen beschränkt wurden. Eine Abteilung innerhalb des Unternehmens wurde mit der Projektleitung beauftragt. Die Projektleitung sah die Einführung der zukünftigen Software im Zusammenhang mit einer Reorganisation des Vertriebszweigs in Richtung Call-Center.

Nach einer Marktanalyse kam die Projektleitung zu dem Schluss, dass keine geeignete branchenspezifische Standardsoftware existierte. In einer Vorprojektphase wurden zwei Zusammenschlüsse von Softwareentwicklungsfirmen beauftragt, jeweils anhand eines Prototyps zu zeigen, ob sie ihre Softwaresysteme an den Bedarf des Unternehmens anpassen könnten. Eine Grundlage für die Anforderungen an die neue Software bildeten die „Fachlichen Anforderungen", ein unfertiges Dokument, in dem Geschäftsprozesse formal detailliert zergliedert und mittels „Erweiterten Entity Relationship Modellen (EERM)" dargestellt wurden. Zur Unterstützung der Entwicklungsteams und praktischen Erläuterung der „Fachlichen Anforderungen" wurden anfangs zwei, dann vier Beratungskräfte aus der telefonischen Kundenberatung verschiedener Standorte teilweise freigestellt. Diese vier Beratungskräfte, allesamt Frauen, saßen den Projektsitzungen der Entwicklungsteams bei, drei Tage je Woche, und beantworteten fachliche und Darstellungsfragen als Informantinnen. Nach einem weiteren halben Jahr endete auch die Vorprojektphase unbefriedigend und die Projektleitung entschied, zusammen mit der auftraggebenden Abteilung des Unternehmens, eine Eigenentwicklung durchzuführen. Mit der Entwicklung der Software wurde die unternehmenseigene EDV-Abteilung beauftragt.

Die Projektleitung beschloss die Entwicklung mit einem partizipativen Vorgehen durchzuführen. Die Rolle der beteiligten Benutzerinnen sollte durch verschiedene Elemente im partizipativen Vorgehen gestärkt werden. Von einigen der beteiligten Benutzerinnen wurde auf Grund ihrer Erfahrungen in der Vorprojektphase gewünscht, technische Qualifizierungen zu erhalten sowie in veränderter Form unterstützt zu werden. Im Zuge der Projektplanung wurde eine Unternehmensberatung beauftragt, das Vorgehensmodell für das Beteiligungsverfahren zu beschreiben. Vorschläge und Vorstellungen der Benutzerinnen wurden in diesem Vorgehensmodell berücksichtigt. Unter anderem wurde darin festschrieben, dass ein „Qualifizierungs- und Moderationsteam" als Beratung für die Benutzerinnen, als Institution ihres Vertrauens, beauftragt werden sollte.

Rahmenbedingungen und Vorgehensmodell

Im Frühjahr 1994 wurde das Entwicklungsprojekt offiziell gestartet und allen Beteiligten das Vorgehensmodell sowie der Zeitplan vorgestellt. Aus der telefonischen Kundenberatung wurden fünf Frauen aus verschiedenen Städten, den geplanten Pilotstandorten der Einführungsphase, für die Projektarbeit freigestellt. Zwei weitere Frauen aus dem Marketingbereich wurden in das Projekt entsandt.

Bezeichnend für das Projekt war, dass in die konkrete Entwicklungsarbeit verschiedene unternehmensinterne Abteilungen einbezogen waren: die unternehmensinterne EDV-Abteilung, die mit der Entwicklung beauftragt wurde; die Managementebene des Vertriebs, die als interner Auftraggeber fungierte; eine Abteilung, die mit der Projektleitung beauftragt wurde. Hinzu kam die Gruppe der sieben Benutzerinnen, die unternehmenshierarchisch dem internen Auftraggeber unterstellt waren, projekthierarchisch der Projektleitung. Insofern mussten interne Vereinbarungen über die Zuteilung der Arbeitskräfte getroffen werden. Ein weiteres Merkmal in diesem Projekt war die hohe Anzahl von Beraterinnen und Beratern. Jede unternehmensinterne Einheit - außer dem internen Auftraggeber - beschäftigte mindestens eine Beratungsinstitution oder ein Subunternehmen.

Vorrangiges Ziel des Beteiligungsverfahrens war es, die Praxiserfahrungen der Beschäftigten einzubeziehen, um die zukünftige Software an den Arbeitserfordernissen auszurichten. Damit verbunden war der Anspruch, dass die Praktikerinnen von den Entwicklern „gehört" werden sollten. Die Vereinbarungen zum Vorgehensmodell enthielten insofern beteiligungsfördernde Elemente, die von der Managementseite eingebracht wurden. Mit diesen Elementen hofften sie, dieses Ziel zu erreichen:

· Eigenständige Workshops der Benutzerinnen,
· Qualifizierung der Benutzerinnen,
· Aufwertung der Rolle der Benutzerinnen, z.B. durch ihr Stimmrecht im Entscheidungsgremium, wohingegen die Entwicklungsgruppe lediglich ein Anhörungsrecht hatte,
· Beratung und Unterstützung für die Benutzerinnen.

Diese Elemente können als Interventionen in eine bestehende hierarchische Struktur zwischen Entwicklern und Benutzerinnen betrachtet werden, die zum Ziel haben, den Benutzerinnen ein eigenständiges Gewicht bei den Designentscheidungen zu geben.

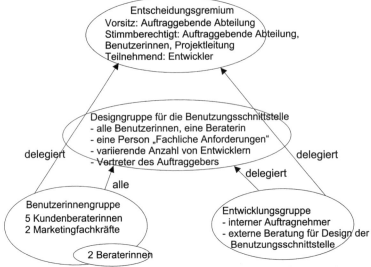

Abbildung 6 Vereinfachtes Organigramm des Vorgehensmodells – Projekt A

Das Vorgehensmodell stellte sich organisatorisch wie folgt dar (vgl. Abbildung 6):

Die Anforderungen an das Layout und Verhalten der Benutzungsschnittstelle wurden im Design-Workshop von Benutzerinnen und Entwicklern gemeinsam festgelegt und von der Entwicklungsseite dokumentiert. Beteiligt an diesem Workshop waren ein Vertreter des Auftraggebers, eine Person des Teams für die „Fachlichen Anforderungen", die Entwickler und die Benutzerinnen. Die Benutzerinnen bereiteten sich in einem eigenständigen Arbeitstreffen auf den Design-Workshop vor. In diesem Arbeitstreffen entwickelten sie, unter externer Moderation, aus ihren Praxiserfahrungen heraus ihre Vorschläge und Anforderungen an die Software. Ihre Arbeitsergebnisse brachten sie in die Design-Workshops ein. Eine Person des Qualifizierungs- und Moderationsteams nahm an den Design-Workshops teil, um aufkommende Fragen schnell zu klären und als „Übersetzung" zwischen EDV und Anwendung zu agieren.

Fragen, Unklarheiten oder Kontroversen zwischen den Beteiligten des Design-Workshops konnten in das Entscheidungsgremium getragen werden. Das Entscheidungsgremium tagte im Anschluss an die Design-Workshops unter Vorsitz des internen Auftraggebers. Mit diesem Gremium wurde beabsichtigt, kurze Entscheidungswege herzustellen. Auftraggeber, Projektleitung und

Benutzerinnen waren darin stimmberechtigt vertreten, die EDV-Abteilung als Auftragnehmer lediglich berichtend.

Im Projektmodell wurde anfangs ein dreiwöchiger Rhythmus für die verschiedenen Arbeitstreffen geplant: eine Woche Benutzerinnen-Workshop, eine Woche Design-Workshop, eine Woche Qualifizierung oder Präsenzzeit an der Arbeitsstelle (Kernteams) zur Rückbindung an die Kolleginnen und Kollegen. Die Benutzerinnen wurden für die Projektarbeit von ihren Abteilungen zu 100% freigestellt. Im Laufe des Projekts verkürzten sich die Zyklen teilweise auf zweiwöchige Phasen. Die Woche an der Arbeitsstelle und spätere Qualifizierungen fielen häufiger der Zeitnot zum Opfer, die Prioritäten veränderten sich. Die Projektarbeit endete für die Benutzerinnen nach eineinhalb Jahren. Das Ergebnis war eine zukunftsweisende Konzeption für die Benutzungsschnittstelle, die als Basis für das Nachfolgeprojekt diente – jedoch keine Software, die eingeführt werden konnte.

Zusammenfassend ist festzuhalten, dass mit den folgenden Maßnahmen bekannte Mängel in Beteiligungsverfahren vermieden wurden:

- Die beteiligten Personen aus der Praxis wurden freigestellt von ihren sonstigen Aufgaben.
- Sie erhielten projektbezogene fachliche Qualifizierungen.

Die Benutzerinnen wurden gegenüber den Entwicklern an einigen Stellen gestärkt. Die folgenden Punkte wurden im Vorgehensmodell formuliert:

- Im Entscheidungsgremium erhielten die Benutzerinnen ein Stimmrecht.
- Die Benutzerinnen erhielten projektbezogene Qualifzierungen.
- In eigenständigen Arbeitstreffen entwickelten sie ihre Anforderungen.
- Bei den gemeinsamen Treffen mit den Entwicklern, dem Design-Workshop, begleitete eine Beraterin die Benutzerinnengruppe. Die Beraterin sollte schnell Fragen klären können und als Co-Moderation agieren.
- Die Beraterinnen, das Qualifizierungs- und Moderationsteam sollten von einer Institution gestellt werden, die das Vertrauen der Benutzerinnengruppe genoss.

Ein wichtiger Aspekt für die Auswertung dieses Projektes war die Ambition von drei der befragten Frauen, verschiedene Stationen im gesamten Softwareentwicklungsprozess zu vergleichen. Durch ihre Beteiligung in der Vorprojektphase stellten diese Frauen von sich aus Vergleiche an. Sie betonten, was sich durch das Beteiligungsverfahren und die darin verwendeten Interventionen verändert hatte. Sie sprachen von Vorteilen, aber auch von Schwierigkeiten, nahmen immer auf die Wandlung Bezug, die das Beteiligungsmodell brachte.

7.2 Projekt B

Eine bundesdeutsche Organisation betrieb für ihre Mitglieder sieben Bildungseinrichtungen, die weiträumig in der Bundesrepublik verteilt gelegen waren. Die Organisation des Bildungsprogramms, die Planung des Seminarprogramms sowie Auswahl und Einladung der Teilnehmenden wurden zentral von der Abteilung „Bildung" durchgeführt. Dieses Verfahren wies Effizienzmängel auf, die sich in geringen Belegungszahlen der Bildungszentren und einer mangelhaften Abwicklung des Einladungsverfahrens zeigten. Das zentralisierte Verfahren sah vor, dass die Bildungszentren der Abteilung „Bildung" die geplanten Seminare meldeten. Dort wurde sowohl die Erstellung des Bildungsprogramms als auch die Anmeldung und Einladung der Teilnehmenden vorgenommen. Die Auswahl der Teilnehmenden wurde von einer weiteren Abteilung der Organisation durchgeführt. Kurz vor Seminarbeginn erhielt das Bildungszentrum die Anmeldelisten zur weiteren internen Veranstaltungsplanung, wie z.B. Übernachtungen und Verpflegung.

Um eine bessere Auslastung sowie mehr Flexibilität und Planungssicherheiten für die Bildungszentren zu erreichen, wurde 1991 entschieden, das Einladungsverfahren zu dezentralisieren. Dies bedeutete auch, mehr Verantwortung und Entscheidungsfreiräume an die Bildungseinrichtungen zu delegieren. Diese, in erster Linie organisatorische, Veränderung war aus Sicht der Verantwortlichen ohne den Einsatz einer Software zum Veranstaltungsmanagement in den Bildungszentren nicht denkbar. Bislang wurde in dem gesamten Verfahren, auch innerhalb der Bildungszentren, kaum EDV eingesetzt. Diese Veränderung bedeutete mehr und neue Aufgaben, aber auch die Möglichkeit, bisher nicht zufriedenstellende Arbeitsabläufe in den verschiedenen Bildungseinrichtungen verändern zu können. Die sieben bundesweit verteilten Bildungseinrichtungen hatten ihre jeweils eigene Organisationsform und Struktur der Arbeitsabläufe für das Veranstaltungsmanagement entwickelt.

Rahmenbedingungen und Vorgehensmodell

Es gab im Vorfeld des Projekts einen Testversuch mit einer organisationsinternen Software, die das Veranstaltungsmanagement unterstützen sollte. Übereinstimmend gaben die Benutzerinnen an, dass diese ungeeignet gewesen sei, da zum Beispiel ein falscher Rechnungsausdruck nicht korrigiert werden konnte. Die ersten Überlegungen zur Zielsetzung erfolgten in den Bildungszentren unter Einbezug aller Beteiligten. Vom Leiter der Abteilung „Bildung" wurde in einem zweiten Schritt der Prozess der Anforderungsermittlung und Softwareeinführung partizipativ konzipiert.

Aus Sicht der Verantwortlichen wurden zwei Begründungslinien genannt. Zum einen wollten sie durch die Beteiligung der Praktikerinnen – allesamt weibliche Verwaltungsangestellte – frühzeitig Fehler vermeiden, um nicht ein weiteres Beispiel einer Softwareruine zu riskieren. Zum anderen konnte durch die gewählte Konzeption des Beteiligungsverfahrens den späteren Benutzerinnen die qualifikatorischen Voraussetzungen zur Entscheidung für die Anforderungen, aber auch für die spätere Nutzung ermöglicht werden. Die Verwaltungsangestellten hatten überwiegend keine Computerkenntnisse.

Aus diesem Grund nahm die Qualifizierung der Verwaltungsangestellten eine wichtige Rolle ein. Da es sich ausschließlich um Frauen handelte, entschieden sich die Verantwortlichen, die Qualifizierung und die Moderation der Benutzerinnengruppe dem Frauen-Softwarehaus e.V. zu übertragen.

Das Vorgehensmodell war aus Sicht aller Beteiligten – Projektleitung, Vorgesetzte und Benutzerinnen – geprägt von der Vorstellung, einen Anforderungskatalog zu entwickeln, anhand dessen die zukünftige Software passend zur geplanten Arbeitsorganisation ausgewählt werden sollte. Mit dem partizipativen Vorgehen sollte die Anforderungsermittlung durchgeführt werden. Die Einführungs- und Testphase war für zwei Bildungseinrichtungen geplant unter Einbeziehung einzelner Benutzerinnen.

Als weitere Rahmenbedingungen für die technisch-organisatorischen Veränderungen war bedeutsam, dass es sich nicht um ein Rationalisierungsprojekt im Sinne von Personalreduzierung – zumindest für die Bildungszentren – handelte. Die Veränderungen, die mit der neuen Technik einher gingen, stellten für die zu beteiligenden Verwaltungsangestellten keine Arbeitsplatzbedrohung dar. Es wurde durch die organisatorischen Veränderungen angestrebt, dass die Verwaltungsangestellten in den Bildungszentren mehr Aufgaben und Verantwortung übernahmen. In diesem Zusammenhang wurde eine Personalaufstockung um eine halbe Stelle je Bildungszentrum vorgesehen. Diese halbe Stelle wurde bereits für die Phase der Projektarbeit in der Anforderungsermittlung als Stellenkompensation eingeplant.

Aus Projektsicht waren im Wesentlichen drei Personengruppen in die Anforderungsermittlung einbezogen. Die jeweiligen Bildungszentren stellten in hierarchieübergreifenden Arbeitsgruppen auf Grund ihrer Interessen und Bedürfnisse Anforderungen auf. Die Abteilung „Bildung" der Organisation, die weiterhin ein gemeinsames Bildungsprogramm und übergreifende administrative Aufgaben erledigen sollte, erstellte ihre Anforderungen aus dieser Sicht. Die Verwaltungsangestellten aus allen Bildungszentren erstellten Anforderungen, die sich aus ihrer Sicht der täglichen Praxis, z.B. auch den telefonischen Gesprächen mit ihren Besucherinnen und Besuchern, ergaben. In allen drei Gruppen wurden sowohl organisatorische als auch technische Überlegungen angestellt.

Im Vorgehensmodell (vgl. Abbildung 7) schlugen sich die beteiligungsorientierten Vorstellungen in den aufgestellten Arbeitsgruppen nieder. Projektleitend wurde eine Projektlenkungsgruppe installiert, die unter der Moderation des Projektverantwortlichen aus der Abteilung „Bildung" arbeitete. Die Projektlenkungsgruppe war das entscheidende Gremium. Stimmberechtigt waren zwei Frauen aus der Benutzerinnengruppe sowie ein bis zwei Delegierte aus den jeweiligen Bildungseinrichtungen und der Projektverantwortliche. Die Moderatorinnen des Frauensoftwarehauses nahmen begleitend teil.

Die Benutzerinnengruppe setzte sich zusammen aus je zwei Verwaltungsangestellten der sieben Bildungseinrichtungen und einer Mitarbeiterin der Abteilung „Bildung". In die Arbeitsgruppen der Bildungszentren waren meist alle dort Beschäftigten einbezogen.

Über einen Zeitraum von eineinhalb Jahren traf sich die Benutzerinnengruppe ca. alle sechs Wochen in Workshops zur Anforderungsermittlung. Die Qualifi-

zierungen wurden für alle von der Systemeinführung betroffenen Verwaltungsangestellten ausgerichtet, unabhängig davon ob sie in bei der Anforderungsermittlung mitarbeiteten.

Abbildung 7: Vereinfachtes Organigramm des Vorgehensmodells – Projekt B

In den Workshops wurden einerseits die Vorstellungen aus den verschiede-
nen Bildungszentren zusammengetragen, andererseits wurde an der konkreten
Gestaltung der Benutzungsschnittstelle gearbeitet. Die Zwischenergebnisse,
Anforderungen sowie weitergehende Fragen brachten zwei Delegierte aus der
Benutzerinnengruppe in die Projektlenkungsgruppe ein, um diese mit den ande-
ren Projektbeteiligten zu diskutieren.

Parallel wurden die wenigen Anbieter von Software für Veranstaltungsmanagement gebeten, ihre Produkte vorzustellen. Meist wurden diese Sitzungen
unter Beteiligung zweier Delegierter der Benutzerinnengruppe und dem Projektverantwortlichen abgehalten. Nachdem der Anforderungskatalog auf einem
gesicherten Stand war, wurden die verschiedenen Produkte darauf bezogen geprüft. Viele Anbieter hielten den Anforderungen nicht stand. Ein Anbieter war
nahe an den Anforderungen und bekam den Auftrag, das System an die speziellen Bedürfnisse anzupassen.

Die Entscheidung wurde maßgeblich von der Benutzerinnengruppe beeinflusst. Zwar konnte die bestehende Software als Basis benutzt werden, es mussten jedoch organisationsspezifische Anpassungen und teilweise Neuentwick-
lungen vorgenommen werden. Im Nachhinein wurde der Prozess vom Projektverantwortlichen eher als Softwareentwicklung eingestuft, womit die Organisation bis dahin keine Erfahrung hatte.

Zusammenfassend wurden auch in diesem Projekt bekannte Mängel in Beteiligungsverfahren durch die folgenden Maßnahmen vermieden:

- Für den Zeitraum der Projektarbeit wurde eine Personalkompensation vorgesehen.
- Die Benutzerinnen erhielten Grundlagenqualifizierungen und projektbezogene Qualifizierungen.

Weitere Aspekte, die für das Beteiligungverfahren förderlich waren:

- Alle von den technisch-organisatorischen Veränderungen betroffenen Personen sahen sich nicht als Rationalisierungsverliererinnen.
- Die Anbindung an nicht direkt Beteiligte, die aber ebenfalls mittelbar betroffen waren, wurde über die Projektgruppen in den Bildungszentren gewährleistet.
- Die Benutzerinnen erarbeiteten ihre Anforderungen auf der Grundlage ihrer Erfahrungen und im Hinblick auf die zukünftige technisch-organisatorische Struktur ihres Arbeitsfeldes in einer selbständig arbeitenden Gruppe ohne formale Hierarchien.
- Die Benutzerinnen erhielten eine entscheidende Stimme in der Projektlenkungsgruppe.

Mit Beginn der Anpassungs- und Einführungsphase endete das formale Beteiligungsverfahren. Im weiteren Verlauf kamen einige Benutzerinnen aus den Bildungszentren in die Situation, die Änderungen und Anpassungen mit den Softwareentwicklern selbst zu verhandeln. Dieser Prozess verlief allerdings nicht mehr abgestimmt, baute aber auf den Ergebnissen der Anforderungsermittlung auf. Wo der Anforderungskatalog Lücken aufwies, wurden diese durch die Vorstellungen der jeweiligen Benutzerinnen gefüllt.

Ein wichtiger Aspekt, der bei diesem Projekt auch aus Sicht der beteiligten Benutzerinnen zum Tragen kam, war die enge inhaltlich Verknüpfung zwischen arbeits- und ablauforganisatorischen Veränderungen und der Einführung des Computersystems. Für die Benutzerinnen stand die Veränderung der Arbeits- und Ablauforganisation an oberster Stelle. Auf diese wollten sie Einfluss nehmen, in dem sie an den Anforderungen des zukünftigen Systems mitarbeiteten. Es stellt sich die Frage, inwieweit die Benutzerinnen ihre arbeitsorganisatorischen Interessen hier einbringen konnten und wie sie die innerorganisatorische Hierarchie dabei erlebten. Außerdem kann der Frage nachgegangen werden, wie sich aus Sicht der Benutzerinnen das Verhältnis von technischen Veränderungen und organisatorischen Veränderungen ausgestaltet.

7.3 Unterschiede und Gemeinsamkeiten der beiden Projekte

Die Gemeinsamkeiten der beiden Projekte liegen vor allem in der weitreichenden Beteiligung der Benutzerinnen bei der Anforderungsermittlung. Viele für Partizipation hinderliche Problemfelder wurden bereits im Vorfeld vermieden. Obwohl beide Projekte im „täglichen Leben" unter zeitlichen Restriktionen und erfolgsrelevanten Kriterien stattfanden, sind die Konzepte aus Sicht einer partizipativen Softwareentwicklung nahe zu vorbildlich. Diese Feststellung ist für die Untersuchung von Bedeutung, da diese formalen „Erfolgsfaktoren" für partizipative Softwareentwicklung im Grunde erfüllt sind und andere kritische

Faktoren ins Licht gerückt werden können. Gemeinsam ist beiden Projekten weiterhin, dass eine ausschließlich aus Frauen zusammengesetzte Gruppe qualifiziert, beraten und beteiligt wurde.

Das Projekt B unterschied sich in zwei Punkten von Projekt A. Zum einen lag das Projekt zeitlich, und damit bezogen auf den allgemeinen „state of the art" von Benutzungsschnittstellen, sechs Jahre früher. Zum anderen arbeiteten die Benutzerinnen erst nach der partizipativen Anforderungsermittlungsphase mit Entwicklern zusammen. Da der maßgebliche Teil des Beteiligungsprozess ohne direkte Zusammenarbeit mit den Entwicklern verlief, wird eine andere Reflexion auf die beteiligungsfördernden Elemente möglich als in Projekt A.

8 Beteiligungsprozesse in der Geschlechterhierarchie

In diesem Kapitel werden die Interpretationen der Interviews mit den Benutzerinnen beider Projekte dargestellt. Die Projekte bleiben erkennbar anhand der Abkürzungen Projekt A und B.[69] Da, wie schon aus den Projektdarstellungen ersichtlich, die Projekte hinsichtlich ihrer Dauer und der Intensität der Zusammenarbeit mit Entwicklern unterschiedlich waren, wird in einigen Abschnitten auf eine parallele Betrachtung der Fragen verzichtet. In den jeweiligen Kapiteln wird zu Anfang darauf hingewiesen, in welcher Weise die Projekte bezogen auf die Fragen dargestellt werden.

Softwareentwicklung wird beeinflusst von softwaretechnischen, organisatorischen und sozialen Faktoren. Die Auswertung ist entlang dieser drei Faktoren gegliedert, wie dies bereits bei den theoretischen Ausführungen leitend war (vgl. Abbildung 1 und 2). Beginnend mit den Aussagen der Benutzerinnen, wie sie die Anforderungsermittlung für die Softwareentwicklung erfahren haben (8.1), folgt darauf eine Reflexion auf die Bedeutung von Arbeitsorganisation für die Technikentwicklung aus deren Sicht (8.2). Im dritten Abschnitt werden die in den Interviews sichtbar gewordenen Aspekte des Geschlechterverhältnisses beschrieben (8.3). Mit der Beurteilung der partizipativen Prozesse, untergliedert in die verschiedenen Beteiligungselemente (strategischen Interventionen), wird die Auswertung der Interviews (8.4) abgeschlossen. Zusammenfassend wird der Bezug zwischen den verschiedenen Faktoren bezogen auf die Projekte hergestellt.

8.1 Anforderungsermittlung mit Praktikerinnen

> „In the case of many forms of service work, we recognize that the better the work is done, the less visible it is to those who benefit from it."
> Lucy Suchman (1995), S.58

Der Schwerpunkt dieses Kapitels liegt auf der partizipativen Anforderungsermittlung im Hinblick auf Fragen der Softwaretechnik. Leitend für die Interviewfragen und Interpretationen in diesem Abschnitt sind Überlegungen aus den Diskussion um partizipative Vorgehensweisen aus theoretischer und erfahrungsorientierter Sicht. Im ersten Abschnitt werden die Einschätzung der Benutzerinnen daraufhin gelesen, welche Bedeutung sie ihrer Beteiligung in den Prozessen beimessen. Dieser reflexive Prozess zeigt außerdem auf, wo die Benutzerinnen aus ihrer Sicht Anforderungen an die Benutzungsschnittstelle stellten, die sie den anderen Projektbeteiligten nicht zutrauten. Für die Untersuchung ist dabei relevant, ob sich die Frage der Softwareunterstützung für eine Kommunikationssituation in den Interviews zeigt. In den beiden darauf folgenden Abschnitten wird die Kommunikation zwischen Benutzerinnen und Entwicklern betrachtet. Von Bedeutung hierfür ist die Selbsteinschätzung der Benutzerinnen bezogen auf Technik, so wie ihre Beurteilungen von Kommunikationssituatio-

---

69 Lesehinweis zu den Interviewzitaten: längere Pausen habe ich mit "--" markiert, Auslassungen mit "[..]". Die Textstellen habe ich geglättet, z.B. dialekttypische Redewendungen oder sprachliche Übersprungshandlungen (äh's) herausgenommen.

nen mit den Entwicklern. Die in den beiden Projekten beschriebenen Situationen und Erfahrungen lassen sich auf das Verhältnis „technische Experten" und „Praktiker" zurückführen. Sie entsprechen an vielen Stellen den aus der Literatur bekannten Problemen.

In diesem Abschnitt wird der Einfluss des Geschlechterverhältnisses auf die Situationen nicht betrachtet. Ob und inwieweit aus Sicht der Benutzerinnen eine Geschlechterhierarchie im Verhältnis mit den Entwicklern hergestellt wurde, wird in Abschnitt 8.3.3 gesondert diskutiert.

8.1.1 Spezifische Anforderungen der Benutzerinnen?

In einigen Untersuchungen wird die Frage aufgeworfen, ob die Beteiligung der späteren Benutzerinnen und Benutzer zu qualitativ besseren Systeme führt. Systematisch ist dies nicht definitiv nachzuweisen, wenn nicht zwei Systeme für den gleichen Nutzungskontext parallel entwickelt werden – einmal mit konventionellem und einmal mit partizipativem Vorgehen. Es kann jedoch analysiert werden, welche Gestaltungselemente durch einen partizipativen Entwicklungsprozess von den Benutzerinnen und Benutzern eingebracht wurden und ob diese von Bedeutung für das zukünftige System waren.

Im Folgenden werden die Einschätzungen der Benutzerinnen wiedergegeben, wie sie die Bedeutung ihrer Mitarbeit für die Ergebnisse einordnen. Dabei wird ihre Motivation für die Projektarbeit und ihre Selbsteinschätzung deutlich. Die beiden Projekte werden, da sie an dieser Stelle wenig Vergleichbares aufweisen, nacheinander beschrieben.

Welche Motivation verfolgten die Benutzerinnen von Projekt A bezogen auf die Mitarbeit bei der Anforderungsermittlung? Die prägnantesten Bemerkungen bezogen sich auf die damalige Arbeitssituation in der telefonischen Kundenberatung. Die Benutzerinnen beschrieben, dass es schlicht „das Grauen" war. Die Kundenberaterinnen und -berater mussten teilweise mit zwei bis drei Computern und zusätzlich mit Papierkatalogen und Listen arbeiten, um Anfragen oder Aufträge bearbeiten zu können (A5/29). Durch ihre Mitarbeit bei der Softwareentwicklung erhofften sich alle eine Verbesserung der Arbeitssituation für sich selbst, ihre Kolleginnen und Kollegen (z.B. A1/16). Ihr Wunsch war, nur noch einen Computer auf dem Tisch zu haben, der alle notwendigen Informationen übersichtlich bereit hält. Es sollte ein System sein, das leicht bedienbar und erlernbar ist. Diese Vorstellungen deckten sich mit den Zielen des Managements.

Gab es über diese allgemeine Anforderung hinaus spezifische bezogen auf die Situation einer telefonischen Kundenberatung, die durch die beteiligten Benutzerinnen gestellt wurden? Eine zentrale Anforderung war, das System möglichst flexibel zu gestalten. Ihre Vorstellung von Flexibilität bezog sich maßgeblich auf Variationen von Gesprächsverläufen. Zwar nutzten und schätzten sie in ihrer Arbeitspraxis Gesprächsleitfäden als Orientierung, ein „kundenfreundliches" Gespräch hing nach ihrer Ansicht aber maßgeblich davon ab, dass von der standardisierten Gesprächsführung abgewichen werden kann.

„Ich mein, dieser Leitfaden hat ja schon immer so ein bisschen weitergebracht. Aber man muss ja, wenn der Kunde mit was anderem kommt, flexibel sein, damit man da auch durchkommt." (A4/37)

Ein Gesprächsleitfaden stellt einen aus Marketingsicht positiven Gesprächsverlauf als Abfolge von standardisierten Elementen dar. Auf den ersten Blick erscheint die Verknüpfung eines standardisierten Gesprächsleitfadens mit einem flexiblen Unterstützungssystem, das situatives Handeln in der Gesprächssituation ermöglichen soll, paradox. Dies beschreibt jedoch, wie die Arbeitssituation für die Beschäftigten in der telefonischen Kundenberatung war. Gesprächsleitfäden für die unterschiedlichen Geschäftsfälle waren an den Arbeitsplätzen sichtbar angebracht und dienten als Erinnerungsstütze oder zum wörtlichen Ablesen. Wenn eine Kundin oder ein Kunde im Gespräch eine andere Richtung einschlug, blieb die Möglichkeit, je nach Kompetenz der Beschäftigten, dieser neuen Richtung zu folgen oder auf dem beabsichtigten Ablauf zu beharren. Diese Praxis sollte mit dem neuen System erhalten bleiben.

Gewöhnlich werden durch eine Softwareunterstützung eher standardisierte Abläufe unterstützt. Da die Gespräche situationsabhängig geführt und dies von der Software unterstützt werden sollte, entstand einerseits die Frage, wie eine Leitfadenformulierung geeignet integriert und andererseits, wie zwischen Dialogelementen gewechselt werden kann. Ging es um Angebote oder Verträge, füllten die Kundenberaterinnen und -berater auf der Grundlage der Aussagen des Gesprächspartners und der zur Verfügung stehenden Kunden- und Produktinformationen ein Papierformular aus. Die Reihenfolge der auszufüllenden Elemente konnte im Gespräch variiert werden. Wurden im Gesprächsverlauf mehrere Geschäftsfälle aufgegriffen, kamen verschiedene Formulare zum Einsatz, die am Ende des Gesprächs für die nachträgliche Auftragsbearbeitung vollständig ausgefüllt sein mussten. Diese Handlungsmöglichkeiten sollten durch die Gestaltung der Dialoge erhalten bleiben. Zusätzlich sollten bereits gespeicherte Daten über Kunden oder Produkte automatisch eingefügt und die im Beratungsgespräch konkreten Bedingungen erfasst werden können.

Insofern ging es um zwei zentrale Anforderungen. Zum einen sollten alle notwendigen Informationen in einem System übersichtlich dargestellt und verwendet werden. Zum anderen war die Dynamik in der Gesprächsführung von besonderer Bedeutung für die Benutzerinnen.

Für die Anforderungsermittlung diskutierten die Benutzerinnen daher in der eigenständigen Gruppe verschiedene Arbeitsweisen, viele unterschiedliche Gesprächssituationen und Bearbeitungsmöglichkeiten der Geschäftsfälle im Hinblick auf die Funktionalität des Systems. Ihre Vorstellungen hielten sie textuell oder durch Skizzen fest, um sie in der Design-Gruppe mit den Entwicklern zu diskutieren.

Das Ergebnis der Anforderungsermittlungsphase war ein Zielkonzept für die Benutzungsschnittstelle (vgl. Kapitel 7.1). Der Bildschirm bestand aus vier großen Dialogelementen (vgl. Abbildung 8) Die notwendigen Informationen wurden in drei Dialogkomponenten gegliedert: Kundendaten, Produktkatalog und Bestandsdaten für die aktuelle Beratung. Die Dialogkomponente, die für die

Benutzerinnen die Flexibilität der Gesprächsführung ermöglichen sollte, wurde als Navigation bezeichnet. Für diese Komponente waren die Diskussionen der Benutzerinnen über Gesprächsverläufe elementar. Sie ermöglichten es, nach Gesprächsphasen zu strukturieren: Gesprächseröffnung, Beratung, Beratungsabschluss. In jeder Gesprächsphase wurde je nach Geschäftsfall eine Reihenfolge von Dialogen angeboten. Es gab, orientiert an der Leitfadenstruktur, eine automatische Abfolge der Dialoge, die jedoch bei Bedarf unterbrochen werden konnte. Alle Dialoge oder Dialogfolgen wurden über eigens gestaltete Icons

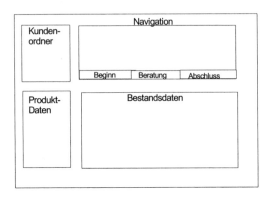

Abbildung 8: Vereinfachte Darstellung der Konzeption der Benutzungsschnittstelle –
Projekt A

angesteuert, die über die Navigationskomponente flexibel erreichbar waren. Die so erreichte Flexibilität erforderte intensive Diskussionen über die Modularisierbarkeit eines Beratungsgesprächs in möglichst kleine Gesprächssituationen. Gleichzeitig erforderte dies, die Leitfadensätze entsprechend auf die Dialoge abzustimmen.

Nach ihrem Einfluss auf die Konzeption der Benutzungsschnittstelle befragt, äußerte eine Benutzerin, dass z.B. das Design des Bestands eines Kunden auf Ideen der Benutzerinnengruppe zurückging (A3/60). Die Produkte eines Kunden wurden in einer Liste aus aussagekräftigen Symbolen mit kurzer textueller Ergänzung der vertraglichen Bestimmungen dargestellt. Gab es Abhängigkeiten zwischen Produkten[70], wurden die abhängigen Produkte ähnlich einer Verzeichnis-Unterverzeichnis-Struktur verknüpft dargestellt. Diese Struktur sollte zusätzlich ermöglichen, die wichtigsten Informationen zuerst anzuzeigen und nur bei Bedarf Details sichtbar zu machen.

---

70   Ein Beispiel für eine Produktabhängigkeit aus dem Computerbereich ist, dass der Einsatz von bestimmter Anwendungssoftware nur unter einem bestimmten Betriebssystem möglich ist. Durch ein Symbol wäre dann im Kundenbestand das Betriebssystem vermerkt, in der tieferliegenden Ebene würden die entsprechenden Anwendungsprogramme durch Symbole dargestellt werden.

Aus Sicht der Benutzerinnen von Projekt A war ihre Mitarbeit bei der Konzeption der Benutzungsschnittstelle und des Prototypen von großer Bedeutung.

„Also ich denke mir, dass die [Entwickler] das NIEMALS im Leben alleine hingebracht hätten. Weil in den ganzen Design-Sitzungen, die wir hatten, hat sich ja sehr schnell herauskristallisiert, dass es ja ein unbeschreibliches Wissen ist, was es gilt, da an der Stelle zusammenzufassen. Es war ja nicht nur, -- die Vorstellung, dass man sagt, man -- man zieht alle Kunden zusammen. Sondern auch das ganze Produktwissen, was darum herum liegt. Das muss ja auch zusammengefasst werden, gepflegt werden, eingepflegt werden. -- Und dass das alles andere als einfach ist, das, das hat man ja da wieder ganz deutlich gesehen. -- Und wie gesagt, ich bin fest davon überzeugt, dass sie das nie im Leben alleine hingekriegt hätten. -- Weil diese ganzen verschiedenen Geschäftsfälle, die wir hatten, die Möglichkeiten, die da auftauchen." (A1/47,48)

Eine der Befragten brachte deutlich zum Ausdruck, dass sie weder dem auftraggebenden Management noch den Entwicklern die Gestaltung der Benutzungsschnittstelle zugetraut hat.

„Das sind einfach Sachen, die ich ja nun aus der Kundenberatung komme, einfach auch am besten beurteilen kann. Das kann kein anderer beurteilen, der von der DV-Seite kommt. Die kann auch keine Fachseite beurteilen. Die können pauschal sagen, o.k., was brauchen wir alles. Aber, so von Abläufen, wie es denn so abgeht, und wie der Kunde mit mir redet. Oder, wie das eigentlich so ist. Das können die nicht." (A6/19)

Dieses Zitat zeigt eine Selbsteinschätzung, die auch aus den Interviews ihrer Kolleginnen ableitbar ist, dass nur Personen aus der Praxis eine Software in Bezug auf die Praxis beurteilen können. Weder das Management (im Zitat als „Fachseite" bezeichnet) noch die Entwicklungsabteilung wären in der Lage gewesen, Aussagen über die Benutzbarkeit der Software zu treffen. Ebenso könnten sie nicht beurteilen, ob die Abläufe im System mit konkreten Gesprächssituationen zusammen passten. Für das Ergebnis schätzten sie die Bedeutung ihrer Mitarbeit im Projekt daher sehr hoch ein.

„Also, ich sag mal, dass -- dass der schon sehr sehr groß war. [..] Ich denke mal, von dem Grundaufbau, und vom Ablauf. -- Also, Form, Farbe, Inhalt, und auch von Abläufen, wie flexibel will man was haben, der Einfluss sehr sehr stark ist. Weil ich glaube, wenn, wäre er nicht so stark, dann hätte ich einfach ein verändertes Altsystem. Das muss ich jetzt einfach mal so sagen. Denn, Fakt ist eins, was im Abschlussdokument drin steht, ist völlig neu. Hat es noch nicht gegeben. Also und, wäre auch, so nicht gekommen." (A6/71)

„Ich glaube die [Entwickler] hatten anfänglich ein bisschen Probleme damit, weil die sich wahrscheinlich gedacht haben, o.k. ihr müsst uns eigentlich nur schildern was passiert, und wir setzen das dann irgendwie um. Aber gerade das, um dieses irgendwie umsetzen, darum ging es ja. Dass wir wirklich auch, bis ins letzte ausformuliert haben, wie wir das denn umgesetzt haben wollen. Und das hätten die nicht hingekriegt. Und ich glaube das war am Anfang nicht klar. Ich glaube, da haben die einen anderen Gedankengang gehabt. Dass die sich sagten o.k., so ganz grob gebt ihr mal die Richtung vor und wir bauen das dann irgendwie zusammen. -- Und das wäre sicherlich nach hinten losgegangen." (A5/45)

Der Variantenreichtum der Gesprächsverläufe, die notwendigen flexiblen Abläufe hätten nach Ansicht der Benutzerinnen nicht von den Entwicklern oder durch die „Fachlichen Anforderungen" zu ihrer Zufriedenheit erfasst werden können.

Insgesamt waren alle Interviewpartnerinnen von Projekt A der Ansicht, dass sie im Großen und Ganzen das durchsetzen konnten, was ihren Diskussionen und Vorstellungen entsprach (A5/28; A6/71; A3/49). Sie nahmen erst dann Abstriche in Kauf, wenn sie die Gründe dafür nachvollzogen hatten. Designvorschläge, textuell oder am Prototyp, wurden von den Benutzerinnen darauf geprüft, ob sie für die Praxis tauglich waren.

Welche Motivation verfolgten die Benutzerinnen von Projekt B in der beteiligungsorientierten Anforderungsermittlung? Wie auch bei Projekt A erklärten die Benutzerinnen dieses Projekts ihre Motivation damit, dass durch ihre Beteiligung die zukünftige Software auf ihre Arbeit in den Bildungseinrichtungen zugeschnitten werden kann.

Eine wichtige Anforderung der Benutzerinnengruppe war, einerseits eine einheitliche Software zur Arbeitsunterstützung zu bekommen, wobei aber andererseits die jeweiligen Ausprägungen von Arbeitsorganisation in den Bildungszentren erhalten bleiben sollten. Auf Flexibilität wurde daher im Hinblick auf unterschiedliche, bestehende und zukünftige, Arbeitspraktiken besonders Wert gelegt. Bezogen auf die konkrete Gestaltung der Benutzungsschnittstelle wurden zwar ebenfalls Aspekte problematisiert, die mit telefonischen Auskünften oder Anfragen von Veranstaltungsteilnehmerinnen und -teilnehmern zu tun hatten, jedoch nicht mit annähernd der gleichen Dringlichkeit wie bei Projekt A. Wichtig war aus Sicht der Benutzerinnen, an welchen Stellen Pflichtfelder vorhanden sein dürften oder nicht.

Ein Punkt hierbei war die Einführung einer eindeutigen Personennummer für die Teilnehmerinnen und Teilnehmer. Dies blieb umstritten, wie aus den Interviews zu entnehmen war. Die Konsensentscheidung fiel zugunsten eines optionalen Feldes. Die zwei zentralen Argumente waren, einerseits mit einer einheitlichen Personennummer, doppelte Datensätze vermeiden zu können, andererseits damit eine starre Erfassung, zum Beispiel im Telefongespräch mit einer Teilnehmerin, zu erzwingen. Die Befürchtung war im letzteren Fall die, dass die Nummern allzu häufig weder für die Beschäftigten noch für die Anrufenden greifbar seien und dann eher Phantasienummern eingegeben würden. Außerdem, so bemerkte eine der Interviewpartnerinnen, wollte sie die Arbeit, eine achtstellige Nummer einzutippen, nicht haben. Sie hielt die Entscheidung nach wie vor für die effektivere Lösung. Ähnlich äußerte sich eine ihrer Kolleginnen. Die dritte Interviewpartnerin dagegen war nach wie vor der Meinung, dass ein Pflichtfeld sinnvoll gewesen wäre. Alle Interviewten betonten, dass diese Frage „heiß umkämpft und diskutiert" wurde.

Eine weitere Frage war die, ob Mitfahrlisten für die Teilnehmerinnen und Teilnehmer zur Verfügung gestellt werden sollten. Auch für die Mitfahrlisten wurde entschieden, ein optionales Feld einzurichten. Durch die Umsetzung der Maßgabe, so wenig Pflichtfelder wie möglich, konnten unterschiedliche Arbeitspraktiken beibehalten werden.

Umstritten und zwiespältig war auch die Frage der Vernetzung. Einerseits herrschte eine hohe Sensibilität bezogen auf Leistungs- und Verhaltenskontrollen, aber auch bezogen auf den Schutz der Daten vor unberechtigter Veränderung vor. Andererseits erhofften sich einige Benutzerinnen, dass dadurch verschiedene Aufgaben an den Arbeitsplätzen (Mischarbeit) möglich wären (B1/17,18). In der Anforderungsgruppe wurde diesen Aspekten Rechnung getragen. Die Entscheidung verlief zu Gunsten einer Vernetzung, wobei die organisatorische Netzverwaltung in einigen Bildungszentren eine der beteiligten Benutzerinnen übernahm. Die Zugriffsrechte wurden in den jeweiligen Bildungszentren unter Beteiligung aller Beschäftigten entschieden. Die drei befragten Benutzerinnen fanden die Diskussion um die Zugriffsrechte zwar wichtig und sinnvoll, waren aber übereinstimmend der Meinung, dass diese anfangs in ihren Bildungseinrichtungen zu restriktiv geregelt wurden. In der Praxis zeigte sich, so eine der Benutzerinnen, dass diese unnötig genau gewesen waren (B1/18). Diese Einschätzung teilte auch eine ihrer Kolleginnen, betonte aber auch, dass Vorgesetzte weiterhin ein Nur-Lese-Recht auf den Datenbestand haben.

Im Nachhinein stellten alle drei Benutzerinnen fest, sie hätten viel zu viele Funktionen diskutiert und mit in das Programm genommen, die dann doch nicht genutzt wurden. Die hier aufgegriffenen Aspekte betreffen die Diskussionen, die zwischen den Benutzerinnen umstritten waren, aber aus den praktischen Erwägungen heraus diskutiert und entschieden wurden. Es zeigt sich deutlich, wie viel die Diskussionen mit den Arbeitsweisen zu tun haben, auch in der Heftigkeit – die alle Frauen betonten – in der um die jeweils eigene Arbeitsweise gerungen wurde. Unterschiedliche Arbeitspraktiken konnten über die Diskussionen und gemeinsamen Entscheidungen in vielen Fällen erhalten bleiben.

Auch hier wurde von Benutzerinnen angesprochen, dass ihre Kompetenz bezogen auf die Arbeitsabläufe notwendig waren.

„Ich hatte schon den Eindruck, dass das Beteiligungsmodell durchgeführt worden ist, damit die Praktikerinnen vor Ort an der Basis mitreden können. Weil sie letztendlich auch wissen wie die Schulungen sind und wie gearbeitet wird und was wichtig ist. Also das wirklich mitgestalten können, weil die Anwenderinnen halt diejenigen sind, die auch wissen wovon sie reden." (B2/4)

Der Einfluss, den die Benutzerinnengruppe auf die Gestaltung der Software hatte, wurde von allen Befragten von Projekt B als hoch eingeschätzt. Eine der Befragten beschrieb dies relativierend so, dass ihr Einfluss ermöglicht wurde einerseits durch ihre Kompetenz, andererseits aber auch durch das Desinteresse der Vorgesetzten (B1/19). Eine ihrer Kolleginnen äußerte sich dahingehend, dass sie keinen Widerspruch von Vorgesetzten oder übergeordneten Ebenen erhielten, und so das Programm geschrieben wurde wie sie es haben wollten (B3/16). Weiter bemerkte sie:

„Das fand ich eigentlich sehr positiv, dass man sagen konnte, das wird jetzt so gemacht, wie wir uns das vorstellen. Und wir wissen, wie wir arbeiten wollen und wie wir arbeiten müssen. -- Und das soll da auch reingebracht werden. Das fand ich unheimlich schön." (B3/16)

Bei beiden Projekten dominieren in den Aussagen Anforderungen, dass das System flexibel sein muss, um unterschiedliche Arbeitsabläufe oder Arbeitsweisen zu ermöglichen. Die Benutzerinnen beider Projekte sind der Ansicht, dass ihre Beteiligung durchaus etwas bewirkt habe. Eine Beteiligung der späteren Praktikerinnen halten sie für erforderlich, da sie allein, bzw. gemeinsam, wissen, wie sie arbeiten. Sie sind sich sicher, dass das System bzw. die Anforderungen so eher den Arbeitssituationen angepasst sind, als wenn dies „vom grünen Tisch" aus entschieden wird. Dennoch gibt es bei den Benutzerinnen aus Projekt B auch die Einschätzung, dass bestimmte Details nicht benötigt wurden.

8.1.2 Von Computern erstmal keine Ahnung, aber von der Praxis!

Die im vorherigen Abschnitt beschriebenen selbstbewussten Äußerungen der Benutzerinnen spiegeln die heutige Sicht auf die Ergebnisse der partizipativen Verfahren wider. Dieses Selbstbewusstsein war nicht von Anfang an vorhanden, sondern entwickelte sich im Verlauf des Prozesses. Schwierig erschien den meisten Befragten vor allem ihre Unkenntnis über Computer. Die Ausgangssituation für die Benutzerinnen beider Projekte stellte sich sehr ähnlich dar: Bis auf jeweils eine Ausnahme formulierten alle mehr oder weniger plakativ, dass sie von Computern, Informationstechnik und Softwareentwicklung keine Ahnung hatten.

Die Computerkenntnisse der Benutzerinnen in Projekt A beschränkten sich lediglich auf firmeninterne Anwendungen. Wie sie sich in der Anfangssituation empfanden, verdeutlichen die folgenden Sätze:

„Haben wir doch alle gleich erzählt, dass wir so Dummlinge waren. Und nichts verstanden, und, das war ja auch ganz schlimm." (A3/15)

„Also gar nichts! Ich wusste zwar, was Hardware und Software ist und damit hat es dann aber schon aufgehört. Sonst gar nichts." (A4/6)

„Und hab also auch eine ganz schön große Angst davor gehabt, weil das wie gesagt, eine Materie war, mit der ich noch nie in meinem Leben was zu tun hatte." (A1/2)

Eine der Interviewpartnerinnen äußerte, dass ihr alles rund um die Informationstechnik „zu trocken" erschien. Mit Menschen zu arbeiten wurde von ihr bevorzugt, da sie dies dagegen aufregend fand (A1/2). Einerseits Unsicherheit, Unkenntnis und Ängste, andererseits aber auch Desinteresse prägten die Anfangssituation der Benutzerinnen in Projekt A.

Bei Projekt B hatte der überwiegende Teil der Frauen keine Erfahrungen mit Computerarbeit, was sich unter anderem daraus erklärt, dass ihre Organisation dem Technikeinsatz lange Zeit ablehnend gegenüberstand. Vereinzelt hatten Frauen ohne entsprechende Schulungen bereits mit einer Textverarbeitung gearbeitet. Eine Befragte aus Projekt B thematisierte die anfangs bestehenden Ängste von Kolleginnen, überhaupt mit einem Computer zu arbeiten (B1/35).

Durch die Qualifizierungseinheiten und eine wachsende Selbstsicherheit veränderte sich bei den Benutzerinnen aus Projekt A die anfängliche Haltung, was sich auch darin ausdrückte, wie sie in den Interviews über technische Aspekte der Anforderungsermittlung sprachen. Verschiedene Unsicherheiten blieben, in den Interviews wurden technische Hintergründe für die Konzeption der Benutzungsschnittstelle aber von allen kompetent thematisiert. Hierzu zählten auch die Probleme, die Altsysteme auf die neuen Anforderungen abzustimmen oder auch die Frage, mit welchem Werkzeug entwickelt werden sollte. Letzteres bot viel Diskussionsstoff, da eine der Anforderungen der Benutzerinnen die Funktionalität des „Drag-and-Drop" war, dies aber nicht im Funktionsumfang des Standardwerkzeugs der Entwicklungsabteilung enthalten war.

Nach den Qualifikationen und Kriterien befragt, nach welchen die Benutzerinnen von Projekt A für das Beteiligungsprojekt ausgewählt wurden, erhielt ich von allen die Antwort, dass ihre Erfahrungen aus der Arbeitspraxis entscheidend waren. Auf die ihnen zugedachte Rolle angesprochen, wurde von den beiden Fachfrauen aus dem Marketing angeführt, sie sollten ihre speziellen Kenntnisse über Gesprächsführung und -abläufe so wie Marketingstrategien einbringen. Sie hatten die Aufgabe, die im Unternehmen nebeneinander existierenden Gesprächsleitfäden anzugleichen und darauf zu achten, dass diese in die Benutzungsschnittstelle integriert werden (A1/3,4). Die fünf Kundenberaterinnen sahen ihre Aufgabe darin, ihre Erfahrungen aus der praktischen Beratungsarbeit einzubringen und „das mit durchzuboxen, dass wir das auch so bekommen, wie wir das gerne hätten" (A3/18). Genauer bedeutete dies, die vom Unternehmen definierten Geschäftsfälle im Zusammenhang mit ihren Gesprächserfahrungen mit Kundinnen und Kunden im Hinblick auf die zukünftige Software zu strukturieren (A4/18-20). Eine der Befragten äußerte sich wie folgt:

> „Also meine Aufgaben sehe ich darin, meine Erfahrung aus der Kundenberatung, Telefonmarketing, aus den Bereichen, einzubringen, -- um wie gesagt, ein Vertriebsunterstützungssystem zu basteln. Was den Erfordernissen auch dann im Einsatz in der Kundenberatung eben genügt. Und das sind einerseits natürlich Sachen, Oberfläche, vom Aussehen. Das sind genauso Sachen von den Abläufen, vom „handling". [..] Damit ist aber gerade, wenn ich von Abläufen rede, schon sehr wichtig, auch Dinge dahinter zu verstehen, was sozusagen dahinter, -- hinter den bunten Fenstern abläuft. Um einfach zu wissen, wie kann man so was steuern oder wie will man auch steuern. Also dieses ganze Thema Ablauf regeln und wie. Wann und wie flexibel." (A6/19)

Aus diesem Zitat spricht eine Selbsteinschätzung, wie sie auch schon im vorherigen Abschnitt deutlich wurde, dass Personen aus der Praxis eine Software in Bezug auf die Praxis beurteilen können. Sowohl das Management als auch die Entwickler seien nicht in der Lage, die konkreten Abläufe im System im Zusammenhang mit Gesprächssituationen beurteilen zu können. Die genannten Einschätzung führten bei den Benutzerinnen im Verlauf des Projekts dazu, sich ihrer Bedeutung für die Anforderungsermittlung gewahr zu werden. Ihre Aufgabe, so eine der Benutzerinnen, bestand darin zu diskutieren, was die jeweilige technische Lösung für die praktische Arbeit nützte (A5/28).

Da für nahezu alle beteiligten Benutzerinnen von Projekt B keine Computerkenntnisse vorausgesetzt werden konnten, wurde von der Projektleitung die computertechnische Qualifizierung als integraler Bestandteil des Beteiligungsmodells einbezogen. Eine der drei befragten Benutzerinnen hatte gute Computer-Kenntnisse und beschrieb sich als technikinteressiert (B2/2). Eine andere Kollegin fand es nicht einfach, im Alter von 40 Jahren mit computergestützter

Arbeit beginnen zu müssen (B3/1). Zu Technik hatte sie jedoch eine positive Einstellung (B3/3). Die dritte Kollegin hatte zwar nur geringe Computerkenntnisse, war aber von den Korrekturmöglichkeiten der Textverarbeitung begeistert (B1/2). Diese positiven Einstellungen lassen allerdings keinen Rückbezug auf die der anderen Benutzerinnen zu, da die drei Befragten – bezogen auf die technischen Aspekte innerhalb des Projekts – zu den engagiertesten der Benutzerinnengruppe gehörten.

Da das Vorgehensmodell bei Projekt B repräsentativ angelegt war, thematisierten die Befragten hier keine besonderen Eingangsqualifikationen. Alle zukünftigen Benutzerinnen wurden bei den Qualifizierungen und etwa ein Drittel bei der Anforderung einbezogen. Lediglich eine der Befragten betonte, dass sie, obgleich sie erst seit kurzem in einem Bildungszentrum arbeitete, bei der Anforderungsermittlung mitarbeiten sollte. Hintergrund waren ihre vorhandenen EDV-Kenntnisse. Nach ihren Angaben kannte sie die Arbeitsorganisation damals kaum (B2/3).

Eine Interviewpartnerin formulierte, dass ihr maßgebliches Interesse der Reorganisation galt (B1/2). Dieser Schwerpunkt wurde auch von den anderen beiden Interviewten gesehen. Ihre Aufgabe sahen sie darin, die Anforderungen an die Software aus ihren Erfahrungen heraus und mit ihren zukünftigen Vorstellungen von Arbeitsabläufen zu erstellen. Mit der neu einzuführenden systemtechnischen Lösung sollten die anstehenden Reorganisationsziele erreicht werden.

In der Tendenz verfügten demnach die Benutzerinnen (mit wenigen Ausnahmen) einerseits über eine anfänglich geringe Selbsteinschätzung bezogen auf technische Kompetenzen. Andererseits mangelte es ihnen nicht an Selbstbewusstsein bezogen auf die organisatorischen Fragen und Kenntnisse der Arbeitsabläufe. Vorrangig wurde von allen das konkrete Beteiligungsverfahren im Zusammenhang mit Arbeitserfordernissen gesehen. Die Vorstellungen von einem Softwareentwicklungsprozess blieben dagegen diffus.

8.1.3 Technische Experten und Expertinnen aus der Praxis im Dialog

Die genannten Selbsteinschätzungen der Benutzerinnen sind von Bedeutung, wenn die Kommunikation mit den Entwicklern untersucht wird. Bei Projekt A setzten sich die Benutzerinnen regelmäßig mit Entwicklern im Design-Workshop auseinander. Die Benutzerinnen bei Projekt B standen erst nach der geregelten Beteiligungsphase im Austausch mit einzelnen Entwicklern, so dass diese lediglich von einzelnen Episoden und Eindrücken berichteten.

Für drei der befragten Benutzerinnen aus Projekt A zeigte sich ein deutlicher Unterschied zu der Vorprojektphase. In dieser Zeit, so eine Befragte, bestimmten die Entwicklungsgruppen das Konzept (A2/9). Bezogen auf diese Zeit beschrieb eine der Befragten:

„Weil wir ja nun Begründungen und so, so gar nicht in ihrer Sprache, schon gar nicht von uns gegeben haben. Wir haben nur gesagt, das würden wir gerne haben.

Und wenn die gesagt haben, geht nicht. Dann haben wir gesagt, ist gut. Nicht? Also, haben wir wieder klein bei gegeben." (A3/53)[71]

Vielfach genannt wurde von Benutzerinnen aus Projekt A, dass die Entwickler eine andere Sprache sprachen (z.B. A6/13 und 14; A3/18 und 20; A4/12), was für sie eine Hürde darstellte, ihre Vorstellungen einzubringen. Die sprachliche Barriere wurde zusätzlich aufrechterhalten durch ein „rücksichtsloses Umsichwerfen mit Fachbegriffen" (A1/26) und schlechte Erklärungen von Seiten der Entwickler. Dies wurde auch von der Projektleitung bemängelt (A3/7). Wenn dann in den gemeinsamen Design-Treffen die technischen Diskussionen die Oberhand bekamen, fühlten sich die Benutzerinnen ausgeschlossen.

„Ich mein es gab ja, sehr viele IV-spezifische Diskussionen, wo wir ja wirklich ausgestiegen sind. Weil das war für uns ja nur Bahnhof gewesen. Und, wo so diese, diese ganzen Hintergründe, das Zusammenspiel, das Politikum, war es ja auch, von diesem Design-Treffen da oft begleitet wurde. Das aufzudecken, zu hinterfragen, und dann eben mit dieser ganzen IV-Thematik." (A1/36)

Die Sprachbarrieren nannten sie nahezu in einem Atemzug mit fachlichen Barrieren. Als Grund für die Barrieren sieht eine der Benutzerinnen, dass die Entwickler ihre Arbeit ebenso wenig einschätzen konnten, wie sie deren Tätigkeit (A4/21).

„Weil das überhaupt nicht mein Ding war. Und, du weißt ja, wenn, -- du musst da erst mal rankommen! Ich wusste ja gar nicht wo ich anpacken sollte, dass ich irgendwie mal anfange, für eine gewisse Sache Verständnis zu haben. Weil irgendwo, ich begriff das ja alles nicht. -- Naja, und dann kamst du dir natürlich vor, wie so ein kleines Würstchen. Das ist ganz klar. Und wenn du dann irgendwas in der großen Runde gesagt hast, das war so, ja das passte dann auch teilweise gar nicht rein. Weil wir ja nun eine ganz andere Schiene gedacht haben, als die nun von der IV-Seite." (A3/7)

Die Diskrepanz zwischen ihrer Arbeitspraxis und der „theoretischen Sicht" der Entwickler auf ihre Arbeitspraxis wurde mehrfach als Problem genannt.

„Ja, weil die eben eine ganz andere Tätigkeit haben. Du weißt doch, zwischen Theorie und Praxis ist immer ein himmelweiter Unterschied. Aber, die sind ja, die kann man ja nicht nur als Theoretiker bezeichnen. Das ist eine ganz andere Schiene. Wir haben zwei Sprachen gesprochen! -- Und haben nicht zueinander gefunden." (A3/18)

Die große Schwierigkeit bedeutete es einzuschätzen, welche der Diskussionen wichtig genug waren um eine Nachfrage zu riskieren. Zusammen mit ihrer anfänglichen Unsicherheit wurde dadurch ein Kommunikationsklima unterstützt, bei dem die Vorstellungen der Entwickler, als modell-starke Gruppe, über die der Benutzerinnen dominieren konnten.

Die Benutzerinnen vermittelten in den Interviews ihren Eindruck, dass die Entwickler ihre Position als „Modellierer" auszunutzen versuchten. So erläuterte eine der Benutzerinnen, dass die Entwickler in Eigenregie gemeinsam erarbeitete Konzepte umwarfen (A1/31) oder nicht abgesprochene oder anders gewollte

---

71 In gewisser Weise kann das Engagement der Benutzerinnen von Projekt A, nach der Vorprojektphase eine Beratungsinstitution und Qualifizierungen zu bekommen, als ihre Intervention angesehen werden, gegen das erlebte Modellmonopol der Entwicklungsgruppe anzugehen (A2/5).

Dialogelemente im Prototyp darstellten. An konkrete Auseinandersetzungen um Dialogelemente oder Funktionalität erinnerten sie sich in den Interviews selten. Eine Benutzerin schilderte jedoch eine Auseinandersetzung, die sich auf Umsetzungsvorschläge der Entwickler im Prototyp bei der Darstellung von Kundendaten als „Kundenordner" bezog.

> „Weil sie uns ihre Vorstellungen verkaufen wollten. Und da haben wir uns so massiv dagegen gewehrt. Das ist jetzt diese Bäumchenstruktur gewesen, dass wir überall rum klicken müssen. [..] Aber das war zum Beispiel so ein Punkt, wo ich mich jetzt so spontan erinnere. Wo wir uns gegen den ersten Vorschlag, den sie uns gemacht haben, total dagegen gewehrt haben. Und das wollten sie uns unbedingt aufs Auge drücken." (A2/31)

Auch eine weitere Benutzerin war der Meinung, dass – vor allem zu Anfang der Anforderungsermittlung – die Entwickler versuchten, sie zu manipulieren.

> „Und es kam dann die nächste Pause, -- dann ist ja der eine oder andere auf uns zugekommen und hat uns ja versucht zu manipulieren. In dem er genau wissen wollte um was es denn da ging, und was wir denn nicht verstanden haben und jeder hat es halt versucht so aus seiner Sicht darzustellen, um eben für sich einen Vorteil zu gewinnen. Die einen waren da ja ganz große Klasse. Die sind ja immer auf diese väterliche, freundliche Tour so angekommen. Ja, Mädels, was habt ihr denn da nicht verstanden? Aaach, das ist doch alles nicht so wild. -- Und im Nachhinein hat es sich herausgestellt, dass es ganz, ganz, entscheidende Sachen eben sind." (A1/44)

Ihrer Darstellung nach war mit den Manipulationsversuchen eine herablassende Haltung verbunden. Auch eine ihrer Kolleginnen nennt Beeinflussungsversuche durch Prototypentwickler. Die Prototypentwickler hatten nach ihrer Einschätzung eigene klare Vorstellungen und die „wollten sie durchziehen". Sie sprachen gezielt einzelne Benutzerinnen an und erklärten diesen ausführlich, was sie meinten. (A5/24). Ob das etwas verändert hatte, vermochte sie nicht zu sagen.

> „Also ich könnte dir jetzt nicht sagen, an welchem Fall. Ich weiß sehr wohl, dass es Sachen gab wo wir ganz lange immer darüber diskutiert haben. Und irgendwann dann gesagt haben, also alle Anwenderinnen, ja Gott, jetzt nehmt uns doch endlich mal so ab, dass es so und so nicht laufen kann. Das muss anders sein. Versucht nicht immer euer Ding da einzubringen." (A5/27)

Von einer der Befragten wurde bemängelt, dass die Entwickler teilweise über den Einsatz bestimmter Dialogelemente (z.B. Reiter, ähnlich Karteikarten) besser Bescheid wussten als die Benutzerinnen. Sie interpretierte dies als einen Nachteil für sich, da sie dadurch in die Situation kamen, dass „die wussten, was sie wollten, und wir keinen Schimmer hatten" (A1/45-46).

Verknüpft mit fachlicher Prägung, kann der Aspekt der Perspektivität auch umformuliert werden in die Frage „Was ist für wen wichtig?" Aus Sicht der Benutzerinnen gab es Situationen, in denen auf Themen „herumgehackt" wurde, die sie für irrelevant und für Zeitvergeudung hielten.[72] Lange Diskussionen gab

---

72 Dies gab es natürlich auch aus Sicht der Entwickler, was ich lediglich aus den Protokollen und meinen Erinnerungen beschreiben kann. Die Entwickler habe ich nicht gefragt. Die Benutzerinnen sprechen allerdings auch davon, dass die Entwickler „genervt gewesen" seien (z.B. A3/51).

es zu der Funktionalität der „Identifizierung eines Kunden". Die Position aus Sicht der Entwickler, die mit den hintergelagerten Altsystemen und den entsprechenden Restriktionen agieren mussten, war, lediglich zehn gefundene Datensätze zur Auswahl anzuzeigen. Aus ihrer Sicht wären bei ungenauen Eingaben die Antwortzeiten unangemessen lang geworden. Die Benutzerinnen hielten dies für völlig unpraktikabel, da sie sich zu Recht fragten, was ihnen eine solche Funktion nutzen sollte, wenn der Datensatz nur wenige Stellen nach der zehnten Position stehen würde. Die beiden unterschiedlichen Perspektiven, die beiderseits sinnvolle Argumente aufwiesen, mussten verhandelt werden. Ohne eine mitsprechende Position der Benutzerinnen hätten die Entwickler sehr wahrscheinlich die ihnen als praktikabel erscheinende Lösung umgesetzt.

Eine der Befragten erinnerte sich an eine Situation, bei der lange um einen Anwendungsfall diskutiert wurde, den die Benutzerinnen als aus der Luft gegriffen betrachteten. Die Entwickler, so die Einschätzung der Benutzerinnen, verstiegen sich in einen Sonderfall. Aus Sicht der Benutzerinnen war der Fall so unwahrscheinlich, dass sie die „strukturlosen und ausufernden" (A5/8) Diskussionen nicht akzeptierten. Zusätzlich waren sie der Meinung, dass die Aussage der Projektleitung, sich im ersten Schritt um die hauptsächlichen Fälle zu kümmern und Ausnahmen zu vernachlässigen, ausreichen müsste, um die Diskussionen ad acta zu legen. Besonders ärgerlich empfanden einige der Benutzerinnen, dass in den Design-Treffen ihre Begründung nicht zur Entscheidung verhalf, sondern eine Person aus dem mittleren Management ihnen sozusagen zur Durchsetzung verhelfen musste. Der Mann von oben wurde gehört, sie aber mit den gleichen Argumenten ignoriert (A2/42; A5/8).

Einige Aussagen der Benutzerinnen lassen den Schluss zu, dass sie ihre mangelnden Durchsetzungsmöglichkeiten ihrer fachlichen Distanz den Entwicklern gegenüber zurechneten. Dies deckt sich mit ihrer negativen Selbsteinschätzung bezogen auf Computerkenntnisse, dass sie bei technisch-fachlichen Inhalten ein „Defizit" hatten. Redehemmnisse entstanden, weil „wir wussten ja nun nicht 100% ob das stimmt, was wir sagen" (A4/18). Unter anderem die Qualifizierungen verminderten diese Schwierigkeiten.

Eine Kollegin betrachtete die fachlichen Barrieren als grundsätzliche Schwierigkeit, die sich durch die zwei Welten „Verkauf" und „Technik" ergab. Ihrer Ansicht nach waren die Entwickler weder „bösen Willens" noch hatten sie sich den Benutzerinnen gegenüber herablassend oder ablehnend verhalten. Die Schwierigkeiten entstanden nach ihrer Meinung lediglich durch die Kluft zwischen praktisch und technisch arbeitenden Menschen (A5/12 und 15). Trotz dieser im Grundsatz verständnisvollen Einstellung erwähnte auch sie an anderer Stelle, dass das Wissen darum, was machbar war und was nicht, ihr bei der Durchsetzung ihrer Vorstellungen half.

„Also ich glaub, wir sind konkreter geworden, bei den Vorstellungen was wir durchsetzen oder umsetzen wollen. Ich meine mich erinnern zu können, dass am Anfang immer ziemlich viele Diskussionen gab. Also immer ziemlich viel, Abwehr erstmal. Nee, das geht alles so nicht. Wie ihr euch das vorstellt, das ist eigentlich gar nicht umzusetzen. Und das wurde dann nachher, -- wesentlich einfacher. -- Ich hab das jetzt nur so in Erinnerung, dass ich mir denke, -- wahrscheinlich sind wir ein bisschen konkreter geworden, -- also, weil wir auch damit wussten, was KANN man umsetzen. So nach und nach weiß man das ja dann ein bisschen. Man hatte uns ja dann schon gesagt, das geht gar nicht und das geht gar nicht. -- Und dann haben wir versucht einen Weg zu finden." (A5/23)

Vor allem in der Anfangssituation erlebten sich die Benutzerinnen nicht als Gleichberechtigte mit den Entwicklern im Aushandlungsprozess um die Anforderungen. Ein Qualifikationsdefizit bezogen auf die technisch-fachlichen Inhalte sahen nahe zu alle Befragten. Je nach persönlichen Erfahrungen in Projektsituationen prägte sich den Benutzerinnen eine mangelnde Anerkennung durch die Entwickler ein. Obwohl die Interpretation einiger Benutzerinnen in die Richtung ging, dass vornehmlich die fachliche Distanz für Missverständnisse und Kommunikationsschwierigkeiten gesorgt hatte, ließen sich bei allen Befragten Schilderungen finden, die auf ein nicht kooperatives Zusammenarbeiten hinweisen. Dass ein „Modellmonopol" der Entwickler eine Rolle spielte, lässt sich aus den Aussagen ableiten. Aus Sicht der Benutzerinnen war das Verhältnis zu den Entwicklern angespannt. Die Benutzerinnen äußerten Befürchtungen überrollt zu werden und hatten das Gefühl, sich durchsetzen zu müssen oder über den Tisch gezogen zu werden. Teilweise fühlten sie sich herablassend behandelt und nicht ernst genommen. Sie hatten anfangs nicht den Eindruck, dass die Entwickler eine Kooperationssituation fördern wollten. Sie erlebten Situationen, in denen ihnen nicht zugehört wurde oder sie übergangen wurden.

Die Situation lässt sich als eine Hierarchie zwischen technischen Experten und anwendungsorientierten Praktikerinnen deuten. Sichtbar wird, dass zwar inhaltliche Hürden für eine Verständigung überwunden werden mussten, dies aber nicht ausreichend war. In der Kommunikationssituation wirkten sich zusätzlich die Beziehungsaspekte durch das hierarchische Verhältnis zwischen Benutzerinnen und Entwicklern aus.

Die latenten Konflikte in der Kooperationssituation mit den Entwicklern drückten sich besonders deutlich in der Haltung einer Benutzerin von Projekt A aus. Sie war zwar immer noch der Meinung, dass Benutzerinnen und Benutzer an den Entwicklungsprojekten beteiligt werden sollten, sie aber nach ihren gemachten Erfahrungen, „die IV-Leute härter angehen würde" (A1/23).

„Nur würde ich das jetzt auch aus dem heutigen Gesichtspunkt ganz anders machen. Weil ich denk mir mal, dass wir uns damals da viel zu sehr verrückt gemacht haben. -- Weil, auf der einen Seite war es richtig gewesen, zu wissen, wie die Technik hintendran ausschaut, und wie man es auch am besten darstellt. Aber nach dem heutigen Gesichtspunkt, würde ich es mir viel viel einfacher machen. Da würde ich sagen, das will ich, so hat das auszuschauen. So stell ich mir das vor. Wie ihr das hinkriegt ist euer Problem. Fertig. (A1/45)

Die mangelnde Kooperationsbereitschaft der Entwicklungsgruppen einerseits, andererseits aber das aus Sicht der Benutzerin gelungene partizipative Vorgehen verhinderte bei ihr eine resignative Haltung. Dass sie Vorgaben machen und nicht mit den Entwicklern kooperieren würde, zeigt ihren Anspruch das „Modellmonopol" der Entwickler aufzulösen. Sie würde eine hierarchische

Beziehung bevorzugen, bei der die Entwickler die Anforderungen der Benutzerinnen umzusetzen hätten.

Eine ähnliche Position nahm eine der Befragten aus Projekt B ein. Bei Projekt B bestanden die Kontakte mit den Entwicklern nur für einige der beteiligten Benutzerinnen. Zwei der drei Befragten arbeiteten mit Entwicklern des Softwarelieferanten zusammen, um die Anpassung des Systems an die Anforderungen der Bildungseinrichtungen vorzunehmen. Als Problem benannten alle, dass die Software aus Sicht des Softwareherstellers anfangs als eine Standardisierung für das Veranstaltungsmanagement gesehen wurde, das aber auf ihren Bedarf zum Teil nicht passte. Es kam zu vielen nachträglichen Veränderungen. Die Benutzerinnen blieben hartnäckig, bis die Entwickler ihre Anforderungen umgesetzt hatten (B1/15,16).

Kommunikationsschwierigkeiten oder sprachliche Barrieren gegenüber den Entwicklern hatte es gegeben, da diese die Organisationsstruktur und die Arbeitsweisen in den Bildungseinrichtungen nicht gut nachvollziehen konnten (B1/15; B2/37; B3/26). „Verschiedenen Sprachwelten" benannte eine der Benutzerinnen (B1/16).

Im Gegensatz zu den Erfahrungen der Benutzerinnen aus Projekt A empfanden sie allerdings die Zusammenarbeit weitestgehend positiv. Die Entwickler waren bemüht und hatten nach bestem Wissen und Gewissen gehandelt (B1/31; B2/37). Die Benutzerinnen fühlten sich anerkannt und in keiner Weise abqualifiziert (B2/38). Die Verhandlungen über die Anpassungen führten die beiden Benutzerinnen selbständig mit den Entwicklern. Wenn diese nicht reagierten, schalteten sie die nächsthöhere Ebene innerhalb ihrer Organisation ein (B1/16). Als größten Mangel empfanden sie, dass nach ihrer Ansicht die Software im Prinzip noch nicht „ausgereift" war. Sie sahen sich zum Teil als Testerinnen.

> „Die waren stellenweise auch eigentlich ganz froh, dass sie jemand hatten, der dieses Programm auch mal durchtestete. Es war also nicht so, das wir eine Anforderung gestellt haben und die haben die realisiert, sondern wir haben auch viel in diesem Programm, ohne Anpassungen, Fehlerbehebung betrieben." (B2/28)

Bei Projekt B stellten sich die Verhandlungen zwischen den Benutzerinnen und den Entwicklern als weitgehend unproblematisch dar. Die Entwickler standen in einem klaren Dienstleistungsverhältnis, die Zusammenarbeit war punktuell. Der Anforderungskatalog war zuvor von den Benutzerinnen erstellt worden – ihr Modell war bereits gefestigt. Die Benutzerinnen waren nach ihrer eigenen Ansicht gegenüber den Entwicklern in einer souveränen Position, trotz sprachlicher und fachlicher Barrieren.

8.1.4 Welche Rolle spielten die Praktikerinnen?

Nach einhelliger Meinung der Benutzerinnen beider Projekte war ihre Mitarbeit bei der Anforderungsermittlung erforderlich, damit die Systeme ihren Arbeitserfordernissen entsprechend gestaltet werden konnten. Weder Vorgesetzte noch Entwickler hätten diesen Anspruch einlösen können.

Die Benutzerinnen problematisieren bei Projekt A die Kooperationssituation mit den Entwicklern. Sie ist als hierarchisch anzusehen, entsprechend einem Experte/Laie-Verhältnis. Die Benutzerinnen in Projekt A erfahren anfangs keine Anerkennung ihrer Kompetenzen und sind wenig selbstbewusst. Dies verändert sich im Verlauf des Projekts. Wodurch und wie wird im Zusammenhang mit der Beurteilung der partizipativen Anforderungsermittlung erläutert (vgl. Kapitel 8.4). Während bei Projekt A ein hierarchisches Verhältnis zu den Entwicklern ableitbar ist, das sich im Verlauf des Prozesses etwas angleicht, scheint dies bei den Benutzerinnen von Projekt B nicht der Fall zu sein. Bezogen auf die inhaltliche Distanz zu technischen Themen unterscheiden sich die Gruppen in den beiden Projekten nicht. Sie unterscheiden sich ebenfalls nicht hinsichtlich der technisch-fachlichen Vorkenntnisse und der Unterschiede zwischen den Benutzerinnen. Im Gegensatz zu den Benutzerinnen aus Projekt A jedoch, treten die Benutzerinnen von Projekt B bereits mit einem Anforderungskatalog an, den sie selbstbewusst mit den Entwicklern verhandeln.

Spezifische Aspekte bei den Anforderungen sehen die Benutzerinnen in beiden Projekten eher auf der übergeordneten Ebene, da sie am besten über die Arbeitsweisen Bescheid wissen. „Leicht bedienbar" und „leicht erlernbar" wird bei Projekt A häufig als Anforderung eingebracht. Der Zeit entsprechend geht es bei Projekt B eher darum, starre datenorientierte Eingabemasken zu vermeiden und die Dialogabfolge und die einzelnen Datenfelder den Arbeitsabläufen anzupassen.

Eine Flexibilität des Systems wird bei beiden Projekten gefordert. Bei Projekt A soll sie unterschiedliche Kommunikationssituationen mit Kundinnen und Kunden ermöglichen. Bei Projekt B sollen unterschiedliche Arbeitsweisen möglich bleiben, wie sie in den verschiedenen Bildungszentren traditionell vorhanden sind, oder entsprechend mit dem Technikeinsatz unterschiedlich weiterentwickelt werden. Auch bei Projekt A spielen die unterschiedlichen Arbeitsweisen in den verschiedenen Abteilungen eine Rolle. Hier zeigt sich, dass unterschiedliche ablauf- und arbeitsorganisatorische Vorstellungen die Anforderungen an eine Software beeinflussen.

Aspekte der Arbeitsorganisation spielen für die Befragten beider Projekte eine Rolle: bei Projekt A verknüpft mit der Organisation des Call-Center-Arbeitsplatzes, bei Projekt B mit der Vorstellung einer Arbeits- und Ablauforganisation aus Sicht der Verwaltungsangestellten.

8.2 Aspekte der Arbeitsorganisation und Anforderungen an die Technik

„Business goals for such improvements as computer systems, work systems, or learning organizations are heavily influenced by underlying assumptions about how people work and how organizations function."
Patricia Sachs (1995), S.36

In diesem Abschnitt wird der Frage nachgegangen, wo sich aus Sicht der Benutzerinnen Aspekte der Arbeits- und Ablauforganisation bei Anforderungen an die Software zeigen. Zuerst soll geklärt werden, wie in den Projekten Aspekte der Arbeitsorganisation aufgegriffen werden. Im Anschluss daran werden die Interviews daraufhin geprüft, ob sich konkrete Hinweise für die Wechselwirkung zwischen Anforderungsermittlung und Nutzungskontext finden lassen. Abschließend werden zu jedem Projekt die von den Benutzerinnen genannten Aspekte entlang des an Orlikowski angelehnten Modells zur Strukturierung von Technologie eingeordnet und zusammengefasst. Dies ermöglicht eine Differenzierung der Einflüsse und Möglichkeiten bei partizipativer Softwareentwicklung. Es besteht nicht der Anspruch eine „vollständige Beschreibung" des Wechselverhältnisses von Organisation und Technologie für die jeweiligen Projekte anhand des Modells zu entwickeln. Diese Betrachtung ermöglicht es, die Bedeutung der jeweiligen „Projektphilosophie" im Hinblick auf den Zusammenhang von Arbeitsorganisation und Softwareentwicklung bzw. -einsatz zu hinterfragen.

Einen Teil des institutionellen Rahmens der Projekte bildeten die zu Grunde liegenden Haltungen der Leitungsebenen zu Arbeitsorganisation und Technikentwicklung. Bei Projekt A wurde dies durch Vorstellungen der Leiter des Entwicklungsprojekts über Reorganisation und Gestaltung von Call-Centern auf die Tagesordnung gebracht (vgl. Kapitel 7.1). Die Projektleitung befand sich in einer problematischen Situation, da sie Reorganisation und Softwareentwicklung zusammen betrachten wollte, die auftraggebende Abteilung dagegen eine klare Trennung verfolgte. Einer der befragten Projektleiter beschrieb das Unternehmen als starr organisiert. Zwischen den verschiedenen Abteilungen und Aufgabenbereichen gab es kaum Querverbindungen.

„Und wenn man jetzt an irgendeiner Stelle eine IV-Applikation baut, hat man auf der anderen Stelle, was Organisation angeht, einen Ansprechpartner und der sagt, für mich arbeitest du hier nicht. Ich hab dir keinen Auftrag erteilt. Meine Organisation funktioniert. Lass mich in Ruh." (Ap2/34)

Nach Ansicht der Projektleitung spielte die Arbeitsorganisation eine bedeutende Rolle für die Gestaltung des Systems, bzw. umgekehrt hatte das System nachhaltigen Einfluss auf die Arbeitsorganisation. Die für Organisation und Reorganisation zuständigen Leiter der auftraggebenden Abteilung sahen hier einen Übergriff in ihren Kompetenzbereich. Dies drückte sich auch darin aus, dass trotz mehrmaliger Anfrage der Design-Gruppe an die auftraggebende Abteilung keine Arbeitsplatzbeschreibung zur Verfügung gestellt wurde. Der Bezug zur Arbeitsorganisation wurde so im Zusammenhang mit der Anforderungsermittlung eher durch die fehlende Arbeitsplatzbeschreibung deutlich und letztlich nur auf Grund von Annahmen bearbeitet.

Formal war bei Projekt A die auftraggebende Abteilung zuständig für Entscheidungen zur Reorganisation und zum Einsatz der technischen Systeme. Diesem Umstand trug die Konzeption des Vorgehensmodells Rechnung, indem die für die Gestaltung des zukünftigen Systems wichtigen oder umstrittenen Aspekte im Entscheidungsgremium unter Vorsitz der auftraggebenden Abteilung getroffen werden sollten. Entsprechend dem Vorgehensmodell wurde ein

Konflikt aus der Design-Gruppe in das Entscheidungsgremium getragen, wo die auftraggebende Abteilung in ihrem Sinne Einfluss nehmen sollte. Die ablehnende Haltung der auftraggebenden Abteilung, die Gestaltung der Systeme im Zusammenhang mit organisatorischen Aspekten zu diskutieren, wurde sichtbar bei Fragen zu Gestaltungsentscheidungen innerhalb der Design-Gruppe. Trotz wiederholter Anfragen an die Auftraggeber blieb über die Projektlaufzeit unklar, welche Qualifikationen von den Beschäftigten vorauszusetzen sein sollten, ebenso welche Aufgaben später in welchen Arbeitsbereichen erledigt werden sollten. Es gab keine definitiven Aussagen darüber, ob es einen Backoffice-Bereich geben sollte.

Für die Beteiligten an Projekt A wurden die mangelnden Aussagen zu Organisationsaspekten an Auseinandersetzungen zu verschiedenen Fragen spürbar. Dabei ging es durchaus um die konkrete Gestaltung des Systems. So wurden mögliche Entscheidungsspielräume der Benutzerinnen dann zum Thema, wenn im Telefongespräch Zusagen gemacht werden sollten, die dann – durch die Call-Center-Organisation – für spätere Bearbeiterinnen und Bearbeiter einer Anfrage erfasst werden mussten. Für die Benutzungsschnittstelle und das Gesamtsystem hatte dies konkrete Auswirkungen. Es bedeutete zusätzliche Dialogelemente und Schnittstellen zur Datenbank.

Auch Mischarbeit tauchte als Thema auf, wenn es um die Frage ging, welche Aufgaben in welchem Arbeitsbereich über das System erledigt werden sollten. Die Benutzerinnen diskutierten in den Workshops, ob und in welcher Weise es ein Backoffice geben würde oder welche Aufgaben außerhalb des Computersystems verbleiben könnten. In der mit den Benutzerinnen durchgeführten Zukunftswerkstatt zu Arbeitsorganisation waren Mischarbeit und Teamarbeit zentrale Themen. Die bereits in der Call-Center-Organisation implizite Anforderung, dass Informationen schnell zu anderen Bearbeiterinnen und Bearbeitern weitergegeben werden können, wurde im Zusammenhang mit Teambildung diskutiert. Es gab Überlegungen, wie mehrere Personen mit unterschiedlichen Spezialkenntnissen in einem Team auch räumlich zusammenarbeiten könnten und wie eine Software dies unterstützen könnte.

Diskussionen entwickelten sich während der Anforderungsermittlung immer wieder entlang der Frage, welche Qualifikationen am zukünftigen Arbeitsplatz notwendig wären. Anforderungen an die Software, dass diese „leicht bedienbar" oder „leicht erlernbar" sein sollte, gingen auf Erfahrungen zurück, wonach die den Benutzerinnen bekannte Software ihre Arbeitsweise störte. Die Benutzerinnen arbeiteten aus ihrer Sicht auf ein Systemkonzept hin, das ihnen eine intelligente Nutzung ermöglichen und ihre Qualifikationen erhalten sollte.

Die bisher beschriebenen Sachverhalte fokussieren den Einfluss von organisatorischen Entscheidungen auf die Gestaltung des technischen Systems. Schon mit dem letztgenannten Aspekt, eine „leicht bedienbare" und „leicht erlernbare" Software zu gestalten, thematisieren die Benutzerinnen auch den umgekehrten Einfluss, wie ein technisches System Arbeitsweisen und Arbeitsorganisation beeinflussen könnte. Hierbei vermischt sich die Anforderung, eine „leicht erlernbare" Software zu gestalten, mit Vorbehalten, inwieweit sie dadurch ein System konzipieren, das „zu viel wisse".

Immer wieder wurde befürchtet, dass mit dem Einsatz des selbsterklärenden neuen Systems auch Aushilfskräfte ohne entsprechende Qualifikationen beraten sollten. Einzelne Benutzerinnen identifizierten sich zwar mit Unternehmenszielen, in denen solche Anforderungen formuliert wurden. Eine der Befragten formulierte aber deutlich, dass sie nicht an einem System mitarbeiten wollte, an dem „jeder" arbeiten könnte (A6/66). So befürchteten die Benutzerinnen, dass es zu Dequalifizierungseffekten an den Arbeitsplätzen kommen könne. Meist vertraten sie die Position, dass es nicht sinnvoll sei, angelernte Kräfte ohne fundierten Hintergrund an den Beratungsplätze zu beschäftigen (z.B. A1/49; A3/66; A4/36). Teilweise waren die Aussagen von ein und derselben Person widersprüchlich. Lediglich eine Befragte war der Meinung, dass Fachwissen zwar sinnvoll, aber nicht unabdingbar wäre.

Diese Unklarheiten lassen sich damit erklären, dass die Beschäftigten an den telefonischen Kundenberatungsplätzen keine formale Qualifikation im Sinne einer Ausbildung haben. Dies ist gleichzeitig ein Kennzeichen für Arbeitsplätze, an denen überwiegend Frauen arbeiten. Sie werden „ins kalte Wasser geworfen", wie es eine der Befragten ausdrückt (A4/37).

> „Da wirst du praktisch, ins kalte Wasser geschmissen. Du setzt dich daneben und hörst zu, und dann sollst du irgendwann selber telefonieren. Und bei diesem System, denk ich einfach mal, dass man schon erstmal ein bisschen auch das von anderen mitkriegen muss, -- geschult werden muss. Und dass man sich dann halt da dransetzt. Und das Gerät natürlich auch ein bisschen zeigen. Aber dass man für das Gerät selber nicht die lange Zeit braucht. Das Wissen braucht man trotzdem immer ein bisschen." (A4/37)

Das Wissen, das „man trotzdem immer braucht" ist im Laufe der Jahre angesammeltes betriebliches Wissen, sind Produktkenntnisse und soziale Kompetenzen, um Gespräche mit Kunden und Kundinnen zu führen. Ihre Kenntnisse und Kompetenzen aber werden, auch innerhalb der Organisation, nur selten anerkannt.

Das zeigte sich auch an einem Vorstoß der Entwickler des Prototypen, der in Projektdokumenten festgehalten ist. Die Entwickler schlugen der auftraggebenden Abteilung vor, das System im Hinblick auf einen Internetauftritt auszulegen. Sie waren davon überzeugt, dass das System „leicht bedienbar" und „leicht erlernbar" wäre. Daher erschien ihnen die Rolle der telefonischen Kundenberaterinnen obsolet. Ihre Vision war, dass Kundinnen und Kunden ihre Produktauswahl, Bestellungen und Ähnliches mit dem System selbst erledigen könnten. Damit negierten sie zugleich die Notwendigkeit von Kompetenzen der Benutzerinnen, eine qualifizierte Beratung durchzuführen.

Als einen weiteren Aspekt, wie technische Systeme auf Arbeitsweisen wirken könnten, nannten Benutzerinnen das eingesetzte Softwareentwicklungswerkzeug. Diese Software schien zum damaligen Zeitpunkt für viele Anforderungen an der Benutzungsschnittstelle, aber auch für die Schnittstellen mit den hintergelagerten Altsystemen, nicht geeignet.

Eine der Befragten äußerte, dass die Tool-Entscheidung Arbeitsplätze über Jahre hinweg prägt (A6/51).

Dieser letztgenannte Aspekt betrifft die technischen Rahmenbedingungen des Projektes, im Gegensatz zu den zuvor erörterten organisatorischen Aspekten. Einige der genannten Aspekte werden im Folgenden entlang des an Orlikowski angelehnten Modells zusammengefasst (Abbildung 9).

Aspekte des Prozesses der Strukturierung von Technologie bei Projekt A

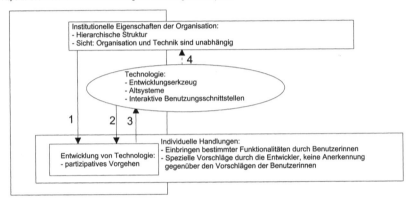

1. Die hierarchische Struktur des Anwendungsunternehmens beeinflusst die die Arbeitsweise im partizipativen Vorgehensmodell. Insbesondere die Sichtweise, die Organisation und Technologie unabhängig von einander betrachtet, schränkt die Möglichkeiten einer Diskussion von Gestaltungsalternativen ein.
2. Die gegebene Technologie, die vorhandenen Altsysteme und das verwendete Entwicklungswerkzeug, wirken sich auf die Möglichkeiten der Entwicklung aus. Von den Benutzerinnen nicht explizit erwähnt wird das Potenzial des „state of the art" interaktiver Benutzungsschnittstellen, das den Erwartungshorizont der Benutzerinnen prägt.
3. Als individuelle Einflüsse während der Entwicklung sind die Vorschläge der Entwickler die deutlichsten Anzeichen. Individuelle Einflüsse der Benutzerinnen, eher im Sinne gemeinsam entwickelter Anforderungen und Fragen entlang organisatorischer Aspekte sind ebenfalls sichtbar. Beide Einflussbereiche sind begrenzt durch innerorganisatorische hierarchische und projektspezifische Strukturen.
4. Als Konsequenzen der Interaktion zwischen Technologie und Anwendungs-organisation deuten sich die Auswirkungen an, wenn im zukünftigen System bestimmte Funktionalitäten nicht vorgesehen sind, die Teamarbeit oder Mischarbeit ermöglichen. Ebenso sind die befürchteten Dequalifizierungseffekte hier einzuordnen.

Abbildung 9: Strukturierung von Technologie – Projekt A

Das Vorgehensmodell und die weitreichende Beteiligung der Benutzerinnen an der Anforderungsermittlung bei Projekt B waren, wie bereits beschrieben, in Konzeption und Reichweite denen von Projekt A sehr ähnlich. Der institutionelle Rahmen stellte sich jedoch an vielen Stellen anders dar. Arbeits- und Ab-

134

lauforganisation waren aus Sicht der auftraggebenden Abteilung Kernpunkt des Projekts. Der Computereinsatz war das Mittel, um diese zu ermöglichen. Diese Sicht wurde von allen Projektbeteiligten geteilt. So formulierte beispielsweise eine Benutzerin, dass ihr Interesse maßgeblich der Reorganisation galt (B1/2) und dieses Thema für sie an erster Stelle stand. Diese Auffassung teilten auch die anderen Befragten. Durch hierarchie- und funktionsübergreifende Besprechungen in den Bildungszentren wurde die gemeinsame Sicht auf die arbeits- und ablauforganisatorischen Vorstellungen in den jeweiligen Arbeitskontexten hergestellt.

Im Rückblick äußerte der Projektleiter, dass die Vorgesetzten in den Bildungszentren und der Gesamtorganisation im weiteren Verlauf des Projekts den Verwaltungsangestellten die Anforderungsermittlung an die Software und die spätere Auswahl nahezu vollständig überließen (Bp/31).

Für die Benutzerinnen von Projekt B standen Organisationsaspekte explizit im Zentrum bei der Anforderungsermittlung. Eines ihrer Ziele war, die existierende Arbeitsorganisation in ihren Bildungszentren in weiten Teilen zu erhalten (B1/5). Die Anforderungen an die Software wurden im Zusammenhang mit Arbeitsweisen und Arbeitsverteilung zwischen den Kolleginnen diskutiert. Organisationsfragen waren nicht nachgelagert, sondern Ausgangs- und Endpunkt ihrer Überlegungen. Formal waren hier die jeweiligen Leiterinnen und Leiter der Bildungszentren zuständig für die Planung der Organisation. Informell erhielten und übernahmen die beteiligten Verwaltungsangestellten weitreichenden Einfluss auf die anstehende Neustrukturierung ihrer Arbeit.

Sichtbar wurde dies z.B. darin, wenn sie großen Wert darauf legten durch die Software von Routinetätigkeiten entlastet zu werden (B1/8). Aufgaben, die bisher von „oben" angeordnet waren, z.B. das Führen von bestimmten Statistiken, wurden hinterfragt und gegebenenfalls sogar abgeschafft.

„Und von daher waren sie da auch mal gezwungen sich über die Fragen zu unterhalten, wie viele Statistiken brauchen wir eigentlich. Was wird an überflüssigem Zeugs in den Büros eigentlich noch produziert. Also das war von daher auch auf dieser Ebene die Möglichkeit, nochmal abzugleichen, was wird von den Bildungszentren in den Büros gemacht. Was kann eventuell auch rausfallen, also mir -- sind so zwei, drei Sachen -- in Erinnerung, wo dann Statistiken z.B. oder irgendwelche Abfragen dann gar nicht mehr gemacht wurden, weil das -- gesagt wurde, das braucht man gar nicht, das ist nur Produktion von Papierkram. [..] Denn es wurde dann auch natürlich gefragt: Muss das auch noch in die EDV eingebunden werden?" (B1/14)

Eine Benutzerin formulierte, dass das Beteiligungsmodell mit seinen Diskussionen es ermöglicht hatte, die Arbeit umzustrukturieren, auch gegen interne Widerstände.

„Weil es nett ist natürlich, weil man seine Arbeit anders strukturieren kann, also Stichwort Bretterdenken: Das haben wir immer so gemacht. Da kann ich nicht mal schauen, wie das da oder dort gemacht wird. Ob die vielleicht einen Arbeitsablauf haben, der viel effektiver ist. Das ist also unabhängig von der Software." (B2/41)

In der Testphase stellten die Benutzerinnen übereinstimmend eine Diskrepanz zwischen den zu Grunde liegenden organisatorischen Vorstellungen der ausgewählten Softwareprodukte und der eigenen Organisation fest. Die Folge waren verschiedene, lang andauernde Anpassungsphasen der Software an den eigenen Bedarf. Dabei war es nervenaufreibend, so eine der Benutzerinnen, den Entwicklern zu erklären, wie ihre Organisation strukturiert war (B1/15). Ihre Kollegin beschrieb dies folgendermaßen:

„Also sie haben sich natürlich bemüht uns gerecht zu werden. Die haben, wie heißt das immer so schön, nach bestem Wissen und Gewissen gehandelt, waren immer bemüht. Unsere Organisationsstruktur zu verstehen ist auch nicht so einfach. Denke ich. Und da sind wir wieder bei dieser Softwarelogik. Das Programm ist anders aufgebaut. Das war nie auf unsere Organisation konzipiert. Hatte ganz andere Schwerpunkte, nämlich Arbeitsamtsmaßnahmen. Die Struktur hat der Softwarehersteller ganz anders gedacht, als wir arbeiten. Das war natürlich ein Manko." (B2/37)

Die Lücke zwischen der Softwarelogik, bzw. den bereitgestellten Funktionen, und der eigenen Arbeitsweise wirkte sich auch auf die Rolle der jeweiligen Bildungszentren als Teststationen aus. Obwohl der Anforderungskatalog einvernehmlich diskutiert war, hatten die Benutzerinnen in den Teststationen eine gewisse „Definitions-Macht", was angepasst wurde. Auf die allgemeine Frage, wer denn nun entscheide, welche Funktionen das neue Programm beinhalten muss, reagierte eine der Benutzerinnen verschmitzt.

„Letztendlich wir, die das machen, als Erste da sind. Das war jetzt aber auch der Hintergrund wieso wir uns dann auch hier als Teststation gemeldet haben. Dass wir dann auch ein bisschen so einen Einfluss darauf haben, wie es aussieht. Was wir brauchen." (B1/26)

In der Anforderungsermittlungsphase gab es auch Unstimmigkeiten zwischen den Verwaltungsangestellten verschiedener Bildungszentren, die in einem Kompromiss endeten. Für die weitere Auswahl der nächsten Software „eroberte" sich eine Verwaltungsangestellte eines Bildungszentrums diese „Definitions-Macht" zurück, um eine bestimmte Funktionen in das Softwaresystem einbringen zu können, die im ersten Anforderungskatalog mehrheitlich abgelehnt wurde.

„Und deshalb bin ich jetzt auch hier Teststation geworden [lacht] und es ist die erste Liste, die sie präsentiert bekommen." (B1/33)

Es zeigte sich für die zitierte Benutzerin im täglichen Arbeiten, wo täglich Lücken des Softwaresystem ihre Arbeitsweise vorstrukturierten. Da die von ihr erwähnte Listenfunktion nicht durch das System unterstützt wurde, schrieb sie die Listen weiterhin von Hand. Nach Einführung des nächsten Systems wollte sie diese Routinearbeit nicht mehr von Hand erledigen. Ihre Argumentation war, dass es andere nicht stören müsse, da sie die Listenfunktion doch einfach nicht benutzen müssten. Das Gegenargument ihrer Kolleginnen war, wenn eine solche Möglichkeit existiere, würden ihre Vorgesetzten womöglich auf die Idee kommen, diese Aufgabe zusätzlich zu definieren. Da sie dies in ihrer bisherigen Arbeitsorganisation weder vermissten noch für besonders wichtig hielten, sträubten sie sich gegen diese Funktion. Diese Einschätzung ihrer Kolleginnen teilte sie an anderen Stellen durchaus. So thematisierte sie dies als einen weiteren Aspekt der Veränderung von Arbeit nach der Einführung von EDV. Nach ihren Erfahrungen veränderte sich die Anspruchshaltung der Vorgesetzten, die – in ihrem Glauben an die EDV – „schnell mal was erledigt haben" wollten. Sie rechnete dies der Unkenntnis der Vorgesetzten zu, die einerseits die Aufgaben der Verwaltungsangestellten nur ungenügend überblickten und andererseits Computereinsatz unreflektiert mit effizienteren Arbeitsweisen gleichsetzten (B1/20).

Es zeigt sich, dass die beteiligten Verwaltungsangestellten bei Projekt B die Nutzungsmöglichkeiten der neuen Software abgleichen mit ihren Arbeitsanforderungen. Teilweise reagieren sie mit Abwehr auf neue Arbeitsanforderungen, die durch die Software entstehen könnten.

Die mit dem neuen Computersystem entstehende Arbeitsorganisation ließ sich nicht gänzlich vorhersehen. So übernahmen die Verwaltungsangestellten im Laufe der Zeit neue Aufgaben, die zuvor Vorgesetzte erfüllten. Die Teilnehmerinnen und Teilnehmer für die Bildungsmaßnahmen wurden immer häufiger von ihnen ausgewählt, obwohl es in der Arbeitsorganisation nach wie vor nicht vorgesehen war (B2/18, B3/31).

„Das darf man eigentlich jetzt nicht so laut sagen, weil formal ist es so, dass unsere Vorgesetzten auswählen. So eine Auswahl ist aber bei uns eigentlich nicht mehr sehr sinnvoll. Weil wir versuchen, alle Seminarteilnehmer, die wir nicht bearbeiten oder die wir nicht berücksichtigen können, weil wir jetzt keinen Platz haben, auf nächstmögliche Termine kippen. Und da sind wir also schon sehr flexibel eigentlich geworden." (B2/18)

Einerseits empfanden die befragten Benutzerinnen dies als Vorteil, da sie nun durch ihren Überblick über die Seminarauslastung mit einer verantwortungsvollen Aufgabe betraut war. Andererseits tauchte diese Aufgabe nicht in ihrer Stellenbeschreibung auf und wurde auch nicht bewertet. Ebenso wenig erhielten sie eine Anerkennung für Aufgaben, die mit der Systempflege zu tun hatten (B1/29, B2/34, B3/22,23). Mit ihrer Arbeit waren sie nach Einführung der Software viel zufriedener. Die mangelnde Anerkennung, auch auf der finanziellen Ebene, sah eine der Befragten mit einer gewissen Bitterkeit (B2/31). Eine ihrer Kolleginnen trug es mit leichtem Zynismus. Diese Episoden zeigen auf, dass es auch Chancen für eine inhaltliche Aufwertung der Arbeitsbereiche der Beschäftigten geben kann, die Schwierigkeiten für eine Anerkennung, auch finanzieller Art – gerade in Frauenerwerbsbereichen – bleiben.

Im Folgenden wird nun die Einordnung der von den Benutzerinnen erwähnten Aspekte bezogen auf die Entwicklung von Technologie im Zusammenhang mit Organisation in das an Orlikowski angelehnte Modell vorgenommen (vgl. Abbildung 10). Die von den Benutzerinnen erwähnten Aspekte, die hauptsächlich der Nutzungsphase zuzuordnen sind, sofern sie nicht Aufschluss über die Entwicklung geben, bleiben aus Gründen der Übersichtlichkeit unbeachtet.

Die Erläuterungen machen deutlich, dass einige Aspekte von Gestaltungsdimensionen der zukünftigen Software ohne die Beteiligung der Benutzerinnen in beiden Projekten nicht berücksichtigt worden wären. Andere, aus ihrer Sicht unsinnige Aspekte, wiederum wären als Anforderungen übernommen worden. An den Beispielen lässt sich nachvollziehen, wie die Anforderungen an die neue Software als Ergebnis sozialer Handlungen in konkreten Projekten entstehen. Ebenso lässt sich ablesen, wo die Benutzerinnen aus ihrer praktischen Arbeit und ihren Vorstellungen von Arbeitsorganisation Anforderungen formulieren. Die Befragten stellen alle den Bezug zwischen Arbeitsorganisation und Technik her. Organisatorische Vorstellungen der Benutzerinnen beider Projekte werden deutlich, wenn sie qualifizierte Arbeitsplätzc mit mehr Entscheidungsspielraum wünschen, die Mischarbeit oder Teamarbeit ermöglichen sollen.

Aspekte des Prozesses der Strukturierung von Technologie bei Projekt B

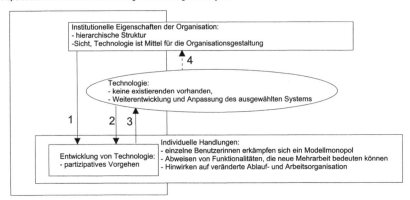

1. Die hierarchische Struktur des Unternehmens wirkte nur teilweise auf das Projekt durch. Eher wurde eine gegenläufige Struktur im Sinne von Entscheidungen durch die Betroffenen „erlaubt". Gleichzeitig war vorherrschende Projektsicht, dass die Reorganisation im Mittelpunkt steht.

2. Da es nur vereinzelt Personalcomputer gab, kann hier nicht von einem Einfluss gegebener Technologien gesprochen werden. Nach der Auswahl der anzupassenden Software hatte diese jedoch mit ihrer Struktur Einfluss auf die Entwicklung des zukünftigen Systems.

3. Individuelle Handlungen der Entwickler als systemgestaltend wurden nicht erwähnt. Deutlich wurden jedoch in den Erzählungen die Einflussnahme einzelner oder auch der ganzen Gruppe, die für das System prägend waren.

4. Als Konsequenzen für die Organisation durch das neue System sind die Befürchtungen der Benutzerinnen zu werten, Aufgaben übernehmen zu müssen, die zuvor nicht (einfach) möglich waren. Eine nicht geplante Veränderung der Aufgabenverteilung stellte sich durch das neue System ein, wenn die Benutzerinnen die Auswahl der Teilnehmerinnen und Teilnehmer für die Bildungsmaßnahmen selbst vornahmen. Hier weitete sich ihr Verantwortungsbereich aus.

Abbildung 10. Strukturierung von Technologie – Projekt B

Anhand der schematischen Einordnung entlang der beschriebenen Modelle wird deutlich, dass die individuellen Möglichkeiten von den strukturellen Rahmenbedingungen begrenzt werden. Dies sind einerseits organisatorische Grenzen, aber auch technische Bedingungen. Der Projektsicht, in welchem Verhältnis Organisation und Technologie gesehen werden, scheint dabei eine große Bedeutung zuzukommen.

Bei Projekt B wird durch die Beteiligung in der Anforderungsermittlung ein Einfluss auf die Reorganisation ermöglicht, welche die Benutzerinnen selbst als übergeordnetes Ziel sehen. Sie thematisieren Arbeitsorganisation auch während der Beteiligungsphase offensiv. Bei Projekt A erscheint die Reorganisation als Randthema bzw. als ein Thema, das erst im Anschluss an die Anforderungsermittlung für die Software auf die Tagesordung kommt (z.b. A1/49, A2/36, A5/32). Diese unterschiedlichen Haltungen haben Auswirkungen auf Designentscheidungen. Werden die Designentscheidungen für das technische System nicht getroffen oder gehen sie in eine andere Richtung, erschweren oder verhindern sie bestimmte Arbeitsweisen. Designentscheidungen sind abhängig von der Aufgabe, Arbeitsweise und den dafür benötigten Qualifikationen der Benutzerinnen und Benutzer.

Es ist davon auszugehen, dass die Haltung der Projektverantwortlichen die (auch in den Interviews geäußerte) Haltung und Sichtweise der Benutzerinnen in den jeweiligen Projekten beeinflusst. Während sich bei Projekt A zumindest einige der Benutzerinnen zwischen Interessen der unterschiedlichen Führungspersonen unnötig zerreiben (B6/48,49) oder verunsichert fühlen (z.b. A5/18,19), stellen die Benutzerinnen von Projekt B Organisation selbstbewusst ins Zentrum ihrer Aufgabe bei der Anforderungsermittlung (z.b. B1/2, B2/37). In Projekt A führen die institutionellen Rahmenbedingungen zu Blockaden in den Diskussionen zwischen Entwicklern und Benutzerinnen, da es keinen gesicherten Stand zu Arbeitsplatzbeschreibungen und Arbeitsorganisation gibt. Die grundlegende Haltung innerhalb der Beteiligungsprojekte, ob Arbeitsorganisation als Randbedingung oder im Zentrum gesehen wird, beeinflusst die Diskussionsmöglichkeiten in den Projekten. Bei Projekt A besteht immer die Gefahr der Blockaden und Zurückweisungen von Anforderungen der Benutzerinnen, bei Projekt B können die Benutzerinnen Organisationsaspekte produktiv umsetzen.

8.3 Geschlechterverhältnis als Projektkontext

In diesem Kapitel werden diejenigen Situationen zusammengefasst, die auf das Geschlechterverhältnis bzw. die Geschlechterhierarchie zurückgeführt werden müssen und im Projektkontext eine Rolle spielen. Es wird jenen Aspekten nachgegangen, die Hinweise darauf geben, wo bzw. wie das Geschlechterverhältnis hergestellt wird oder sich aus Sicht der Benutzerinnen darstellt. Bei den Erläuterungen werden, soweit dies sich aus den Interviews erschließen lässt, die unterschiedlichen Dimensionen – strukturelle, normativ-symbolische und individuelle (vgl. Kapitel 5) – aufgezeigt und in einem abschließenden Abschnitt zusammengefasst dargestellt. Die Abschnitte folgen einer Gliederung, die bei privaten und beruflichen Lebenssituationen beginnt, über die spezielle Kommunikationssituation zwischen Benutzerinnen und Entwicklern verläuft und bei den strukturellen Rahmenbedingungen der Projekt- und Arbeitssituation der Benutzerinnen endet.

8.3.1 Wechselbeziehung Projektarbeit und Privatsphäre

Eine der Fragen bezieht sich auf Veränderungen im Privatleben. Den Hintergrund für diese Frage bildet, dass es für Frauen häufig schwieriger ist, einen beruflichen oder privaten Zeithorizont zu öffnen, den eine engagierte Projektarbeit unter den heute gängigen Bedingungen erfordert. Eine mangelnde Beteiligungsbereitschaft wird teilweise beklagt, die Ursachen selten hinterfragt. Für die vorliegende Untersuchung geht es in diesem Zusammenhang um die subjektiven und individuellen Erfahrungen der beteiligten Frauen, die sich aus der geschlechtshierarchischen Struktur unserer Gesellschaft erklären lassen.

In Projekt A war eine der sieben Frauen allein erziehende Mutter eines noch nicht schulpflichtigen Kindes. Sie benannte von allen am stärksten die Belastung ihres Familienlebens. Mit ihrer Mutter gelang es ihr, ihre häufige Abwesenheit organisatorisch zu bewältigen. Sarkastisch kommentierte sie die Auswirkungen auf die Beziehung zu ihrem Kind, dass dieses sie „Omi" statt „Mami" nannte. Da sie das Gefühl hatte, ihrem Kind nicht mehr gerecht werden zu können, empfand sie die Projektarbeit als Belastung. Bei einer Erkrankung ihres Kindes stürzte „das Kartenhaus" zusammen: Es ging nichts mehr. Trotz dieser Belastung blieb sie engagiert bei der Projektarbeit, weil ihr die Art des Arbeitens gut gefiel. Einige der persönlichen Bezüge, die innerhalb des Projektes für sie entstanden, gaben ihr eine Stütze. Dazu zählte auch eine Freundschaft, die sich zwischen ihr und einem Vorgesetzten entwickelte. Diese Freundschaft war ihr einerseits ein positives Moment der Projektarbeit, gleichzeitig sah sie sich dadurch Anfeindungen einiger ihrer Kolleginnen ausgesetzt.

Auffällig war, wie es eine der Frauen formulierte, dass durch die Projektarbeit für viele Frauen die Gefahr bestand, ihre Partnerschaft zu gefährden. Durch die Engagement erfordernde Arbeit und die Reisetätigkeiten wurden auch bei der Befragten große Veränderungen ausgelöst. Ihr Partner war mit ihrer häufigen Abwesenheit nicht einverstanden und brachte kein Verständnis für ihre Arbeit auf. Probleme, die in der Projektarbeit entstanden, konnte sie daher mit ihm nicht besprechen, was zu einer zunehmenden Entfremdung führte. Im Nachhinein empfand sie die Begründung für die Trennung, sie sei zu viel unterwegs, als nicht fair. Auch bei einer ihrer Kolleginnen kam es im Verlauf der Projektzeit zur Scheidung. Es kam in zwei Fällen zu Trennungen, wobei eine der Frauen dies direkt auf die Projektarbeit zurückführte. Eine weitere Frau entschied sich nach ca. eineinhalb Jahren gegen eine weitere Mitarbeit im Projekt unter anderem, weil sie und ihr Mann sich, auch wegen der Schichtarbeit ihres Mannes, wenig sahen und dies ihre Ehe belastete.

Auswirkungen hatte die erhöhte Reisetätigkeit auch auf die Freundeskreise der Frauen. Verabredungen mussten sich dem Takt des Projektes anpassen. Dies wurde von vier Frauen angeführt, allerdings ohne größere Dramatik. Zwei Frauen empfanden über die Beeinträchtigung des Freundeskreises hinaus keine Auswirkungen auf das Privatleben. Eine der Frauen betonte, dass sie im Moment eher lockere Bindungen habe und keine Familie unter einen Hut bringen müsste. Die Situation ihrer Kolleginnen im Gedächtnis, formulierte sie:

„Das hab ich nicht, das Problem. Oder Problem, das kann man ja, ist vielleicht das falsche Wort." (A6/18)

Gab es Partnerschaften oder ein Kind, konnte dies zum Problem für die Frauen werden. Entweder mussten sie einen Spagat zwischen Verantwortung und Ansprüchen ihres Privatlebens und denen der Projektarbeit leisten oder ihre Partnerschaften drohten aus den Fugen zu geraten. Konsequenterweise war denn auch eine Wunschvorstellung der Frauen von Projekt A, zwar gerne wieder eine solche Arbeit machen zu wollen, aber unter anderen Rahmenbedingungen – wie z.B. weniger Reisetätigkeiten.

Die Problematik der Reisetätigkeiten traf in der Tendenz auch auf die Aussagen einer Befragten von Projekt B zu. Eine der Interviewten bezeichnete es als „Kraftakt", für ihr schulpflichtiges Kind eine Betreuung während ihrer projektbedingten Abwesenheit zu organisieren. Ihr Ehemann konnte sie hier nicht unterstützen (B2/43). Für Frauen mit Kindern, so vermutete eine Kollegin, waren die Reisen zu den Projekttreffen schwieriger zu organisieren (B1/40). Da in diesem Projekt die Abstände zwischen den Arbeitsgruppentreffen länger waren, teilweise zwei Monate, war die Belastung geringer als in Projekt A und wurde entsprechend weniger thematisiert.

Diese Ausführungen zeigen, dass die Frauen die Rahmenbedingungen durch ihre Zuständigkeit für Familien- und Beziehungsangelegenheiten als strukturell schwierig für Beteiligungsmöglichkeiten empfinden. Dabei spielen auch normativ-symbolische Dimensionen eine Rolle. Konflikte tauchen auch deshalb auf, weil die eigenen und gesellschaftlichen Vorstellungen von einer engagierten Projektmitarbeiterin, einer „guten Mutter" und einer „guten Beziehungspartnerin" kollidieren. Individuell werden diese einander entgegengesetzten Anforderungen zeitweilig überbrückt, zum Teil unter großen Anstrengungen und mit Verlusten.

8.3.2 Sexualisiertes Projektleben

Bei der Betrachtung der Interviews drängen sich Eindrücke auf, die allgemein als „Sexualisierung des Arbeitslebens", wie dies Cynthia Cockburn (1993, S.173) nennt, bezeichnet werden können. Häufig werden Erotik und Flirts am Arbeitsplatz, wenn sie beiderseitig erwünscht sind, als positiv beschrieben (z.B. Meschkutat u.a. 1993, S.25). Dabei wird darauf hingewiesen, dass Frauen eine deutliche Grenze zwischen sexueller Belästigung und Erotik am Arbeitsplatz ziehen. In diesem Abschnitt gehe ich den Verhaltens- und Interpretationsmustern der Befragten bezogen auf Arbeitsbeziehungen nach, die vorwiegend in den Interviews mit den Frauen von Projekt A thematisiert werden.

Alle aus Projekt A interviewten Frauen stellten die durch die Projektarbeit erlangten persönlichen Ebenen zu Projektmitarbeitern und Vorgesetzten als eine Bereicherung dar – mit Abstrichen, wenn es Konflikte und Animositäten gab. Positiv wurden die abendlichen Kneipengänge, die persönlichen Gespräche und die (eigenen) Flirts beschrieben. Die Frauen werteten das Arbeiten mit Männern durchaus positiv, wenn auch nicht uneingeschränkt. Einer der positiven Aspekte war für eine der Befragten, dass sie sich durch einige Projektmitarbeiter in ihren Forderungen bestätigt sah.

„Also ich fand es [die Zusammenarbeit im Projektteam, m.h.] als angenehm. Vor allem auch mit den Männern zusammenzuarbeiten. Also Männer mein ich jetzt Bestimmte aus dem aus dem Projektteam. Weil die waren irgendwie ausgleichend da drinnen. -- Einige haben uns auch irgendwie das Gefühl gegeben, dass es gut ist, dass wir uns eben unsere Rechte rausnehmen." (A/2)

Es handelte sich bei den erwähnten Männern um Mitarbeiter der Projektgruppe, die nicht der Entwicklungsgruppe zuzurechnen waren. Deren Unterstützung in den Konflikten mit der Entwicklungsgruppe wurde von mehreren Befragten als ausgleichend beschrieben. Für sie war es hilfreich, dass andere Männer die beteiligten Frauen darin bestärkten, auf ihren Rechten zu bestehen.

Im Unterschied zur Unterstützung durch Männer im gemeinsamen Arbeitszusammenhang des Projekts, wurde die An- bzw. Abwesenheit von Männern in der Frauengruppe unterschiedlich bewertet (siehe Diskussion in Kapitel 8.4.7). Einige der Antworten in diesem Zusammenhang ergaben jedoch, im Kontrast zur Zusammenarbeit mit Männern, Auskunft über die Interpretation der Befragten. Der folgende Wortwechsel entstand im Zusammenhang mit der Frage, wie eine männliche Moderation empfunden worden wäre, und gibt Hinweise auf die Vorstellung der Befragten.

I: Denkst du denn, dass das einen Unterschied gemacht hätte, wenn ihr eine männliche Moderation gehabt hättet? --

B: Wahrscheinlich wären wir dann alle über den hergefallen. [I: Wahrscheinlich wären alle über den hergefallen? beide lachen] Nein! Du das weiß ich nicht, ob das einen Unterschied gemacht hätte.

I: Aber wenn du sagst wahrscheinlich wären die dann alle über ihn hergefallen, hältst du das für so einen wichtigen Aspekt in den Gruppen?

B: Nein, nein, nein, das war jetzt einfach nur so mal daher gesagt. Ich habe mir nur jetzt einfach mal den Mann dazu vorgestellt allein unter sieben Frauen, das ist ja für den auch nicht so. Und dann, und dann drei Tage weg und so. (A4/26)

Obwohl nur so dahin gesagt, vermittelt die Textstelle den Eindruck, dass es aus Sicht der Befragten ein bemerkenswerter Aspekt der Zusammenarbeit ist. Ob innerhalb des Projekts ein Mann mit sieben Frauen arbeitet, erschien ihr vor allem daher nicht einfach, da die überregional organisierte Projektarbeit einen mehrtägigen „Ausnahmezustand" produzierte. Neben der intensiven Projektarbeit war es üblich, die abendliche „Freizeit" in Gruppen gemeinsam zu gestalten. Persönliche Gespräche und vielfältige Möglichkeiten für Flirts wurden dadurch möglich. Zwei der Interviewten sahen dies auch mit Schwierigkeiten verbunden, da es zu einer Lagerbildung der Männer um die entsprechend „angeflirteten" Frauen kommen könnte. Solche Geflechte von Sympathien und Antipathien, so eine der Befragten, können „eigentlich nur nach hinten losgehen" (A5/37). Es sei dann schwierig, auf einer neutralen Ebene zu bleiben – am besten wäre, diese Situationen zu vermeiden. Auf die Frage, ob ein Mann in der Frauengruppe eine Veränderung bewirkt hätte, überlegte sie:

„Das hab ich mich oft gefragt. Und bin nie zu einem Schluss gekommen. Weil ich weiß es halt einfach nicht. Also ich finde es, -- ich fand es sehr entspannt das Arbeiten. Ob es durch einen Mann jetzt anders geworden wäre? -- Hätte sein können. Weil ganz leicht, -- wenn ein Mann auftaucht, natürlich, der eine oder andere, was weiß ich, entweder hingezogen fühlt, oder, -- total so auf Abwehr geht. Und ich glaub, bei Frauen kannst du das anders ausbalancieren. Da ist das einfacher wegzustecken. Bei einem Mann kann das in eine ganz andere Richtung gehen. Das hätte schon, -- sag ich mal, schwieriger werden können. Aber, das ist, -- ich denk es ist im Nachhinein wirklich schwer zu sagen. Es wär auf den Typ drauf angekommen, der in die Arbeitsgruppe reingegangen wäre." (A5/37)

Die Befragte sah einen deutlichen Unterschied, wie mit persönlicher Anziehung oder Abneigung in einer Gruppe umgegangen werden kann. Käme ein Mann in eine Frauengruppe, ginge möglicherweise die Balance verloren, die zwischen den Frauen bisher bestand. Sie formulierte gleichzeitig, dass es sich hier nicht um eine Struktur handelte, die von nur Männern getragen, sondern ebenfalls von Frauen reproduziert würde.

Frauen werden im Arbeitsalltag willkommen geheißen, weil sie das Arbeitsklima positiv beeinflussen, wie dies auch von einer der Interviewten gemutmaßt wird.

„Also, ich glaube einfach, dass wir am Anfang nicht ganz ernst genommen wurden. -- So nach dem Motto, na ist doch alles ganz nett, wenn man ein paar Frauen dabei hat. [Lacht]" A5/20

In ihrer Aussage spiegelt sich die Widersprüchlichkeit, dass es zwar ganz nett sei mit ihnen, sie allerdings nicht ernst genommen wurden. Doch, so die Meinung einer weiteren Befragten, wenn Frauen ihre Meinung konsequent sagten, „dann beißen sie" (A1/28-29). Insofern befanden sich die Frauen in einem Spannungsfeld, wenn sie einerseits eine entscheidende Rolle innerhalb des Beteiligungsmodells spielen sollten und wollten, aber gleichermaßen versuchten, die Flirtebene beizubehalten.

In den Interviews der Befragten aus Projekt B fanden sich keine ähnlichen Äußerungen. Dies kann daran liegen, dass durch die zeitliche Distanz zum Projektgeschehen die Erinnerungen in den Hintergrund traten oder aber, dass dies keine Bedeutung hatte, da es nicht in dem Ausmaß zu einer engeren Zusammenarbeit oder Freizeitgestaltung bis in die Abende hinein mit beteiligten Männern kam.

Die in diesem Abschnitt beschriebenen Aspekte sind der normativ-symbolischen Dimension des Geschlechterverhältnisses zuzuordnen. Aus den zitierten Äußerungen der Frauen von Projekt A lässt sich ableiten, dass die Benutzerinnen sich der Vorstellungen und Verhaltensweisen bewusst sind, die sich im Projekt auf sexualisierten Ebenen abspielen. Einzelne Befragte beschreiben Situationen, bei denen Männer und Frauen in der jeweiligen Geschlechterrolle agieren und damit gleichermaßen eine Geschlechterhierarchie herstellen. Dies kann zu Schwierigkeiten führen, da die Frauen gleichzeitig eine dominierende Rolle im Projekt einnehmen, die der Asymmetrie einer heterosexuellen Beziehung entgegengerichtet ist. Die normativ-symbolischen Anforderungen des „Frausein" erschweren es den Frauen, sich selbst, und von anderen anerkannt, als gleichberechtigte Beteiligte in einem technisch dominierten Arbeitsfeld zu positionieren.

Über die sexualisierten Ebenen des Projektlebens hinaus werden in einigen Interviews einige konkrete Situationen sexueller Belästigung[73] thematisiert. Sie bilden gewissermaßen die „Spitze des Eisbergs" – unterhalb der Wasseroberfläche. Die Lektüre der vielfältigen Projektberichte jeglicher partizipativer Praxis legt den Schluss nahe, dass dieses Problem bisher entweder nicht bestand oder aber als eine Tabuzone (es wird nicht darüber geredet) interpretiert werden muss. Einige der befragten Frauen schilderten Erlebnisse, die als sexuelle Belästigungen gesehen und eindeutig zum Projektkontext gezählt werden müssen. Von einigen der Interviewpartnerinnen wurden Situationen beschrieben, bei denen ein Mann aus dem Projektkontext von Frauen gesetzte Grenzen überschritt, psychischen Druck ausübte bis hin zu deutlichen sexuellen Belästigungen. Ausdrücklich sei betont, dass es sich nicht um einen Entwickler handelte.

„Sexuelle Belästigung – ein offenes Geheimnis", so eine Überschrift bei Cynthia Cockburn (1993, S.157), die auch hier gelten kann. Allgemein sind sexuelle Belästigungen am Arbeitsplatz für viele Frauen ein Alltagsproblem (vgl. Holzbecher u.a. 1997). Es ist davon auszugehen, dass die meisten Fälle gar nicht bekannt oder vertuscht werden (vgl. Kall 1998).

Von den Frauen wurde vermutet, dass die sexualisierten Angriffe durch die persönliche Ebene bei der Zusammenarbeit ermöglicht wurden. Das Beteiligungsprojekt, das den Frauen ein Mitspracherecht gab und organisationsinterne Hierarchien zu nivellieren schien, verminderte nach Einschätzung der betroffenen Frauen die Distanz zu Vorgesetzten und ermöglichte dadurch die Übergriffe. Belastend für die Frauen war, dass es sich um persönliche Angriffe handelte, die gleichzeitig tabuisiert und nicht kommunizierbar waren.

Sexuelle Belästigungen können als Ausdruck von Macht betrachtet werden, Hierarchien als Ausdruck von Machtunterschieden (vgl. Cockburn 1993, S.160). Die betroffenen Frauen sind in den allermeisten Fällen in der Organisation an einer hierarchisch schlechteren Position. Sie befürchten berufliche Nachteile, wenn sie eine sexuellen Belästigung anzeigen. Hierarchie bringt zum Schweigen, lässt Widerstand zwecklos erscheinen.

Die betroffenen Frauen schwiegen nicht, sprachen sogar mit Vorgesetzten und erbaten sich Rat. Dennoch geschah nichts. Öffentlich wurde nicht über die sexuellen Belästigungen geredet. Dies hatte, den Interviews nach zu urteilen, unterschiedliche Ursachen. So war ein Argument, dass eine öffentliche Debatte das Projekt gefährdete. Ein weiteres Problem war, dass die betroffenen Frauen von ihren Kolleginnen keine Solidarität erwarteten. Eine der befragten Frauen befürchtete eher Anfeindungen oder Äußerungen, wie z.B. sie hätte selbst Schuld. Auch bezogen auf ein berufliches Fortkommen befürchteten sie Nach-

---

73 Ich benutze den Begriff „sexuelle Belästigungen" entsprechend der von mir verwendeten Literatur. Nach meinem Dafürhalten klingt dieser allerdings verharmlosend. „Sexualisierte Übergriffe" oder „sexualisierte Angriffe" wäre treffender. Vgl. dazu auch Meschkutat u.a. 1993, S.25 und Holzbecher u.a. 1997.

teile, wenn sie sich öffentlich gegen den Belästiger zur Wehr setzten. Insofern decken sich diese Einschätzungen und Befürchtungen mit den aus der Literatur bekannten Ergebnissen (vgl. Brandstedt u.a.1992).

8.3.3 „Beziehungsmuster" Entwickler – Benutzerinnen

Im Verlauf der Auswertungsarbeit fielen Äußerungen der Benutzerinnen in Projekt A auf, die an Beschreibungen „klassischer Beziehungsmuster" zwischen Frauen und Männern erinnerten. Bei Projekt B fielen keine ähnlichen Äußerungen auf, da hier die Benutzerinnen nach der Beteiligungsphase mit einzelnen Entwicklern zusammenarbeiteten.

In den vorangegangenen Kapiteln wurde bereits deutlich, dass es sich bei Projekt A, zumindest zu Anfang, um eine konflikthafte „Beziehung" handelte, die teilweise von Dominanzverhalten der Entwickler geprägt war. Welche Aspekte darüber hinaus die Benutzerinnen aus Projekt A beschrieben und welche Wege sie suchten, damit umzugehen, wird im Folgenden erläutert.

Einen Aspekt, den die Benutzerinnen an den Entwicklern kritisierten, war deren mangelndes Engagement, ihre Arbeit und ihr Arbeitsumfeld kennen zu lernen (z.B. A5/17, A1). Zwar erschien es einsichtig, dass die Entwickler ihre Arbeit nicht einschätzen konnten, es hatte aber genügend Aufforderungen gegeben, dies zu ändern. Es war über die Projektlaufzeit hinweg deutlich erkennbar, dass die Entwickler die Möglichkeiten, den Praxisbereich kennen zu lernen, nicht nutzten. Dies war immer wieder Thema in den Design-Meetings. Außer der Versicherung, dies demnächst tun zu wollen, geschah allerdings nichts. Eine der Befragten benannte dies als deutlichen Mangel.

> „Weil praktisches Arbeiten an der ‚telefonischen Kundenberatung' ein ganz anderes ist, und man sich das überhaupt nicht vorstellen kann, wenn man es nie gesehen hat. Grade für die Erstellung einer Softwareunterstützung hätte ich das schon als sehr sinnvoll empfunden. Das einfach mal anzugucken, wie WIRD denn da gearbeitet? Für, für was erstellen wir überhaupt irgendetwas? -- Und dass wir das natürlich alle wussten, ganz klar! Also wir Anwenderinnen haben ja alle da gearbeitet. Haben wir einen ganz anderen Anspruch gehabt. Und es wäre vielleicht für die Techniker dann nochmal klarer gewesen, warum wollen die das eigentlich? Also so bestimmte Sachen. Warum ist das denn wichtig, an dieser Stelle, diesen Sprung machen zu können. Oder zurückblättern zu können. Oder sich bestimmte Daten holen zu können. Oder oder. Also, das wär extrem wichtig gewesen. Aber eigentlich von Anfang an." (A5/17)

Wird dies mit den Qualifizierungen in den technischen Bereichen, die von Benutzerinnen wahrgenommen wurden, kontrastiert, zeigt sich deutlich ein Missverhältnis. Um fachspezifische Kommunikationsprobleme zu vermindern, näherten sich die Benutzerinnen der „Welt der Entwickler" an, während dies von Seiten der Entwickler nicht geschah. Die komplementäre Qualifikation für beiden Seiten fand nicht statt. Die Benutzerinnen engagierten sich, um eine Kooperation zu erleichtern, die Entwickler gingen keinen Schritt in diese Richtung.

Die Anfangssituationen wurden von den Benutzerinnen mit Formulierungen wie „niedergeschrien werden", „belächelt werden" oder „nicht ernst genommen werden" geschildert. Einige der befragten Benutzerinnen beschrieben in den Interviews ein Verständnis für Verhaltensweisen der Entwickler und erklärten diese aus ihrer Sicht. Konfrontation statt Kooperation hatte es zu Anfang gegeben, und dies war erklärlich denn:

„Dass halt die die, Männer, die jetzt Fakten haben wollten, das hinterfragt haben, was wir von uns gegeben haben. Weil das war ja in keinster Weise selbstbewusst. Noch in irgendeiner Form ja wirklich ein gefestigtes Meinungsbild. Und wenn dann halt jemand so schüchtern, so nach dem Motto, ja [Kleinmädchenstimme] wir haben da auch so ein Arbeitsergebnis, und das wollten wir jetzt mal vortragen, zitter zitter in der Stimme. Weil man ist ja furchtbar aufgeregt und das ist jetzt also unser Arbeitsergebnis. Ich mein dass die Männer dann so, whähhh hähhh da so drinnen sitzen, versteh ich eigentlich im Nachhinein." (A1/33)

Diese Benutzerin war der Meinung, dass die Haltung der Entwickler verständlich war, da sie als Gruppe nicht das nötige Selbstbewusstsein aufbrachten. Mit ihrer Erklärung lokalisierte sie das Problem auf Seiten der Benutzerinnen. Eine weitere Kollegin überlegte, dass die Entwickler ihre Arbeit nicht einschätzen konnten – ebenso wenig wie sie deren.

„Am Anfang kam erstmal die Ablehnung, weil wir früher immer das getan haben, wie das vorgegeben wurde. Und hinterher haben wir selber Forderungen gestellt. -- Dass dadurch vielleicht erstmal die Ablehnung, und warum brauchen die, zum Beispiel diese Auszeiten, warum müssen die sich da extra treffen, oder, so was. Weil die unsere Arbeit genauso wenig einschätzen konnten, wie wir denen ihre. Und daher denke ich, dass erstmal die Ablehnung kam. (B4/21)

Dem scheinen die Überlegung einer anderen Benutzerin zu widersprechen.

„Und das stimmt natürlich auch, -- dass sich einige die Arbeit mit uns leichter vorgestellt haben. Weil sie gesagt haben, o.k., da kommen Leute, die sollen uns mal ruhig sagen was sie wollen, aber so viel Ahnung letztendlich, -- von dem was dahinter steckt haben sie nicht. -- Und sie sind sicherlich leicht beeinflussbar." (B5/25)

Sie bezog sich zeitlich und inhaltlich auf die gleiche Phase wie ihre Kollegin zuvor, auf die nämlich, in der die Benutzerinnen anfingen, Forderungen zu stellen. Ebenso die folgende Interviewpartnerin:

„Und und, in der zweiten Phase waren wir eben auch unbequem weil wir eben auch sagen konnten, [klopft auf den Tisch] so und so nicht. Ja, und das war es eben. Und das kann ich mir vorstellen, war für die auch nicht grad so angenehm. Obwohl, das ja eigentlich gut ist." (B3/49)

Ihr erschien es nachvollziehbar, dass die Benutzerinnengruppe auf Grund der Veränderung zur vorherigen Arbeitsweise mit einer ablehnenden Haltung konfrontiert wurde. Etwas Unverständnis klingt dennoch an, weil es doch eigentlich gut war, dass sie ihre Position vertraten.

Ein Erklärungsmuster ist demnach, dass die Entwickler unzufrieden mit der Unsicherheit der Benutzerinnen sind, weil sie „nichts sagen" oder die Beraterinnen der Frauenbildungseinrichtung in die Diskussion eingreifen. Ein anderes Erklärungsmuster, dem vorigen widersprechend, bezieht sich auf eine spätere Phase im Projekt. Dieser Lesart zufolge kommen die Entwickler mit der starken Rolle der Benutzerinnen nicht zurecht. Trotz der Kritik an unfairen und unkooperativen Verhaltensweisen der Entwickler erarbeiten die Benutzerinnen also an anderen Stellen Erklärungen, in denen sie ihr Verständnis für diese Verhaltensweisen zeigen.

Die Zusammenarbeit verbesserte sich langsam im Verlauf des Prozesses, so die einhellige Ansicht der Benutzerinnen. Eine Erklärung dafür gab eine der Interviewpartnerinnen an. Sie beschrieb ihre Haltung bei den ersten Versuchen der Zusammenarbeit mit den Entwicklern so:

> „Ich meine, wir haben ja wirklich am Anfang versucht, dass die ganzen Herren sich uns anpassen. Unserer Art und Weise anpassen. Aber die haben sich ja wirklich, -- gewehrt mit Händen und Füßen." (A1/43)

Der zweite Versuch war ihrer Meinung nach erfolgreicher. Mit der Zeit kam sie zu dem Schluss, dass es besser war, einige der Entwickler „abends am Biertisch" zu überzeugen, damit diese sich dann am nächsten Tag für die Ziele der Benutzerinnen in den gemeinsamen Design-Meetings einsetzten. Für sie schien das eine Lösung, um den konfrontativen und wenig erfolgreichen Situationen im Design-Meeting zu entgehen.

> „Im Meeting war das immer Konfrontation pur. -- Also dann konnte man sich schon früh überlegen, Schultern hoch straffen, Brust raus, einmal tief durchatmen und dann versuchen den Tag zu überstehen. Also, im Design-Meeting. Aber abends, wenn es dann an's Eingemachte ging, wenn die Jungs dann ihre drei Bier intus hatten, und dann kam schon der eine oder andere Zuspruch, wo man, einfach auch gemerkt hat, oder auch gesagt bekommen hat, man leistet gut Arbeit. -- Und wo sie auch am Biertisch dann auch zugeben haben, dass sie es eben im Design-Meeting nicht so zugeben können. -- Wo das dann so klar war, dass das eben der Weg ist, und wo mir dann auch klar wurde, -- man kann das eine zwar fordern und verlangen für sich, aber ob man es kriegt ist so die andere Frage. Warum nicht dann der Weg gehen, zu sagen, -- man setzt sich abends mit denen auf ein Bier zusammen, bespricht dann mit denen das abends was man will, in der Hoffnung er trägt's dann für einen am nächsten Tag in die Design-Runde rein. [Lacht] Weil das war im Endeffekt doch der bessere Weg." (A1/41,42)

Innerhalb der Design-Meetings erfuhren die Benutzerinnen keine Anerkennung ihrer Leistungen, dagegen am Biertisch schon – wo die konfrontative Situation durch persönliche Gespräche scheinbar aufgelöst wurde. Die befragte Frau überlegte strategisch. Wenn es über Forderungen und Anweisungen, die auch durch das Projektmanagement gestützt wurde, für die Benutzerinnen nicht möglich war, sich Gehör zu verschaffen, es aber andererseits möglich war, über eine Taktik im Hintergrund die Entwickler zu bearbeiten, ihre Ziele durchzusetzen, dann war legitim und richtig, diese Taktik zu verfolgen. Aus ihrer Sicht stellte sich das Ganze wie ein Spiel dar. Ihre Frage war, wie können die Ziele erreicht werden. Dabei ging es nicht um den Weg, sondern allein um das erfolgreiche Erreichen des Ziels.

Als ein entscheidender Mangel dieser Taktik sei hier angeführt, dass Entscheidungsstrukturen verschleiert und Transparenz vermindert werden. Im Projektkontext konnte sie meist nur von einzelnen Frauen verfolgt und durchgeführt werden. Die Taktik ist abhängig von Sympathien, von Charme, von Verhandlungsgeschick – und erkennt nach außen hin die Hierarchie und die asymmetrische Struktur letztlich an. Sie basiert auf dem Geschlechterverhältnis, wenn –

wie eine Frau einmal bemerkte – doch besser mit den „Waffen der Frau" für die Ziele gekämpft werden soll. Es muss hier relativierend angemerkt werden, dass sie die einzige Beteiligte war, die diese Strategie in einem Interview erläuterte. Ihre Beschreibung trifft nicht für den Projektverlauf als solchen zu, sondern weist viel mehr darauf hin, wie schwierig die Kommunikation war und mit welchen Handlungen sie darauf reagierte.

Die Benutzerinnen erhalten und übernehmen in dem Beteiligungsverfahren eine Rolle, in der sie sich weder formal unterordnen müssen noch dies in der täglichen Auseinandersetzung tun. Die Frauen haben eine entscheidende und bestimmende Rolle. Damit enthält das Beteiligungsmodell einen strukturellen Aspekt, der aus hierarchischer Sicht der Geschlechterhierarchie entgegengesetzt verläuft. Hier scheinen die Entwickler in eine Dynamik einzutreten, um die bisher vorherrschende Hierarchie zu erhalten. Die Benutzerinnen behaupten ihre neu gewonnene Position. Auf der normativ-symbolischen Dimension erinnern die von den Frauen beschriebenen Handlungsmuster an stereotype Verhaltensmuster zwischen Frauen und Männern. Während die Frauen in den Interviews Verständnis für aus ihrer Sicht unakzeptable Verhaltensweisen zeigen oder sich in die „Welt der Entwickler" einarbeiten, wird für die Benutzerinnen kein „Auf-sie-zukommen" von Seiten der Entwickler erkennbar. Eine Frau nutzt diese Ebene, in dem sie sich in einer Rolle als Verständnisvolle und im Hintergrund Agierende einrichtet, um ihre Ziele zu erreichen. Auch im Zusammenhang mit der bisherigen Auswertung zu anderen Fragen wird deutlich, dass sich die Frauen keineswegs fügen. Um ihre Position zu erhalten, müssen sie sich allerdings engagierter als die Männer gegen Widerstände behaupten, auch gegen ihre eigenen Widersprüche.

8.3.4 Spannungsfeld „Technik und Geschlecht"

In den letzten drei Abschnitten wurden unterschwellige, tabuisierte oder unsichtbare Bedingungen beschrieben, die im Vorfeld und innerhalb der Projekte nicht berücksichtigt oder nicht offen thematisiert wurden. Es gab keine „offizielle" Berücksichtigung von Ausprägungen der Geschlechterhierarchie. Anders stellte sich dies beim Thema „Technik und Geschlecht" dar. Frauengruppen bei Qualifizierung und Anforderungsermittlung einzurichten, geht auf die langjährige Diskussion zu „Frauen und Technik" zurück, die auch bei den jeweiligen Projektleitern angekommen zu sein schien. Die Projektleitung von A entschied sich unter anderem auf Grund der „zufällig" entstandenen Frauengruppe für ein Frauenbildungsprojekt als Moderations- und Qualifikationsteam. Auch der Projektleiter von Projekt B bezog sich explizit auf das Verhältnis „Geschlecht und Technik", um die Auswahl der Frauenbildungseinrichtung zu begründen.

Es stellt sich die Frage, wie sich das Verhältnis „Technik und Geschlecht" aus Sicht der Frauen zeigte. Die Bearbeitung dieser Frage ist von Bedeutung für die Beurteilung, ob auch die Benutzerinnen die Notwendigkeit des Einrichtens der Frauengruppen sahen.

Hinweise können Aussagen geben, in denen die Benutzerinnen sich selbst Kompetenzen oder Inkompetenzen bezogen auf Technik oder Technikdistanz zuschrieben. Zwar zeigten Interviewpassagen, wie schon im Abschnitt 8.1.2 erläutert, dass sich einige der Benutzerinnen aus Projekt A eine Unkenntnis der technischen Systeme zu Anfang des Projekts bescheinigten, diese sich aber, auch aus ihrer Sicht, im Verlauf des Projekts nivellierten. Die Aussagen der Benutzerinnen variierten über verschiedene Technikhaltungen, die von Unkenntnis („Buch mit sieben Siegeln", A3/22) über Desinteresse (A1/1; A4) über Interesse (A2, A5) bis zu einer gewissen Technikbegeisterung (A6) reichten. Grundsätzliche Aussagen dazu, dass Frauen allgemein eine Technikinkompetenz zugeschrieben wird, sind nicht zu finden.

Eine Benutzerin von Projekt A bezog im Interview die Position, dass nach ihrem Dafürhalten das Verhältnis „Frauen – Technik – Männer" künstlich durch die Beraterinnen aufgebaut worden war. Bezogen auf die Gruppe insgesamt war es zwar nicht verkehrt, da auch sie wahrgenommen habe, dass das Thema für ihre Kolleginnen durchaus ein Problem darstellte. Für sie war das aber nicht nachvollziehbar (A6/34-38).

„Eben gerade drum, weil ich eben auf dem Standpunkt stehe, zum Beispiel dass es, dass es für mich kein Widerspruch ist, Frauen und Technik. [..] Für mich ist das, ganz normal dass es Frauen gibt, die sagen, Technik interessiert mich nicht, will ich nicht. Gibt es aber auch genug Männer die das sagen. Das ist ja nicht das Problem. Und ein Mann der als Koch, in einem Sternerestaurant kocht, der kann auch keinen Videorekorder auseinander nehmen. Der hat von Technik im Zweifelsfall keine Ahnung. -- Ich sag mal, bei Autos, brauch heut eh kein Mann mehr Ahnung haben, weil in die Autos kann man eh nicht mehr reinblicken. Also für mich ist das inhaltlich kein Widerspruch, und insofern sind für mich solche permanenten Diskussionen darüber ziemlich dumm." (A6/36)

Aus ihrer Sicht nahm sie selbst eine Außenseiterinnenrolle in der Gruppe ein, da sie einen technischen Beruf – mit einem ausgeglichenen Verhältnis von Frauen und Männern – erlernt hatte. Sie mutmaßte, dass die Unterschiede auch mit ihrer Sozialisation in der ehemaligen DDR zusammenhängen könnten (A6/33). Aus den Interviews mit ihren Kolleginnen ist allerdings im Gegensatz zu ihrer Einschätzung nicht abzulesen, dass diese einen inhaltlichen Widerspruch zwischen „Frauen und Technik" sahen. Viel eher sind ihre Aussagen im Zusammenhang damit zu sehen, dass sie auf Grund ihrer Unsicherheit und Unerfahrenheit mit technischen Systemen zu Anfang mit der Fremdzuschreibung durch die Entwickler bezogen auf „Frauen und Technik" reagierten, die sie teils an Beispielen beschrieben, teils aber auch nur befürchteten. So berichtete eine Benutzerin aus Projekt A:

„Sie meinen wahrscheinlich ein besseres technisches Verständnis zu haben als wir Frauen. Also die fühlen sich den Frauen ein bisschen mehr überlegen." (A4/28)

Dass es sich hier nicht nur um eine Problematik zwischen Entwicklern und Benutzerinnen handelt, sondern ebenfalls um Einstellungen innerhalb der Organisation, zeigt das Zitat eines Projektleiters von A.

„Und grade den Frauen hatte man ja immer vorgeworfen, sie könnten mit Technik nicht umgehen. Sie haben keine Ahnung von der ganzen Materie, und die sind insbesondere viel zu blöd, zu entwickeln. Die sollen, ja nur vor dem Computer sitzen und ja, telefonieren und was verkaufen." (Bp2/20)

Eine weitere Befragte bemängelte eine Technikbegeisterung von Männern, die dann dazu führte, keine verständlichen Erklärungen mehr geben zu können.

> „Grad was technische Sachen anbetrifft. Also Männer sind da, ziemlich brutal. Die verlieben sich in diese Geschichte und fachsimpeln, aber gehen gar nicht auf den Menschen ein, denen sie das irgendwo übermitteln sollen." (B3/45)

Alle Interviewpartnerinnen aus Projekt B formulierten, dass das Thema „Frau und Technik" für sie kein Problem darstellte. Zwar erlebten sie während der Projektarbeit in gemischtgeschlechtlich besetzten Gremien „angeblich allwissende Technikmänner", so eine der Befragten, für die Anforderungsermittlungsgruppe spielte es nach ihrer Ansicht nur eine geringe Rolle (B3/37). Auch bei diesen Interviews lassen sich Aussagen finden, in denen die Benutzerinnen über ihre Befürchtungen oder Erlebnisse mit „Männern und Technik" berichteten. Eine Befragte aus Projekt B vertrat die Einschätzung, dass sich Männer im Technikbereich „gerne als Gurus" ausgeben würden.

> „Kennst ja meinen Arbeitsplatz, der ist ja nun sehr offen und es passiert mir immer wieder, dass dann also Leute anfangen mir was vom Pferd zu erzählen. Und dann am liebsten mit dem Finger über der Schulter [lacht], also so musst du das machen." (B1/11,12)

Sie aber könnte sich gegen männliche Besserwisserei abgrenzen und es machte ihr Spaß, diese „auflaufen zu lassen" (B1/12). Dass es in ihrer Organisation immer noch Männer gab, die bei „Frau und Technik" sagten, das passt nicht zusammen (B3/37), formulierte eine ihrer Kolleginnen. Diese Haltung müsste ihrer Ansicht nach eigentlich mittlerweile revidiert sein, da die Verwaltungsangestellten den Computer besser beherrschten als viele ihrer männlichen Vorgesetzten (B3/33). Selbst ihre Vorgesetzten holten sich bei ihr Rat (B3/34), wenn sie ein Problem mit dem Computer hätten.

Die geschilderte, erfahrene oder befürchtete, Geringschätzung von Männern, z.B. der Entwickler, kann sich auf die Verhaltensweisen der Benutzerinnen in den Kommunikationssituationen auswirken. Einige der Benutzerinnen formulierten, dass sie Angst hatten, „dumme Fragen" zu stellen (A2/45), (A1/27). Eine weitere berichtete von ihrer Art zu reagieren:

> „Also für mich war das so, dass ich immer gedacht habe, das ist ja wieder typisch Mann. Ja? Sobald irgendwie so ein Begriff auftaucht, fangen die an zu lächeln. [Lacht leise] Also das ist eher etwas, was in mir, -- eine Abwehr oder eine Aggression irgendwo erzeugt. Weil ich mir immer denke, über was zu lächeln, was jemand überhaupt nicht versteht, find ich ziemlich albern und dämlich. Also das hat mich nicht irgendwie nach hinten geworfen, sondern -- eher mehr so, jetzt erst recht!" (B5/25)

Ein ähnliche Selbsteinschätzung hatte eine Benutzerin von Projekt B, die es sich nicht gefallen lassen würde, wenn ein Mann sich in einer Gruppe dominierend verhielte.

Diese beschriebenen Handlungsmuster werden aus Sicht der Befragten individualisiert gesehen. Das ist z.B. an den häufig geäußerten Einschätzung „das kommt auf den Mann an" oder hinsichtlich der eigenen Reaktion „sich nicht unterkriegen zu lassen" zu erkennen. Auffallend ist, dass die Befragten die Handlungsmuster auf der Ebene individuellen Verhaltens erklären und keine weiteren Zusammenhänge herstellen.

Allgemein sind Zuschreibungen, die in Bezug auf „Technik und Geschlecht" vorgenommen werden, in der normativ-symbolischen Dimension anzusiedeln. Auffallend bei den Aussagen der Benutzerinnen ist, dass sie weniger ein Spannungsfeld „Frauen und Technik" thematisieren. Vielmehr können die Aussagen dahingehend zugespitzt werden, dass es sich eher um das Verhältnis „Männer und Technik" bzw. „Männer und Frauen" handelt. Alle außer der Kollegin aus der ehemaligen DDR beschreiben Situationen oder Befürchtungen, in denen Männer sich selbst eher überschätzen und dabei Frauen unterschätzen, wenn es um Technik geht. Die landläufige Ansicht zu „Frauen und Technik" ist nach wie vor, dass dies nicht zusammen passt. Aus Sicht der Benutzerinnen scheinen sich Männer bezogen auf technische Fragen Frauen überlegen zu fühlen. Die meisten der Befragten wollen nicht auf alle Männer verallgemeinern, sondern betonen, dass „es auf den Mann ankomme". Dagegen ist die Grundhaltung der Kollegin aus der ehemaligen DDR, dass es zwischen Männern und Frauen bei ihrem Verhältnis zu Technik keinen Unterschied gibt.[74]

8.3.5 Projekthierarchien und organisationsinterne Hierarchien

In diesem Abschnitt werden Rahmenbedingungen der Projekte beschrieben, die vordergründig lediglich an einer, allerdings bedeutsamen, Stelle den Bezug zur Geschlechterhierarchie aufweisen. In beiden Unternehmen waren die beteiligten Benutzerinnen an den unteren Rängen der organisationsinternen Hierarchieleiter beschäftigt, was als eine strukturelle Konstante der hiesigen Erwerbsstruktur gelten muss. Erwerbstätige Frauen befinden sich überwiegend in Frauendomänen. Sie zeichnen sich durch geringen Status, geringe Aufstiegsmöglichkeiten, geringe Bezahlung und häufig auch geringe Entscheidungsspielräume aus.

Durch die jeweiligen Beteiligungsverfahren wurde den beteiligten Benutzerinnen für einen abgegrenzten Zeitraum und in einem festgelegten Rahmen Entscheidungsmacht gegeben. Innerhalb des Beteiligungsmodells hatten sie formal einen wichtigen Status, im Gegensatz zum Status ihrer täglichen Arbeit. Mit dem Fokus auf das hierarchische Gefüge innerhalb der beiden Beteiligungsverfahren stellt sich die Frage, ob bzw. wie die beiden „hierarchischen Systeme" – Projekthierarchie und organisationsinterne Hierarchie – in der Projektarbeit zusammenwirkten. Die jeweiligen Projektkontexte zeigen hier gravierende Unterscheide. Daher werden die beiden Projekte nacheinander und, zum besseren Verständnis, die groben hierarchischen Zusammenhänge anhand der Weisungsbefugnis jeweils zu Beginn der Ausführungen schematisch dargestellt.

Für Projekt A stellte sich die Situation der Benutzerinnen wie folgt dar (Abbildung 11). In der üblichen innerbetrieblichen Hierarchie waren die Benutzerinnen ihren Vorgesetzten vor Ort unterstellt, diese wiederum den Leitern der

---

74 Die Unterschiede in der Wahrnehmung zwischen den Befragten aus der alten BRD und der Kollegin aus der ehemaligen DDR, ob „Geschlecht und Technik" überhaupt eine Fragestellung sein kann, ist ein Hinweis auf die Variationsmöglichkeiten des Geschlechterverhältnisses.

bundesweit agierenden Abteilung (fein-gestrichelte Pfeile). Innerhalb des Projektkontextes war die Projektleitung den Benutzerinnen weisungsbefugt (durchgezogene schwarze Pfeile). Diese wiederum war durch die zentrale, auftraggebende Abteilung angewiesen, das Projekt durchzuführen. Durch die Projektkonstellation entstand zusätzlich eine hierarchische Beziehung direkt zwischen den Leitern der auftraggebenden Abteilung und den Benutzerinnen (grobgestrichelte Pfeile).

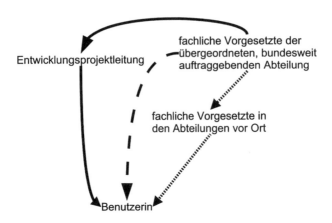

Abbildung 11: Weisungsbefugnisse - Projekt A

Diese Konstellation führte zu einigen Komplikationen für die Benutzerinnen im Projektverlauf. Sie fühlten sich zwar allesamt durch die Projektleitung sehr gut unterstützt, die ihnen innerhalb der Projektorganisation weisungsbefugt war (A1/33; A2/31; A3/78,79, A4/31; A5/23; A6/8).[75] Die Projektleitung war innovativ (A1/11), hatte voll hinter ihnen gestanden (A2/31; A3/78), sie ernst genommen und ihre Leistungen anerkannt (A2/31; A4/30). Positiv beeindruckt hatten die beiden Projektleiter durch ihren Führungsstil.

> „Also, die beiden sind so, ich hab sie nicht so als die Chefs schlechthin oder so gesehen. Also es war jetzt nicht so so ein abgehobenes Dings, dass du denkst, was die sagen, -- ist Fakt. Das fand ich, das fand ich ganz gut." (A5/41)

Dass hier ein eher kooperatives Verhältnis vorlag, war bereits zu erkennen, als die Projektleitung Vorschläge der Benutzerinnen bei der Konzeption des Beteiligungsmodells berücksichtigte. Auch während des Beteiligungsprozesses waren die beiden Projektleiter nicht bestimmend, sondern hatten eher eine Rich-

---

75 Kritik wurde an einzelnen Stelle geäußert. So hätte die Projektleitung bei der Entwicklungsgruppe härter durchgreifen sollen, um deren Alleingänge zu unterbinden (A1/31; A6/9,10).

tung vorgegeben (A5/41). Die anstehenden Aufgaben konnten eigenständig bearbeitet werden (A6/59).

Beispielhaft für die in diesem Verhältnis möglichen Kommunikationssituationen kann eine Episode gesehen werden, bei der eine ursprüngliche Entscheidung der Projektleitung durch Einwände der Benutzerinnen in ihrem Interesse verändert wurde. Um das Beteiligungsprojekt bei der Unternehmensleitung bekannt zu machen, wurde eine Präsentation geplant. Entsprechend der ersten Planung sollten Personen aus der Entwicklungsgruppe die Präsentation übernehmen. Nach einer Diskussion innerhalb der Benutzerinnengruppe kamen die Frauen zu dem Schluss, dass sie selbst diese Präsentation maßgeblich mitgestalten und durchführen wollten.

„Ich mein, die [die Projektleitung, m.h.] waren am Anfang schon damit einverstanden! Erst wie wir uns dann gewehrt haben eigentlich. Dass wir dann gesagt haben, nee, das möchten WIR machen! Das ist unsere Arbeit. -- Ich mein schon. Und dann, haben sie gesagt, dann ist es o.k. Also es war nicht so, dass jetzt die Projektleitung gesagt hat: Nee Nee, das machen die. Die haben sich aber auch nichts dabei gedacht! Im ersten Moment. [..] Und dann waren sie aber auch der Meinung, dass es dann o.k. ist, wenn wir das machen. -- Und haben sich da auch hinter uns gestellt." (A2/27,28)

Obwohl bereits eine Planung bestand, konnten die Benutzerinnen die Projektleiter ansprechen und ihr Interesse einbringen. Mit diesen beiden Personen hätte es kein hierarchisches Verhältnis gegeben, so diese Benutzerin (A2/41). Eine ihrer Kolleginnen formulierte vorsichtiger, dass das Verhältnis nicht streng hierarchisch gewesen war (A5/23). Eine weitere Kollegin betonte, sie hätte an vielen Stellen keine Hierarchie empfunden, formal hätte sie natürlich bestanden (A6/59).

Die Situation in den Abteilungen der jeweiligen Benutzerinnen war sehr unterschiedlich. Einige beschrieben, dass sie durch ihre jeweiligen direkten Vorgesetzen, zumindest anfangs, gut unterstützt wurden (A3/16; A2/9; A4/5). Eine der Frauen äußerte, dass „auf Grund vernünftiger Chefs einfach mal ein ganz anständiges Arbeiten" möglich war (A6/11). Dass dies nicht bei allen so war, lag zum Teil daran, dass die direkten Vorgesetzten sich nur dafür interessierten, was die Frauen in deren „hauseigenem" Bereich leisteten (A2/38). Eine der Befragten formulierte dies so:

„Ein Vorgesetzter, der hat einfach damit ein Problem. Generell hat er damit ein Problem, wenn er nicht unbedingt weiß, was der andere macht. -- Und er das nicht mehr überblickt, obwohl er eigentlich, der Chef ist." (A6/8)

Durch die auftraggebende Abteilung wurde, wie bereits beschrieben, eine 100%ige Freistellung der Benutzerinnen von ihren tägliche Arbeitsaufgaben für die Projektlaufzeit verfügt. Da allerdings nicht überall eine Stellenkompensation vorgesehen war, sondern teilweise die Kosten auf anderem Wege ausgeglichen wurden (A2/10), führte dies in manchen Abteilungen zu Personalengpässen und damit zu Unmut. Neben der Erklärung einzelner Benutzerinnen, die die geringe Anerkennung ihres Engagements durch ihre direkten Vorgesetzten auf mangelndes Interesse an dem Projekt und auf Kontrollverluste zurückführten, mag dies ebenfalls ein Grund für Konfliktfälle gewesen sein.

Diese tradierte Prägung, sowohl der Benutzerinnen als auch der übergeordneten Managementebenen, dass die Beschäftigten in hierarchisch untergeordneten Positionen vorwiegend nach Direktiven ihrer fachlichen Vorgesetzten handeln sollten, beeinflusste auch die Projektsituation. Zwar waren die beteiligten Benutzerinnen aus der eigentlichen Organisationshierarchie herausgelöst und mit einer verantwortungsvollen Aufgabe betraut, die eigenständiges Arbeiten erforderte, aber in konkreten Situationen verharrten die fachlichen Vorgesetzten aus der auftraggebenden Abteilung in ihrer gewohnten hierarchischen Struktur. Einige der Benutzerinnen beschrieben dies als kontraproduktiv. Angesprochen wurden vor allem drei Aspekte, die im Folgenden ausführlich beschrieben werden: zum einen die Kritik an der Personalentscheidung, einen fachlichen Vorgesetzten in die Projektgruppe zu entsenden, der nicht das Vertrauen der Benutzerinnen genoss; zum zweiten die mangelnde Kenntnis sämtlicher Vorgesetzter von der eigentlichen Arbeit der Benutzerinnen; zum dritten Aspekte der hierarchischen Kommunikationsituation zwischen den Benutzerinnen und verschiedenen Vorgesetzten in der Projektgruppe.

Heftig kritisiert wurde die Personalentscheidung, welche Person des mittleren Managements in das Beteiligungsverfahren eingesetzt wurde (A1/44; A2/18,19; A5/41,46). Die Frauen hielten den Vorgesetzen sowohl fachlich als auch von seiner sozialen Kompetenz her für nicht geeignet. Nach Einschätzung einiger Benutzerinnen hatte er wenig Kenntnis von ihrem Arbeiten, war aber der Meinung, darüber entscheiden zu können. So formulierte eine der Benutzerinnen:

> „Und da fragst dich dann schon, was macht der da, der vom Projekt, von der Materie überhaupt keine Ahnung hat. -- und dann kommen solche Sachen dabei raus. Dass er uns vordiktiert, wie wir arbeiten müssen." (A2/19)

Er wurde negativ und dominant empfunden und ließ keine andere Meinung zu, so eine weitere Kollegin (A5/41). Eine andere Kollegin schilderte folgende Situation bei einem Arbeitsgruppentreffen:

> „Sagt er, neben mich will er sich nicht setzen. Warum nicht? Ich würde beißen. -- Und, -- wenn man sich das vorstellt, eine Frau wird bezeichnet, sie beißt, weil sie ihre Meinung sagt, und die hauen sich ja in diesen Runden ja teilweise dermaßen den Kopf ein. Und wenn wir mal unsere Meinung sagen, und die auch konsequent sagen, dann beißen wir." (A1/28,29)

Aus ihrer Sicht wurde ihre engagierte inhaltliche Arbeit nicht gewürdigt und es wurde signalisiert, dass sie sich weniger einsetzen soll. Sie stellte dies in den Zusammenhang, dass von ihnen als Frauen eine engagierte, selbständige Arbeitshaltung nicht erwartet wurde, vielleicht sogar nicht erwünscht war. Eine ähnliche Einschätzung äußerte ihre Kollegin, die mutmaßte, dass banale Entscheidungen vielleicht akzeptiert waren, Konzeptionsarbeit der Benutzerinnen jedoch nicht.

> „Und deswegen kann ich mir schon vorstellen, dass -- einige da ein Problem hatten, dass unsere Gruppe ja an sich stärker wurde. Nicht nur vom Auftreten her, sondern auch eben, stärker durch durch Hintergrundwissen und dadurch auch Möglichkeiten überhaupt auch mit in diesem Prozess auch mitzureden. Also, dass das schon für einige Leute nicht sehr angenehm war. Und da seh ich in erster Linie schon, die Fachseite. [..] Ich könnte ich mir

schon vorstellen, dass man sich das eben leichter vorgestellt hat. -- Dass man gesagt hat, o.k., wir erklären das denen, und die nicken an bestimmten Stellen und können auch sagen, ob das rot oder grün sein soll." (A6/26,27)

Da sich die Benutzerinnen durchaus in der Verantwortung sahen, sowohl in ihrem und dem Interesse ihrer Kolleginnen als auch im betrieblichen Interesse, bei der Anforderungsermittlung zu agieren, empfanden sie die Haltung des fachlichen Vorgesetzten im Beteiligungsverfahren als blockierend. Diese Einschätzungen waren verknüpft mit Handlungen des konkreten Vorgesetzten. Aus der Sicht der Benutzerinnen gab es allerdings weitere widersprüchliche Haltungen der auftraggebenden Abteilung. Bestimmte Entscheidungen der auftraggebenden Abteilung waren für die Benutzerinnen nicht nachvollziehbar. So wurde auf der einen Seite formuliert, dass die zu entwickelnde Software betrieblich äußerst wichtig wäre und das Projekt eine hohe Priorität hätte. Andererseits wurden Projektgelder nicht freigegeben, wodurch die Fortführung zeitweise gefährdet schien. Dieses „Hin und Her" führte zu Verunsicherungen oder Demotivation.

„Dann das andere ist, man verliert das Ziel ein bisschen aus den Augen, weil man sagt, warum soll ich mich da jetzt so reinackern – und morgen bläst der Wind wieder ganz anders. Was soll denn das? Man wird verarscht. Das Gefühl, dass man ein wenig verarscht wird, hat man auch gehabt!" (A2/18)

Auch aus den Äußerungen einer ihrer Kolleginnen ist abzulesen, dass sie so manches Mal an der Rationalität der Entscheidungen ihrer fachlichen Vorgesetzten zweifelte, wenn Projekte oder Schulungskonzepte entwickelt wurden und dann „sowieso alles niedergeschmettert" wurde (A3/65). An einer anderen Stelle des Interviews formulierte sie resignierend:

„Brauchen wir ja nicht, ach was! Brauchen ganz andere Leute. Ich kann das immer nicht verstehen, du. -- Begreifst du das? -- Das ist für mich irgendwie nicht nachvollziehbar." (A3/27)

Was die Benutzerinnen für ihre Arbeit und für das Unternehmen als wichtig ansahen, wofür sie sich engagierten, erschien ihnen durch die Handlungen und Entscheidungen ihrer Vorgesetzten ad absurdum geführt. Wichtige Aspekte dieses problematischen Verhältnisses waren die aus Sicht der Benutzerinnen mangelnde Kenntnis der Vorgesetzten von ihrer Arbeit sowie die missachtenden Handlungsweisen. Diese entsprachen zwar ihren bisherigen Erfahrungen im Unternehmen, nicht aber der Intention und dem Ziel des Beteiligungsverfahrens und der darin anderen Rolle der Benutzerinnen.

Durchaus in diesem Zusammenhang zu sehen sind konflikthafte Kommunikationssituationen zwischen den Benutzerinnen und dem fachlichen Vorgesetzten, die eine der Benutzerinnen ausführlich schilderte. Nach einigen anfänglichen Konfliktsituationen zwischen den Benutzerinnen und den Entwicklern schaltete sich der Vorgesetzte aus der auftraggebenden Abteilung ein. Er schlug ein klärendes Gespräch zwischen den Benutzerinnen und ihm vor, bei dem die Beraterinnen und die Projektleitung ausdrücklich nicht anwesend sein sollten.

Die Benutzerin beschrieb, dass er ihnen vermittelte, dass an dem Gespräch lediglich er und die Benutzerinnengruppe teilnehmen sollte.

„Und dann sind wir in dem Raum drinnen gehockt, dann war nicht nur er drin, dann war der Leiter Entwicklung mit dabei, die ganzen IV-Leute waren mit dabei. Das war also ein großer Pulk!" (A2/19)

Neben der Tatsache, dass sich die Benutzerin in dieser Situation überfahren fühlte, bedauerte sie, dass „keine den Mund aufgemacht" hatte.

„Also in der Situation, da kann ich mich ganz besonders noch daran erinnern. -- Da hat nämlich wie immer keiner den Mund aufgemacht. -- das war auch so ein Thema, wenn es darauf angekommen ist, den Mund aufzumachen, [leiser] dann hat jeder den Mund gehalten. -- Das war so ein Moment. -- Da hat niemand was gesagt." (A2/20)

Hatten die Benutzerinnen also gehofft, ein Gespräch führen zu können, um ihre Sicht der Dinge dem Vorgesetzten zu vermitteln, schuf dieser ohne Rücksprache oder vorherige Ankündigung eine für sie problematische Situation. Sie befanden sich in einem bereits schwierigen Verhältnis zu ihrem Vorgesetzten, das hierarchisch und gleichzeitig ohne Vertrauen war. Schon dies alleine hätte die Kommunikation erschwert. Verdeutlicht wurde ihnen ihre untergeordnete Position, da sie nicht informiert wurden, wer an dem Gespräch noch teilnehmen würde. Hinzugezogen hatte der Vorgesetzte nicht etwa Personen ihres Vertrauens, sondern ihre Kontrahenten. In dieser Situation fiel es den Benutzerinnen schwer, ihre Position zu vertreten. Die zitierte Benutzerin formulierte an anderer Stelle knapp und deutlich:

„Da denk ich schon, die haben einen die Hierarchie spüren lassen." (A2/41)

Wird nun die Einbindung der Benutzerinnen von Projekt A in die zwei Organisationsformen, betriebliche und projektinterne, betrachtet, können die Konflikte statt in einer situationsgebundenen und individuellen Dimension in einer strukturellen analysiert werden. Das Beteiligungsmodell löst die Benutzerinnen einerseits aus dem hierarchischen Gefüge der betrieblichen Organisation heraus, andererseits wirken die festgefahrenen Strukturen, personifiziert in einigen fachlichen Vorgesetzten, weiter. Selbständige Arbeitsweise, verantwortungsvolle und konzeptionelle Arbeit ist gefordert und wird gleichzeitig torpediert, indem bestimmte Maßnahmen, z.B. erforderlichen Qualifizierungen, angezweifelt werden. Das Zitat eines der Projektleiter untermauert diesen Eindruck.

„Dadurch dass Leute, die in der Hierarchie weiter unten stehen, einfach jetzt an eine Stelle kommen, wo sie ganz einfach Entscheidungen treffen, die bisher Leute, die in der Hierarchie viel weiter oben sitzen, getroffen haben - als Anweisungen herausgegeben haben - dass dadurch einfach ein Machtverlust befürchtet wird. Und dass man deshalb sagt: Beteiligungsmodell ist ganz gut, dann kann das so gestaltet werden, wie der Anwender das braucht. Das erhöht die Effizienz am Arbeitsplatz. Ja, das wird zwar dann gesagt, aber es wird sehr stark geguckt da drauf, wie man seine Machtposition trotzdem halten kann." (Ap1/47)

Die auftraggebende Abteilung agiert sowohl durch das Einfrieren der finanziellen Mittel als auch direkt über die betriebliche Hierarchie von Vorgesetzten zu Untergebenen. Da diese Situationen zusätzlich davon beeinflusst ist, dass es zwischen der Projektleitung und den fachlichen Vorgesetzten der auftraggebenden Abteilung zeitweilig wenig Einvernehmen über Projektverlauf und Verteilung der Entscheidungskompetenzen gibt, geraten die Benutzerinnen zwischen diese „Fronten". Die Logiken der jeweiligen Organisationsformen widersprechen sich, in beiden müssen sie sich jedoch bewegen.

Für Projekt B ergab sich bezogen auf die Weisungsbefugnis und die Entscheidungskompetenzen ein Bild, in dem die hierarchischen Beziehungen eher „harmonisieren" (Abbildung 12). Der fachliche Vorgesetzte der Benutzerinnen war gleichzeitig Promotor des Beteiligungsprojekts (schwarzer, durchgezogener Pfeil). Die Benutzerinnen unterstanden innerbetrieblich direkt der Leiterin oder dem Leiter ihres Bildungszentrums, die ihrerseits wiederum dem fachlichen Vorgesetzten in der bundesweit agierenden Zentrale unterstanden (gestrichelte Pfeile).

Abbildung 12: Weisungsbefugnisse – Projekt B

In diesem hierarchischen Gefüge entwickelte sich für die Benutzerinnen aus Projekt B ein insgesamt harmonischer Projektverlauf. Obwohl auch ihre Position in der Projektorganisation ihrer Position in der Organisationshierarchie entgegengesetzt war, ergaben sich daraus für sie keine Schwierigkeiten. Die Leiter und Leiterinnen der Bildungseinrichtungen hatten die Entscheidung über die Software an die Benutzerinnen abgegeben, so eine der Benutzerinnen (B1/13). Eine ihrer Kolleginnen formulierte ihren Eindruck, dass die Leiterinnen und Leiter froh waren, dass sie sich nicht in die Materie hineindenken mussten und die Benutzerinnen dies Aufgabe verantwortlich übernahmen (B2/23). Auch die dritte Kollegin stellte fest, dass ihre Vorgesetzten sich rausgehalten hatten (B3/10). In gewisser Weise konnten sich die Benutzerinnen in einem Vakuum positionieren, das durch das mangelnde Engagement ihrer Vorgesetzten entstand. Hier wäre auch der umgekehrte Fall denkbar, dies lässt sich an den Äußerungen einer der Benutzerinnen ablesen.

„Wenn einer das Gefühl hat, die machen da jetzt was, was eigentlich ich entscheiden müsste, dann wird das sicherlich Konflikte geben. Das hat es hier nicht gegeben. -- Aber ich könnte mir schon vorstellen, dass manche damit nicht umgehen können." (B3/20,21)

Dass es trotz der weitestgehenden Zurückhaltung von der Leitungsebene Signale gab, die eine Befragte als herablassend empfand, machen die folgenden Schilderungen deutlich.

„Ich habe halt immer diese Geschichte im Ohr mit dieser Projektlenkungsgruppe. Diese klugen Männer, die da alle da saßen und wir *Anwenderinnen [betont]* saßen ja nun auch noch dabei, oh Gott, oh Gott. Und diese klugen Sprüche die dann diese VAs immer von sich geben. Also da ist mir das auch bewusst geworden, wie viel einfacher das ist in dieser Frauengruppe zu sitzen. [..] Und wir waren in dieser Projektlenkungsgruppe als Vertreterinnen der Anwenderinnen. Und da war es schon so, vielleicht auch durch unsere Position, aber auch weil wir Frauen waren, dass da ganz anders mit uns umgegangen wurde." (B2/21)

„Ja, da war da so eine Geschichte, dass eine von uns irgendwas sagte oder irgend einen Anspruch äußerte oder eine Anforderung formulierte und sich dann irgendeiner von den hohen Herren so weg drehte, so nach dem Motto, ach diese VAs, was die auch immer zusammensabbeln." (B2/22)

Die in dem Zitat verwendete Abkürzung „VA" benutzte sie sehr bewusst und erläuterte im Anschluss, dass sie es als Diskriminierung empfand. Denn die Bezeichnungen der anderen Positionen wurden nicht abgekürzt.

„Aber alle sagen VAs, weil die Arbeit muss man sich nicht machen, weil das sind ja nur Verwaltungsangestellte. Da kann man abkürzen." (B2/22)

Sie betonte aber, dass dies kein Phänomen der Projektlenkungsgruppe war, sondern durchgängige Haltung innerhalb der Organisation. Seit den Erlebnissen in der Projektlenkungsgruppe allerdings reagierte sie darauf empfindlicher als zuvor.

Zusätzlich erleichternd für das Projektleben war, dass der Initiator für das Projekt sowohl Auftraggeber, Projektleiter und auch Projektpromotor innerhalb der Organisation war. Entsprechend fühlten sich die Benutzerinnen vom Projektleiter gut unterstützt (B1/13; B2/24, B3/3), auch bezogen auf ihre Position und ihren Status im Projekt.

Bei der Betrachtung beider Projekte wird einmal mehr der sehr unterschiedliche betriebliche Projektkontext deutlich. Bei Projekt B können die Benutzerinnen auf die Unterstützung in ihren Bildungszentren aufbauen, Auftraggeber und Leiter des Beteiligungsprojekts sind in einer Person vereint. Lediglich an der Stelle, an der die Leiterinnen und Leiter der Bildungszentren sich aus den Entscheidungen heraushalten, hätten Auseinandersetzungen entstehen können. Für die Dauer des Projekts entscheiden die Benutzerinnen verhältnismäßig unangefochten über die Anforderungen an die Software und ihre gewünschte Arbeitsorganisation. Die Logiken der betrieblichen Organisation und der Projektorganisation widersprechen sich auch hier, für die Dauer des Projekts kommt es aber zu keinen Konflikten.

Die Benutzerinnen aus Projekt A werden von der einen Seite unterstützt, von der anderen Seite torpediert. Eines der größten Probleme sind die Führungskräfte der eigenen Abteilung. Die Logiken der betrieblichen Organisation und der Projektorganisation widersprechen sich. Zusätzlich stehen sich die Führungsstile der Projektleitung und der Fachabteilung unvereinbar gegenüber. Die Benutzerinnen müssen sich in beiden Strukturen bewegen. Gleichzeitig sehen sie sich durch ihre Rolle in der Projektorganisation in der Verantwortung, selbständig und eigenverantwortlich zu arbeiten.

Bei der Betrachtung der Arbeitsweisen der Benutzerinnen zeigt sich in beiden Projekten, dass die Benutzerinnen innerhalb der betrieblichen Organisation entsprechend der „klassischen" Strukturen von Frauenarbeitsplätzen arbeiteten. In diesem Zusammenhang relevant sind niedriger Status und geringe Entscheidungsspielräume. Innerhalb der Projektorganisation wird sowohl der Status der Benutzerinnen erhöht als auch deren Entscheidungsmöglichkeiten erweitert. Obwohl die Benutzerinnen selbstverantwortliches Arbeiten nicht „gewohnt" sind, formulieren nahezu alle Befragten, dass sie die Art des Arbeitens sehr schätzen und gerne weiterhin so arbeiten würden. Alle genossen den höheren Status.

Aus der subjektiven Sicht der Frauen spielt die Geschlechterhierarchie im Zusammenhang von betrieblicher und projektbezogener Hierarchie nur vermittelt eine Rolle und wird nicht explizit problematisiert. Die strukturelle Dimension der Geschlechterhierarchie, in Form der Frauenerwerbsarbeit, bildet allerdings den Hintergrund für die Handlungsmöglichkeiten in der partizipative Anforderungsermittlung. An geringen Status und eingeschränkte Entscheidungsmöglichkeiten gewohnt, wird von den Benutzerinnen in den Beteiligungsprojekten das Gegenteil erwartet und ihnen eine andere Rolle zugewiesen. Dies empfinden sie als Bereicherung. Problematisch wird es dann, wenn gleichzeitig die betriebliche Hierarchie im Projekt durch fachliche Vorgesetzte hergestellt werden. Beide Projekte belegen die Gefahr, dass Vorgesetzte auch die zeitweilige Aussetzung der betrieblichen Hierarchie im Projektzusammenhang nicht akzeptieren. Ein auf traditionellen Hierarchien aufbauender Führungsstil jedoch behindert partizipative Prozesse. Für die Frauen ergibt sich dabei eine doppelte Hürde, einerseits die neuen und ungewohnten Aufgaben zu erfüllen und andererseits ihre im Beteiligungsmodell vorgesehen Position, die sie im täglichen Arbeitsleben nicht inne hatten, immer wieder zu erkämpfen.

8.3.6 Welche Rolle spielte die Geschlechterhierarchie?

Die Auswirkungen der Geschlechterhierarchie lassen sich in der strukturellen, der normativ-symbolischen und der individuellen Dimension beschreiben. Obwohl stark miteinander verwoben bleibt es dennoch wichtig, die Dimensionen zu unterscheiden. Zusammenfassend werden nun die in den einzelnen Abschnitten angesprochenen Aspekte der Geschlechterhierarchie entsprechend der Dimensionen tabellarisch dargestellt und aufgeschlüsselt (vgl. Tabelle S.160-161).

Geschlechter-verhältnis als Projektkontext	strukturelle Dimension	normativ-symbolische Dimension	individuelle Dimension
Projektarbeit und Privatsphäre	Betreuungssituation für Kinder Zuständigkeit für Familie und Beziehungen Zeitlicher Rahmen	Rolle als „gute Mutter" oder Beziehungspartnerin Rolle als engagierte Projektmitarbeiterin	Drahtseilakte, Kollisionen, Anstrengungen, Verluste, Arbeitszufriedenheit
Sexualisiertes Projektleben	Projekt: dominierende Rolle der Benutzerinnen	„Weibliche" Attraktivität, „Männliche" Attraktivität	Anziehung und Abneigung, Lagerbildung, Flirt, Spiel Konstruktion des Geschlechterverhältnisses
Sexuelle Belästigung	bestehende betriebliche oder projektbezogene Hierarchie zwischen konkreten Personen	Schuldzuschreibungen wg. „weiblicher" Attraktivität	Individuelles sich wehren Entsolidarisierendes Verhalten von Kollegen und Kolleginnen Hilflosigkeit
Beziehungsmuster „Entwickler – Benutzerinnen"	Entwickler im allgemeinen in einer angeseheneren Situation als Benutzerinnen Mehr Entscheidungsmacht für die Benutzerinnen im Projekt	Frau = verständnisvoll, einfühlsam, Waffen der Frau, hinter den Kulissen agieren Mann = unsensibel, Machterhalt, Rüpelhaftigkeit	Frauen fühlen sich nicht ernst genommen Entwickler bemühen sich nicht, die Frauen zu verstehen
„Technik und Geschlecht" prägt Kommunikations-verhalten	Zuordnung von Technik an bestimmte Arbeitsplätze	Stereotype Vorstellungen, Frau und Technik passe nicht Kein Unterschied zwischen den Geschlechtern bezogen auf Technik Zuschreibung, Sensibilisierung Männer überschätzen sich und unterschätzen Frauen im Bezug auf Technik-kompetenz	Unkenntnis, Ängste, Technikfaszination, Technik als Werkzeug Erwerb technischer Kompetenzen, mehr Selbstsicherheit Sich nicht alles gefallen lassen Männliche Dominanz auflaufen lassen

Geschlechter-verhältnis als Projektkontext	strukturelle Dimension	normativ-symbolische Dimension	individuelle Dimension
Hierarchien in Projekt und Betrieb	Betriebliche Hierarchie: geschlechter-typische Beschäftigungssituation, Frauen auf unterer Hierarchieebene Geringe Entscheidungsspielräume, geringer Status, geringe Aufstiegsmöglichkeiten Projekthierarchie: Frauen entscheiden bei einem technischen Projekt mit	Weisungsgebundenes Arbeiten, Dienst nach Vorschrift, keine Eigenständigkeit erwartet, Engagierte Projektmitarbeit, eigenständiges Arbeiten, demokratisches Vorgehen	Konfliktsituationen bewältigen, die durch die Gleichzeitigkeit sich widersprechender Logiken entstehen Resignation Nutzen eines Entscheidungsvakuums

Die geschlechtliche Arbeitsteilung wirkt sich sowohl auf die zeitlichen Möglichkeiten von Frauen, in welchem Umfang sie sich beteiligen können, als auch auf die Strukturierung des Arbeitsmarktes und damit auf die betriebliche Positionierung von Frauen aus. Normen, die gesellschaftlich z.B. mit „Frau-sein" oder „Mutter-sein" verbunden werden, bilden innere und äußere Hürden. Vereinzelt scheint es Lösungen zu geben, was aber nicht den Blick auf die Bedingungen der individuellen Lösungen verstellen darf. Es zeigen sich Brüche und die Erfahrungen und Einstellungen der hier befragten Frauen sind ein Beispiel dafür, wo zwar gesellschaftliche Strukturen ihnen Bedingungen setzen, diese aber für sie weder unangreifbar noch gesichert sind.

Die Auswertung der Interviews macht deutlich: Geschlechterhierarchie spielt eine Rolle in partizipativer Anforderungsermittlung bzw. Softwareentwicklung. Die Asymmetrie wirkt sich auf Verhalten und Handlungsmöglichkeiten aus und zeigt sich in Spannungen und Störungen. Eine Ausdrucksweise ist die Nicht-Anerkennung der anderen Rolle der Benutzerinnen im Beteiligungsprozess.

Gleichzeitig wird aber ebenso deutlich, dass sowohl die beteiligten Benutzerinnen als auch die Entwickler und die fachlichen Vorgesetzten an der Herstellung der Geschlechterhierarchie mitwirken. Männer wie Frauen wirken mit, wenn es um die sexualisierten Ebenen der Projektarbeit geht, ebenso bei den „Beziehungsmustern" zwischen Entwicklern und Benutzerinnen. Wo sich die Frauen jedoch entgegen der Geschlechterhierarchie positionieren und eine „starke" Rolle einnehmen wollen, werden sie mit Nicht-Anerkennung, Ablehnung und Angriffen konfrontiert. Es wird versucht, sie in „ihre Grenzen" zu verweisen. Die Gefahr, dass auf Grund der Geschlechterhierarchie die partizipative Anforderungsermittlung behindert wird oder es zu maßgeblichen Störungen im Kommunikationsprozess zwischen Entwicklern und Benutzerinnen kommt, ist gegeben.

8.4 Strategische Interventionen

In den beiden hier untersuchten Projekten wurden bestimmte strategische Interventionen (siehe Kapitel 5) etabliert, mit dem Ziel, Störungen und Hindernissen, die durch Aspekte des Geschlechterverhältnisses entstehen, entgegenzuwirken. Beide Beteiligungsmodelle zeichneten sich dadurch aus, dass konzeptionell verschiedene strategische Interventionen in die diversen hierarchischen Verhältnisse wirkten.

In diesem Kapitel werden die Interventionen im Einzelnen beschrieben sowie, soweit notwendig, die Intention der jeweiligen Projektleitung dargestellt. Es soll dabei geklärt werden, inwieweit die Benutzerinnen selbst Notwendigkeiten für diese Interventionen sehen und welche Bedeutung sie diesen beimessen. Mit der Unterteilung werden zum Teil eng gekoppelte Situationen zergliedert. Dies erschwert zwar teilweise die Analyse einer einzelnen Intervention, da diese immer auch im Zusammenhang mit anderen betrachtet werden kann. Die Unterteilung ist dennoch notwendig, um die Konzeptionen der Interventionen deutlich zu machen und gleichzeitig die Beurteilung der Benutzerinnen entlang der einzelnen Interventionen betrachten zu können. Abschließend werden die Voraussetzungen und Auswirkungen der Interventionen, soweit sich diese aus den Interviews ableiten lassen, entlang der strukturellen, normativ-symbolischen und individuellen Dimensionen zusammengefasst.

8.4.1 Beurteilung der Beteiligungsverfahren

Wie beurteilten die Benutzerinnen die Beteiligungsverfahren als Methode und welche Auswirkungen hatten die jeweiligen Vorgehensmodelle in ihrer Organisation über die Projektzeit hinaus? Alle Benutzerinnen aus Projekt A sahen das Beteiligungsverfahren als ein sinnvolles Verfahren an, durch das eine angemessene technische Lösung für ihre Arbeitserfordernisse erstellt werden könnte (vgl. auch Kapitel 8.1). Eine der Benutzerinnen schilderte ihre Faszination darüber, an einem zukünftigen System mitarbeiten und eigene Ideen verwirklichen zu können. Sie sah darin eine Chance, die sie sonst in dem Unternehmen nicht hatte (A1/11). Von großer Bedeutung für sie war, dass sie mit ihren Erfahrungen aus der Praxis auf das zukünftige System Einfluss nehmen konnte. Dies bestätigten auch weitere ihrer Kolleginnen.

> „Ich finde es unheimlich wichtig und das ist ja auch etwas, was auch das erste Mal bei unserem Unternehmen gemacht worden ist, dass man ÜBERHAUPT sagt, Leute aus der Praxis sind dabei. DAS war für mich eigentlich der Schwerpunkt. Zu sagen, praxisbezogene Menschen erarbeiten ein System, was nachher die Praxis auch unterstützt. Und das war immer der Knackpunkt, den ich im Hintergrund hatte. Weil, solange ich bei dem Verein bin, war es halt immer so, man kriegt da was vor die Nase gesetzt, was irgendwelche Leute sich ausgedacht haben, die aber eigentlich gar kein Grundverständnis davon haben, wie die Leute zusammenarbeiten. Und die Umsetzung hätte ich mir anders aber nicht vorstellen können." (A5/44)

Aus Sicht dieser Befragten wurde es, je länger das Projekt andauerte, immer deutlicher, wie wichtig die Beteiligung der Benutzerinnen war (A5/46). Eine der Befragten begründete die Bedeutung ihrer Beteiligung mit dem Hinweis, dass sie die Unzulänglichkeit der Arbeitsmittel an ihren Arbeitsplätze kannten. Auch sie stellte heraus, dass sie es „ohne Ende reizvoll" fand, bei den Anforderungen an die neue Software mitzubestimmen und mitzuentscheiden (A6/11). Sie hob hervor, dass das Spannende gerade die Auseinandersetzung um das Zusammenspiel zwischen Arbeitsabläufen und Software war (A6/12).

Jene Benutzerinnen, die schon Erfahrungen aus dem Vorprojekt hatten, beschrieben den Unterschied, der durch die neue Vorgehensweise entstand. Mit dem neuen Konzept gab es starke Veränderungen, so eine der Benutzerinnen, da sie durch die neue Teamstruktur einen besseren fachlichen Austausch untereinander erreichten und auf mehr Informationen zurückgreifen konnten. Dadurch wurde die Arbeit produktiver (A2/7,8). Eine ihrer Kolleginnen beschrieb, dass sie in ihren Anforderungen sicherer wurde. Durch die Art des Beteiligungsverfahrens gelang es ihnen überhaupt erst, ihren Argumenten Gehör zu verschaffen (A3/85).

Eine weitere Befragte erläuterte ihre Ansicht, dass die Benutzerinnen erst durch das Beteiligungsverfahren, in dem sie ein hohes Maß an Mitspracherechten und Mitverantwortung erhielten, ihre Aufgabe erkannten und ernst nahmen. Im Vorprojekt waren sie lediglich zur Anordnung und Gestaltung einzelner Dialogelemente befragt und einbezogen worden, wohingegen während des Beteiligungsprozesses die Geschäftsfälle und konkrete Gesprächssituationen in der telefonischen Kundenberatung mit betrachtet wurden (A4/18).

Die Benutzerinnen problematisierten verschiedene Schwierigkeiten im Projekt, die nicht in der Projektorganisation als Beteiligungsmodell begründet lagen. Da die zu erwartende Komplexität des Systems sowohl hardware- als auch softwaretechnisch ein Problem für die EDV-Abteilung darstellte, wurde auch dies in den Diskussionen der Design-Gruppe häufiger von den Entwicklern thematisiert. Von Anfang bis Ende der Laufzeit des Beteiligungsmodells wurden Diskussionen über das einzusetzende Entwicklungswerkzeug geführt. Das Werkzeug, obwohl für die Anforderungen ungeeignet, wurde eingesetzt, weil es dem unternehmensweiten Standard entsprach (vgl. Kapitel 8.2). Dieser Sachverhalt erzeugte immer wieder Frustrationen, Unverständnis und neu aufflammende Debatten.

Von allen Benutzerinnen bei Projekt A wurde das Ende des Beteiligungsmodells bedauert. Es schloss mit dem Ausscheiden der Projektleitung und ohne dass die Software eingeführt werden konnte. Als Resultat blieb das Konzept für die Benutzungsschnittstelle, illustriert durch einen Prototypen. Diese Konzeption wurde von den folgenden Entwicklungsteams benutzt und weiterentwickelt. Mit dem Ergebnis waren alle zufrieden und äußerten sich stolz über ihre Leistung. Zu gerne hätten sie allerdings die Software getestet und eingeführt gesehen.

Die Schwierigkeit für die Frauen des Projektes A war, dass sie nie sehen konnten, wie sich ihre Anforderungen und Ideen in der Praxis bewährten oder wo Revisionen und Änderungen erforderlich wären. Diesen Sachverhalt bedauerten sie. Die meisten Benutzerinnen waren sich der begrenzten Aussagekraft ihrer Beurteilung des Ergebnisses bewusst. Eine Benutzerin, die auch später noch Zugang zu Informationen über den weiteren Verlauf des Projektes hatte, sah den Einfluss auf die späteren Systeme. Nach ihrer Ansicht war das Arbeitsergebnis der Beteiligungsphase ein völlig neues Konzept. Es wäre nicht so geworden – so insistierte sie in dem Gespräch zweimal (vgl. auch Kapitel 8.1.1) – wenn die Benutzerinnen nicht mitgearbeitet hätten (A6/71).

Auch die Befragten aus Projekt B äußerten sich meist sehr zufrieden mit dem Beteiligungsverfahren. Nach übereinstimmender Ansicht der Benutzerinnen war, wie auch bei Projekt A, der Beteiligungsprozess eine große Ausnahme im betrieblichen Leben.

> „Weil das war nicht normal. Ich kann mich an Zeiten erinnern, da wurden Schreibmaschinen gekauft, wurde aber nicht gefragt, ob du da überhaupt mit klarkommst." (B1/1)

Als Ziel galt ihnen, unter Beteiligung der Praktikerinnen, ein effektives Programm und eine effektive Organisation zu finden, was auch erreicht wurde (B2/5). Wichtig war, über ihre zukünftige Arbeit mitreden zu können und zu dürfen, so die Benutzerinnen. Auch die Befragten von Projekt B sprachen davon, dass die Projektarbeit Spaß gemacht hatte, sehr reizvoll und spannend war.

> „Aber spannend, das Spannende war eben, dass man selber mit entscheiden konnte oder sehen konnte wie unsere zukünftige Arbeit aussieht." (B2/4)

Bei Projekt B gab es kaum Anlaufschwierigkeiten. Die Benutzerinnen fühlten sich von ihren Vorgesetzten und auch später den Entwicklern ernst genommen. Dies drückte sich für sie auch im Ergebnis aus, dass das von ihnen präferierte Produkt ausgewählt wurde. Durch das Verfahren erhielten sie eine Stärkung gegenüber Vorgesetzten, da sie im Bereich Informations- und Kommunikationstechniken über einen Wissensvorsprung verfügten.

Eine der Befragten brachte das Thema „Akzeptanzbeschaffung" ins Gespräch. Obwohl sie das Projekt für gut, richtig und sinnvoll erachtete, befürchtete sie, es könnte vorwiegend zur Akzeptanzbeschaffung eingesetzt worden sein. Sie beschrieb, dass bei ihr ein Gefühl von Entwertung und „verarscht worden" zu sein entstand (B2/5 und 22). Trotzdem konnte sie sich nicht vorstellen, wäre es wirklich „nur" um Akzeptanzbeschaffung gegangen, dass sie dann tatsächlich ihre Vorstellungen hätten durchsetzen können. Dennoch empfand sie das Gerücht immer als einen „Schlag ins Gesicht" (B2/25). Eine ihrer Kolleginnen, darauf angesprochen, fand es durchaus wahrscheinlich, aber für sie irrelevant, dass dies eine Motivation von Vorgesetzten war. So wie das Projekt durchgeführt wurde, ermöglichte es eine reibungslose Einführung. Es wurde niemand entlassen. Personen mit Ängsten bekamen Qualifizierungen und die nötige Zeit. Dadurch konnten sie auch die Kolleginnen halten, die anfangs große Ängste hatten (B1/35). Die dritte Befragte hielt es für unwahrscheinlich, dass das Beteiligungsmodell lediglich aus Akzeptanzgründen eingesetzt wurde (B3/18). Die Frage der Akzeptanz wurde bei Projekt A lediglich von einer Befragten angesprochen. Diese empfand eine Widersprüchlichkeit zwischen den Zielen des Beteiligungsmodells und den Verhaltensweisen und Äußerungen der fachlichen Vorgesetzten. Sie vermutete, das diese eine „Unwissenheit" der

Benutzerinnen nutzten, da „man sie vielleicht an bestimmten Stellen als Alibi missbrauchen kann" (A6/26).

Da die Interviews mit den Beteiligten aus Projekt B lange nach der Einführung der Software durchgeführt wurden, konnten in diesem Fall die Erfahrungen mit den „Nachwirkungen" des Beteiligungsverfahrens ermittelt werden. Auf die Frage an eine Benutzerin aus Projekt B, ob sie Unterschiede zu der Situation sehe, wenn eine Software „von oben" eingeführt werde, antwortet diese knapp: „Die hassen ihr Programm" (B1/40). Ihre Kollegin meinte, einiges würde sie dann vielleicht nicht verstehen, auch würde sie die Benutzungsschnittstelle nicht so gut kennen, um ihre Aufgaben damit zu erledigen. Durch eine andere Software wäre ihre Arbeit in anderer Weise vorstrukturiert (B2/38).

Die Benutzerinnen entwickelten eine hohe Identifikation mit ihrer Arbeit und der ausgewählten Software, was sich zum Zeitpunkt der Interviews auch in einem starken Beharrungsvermögen bezogen auf die Software ausdrückte.

> „Genau wie dieses Programm auch unser Kind gewesen ist und ja, wenn es dann Schwierigkeiten gab, da haben wir uns dann durchgebissen und letztendlich kam das natürlich dem eigenen Unternehmen dann zugute, weil wir auch immer sehr motiviert waren, mit diesem Programm zu arbeiten und die Probleme auch zu lösen." (B1/38)

Ein weiterer Effekt des Beteiligungsprozesses war demnach, dass die Befragten sich mit der Software gut auskannten und eine hohe Bereitschaft hatten, mit dennoch existierenden Unzulänglichkeiten zurechtzukommen.

Die maskenorientierte und DOS-basierte Software, die mehrere Jahre im Einsatz war, wurde 1999 durch eine grafikorientierte Standardsoftware abgelöst. Bei der Auswahl der nächsten Software wurden einige der Benutzerinnen hinzugezogen. Dabei handelte es sich um sporadische Sitzungen, die eher rezeptiv verliefen, wie es eine der beteiligten Benutzerinnen beschrieb (B3/13,14). Die zu begutachtende Software wurde vorgestellt, die Benutzerinnen konnten Anregungen einbringen und Fragen stellen. Leicht zu bewerkstelligende Änderungen und Anpassungen wurden von den Softwareanbietern umgesetzt. Nach Aussage des Projektverantwortlichen hatte sich der Markt für die benötigte Software im Verlauf der vergangenen acht Jahren positiv verändert, so dass unter einer Vielzahl gut anpassbarer und qualitativ hochwertiger Standardsoftware ausgewählt werden konnte. Eine „richtige" Beteiligung sei nun nicht mehr erforderlich. Eine der Benutzerinnen bemerkte, dass es nach dem Beteiligungsprozess für die Vorgesetzten kaum eine Möglichkeit gegeben hatte, eine neue Software einzuführen, ohne die Verwaltungsangestellten zumindest eingeschränkt zu beteiligen. Die Vorgesetzten nutzten die von den Benutzerinnen erworbenen Kompetenzen durchaus, als sie eine eingeschränkte Form von Beteiligung zur Auswahl der neuen Software durchführten (B1/38). Eine der Befragten war der Ansicht, dass diese eingeschränkte Beteiligung eine Folge des vorherigen Vorgehens war. Durch ihre gemeinsamen Erfahrungen aus dem Beteiligungsprozess waren die nun eingebundenen Benutzerinnen sehr schnell in der Lage, sich auszutauschen und konnten auf ihre erworbene Kenntnisse zurückgreifen (B3/14).

Der partizipative Prozess bei Projekt B hatte eine nachhaltige Wirkung in zweierlei Hinsicht. Zum einen wurden einzelne Verwaltungsangestellte bei der nächsten Entscheidung für eine Software für ihren Arbeitsbereich beteiligt. Zum anderen wurde die Form der gemeinsamen Arbeitsgruppensitzungen beibehalten, unter Moderation des neuen Abteilungs- und Projektleiters. Die erworbenen Qualifikationen konnten die beteiligten Verwaltungsangestellten nutzen, ebenso wie die Erfahrung des gemeinsamen Diskutierens, mit dem Ziel, ein übereinstimmendes Anforderungsprofil für die Software zu erstellen.

Meist sarkastisch beantworteten Benutzerinnen beider Projekte die Frage, ob sich ihre Projektarbeit für sie beruflich auswirkte. Auf ihre Aufstiegsmöglichkeiten sowie die Entlohnung wirkte sich die Projektarbeit nicht aus. Vereinzelt konnten sich Frauen individuell durch die erlangten Kompetenzen beruflich oder persönlich weiterentwickeln.

Obwohl aus softwaretechnischer Sicht ein partizipatives Verfahren die „Entwickler-Dominanz" vermindern soll, werden diese Aspekte von den Benutzerinnen nicht so stark betont. Viel stärker beziehen sich die Aussagen der Benutzerinnen auf ihre eigene Organisation. Im Falle von Projekt B ist dies auch damit im Zusammenhang zu sehen, dass eine Zusammenarbeit mit den Entwicklern nicht Bestandteil des partizipativen Prozesses ist. Mitreden und Mitentscheiden zu können erscheint den Benutzerinnen auf der allgemeinen Ebene mehr ein innerorganisatorisches Problem als eine Frage der Dominanz technisch ausgerichteter Gestaltungsideen. In den Erfahrungsberichten der konkreten Aushandlungssituationen mit den Entwicklern sind die Schwierigkeiten einer technisch dominierten Gestaltung durchaus zu finden. Den softwaretechnischen Aspekt benennen jene Benutzerinnen von Projekt A am deutlichsten, die sowohl die Vorprojektphase als auch die Beteiligungsphase erlebten. Dieser Umstand ist vermutlich damit zu erklären, dass für die Benutzerinnen, wie sie dies auch in den Interviews deutlich machen, das erstaunlichste und wichtigste Merkmal des Beteiligungsprozesses war, dass sie innerhalb der Organisation „etwas zu sagen hatten". Schließlich waren und sind sie dies entsprechend ihrer Position und ihrem Status innerhalb der Organisation nicht gewohnt.

Die Motivation der Benutzerinnen in beiden Beteiligungsverfahren ist verknüpft mit dem Ziel, das zukünftige System an den Arbeitserfordernissen auszurichten. Mit dem Beteiligungsmodell kommen sie diesem Ziel sehr nahe; das Ergebnis war zu ihrer Zufriedenheit. Sie schätzen die Arbeitsweise und würden, trotz punktueller Kritik, gerne wieder bei einem Beteiligungsverfahren mitarbeiten. Die positive Einschätzung, dass die Beteiligungsprojekte ihnen und ihren Unternehmen genutzt hat, wird zum Teil getrübt durch die Befürchtung, sie seien für eine Akzeptanzbeschaffung instrumentalisiert worden. Dies hat jedoch auf ihre Einschätzung des Projekts und der Ergebnisse keine Auswirkung. Frustrationen entstehen vorwiegend, wenn ihre Leistungen nicht anerkannt werden.

8.4.2 Entscheidungsgremien

In beiden Projekten wurde zwischen den formal entscheidungsberechtigten Instanzen, den auftraggebenden Abteilungen und den Projektgruppen ein Gremium installiert, das hierarchieübergreifend zusammengesetzt war. Die Funktion der jeweiligen Gremien bei Projekt A und bei Projekt B war unterschiedlich. Zu Beginn dieses Abschnitts werden daher die Zielsetzungen der jeweiligen Projektverantwortlichen erläutert und daran anschließend die Wahrnehmung der Benutzerinnen zu diesen Gremien dem gegenübergestellt.

Das Entscheidungsgremium bei Projekt A (vgl. Kapitel 7.1, Abbildung 6) hatte nach Aussagen der Projektleitung das Ziel, die Entscheidungsmöglichkeiten der Design-Gruppe (Benutzerinnen und Entwickler) zu unterstützen. Wegen der Verzahnung mit organisatorischen Fragen sollten Vertreter der auftraggebenden Abteilung, zusammen mit den Projektmitarbeiterinnen und -mitarbeitern, im Entscheidungsgremium über Unklarheiten und strittige Fragen verhandeln. Da das Projekt unter Zeitdruck arbeitete, sollten kurze Entscheidungswege ermöglicht werden. Fragen, die im Entscheidungsgremium geklärt werden sollten, waren z.B. wann ein telefonischer Vertrag als rechtlich abgeschlossen gelten sollte und eine Auftragsbestätigung geschickt werden müsste oder welche Systemkomponenten vorrangig bei der Anforderungsermittlung und Softwareentwicklung behandelt werden sollten.

Dass die Benutzerinnen im Entscheidungsgremium stimmberechtigt waren, begründeten die beiden Projektleiter mit der zentralen Rolle, die sie aus ihrer Sicht im Beteiligungsmodell innehatten. Dies wurde von der auftraggebenden Abteilung ebenso gesehen. Nach Aussagen eines Projektleiters war es eine Vorgabe der fachlichen Vorgesetzten, den Entwicklern im Entscheidungsgremium lediglich ein Anhörungsrecht, eine Berichtspflicht und keine Stimmberechtigung zuzugestehen. Diese Konstruktion des Entscheidungsgremiums wies den Benutzerinnen auf einer formalen Ebene eine starke Position zu.

Wie war nun die Wahrnehmung der Benutzerinnen? Drei von sechs der Benutzerinnen aus Projekt A erinnerten sich kaum noch an das Entscheidungsgremium, geschweige denn daran, dass sie im Gegensatz zu den Entwicklern ein Stimmrecht hatten. Das Entscheidungsgremium schien für sie im Projektverlauf kaum von Bedeutung.

Zwei der Befragten erinnerten sich an eine Konfliktsituation, bei der sie beide als Delegierte im Entscheidungsgremium anwesend waren. Hintergrund war eine Meinungsverschiedenheit zwischen Benutzerinnen und Entwicklern, ob ein bestimmter Anwendungsfall weiterverfolgt werden sollte (vgl. auch Kapitel 8.1.3). Die Entwickler waren der Meinung, dies müsste nun behandelt werden. Die Benutzerinnen bezogen sich auf die allgemeine Leitlinie, dass in der ersten Konzeption die lediglich marginal auftretenden Anwendungsfälle (20% der Fälle) nicht vertieft werden sollten.

„Und dann haben die Herrschaften das, obwohl wir im Design-Team gesagt haben, wir Damen, das sind nur 20%, ist nicht der Hauptfall. Wir wollen, dass das so und so abgehandelt wird. Dann haben sie sich geweigert, das so anzunehmen. Das hat ein Punkt im Entscheidungsgremium sein müssen. Dann haben sie das Problem noch einmal vorgebracht. Und dann hat einer von der Leitungsebene eine Frage gestellt, wie oft kommt denn das vor? Dann kamen die 20% auf den Tisch. Und dann hat er gesagt: Naja, wenn ihr weiter keine Probleme habt. Eine 20% Lösung da jetzt als so wichtig anzusehen. Lasst das bleiben. Und dann war die Sache vom Tisch." (A2/42)

Obwohl dies durchaus der Funktion des Entscheidungsgremiums entsprach, äußerten sich beide Benutzerinnen verärgert über die Situation. Ihrer Meinung nach wäre dieses „Machtwort" nicht notwendig gewesen, wenn die Entwickler sie ernst genommen hätten (A1/25). An dieser Stelle thematisierte eine der Benutzerinnen, die in das Entscheidungsgremium war, das Verhalten der Entwickler.

> „Und da hab ich dann halt auch gesagt, da muss ich mal einhaken, ich versteh das nicht, was das soll. Auf der einen Seite, wenn wir diese Kritik anbringen, dann wird sie nicht gehört. Und dann muss ganz offensichtlich ein Vorgesetzter kommen, damit sie gehört wird. Und das ist ganz einfach nicht in Ordnung. Und das wurde dann auch so aufgenommen. Und seit dem Zeitpunkt hatte ich auch das Gefühl, dass die dann nicht mehr so ganz so leichtfertig damit waren." (A1/25)

Dieses Gremium hatte zwar hier aus Sicht der Benutzerinnen nichts Relevantes zu entscheiden, dennoch verlief diese Sitzung durchaus in ihrem Interesse. Eine der gravierendsten Schwierigkeiten in der Kommunikation zwischen Benutzerinnen und Entwicklern, dass Argumente der Benutzerinnen nicht anerkannt wurden, zeigte sich öffentlich und wurde zum Thema. Dies kann eher als eine „Zufälligkeit" gewertet werden. Denn von Seiten der Projektleitung und der fachlichen Vorgesetzten der auftraggebenden Abteilung hatte das Gremium zum Ziel, inhaltliche Differenzen zu entscheiden. In dieser Situation drückten sich jedoch die Beziehungsaspekte der Kommunikation zwischen den Benutzerinnen und den Entwicklern aus. Wiederum war es eine hierarchische Beziehung, die der Argumentation der Benutzerinnen zur Durchsetzung verhalf. Dennoch hatte sie eine positive Wirkung aus Sicht der einen Benutzerin.

Auch die sechste der befragten Benutzerinnen vertrat die Auffassung, dass dieses Gremium nichts Relevantes entschieden und auch keine Wirkung auf das Projekt hatte. Sie war diejenige, die sich am deutlichsten an die Rahmenbedingungen erinnerte.

> „Es hat doch fast eine verkleinerte Runde vom Design-Team dort gesessen. Also, eine stark verkleinerte Runde. Also ich kann mich entsinnen, dass irgendwie von der DV-Seite Leute da waren. Von unserer Gruppe waren zwei, ja meistens eher zwei, im rotierenden System da. Fachseite alles was ein bisschen höhere Herren waren, waren sowieso nicht da. Also die die dann vielleicht wirklich hätten mal, -- auch Kraft ihrer Funktion dann hätten mal sagen können, o.k., das haben wir jetzt so entschieden und jetzt werd ich auch durchsetzen, dass das auch so passiert. Die waren nicht da. Ja, entweder es hat sich mal getroffen, es hat sich mal auch nicht getroffen. Oder immer andere Leute. Oder mal war von der einen Seite gar nichts da.
> Ich könnte heute nicht mehr nachvollziehen, welche Wirkung diese Entscheidungen des Entscheidungsgremiums auf die nächst höhere Ebene zum Beispiel gehabt haben. Ich würde eher sagen, keine. Fast gegen null." (A6/50,51)

Die auftraggebende Abteilung, die den Vorsitz hatte, erschien häufig nicht. Die Sitzungen fanden unregelmäßig statt. Das Gremium hatte keine Wirkung. Mit der obigen Schilderung wird verständlich, warum sich drei der Benutzerinnen so gut wie gar nicht erinnerten. Deutlich wird auch, dass die ursprüngliche

Absicht der Projektleiter, organisatorische Aspekte schneller mit den entwicklungstechnischen Fragen zu verzahnen, durch die Abwesenheit der fachlichen Vorgesetzen aus der auftraggebenden Abteilung unterlaufen wurde. Die Projektlenkungsgruppe bei Projekt B (vgl. Kapitel 7.2, Abbildung 7) hatte, so der Projektleiter, die Funktion, die Entscheidung für die neue Software und für die Organisation der Verwaltung von allen Betroffenen gemeinsam treffen zu lassen und dabei die Rolle der Verwaltungsangestellten zu stärken. Eine Intention war, mit der Projektstruktur das Projekt vor einem Eingreifen durch die obersten Ebenen der Geschäftleitung „vom grünen Tisch aus" abzuschirmen (Bp/18). Über Stimmberechtigung wurde hier nicht diskutiert, da alle von einer Konsensentscheidung ausgingen.

Zwei der befragten Benutzerinnen waren der Meinung, die Projektlenkungsgruppe war das einzig verzichtbare Element des Beteiligungsverfahrens (B2/43; B1/19). Es gab zwar keine Schwierigkeiten, aber es hatte auch wenig gebracht, da die Beteiligten wenig Anregungen oder Kritik an den Vorschlägen der Benutzerinnengruppe äußerten. Hätten einzelne Personen, z.B. Leiterinnen oder Leiter, die Entscheidungsfähigkeiten der Benutzerinnen in Frage gestellt, wäre dies vermutlich anders gewesen (vgl. Kapitel 8.3.5). Prinzipiell gab es kein Anzweifeln der Entscheidungskompetenz der Benutzerinnen. Warum die Leiterinnen und Leiter dennoch an der Projektlenkungsgruppe teilnahmen, obwohl sie wenig Einfluss ausübten, beantwortete eine der Befragten mit der Vermutung, dass sie ihre formale Entscheidungsmacht nicht in Frage stellen lassen wollten.

„Ich denke mal, -- sie wollten sich nicht, ausschließen lassen, weißt du? Sie wollten sich nicht so ein Stück vom Kuchen wegnehmen lassen einfach. Dass sie dann sagen konnten, das habt nur ihr gemacht, sondern war schon, sondern ein bisschen hat das was mit Macht zu tun. -- Das war so mein Gefühl." (B3/20)

Dass sich dieses Machtgefälle auch im Diskussionsklima äußerte, beschrieb eine ihrer Kolleginnen im Zusammenhang mit den bereits genannten abfälligen Bemerkungen von Vorgesetzten bezogen auf die Benennung von Verwaltungsangestellten als VAs (vgl. Kapitel 8.3.5).

Eine ihrer Kolleginnen, die in einer Sitzung der Projektlenkungsgruppe die Vorschläge präsentierte, betonte ihre positiven Erfahrungen.

„Nachdem wir das [den Anforderungskatalog, m.h.] fertig hatten, haben wir das den Leitern der Bildungszentren, die da auch was mit zu sagen hatten, dann präsentiert. Das war im Übrigen einer meiner schönsten Stunden überhaupt [lacht]. Weil man da richtig mal fit war und das mal präsentieren konnte und man richtig gesehen hatte, ja wie erstaunt die also waren, was wir da alles geschafft hatten und auf dieser Basis wurde dann die Entscheidung getroffen für eine Software." (B1/3)

Dass dies zu ihren schönsten Stunden des Berufslebens zählte, wiederholte sie an einer anderen Stelle des Interviews. Es zeigt zugleich die Rolle, die die Benutzerinnen einnahmen und die sie auch für sich in Anspruch nahmen. Diese Haltung teilten ihre Kolleginnen. Auf der Grundlage ihrer Arbeit wurde die Entscheidung getroffen.

„Das fand ich eigentlich sehr positiv, dass man sagen konnte, das wird jetzt so gemacht, wie wir uns das vorstellen. Und wir wissen, wie wir arbeiten wollen und wie wir arbeiten müssen. -- Und das soll da auch reingebracht werden." (B3/16)

Trotz der relativen Wirkungslosigkeit des Entscheidungsgremiums und des Eindrucks, sie hätten das doch selbst entscheiden können, wurde diese Struktur für die Entscheidungsfindung von den Benutzerinnen positiv bewertet. Zum einen befand eine der Benutzerinnen die Zusammensetzung gut. Sehr gut fand sie es im Vergleich dazu, dass sonst lediglich auf einer höheren Ebene – vom grünen Tisch aus – über solche Veränderungen entschieden wird (B1/13). Zum anderen mussten sich die Leiterinnen und Leiter der Bildungszentren zumindest in einer gewissen Weise mit der Arbeit und den Arbeitsabläufen beschäftigen.

„Also auch da, dass sich da alle Leiter zusammengesetzt hatten und sich auch inhaltlich mit dem beschäftigt haben, was läuft in meinem Büro. Also das war ja auch mal was ganz Neues. -- Die hatten ja die Sitzungen gehabt und da mussten die sich parallel zu uns auch darüber unterhalten: wie ist bei euch die Arbeit oder wie ist bei uns die Arbeit organisiert. Und von daher waren sie da also dann auch mal gezwungen sich über die Fragen zu unterhalten, wie viel Statistiken brauchen wir eigentlich. Was wird an überflüssigem Zeugs in den Büros eigentlich noch produziert?" (B1/13,14)

Einerseits ermöglichte dies eine gewisse Anerkennung, speziell im Zusammenhang mit der Detailgenauigkeit des Anforderungskatalogs. Andererseits machte es Arbeit und Aufgaben sichtbar, die von den Verwaltungsangestellten tagtäglich geleistet und bewältigt wurden. Es erforderte, dass sich die Leiterinnen und Leiter der Bildungszentren kritisch mit den Anforderungen an die Software und der Verwaltungsorganisation auseinander setzten. Bis zu einem gewissen Grad schien das auch gelungen zu sein. Nach Einschätzung des Projektleiters zogen sich die Leiterinnen und Leiter allerdings aus der Entscheidung zurück. Er war sich nicht schlüssig, ob dies an der allgemeinen hohen Arbeitsbelastung lag oder daran, dass sie an vielen Stellen einfach „nicht mehr mitreden konnten".

„Es haben dann auch einige gesagt: Ja gut, irgendwann kann man sowieso nichts mehr dazu sagen. Wenn die das so sagen, dass es so ist, muss ich das erstmal so hinnehmen. Also, die kamen dann so in die Rolle, das war so -- ein Paradigmenwechsel war das dann fast." (Bp/31)

Die Vorgesetzten delegierten die Entscheidung über die neue Software mehr oder minder an die Benutzerinnengruppe. Während die in der Organisation sonst gängige Einführungsstrategie von oben nach unten war, kam es hier zu einem Hierarchieparadox – sowohl bezogen auf fachliche Kompetenzen, als auch bezogen auf die Entscheidungsmacht.

Obwohl sich Intention, Situation und Arbeitklima in den jeweiligen Entscheidungsgremien sehr unterschiedlich darstellen, überwiegt bei den Befragten beider Projekte die Haltung, dass dieses Element verzichtbar ist. Die Benutzerinnen messen den Entscheidungsgremien in den jeweiligen Beteiligungsprozessen keine Bedeutung bei. Strukturell jedoch ermöglicht es eine Stärkung ihrer Position. Ein „aktives" Entscheidungsgremium, das aus Sicht der Benutzerinnen behindernd oder blockierend eingegriffen hätte, wäre sicher deutlicher wahrgenommen worden. In der praktizierten Weise hat es zwar nichts offensichtlich befördert, strategisch aber durchaus eine Bedeutung, da eine Mitentscheidung der Benutzerinnen formal festgeschrieben wird. Die Entscheidungsgremien geben mit ihrer speziellen Konzeption einen formalen Rahmen ab, der die Rolle der Benutzerinnen betont und ihre Position stärkt, auch wenn die Arbeitsweise verbesserungswürdig ist.

8.4.3 Qualifizierungen

Qualifizierungen werden allgemein als ein zentraler Aspekt für das Gelingen von Beteiligungsprozessen betrachtet. Für die jeweiligen Projektleitungen bildeten sie ebenfalls einen grundlegenden Bestandteil der Beteiligungsmodelle. Bei den beiden hier untersuchten Projekten wurden projektbegleitende Qualifizierungen durchgeführt.

Neben Basisqualifzierungen wurden Einblicke in projektrelevante technische Bereiche gewährt, wie z.B. in Datenbanken oder Betriebssysteme. Die Qualifizierungseinheiten wurden zeitlich entlang der entsprechenden Projektschritte geplant. Traten während der Projektlaufzeit Fragen bei den Benutzerinnen auf, die z.B. bei Projekt A im Zusammenhang mit der Anforderungsermittlung oder bei der notwendigen Diskussion mit den Entwicklern zu Unsicherheiten führten, wurden zusätzliche halb- oder ganztägige Workshops durchgeführt, z.B. zu objektorientierter Programmierung. Diese Workshops wurden Werkstattgespräche genannt, um sie von den eingeplanten Qualifizierungen abzuheben. Sie dienten im Wesentlichen dazu, aktuelle Unklarheiten und Unsicherheiten auszuräumen und die Diskussionsfähigkeit zu erhalten. Außerdem wurden bei Projekt A nicht nur fachlich-technische Qualifizierungen durchgeführt, sondern ebenfalls initialisierend eine „Qualifizierung zur Beteiligung". Diese umfasste unter anderem eine Einführung in die bekannten Schwierigkeiten von Softwareentwicklungsprojekten und Beteiligungsprozessen im Besonderen. Dadurch konnte vermieden werden, dass sich die Benutzerinnen als individuelle „Versagerinnen" fühlten. Sie konnten, zumindest in den Reflexionsanteilen, strukturelle Schwierigkeiten erkennen, die z.B. mit den sprachlichen Barrieren und der häufig dominanten technischen Sicht in Entwicklungsprojekten zusammenhingen.

Die drei wichtigsten Argumentationslinien der Benutzerinnen waren:

- die Notwendigkeit, technische Inhalte zu verstehen, um mit den Entwicklern diskutieren zu können,
- ein Verständnis der technischen Möglichkeiten zu erhalten, um Anforderungen an eine neue Software entwickeln zu können
- und das Selbstbewusstsein, die Anforderungen in einem technischen Gebiet vertreten zu können.

Welche Aspekte für die jeweilige Frau im Vordergrund standen, war individuell unterschiedlich. Die Bedeutung technischer Hintergründe für die Benutzungsschnittstelle erschloss sich den drei befragten Benutzerinnen bei Projekt A in der Vorprojektphase erst allmählich.

„Am Anfang haben wir uns das so ein wenig einfach gemacht, und haben da ein bisschen die Augen zu gemacht. So nach dem Motto, das versteh ich nicht, muss ich aber auch nicht wissen. Weil ich bin nur für die Oberfläche da. -- Ist vielleicht auch so aus dem Gefühl der Unwissenheit heraus entstanden. -- Also das war schon ein Problem, das ist richtig. -- Weil dann, diese Fragen immer wieder gekommen sind. Und, irgendwann dann haben wir festgestellt, man kann nicht immer nur die Oberfläche allein betrachten, man muss auch das hintere Teil sehen. Weil das der größere Aufwand ist dann, ob das wirklich so mit unseren jetzigen Schnittstellen passt! Ob da zu dem jetzigen System irgendwas gemacht werden kann oder nicht." (A2/5)

Hintergrund für diese Äußerungen bildete die Problematik der technischen Restriktionen, die sich durch den Anschluss des neuen Systems an alte Datenhaltungssysteme ergaben. In der Vorprojektphase ließen sich die Benutzerinnen ihre Fragen abends von anderen Projektbeteiligten im informellen Rahmen der Kneipe beantworten. Wenn während der Projektarbeit selbst Nachfragen gestellt wurden, fielen die Antworten der Entwickler für die Benutzerinnen unverständlich aus.

„Weil die Leute die uns da erklärt haben - das ist nun mal so, wenn man so Computerfachmann da ist. Die fangen an und setzen einfach voraus, dass man ein bisschen Wissen hat. Und das hatten wir einfach nicht. Und von denen sich das erklären zu lassen, das ist schon schwierig." (A4/12)

Die Benutzerinnen erlebten dies zusehends als Mangel und forderten von sich aus beim Projektmanagement Qualifizierungen ein, da sie ihre Unkenntnis der technischen Materie als Ursache wahrnahmen. An der weiteren Projektarbeit wollten sie nur mit entsprechender Qualifizierung teilnehmen.

Mehrere Benutzerinnen beider Projekte hoben die Rolle der Qualifikationen hervor, um sprachliche Barriere zwischen den einander fachfremden Beteiligten abzubauen. Dieser Aspekt, eine Verständigung zu ermöglichen, wurde ergänzt durch die Einschätzung, ein Verständnis über die Potentiale und Grenzen bestehender und zukünftiger Softwaresysteme zu erreichen. In beiden Projekten wurde von einigen Benutzerinnen darauf hingewiesen, wie schwer es ihnen teilweise fiel, Äußerungen der Entwickler einzuordnen. Die beteiligten Benutzerinnen der Vorphase von Projekt A fühlten sich nicht kompetent. In der Folge traten sie nicht für ihre Anforderungen ein, sobald das Argument „technisch nicht machbar" angeführt wurde.

„Es war halt schon, weil wir halt nicht den Plan davon hatten, was zu realisieren ist und was nicht zu realisieren ist, dass wir gesagt haben, wir hätten das gerne soundso, dass die dann gesagt haben, das ist aber iv-technisch nicht möglich. Und dann haben wir gesagt, naja gut, wenn das nicht möglich ist, dann können wir ja eh nichts daran ändern. -- Weil die uns halt in dem Sinn alles sagen konnten was sie wollten, weil wir nicht den Plan davon hatten. Wir können ja nur sagen was wir möchten. -- Und das war natürlich schon viel besser. -- Und hinterher haben wir dann natürlich auch mehr Ahnung gekriegt." (A4/8)

„Für uns selbst war das auch eine ganz ganz bescheidene Situation, weil wir ja merkten, wir haben keine Ahnung. Wir waren nun wirklich die Leute aus der Praxis. Und wussten was wir brauchen, und womit wir arbeiten wollen. Und haben immer diese, -- hochtrabenden Gespräche mit diesen Leuten führen müssen, wo wir, überhaupt gar nicht argumentieren konnten." (A3/6)

Einige Benutzerinnen betonten, dass die Qualifizierungen als Grundlage zur gemeinsamen Diskussion mit den Entwicklern unabdingbar waren. Auch nach Einschätzung einer Benutzerin, die sich als technisch kompetent einstufte, waren die Qualifizierungen für sie der wichtigste Aspekt, um mit den Entwicklern zusammenzuarbeiten (A6/3; A6/12). Sie betonte ebenfalls, dass sie sich dieses Wissen nicht hätte selbst erarbeiten können.

Die Qualifizierungen ermöglichten eine Transparenz in den Diskussionen mit den Entwicklern (A3/39). Die Benutzerinnen konnten die Auswirkungen technischer Bedingungen auf die Gestaltung der Benutzungsschnittstelle beurteilen und Fragen stellen. Dadurch entwickelten sie eine Handlungsfähigkeit in einem Fachgebiet, in dem sie sich sonst ausgeliefert gefühlt hätten.

„Weil es ja eigentlich dann nur Sinn macht, dazu sind ja auch Qualifizierungen da, um einfach mir zu ermöglichen, umzusetzen, und das heißt natürlich gerade in so einem Projekt, dann eben zu sagen, zu fragen, an der Stelle, das seh ich vielleicht anders, und das hätte ich dann gerne noch genauer erklärt." (A6/17)

Damit wurde ein Verständnis für die Zwänge der Entwickler möglich, ohne aber sofort die eigenen Anforderungen aufzugeben.

„Und, damit auch sicherlich ein Verständnis zu entwickeln, wie gesagt, ein VERSTÄNDNIS, nicht unbedingt das zu akzeptieren. Zu sagen aber, o.k. warum haben zum Beispiel alte Systeme bestimmte Unzulänglichkeiten. Weil, es ist eben nicht so einfach, dass man da naiv sagen kann, o.k. nur so möchte ich das. Und alles andere ist mir doch egal, seht zu, dass ihr das macht. -- Ich mein das weckt dann natürlich wieder das Verständnis, dass nicht alles geht. Oder nicht zumindest zum jetzigen Zeitpunkt so geht. Oder auch nicht in der, von der Zeit der Entwicklung her, nicht so einfach ist." (A6/13)

Die meisten Benutzerinnen maßen den Qualifizierungen den höchsten Stellenwert bei, um ihre Standpunkte zu vertreten und letztlich mitentscheiden zu können (z.B. A6/13/25,26; A1/23;). Kritisch angemerkt wurde von einer Benutzerin, dass die Qualifizierungen zwar für das Verständnis der Zusammenarbeit nutzten, allerdings sehr wenig „hängen geblieben sei" (A5/15,16). Einige fühlten sich durch zu viele technische Details überfordert (A5/9,10).

Neben den fachlich-technischen Aspekten, die unabdingbar für eine qualifizierte Auseinandersetzung der Benutzerinnen mit den Entwicklern waren, fällt auch in den obigen Zitaten die häufige Nennung der Stärkung des Selbstbewusstseins auf. Dies bezog sich sowohl auf die individuellen Handlungsmöglichkeiten als auch auf die der jeweiligen Gruppe. In Projekt A wurde unter anderem den Qualifizierungen zugeschrieben, dass im Verlauf des Prozessen ein anderes Auftreten der Gruppe möglich wurde (A3/53). Das aus den Qualifizierungen erhaltene Hintergrundwissen stärkte die Gruppe (A6/61). Individuell entfalteten die positiven Aspekte der Qualifizierungen die meiste Kraft bei den Personen, die sich zuvor keine technischen Kompetenzen zugestanden hatten.

„Vor allem, ich denke mal, jeder war ja auch zufriedener. Weil wir haben ja auch mal einen Sinn gesehen [lacht]. Uns wurde ja was beigebracht." (A3/15)

Der anfänglichen Verunsicherung, sich mit Entwicklern über die Konzeption einer Benutzungsschnittstelle nicht verständigen zu können, konnte – unter anderem – durch die Qualifizierungen entgegengewirkt werden.

> „Also die Qualifizierung hab ich für enorm wichtig gehalten. Weil es gibt nichts Schlimmeres, wenn du irgendwie drin sitzt und keine Ahnung hast. Und durch diesen Aufbau der Qualifizierung, war das halt doch so gewesen, dass man halt immer mehr dazu bekommen hat und halt, auch immer mehr das Gefühl bekommen hat, man ist tatsächlich richtig an dem Platz da. Weil vorher war man halt immer so eine kleine Anwenderin gewesen, die halt auch was zu sagen hatte. Aber durch diese ganzen Qualifizierungsmaßnahmen hattest du zum Beispiel, zum einen halt nicht nur das Wissen, sondern auch das Selbstbewusstsein halt drastisch aufgewertet." (A1/22)

Dies ist insbesondere deshalb von Bedeutung, weil die Benutzerinnen, z.B. in Projekt A, anfangs verstummten, wie dies eine der Befragten deutlich machte, wenn sie sich auf fachfremdem Terrain bewegten.

> „Man hat ein ganz anderes Selbstbewusstsein bekommen. Diesen, diesen Technikern gegenüber. Weißt du? Diesen IV-Leuten. Irgendwo hat man vorher immer gedacht, -- das ist eine ganz andere Welt. Aber irgendwo, war man viel sicherer geworden. Also rein vom Gefühl her. -- Vorher hatte ich, also -- gar nichts gesagt. [..] Weil wenn ich was von mir gegeben hab, und dir das erzählt hab, oder wir haben es in der Gruppe besprochen, -- dann wusste ich auch, o.k. das kommt auch so rüber." (A3/20)

Im Verlauf des Projekts entwickelten sie sowohl individuell als auch in der Gruppe mehr und mehr Stärke, wodurch sie mit Diskussionen und Nachfragen konstruktiv bei der Gestaltung der Benutzungsschnittstelle mitwirkten.

Bezogen auf die gewonnene Stärke, zweifelte eine Benutzerin, ob dies tatsächlich von allen Vorgesetzten so gewollt war. Der qualifizierende Beteiligungsprozess führte dazu, dass die Benutzerinnen nicht mehr nur „nickten", sondern konzeptionelle Positionen erkämpften.

> „Naja wie gesagt, einen wichtigen Punkt, würde ich schon darin sehen, dass wir durch die Qualifizierung einen anderen Horizont bekommen haben. -- Und dadurch vieles nicht mehr so leicht hingenommen haben." (A6/61)

Hervorgehoben wurde von einer Benutzerin aus Projekt A der projektbegleitende Aspekt der Qualifizierungen und die Rolle der Werkstattgespräche.

> „Für mich war klar, dass ich mit euch immer ganz konkret und schnell sofort einen Ansprechpartner habe, der mir bestimmte Sachen aus dem Weg räumt. [..] Völlig egal, je nach dem, wo es auftauchte. Das ist wichtig. Und das braucht man auch in so einem Prozess. Gerade wenn, wie gesagt, bestimmte Gruppen miteinander, etwas machen sollen, wo die Gruppen auch verschiedene Interessen und verschiedene -- Sprachen, Wissensstände, was weiß ich, haben. Also da ist für mich das ohne Ende wichtig. [..] Das kann sicherlich nur jemand leisten, der so ein Projekt ständig begleitet, und nicht mal eben, nach dem Motto, per Antrag mit rein gebracht wird. Also das ist natürlich an der Stelle, insofern, war es für mich auch nicht verzichtbar." (A6/16)

Dass Qualifizierungen dazu beitragen, um „mit reden zu können" und nicht sofort klein beizugeben, äußerten auch Benutzerinnen von Projekt B.

„Also das war für mich z.B. eine ganz wichtige Sache, mich nicht darauf einzulassen, dass die jetzt sagen, hier das ist technisch so vorgegeben und da müsst ihr euch immer anpassen. Sondern das man auch sagt, nein ich möchte es so haben." (B2/3)

In Auseinandersetzungen mit dem Projektleiter bei Projekt B führten die Qualifizierungen zu einer Stärkung der Position der Benutzerinnen.

„Wenn er [der Projektleiter, m.h.] da nämlich manchmal ankam und sagte: wie das? Und dann haben wir darauf bestanden und haben es meistens durchgekriegt [lacht]. Nein, das ist schon richtig. Das hat auch was, das hat schon sehr viel damit zu tun, dass man, -- für sich selbst was getan hat. [..] Also man hat das Gefühl gehabt, ich KANN was. Ich kann das auch alleine. Und ich brauche da gar keinen anderen zu. -- Und das fand ich schon ganz gut. Und das hat eigentlich alle ziemlich geprägt." (B3/36)

Es wird aber auch ein weiterer Aspekt aus den Äußerungen ersichtlich, dass die Qualifizierungen eine Wirkung über den Beteiligungsprozess hinaus haben. Für eine Benutzerin von Projekt B gab es Erlebnisse mit Technikern im späteren Arbeitsalltag, wo sie positive Auswirkungen der Qualifizierungen auch dann noch sah.

„Also man hatte nach diesem Projekt ein ganz anderes Selbstbewusstsein, um mit diesen Cracks umzugehen. Und man hat sich nicht alles erzählen lassen. Und ja das hat mir in verschiedenen Sachen auch geholfen." (B1/4)

Die von ihr während des Beteiligungsmodells erlangten Kompetenzen führten nach ihrer Aussage dazu, dass sie genau sagen konnte, was mit Programmen geht und was nicht, bzw. welchen Arbeitsaufwand es bedeutete. Sie überblickte Arbeitsaufgaben und konnte sich entsprechend abgrenzen, wenn Vorgesetzte in ihrem Glauben an die EDV „schnell mal was erledigt" haben wollten (vgl. Kapitel 8.2).

Allgemein also bestätigen die Aussagen der Benutzerinnen aus beiden Projekten die bekannten Erfahrungen, dass Qualifizierungen notwendig und sinnvoll, letztlich unabdingbar sind, um Anforderungen an das System zu erstellen und mit den Entwicklern auszuhandeln. Die Wirkung reicht über das Beteiligungsmodell hinaus. Ebenso lässt sich mit den Interviews belegen, dass über die Qualfizierungen nicht nur die inhaltlichen Aspekte der Kommunikation zwischen Benutzerinnen und Entwicklern erreicht werden. Das häufig genannte gestärkte Selbstbewusstsein der Benutzerinnen, mit dem sie dann in den Aushandlungsprozess eintreten können, ist ein Zeichen für die, zumindest aus ihrer Perspektive, veränderten Voraussetzungen mit den Beziehungsaspekten umzugehen.

8.4.4 Eigenständige Benutzerinnengruppe für die Anforderungsermittlung

Eine eigenständig arbeitende Benutzerinnengruppe zu etablieren ist, im Vergleich zu dem allgemein als grundlegend anerkannten Element der Qualifizierung, deutlich eine strategische Intervention. In wenigen Projekten wurde und wird diese eingesetzt, obwohl in der Literatur Hinweise für die Notwendigkeit gefunden werden können (vgl. Kapitel 4.3). Ziel ist, den Beteiligungsprozess so zu gestalteten, dass die Position der Benutzerinnen gestärkt wird. War dies für die Benutzerinnen erfahrbar? Wurden hierbei Freiräume und Grenzen deutlich? Benutzerinnen von Projekt A, die auch die Vorprojektphase miterlebten, zogen explizit Vergleiche zwischen den beiden Projektphasen. Die deutlichste Aussage traf jedoch eine Frau, die erst in der Beteiligungsphase dazustieß.

„Dass so ein Kleintreffen, wo ich dann wirklich erstmal, Meinungen, Ergebnisse bilde, dass das natürlich schon von der Arbeitsweise her, dazu angetan ist so eine Gruppe zu stärken, weil, wenn ich selber erstmal, das ist eben so was, was ich eben in der großen Runde nicht kann. Da kann ich nicht bestimmte Dinge erstmal völlig ausdiskutieren, den Freiraum hatten wir aber in unserer Gruppe schon. Und, dass das natürlich etwas anderes ist, wenn, wir dann dort, mit einem -- von mir aus auch hart diskutierten erarbeiteten Bild oder Ergebnis reingehen, und das dann auch vertreten können. -- Und das stärkt so eine Gruppe schon sehr wohl." (A6/61)

Sie benannte das Arbeiten in der eigenständig arbeitenden Gruppe als Freiraum, in dem die Benutzerinnen ihre unterschiedlichen Anforderungen und Fragen ausdiskutieren konnten. Dies ermöglichte eine untereinander abgesicherte Position, die dann auch offensiv vertreten wurde. Diese empfundene Stärkung beschrieben auch ihre Kolleginnen. Auf die allgemeine Frage, ob sich durch das Beteiligungsmodell etwas verändert hatte, antworteten zwei der Interviewpartnerinnen mit Hinweisen auf die gewonnene Gruppenstärke durch die eigenständig arbeitende Benutzerinnengruppe.

„Wir konnten ja ganz anders auftreten. Wir konnten ja unsere Forderungen ganz anders darstellen. Und wir wurden, auch verstanden! -- Und unsere Begründungen, die wir eben angebracht hatten, -- die konnten wir so übermitteln, dass die diese Begründung auch ernst genommen haben. [..] Also wir sind als Gruppe, ja, sehr stark geworden. Und und, dominierend und konnten auch sagen, so das möchten wir. Und konnten uns auch behaupten. Was wir vorher ja nun nicht konnten." (A3/49)

Verändert hatte sich, so ihre Kollegin:

„[..] dass wir irgendwie am Anfang zuerst so richtig auf Widerstand gegangen sind. [leises Lachen] Dass wir da so richtig gemerkt haben, damit wenn wir unser Konzept beibehalten wollen und auch viel erarbeiten möchten, dass wir dann eigentlich für uns bleiben müssen. Und bestimmte Themen ausarbeiten und erst dann wieder in das Team, in das große Team, um denen die Ergebnisse zu präsentieren." (A2/8,9)

Eine weitere Befragte erinnerte sich ungern an die kurzfristigen Anfragen in der Vorprojektphase und die zeitliche Bedingung, drei Tage jede Woche am Projektstandort zu verbringen (A4/10). Die vorherige Arbeitsweise beschrieben alle einhellig als unbefriedigend. Sie war im wesentlichen davon geprägt, an der von den Entwicklern vorgegebenen Benutzungsschnittstelle „ein bisschen rumzuändern", ohne die zu Grunde liegenden Geschäftsfälle und Arbeitspraktiken zu diskutieren (A4/18).

Vor diesem Hintergrund müssen einige der kämpferischen und abgrenzenden Formulierungen interpretiert werden, mit denen die Benutzerinnen die neu gewonnene Gruppenstärke beschrieben: dominierend waren sie geworden, auf Widerstand gegangen. Die Gruppenstärke war aber auch für die neu Hinzugekommenen sichtbar, da auch sie mit einer anfänglichen Verunsicherung ihre

Projektarbeit begannen. Es ist zu vermuten, dass ihre Einschätzung der Gruppenarbeit mit den Benutzerinnen im Vergleich zu der Zusammenarbeit mit den Entwicklern in den Design-Workshops entstand.

> „Ich glaub das war die Gruppenstärke, also einmal, straight ahead zu dem zu stehen was man sagt. Also, zu sagen wir wollen das so, dann nicht sich erweichen zu lassen durch irgendwelche Diskussionen oder so. Sondern am Ende immer noch zu sagen, wir wollen das aber so. Das ist sicherlich ein Ding, wie man es durchsetzen kann. Weil wenn ich sage nein, und jemand anders sagt, nicht doch vielleicht, und ich dann irgendwann sage vielleicht, dann werde ich irgendwann nicht mehr ernst genommen. Also ich glaube, wir haben als Gruppe da gesagt, o.k. wenn wir das sagen, was wir so möchten, das ist ganz präzise nur so zu machen, dann den Standpunkt zu bewahren. Damit kann man sich dann schon durchsetzen." (A5/26)

> „Gut am Anfang waren wir wie gesagt, diese Loosertruppe. Wir haben alles aufgehalten, wir hatten keine Ahnung. Wir waren also echte Cracks. -- Bis sich dann halt einfach mal herausgestellt hat, dass die einzigen, die wirklich fundierte Arbeit geleistet haben, wir waren. Wir waren ja diejenigen, die schon längst die Dinge fertig hatten, bevor andere [die Entwickler, m.h.] überhaupt im Ansatz dran gedacht hatten, da was nachzuarbeiten." (A1/30)

Im Gegensatz zu Projekt A erlebten die Benutzerinnen des Projektes B die eigenständige Arbeitsgruppe zur Ermittlung der Anforderungen weder in Abgrenzung zu vorangegangenen Erfahrungen noch in Abgrenzung zu den Entwicklern. Stärkung empfanden sie während der Beteiligungsphase gegenüber Vorgesetzten. Da diese jedoch wenig in die Anforderungsermittlung eingriffen (z.B. B1/3), war die Zusammenarbeit ohne größere Konflikte. Die Zusammenarbeit der Verwaltungsangestellten verschiedener Bildungszentren führte nach Ansicht einer Befragten dazu, dass die Kolleginnen ihre Anregungen aus der Gruppe in ihre Bildungszentren mitbrachten und diese trotz ihrer untergeordneten Stellung gegenüber Vorgesetzten einbrachten (B3/10).

Im Zusammenhang mit dem Erleben der eigenen Stärke stand, dass die Benutzerinnen in Projekt A sich der Relevanz ihrer Arbeit bewusst wurden. Dies wurde auch in den oben genannten Äußerungen erkennbar. Die Relevanz wurde ihnen deutlich durch die für sie explizit formulierte Rolle in der Beteiligungsphase und der darin veränderten Aufgabenstellung. Erst ab diesem Zeitpunkt nahmen die Benutzerinnen der Vorprojektphase ihre Aufgabe richtig ernst und erkannten ihre Verantwortung, so eine der Interviewpartnerinnen (A4/18). Die Zusammenarbeit und der Austausch, dass klar und offen in der Gruppe gesprochen wurde, benannte eine der Benutzerinnen als Grund für die wachsende Sicherheit.

> „Aber für mich war dann, durch durch unsere Treffen ziemlich schnell klar, dass, die Arbeit die wir da machen, wie auch immer sie im ganzen Team aufgefasst wird, also vom Design-Team aufgefasst wird, eine wichtige Arbeit ist." (A5/20)

„... wie auch immer sie aufgefasst wird". In diesen Äußerungen (siehe auch Kapitel 8.1 und 8.3.3) wurde immer wieder erkennbar, dass die Design-Workshops zusammen mit den Entwicklern einen eher demotivierenden Einfluss hatten. Eine Problematik darin war die bereits beschriebene des „Experten-Laien-

Verhältnisses". Mit der eigenständigen Benutzerinnengruppe konnten sich die „Laien" in der Auseinandersetzung mit den Experten positionieren. Dieser Aspekt einer Hierarchie wurde somit abgeschwächt, da sich in der gemeinsamen Zusammenarbeit eine Stärkung der eher „Schwächeren" entwickeln konnte.

Von einigen Benutzerinnen wurde betont, dass sie die Arbeit in den eigenständigen Workshops als produktiver erlebten (z.b. A5/11). Die Zusammenarbeit war geprägt von gleichem fachlichen und ähnlichem persönlichen Hintergrund, gleicher Ausgangslage und Zielsetzung (A5/32). Entsprechende Aussagen machten auch die drei Befragten von Projekt B. Die Arbeit in den Workshops wurde von den Benutzerinnen aus Projekt B als aufbauend und produktiv in einem angenehmen Diskussionsklima beschrieben. Die inhaltlichen Auseinandersetzungen bis zur Konsensfindung waren zum Teil hitzige Debatten, die sie sowohl anstrengend als auch spannend empfanden. Die Benutzerinnen beurteilten sich selbst als engagiert und fleißig. Wenngleich die Bedingungen für eine gemeinsame Diskussion als positiv beschrieben wurden, bemängelte eine der Frauen, dass sich manche mehr, manche weniger einbrachten. Von Entscheidungen, die auf Positionen von Einzelnen basierten und auf Grund von Hierarchievorteilen durchgesetzt wurden, ist in den Aussagen zur Bedeutung der eigenständigen Benutzerinnengruppe nicht die Rede.

Ein aus Sicht der Frauen wichtiger Effekt der beiden Beteiligungsverfahren war der Erfahrungsaustausch über die tägliche Arbeitspraxis. Es ist auffallend, dass dies – unabhängig von der Anforderungsermittlung für die neuen Systeme – in beiden Projekten als positiv und relevant hervorgehoben wurde (z.B. B3, B1). Es ging dabei meist um unterschiedliche Arbeitsweisen und um die Arbeits- und Ablauforganisation. Es stellte sich bei beiden Projekten sehr schnell heraus, dass, obwohl es allgemein festgelegte organisatorische Vorgaben zur Ausführung der Tätigkeiten gab, in nahezu jedem Arbeitskontext unterschiedliche Praktiken existierten. Der Austausch über die Arbeitsweisen führte zu einem Überdenken der eigenen Praktiken. Das Beteiligungsverfahren wurde von den Befragten aus Projekt B als Chance begriffen, Kontakt untereinander herzustellen. Sich zu treffen um andere Arbeitsweisen kennen zu lernen, die vielleicht effektiver waren, erschien einer Benutzerin sehr hilfreich, unabhängig von der Anforderungsermittlung für die Software (B2/41,42).

Wie bereits beschrieben (siehe Kapitel 8.1.2), hatten die beteiligten Benutzerinnen unterschiedliche Vorstellungen über die zukünftige Arbeitsweise mit dem Computersystem. Dies konnte durchaus auch zu hitzigen und engagierten Diskussionen führen, wie dies verschiedene Befragte aus beiden Projekten erinnerten (z.B. A2/3, B1). Eine Konsensfindung fand im Hinblick auf die schriftlichen Vorgaben, aber auch unter Berücksichtigung der Besonderheiten der einzelnen Arbeitskontexte statt (A2/3). Überwiegend wurde versucht, die unterschiedlichen Praktiken bestehen zu lassen und sie bei der Anforderungsermittlung zu berücksichtigen.

Die Benutzerinnen bei Projekt B konnten in der Phase der Anforderungsermittlung entspannt arbeiten. Einzig in der Projektlenkungsgruppe stellten sie ihre Ergebnisse vor und erhielten für ihre Überlegungen Zustimmung. Sie diskutierten ihre unterschiedlichen Anforderungen in der Benutzerinnengruppe im Hinblick auf ein System, das die Besonderheiten der einzelnen Bildungsstätten berücksichtigen sollte. Dass sich sowohl das Allgemeine als auch das jeweils Besondere in den Anforderungen widerspiegeln sollte, war allen Benutzerinnen ein Ziel. Als einen der spannendsten Aspekte der Zusammenarbeit nannten sie übereinstimmend die vielfältigen Erfahrungen, die sie austauschen konnten. Durch diesen Austausch über die unterschiedlichen Arbeitsweisen flossen Anforderungen aus unterschiedlichen Arbeitskontexten ein. Dadurch stieg die Chance, dass das zukünftige System variantenreicher und den verschiedenen Arbeitsweisen angepasst werden kann.

Die eigenständig arbeitende Benutzerinnengruppe schafft aus Sicht der Benutzerinnen einen Rahmen, in dem sie offen diskutieren und reden können. Auch wenn nicht alle der Meinung sind, dass die Diskussionsbeteiligung der Frauen ausgewogen oder konfliktfrei war, so stellt sich doch durch die Abwesenheit sonst üblicher hierarchischer Strukturen eine Offenheit für fachliche Diskussionen ein. Dies führt zu einer Stabilisierung der eigenen Positionen und dadurch zu einer Stärkung des Selbstbewusstseins gegenüber den Entwicklern oder Vorgesetzten. In der regelmäßigen gemeinsamen Zusammenarbeit entwickeln die Frauen Handlungsmöglichkeiten in beiden hierarchischen Verhältnissen. Die Benutzerinnen bevorzugen die gemeinsame Diskussion, aus der sie für sich eine Sicherheit schöpfen, dass sie nicht einer individuellen Geschmacksfrage oder Arbeitsweise folgen. Weder halten sie es im Sinne einer möglichst umfassenden Anforderungsermittlung für sinnvoll, als Einzelne beteiligt zu werden noch im Hinblick auf eine Zusammenarbeit mit den Entwicklern. Gemeinsam können die Frauen ihre sonst geringen Einflusschancen besser nutzen.

8.4.5 Beratung der Benutzerinnen

Zusätzlich zur Durchführung der Qualifizierungen hatten die Beraterinnen die Aufgabe, die Benutzerinnen im Beteiligungsprozess zu unterstützen und die Workshops zu moderieren. Diese Unterstützungsleistungen kamen einer Beratung gleich. Werden ähnliche Aufgaben für die Managementebenen durchgeführt, wird dies auch als Coaching bezeichnet. Die Beratung der Benutzerinnen folgte in beiden Projekten Vorstellungen, die als parteiliche Moderation, Beratung und Unterstützung bezeichnet werden können. Dies bedeutete, dass die Benutzerinnen den Weg bestimmten, aber auch alle Hilfestellungen und Informationen von den Beraterinnen erhalten sollten, damit sie ihren Weg finden und beschreiten konnten.

Beratung und Moderation werden zusammen behandelt, da sich dies aus Sicht der Benutzerinnen kaum trennen lässt. Der Beteiligungsprozess bei Projekt A war zeitlich und inhaltlich umfangreicher, daher nimmt die Auswertung dieses Projekts den meisten Raum ein. Einschätzungen der Benutzerinnen von Projekt B werden an den inhaltlich entsprechenden Stellen hinzugezogen. Äußerungen zur Moderation werden am Ende des Kapitels gesondert beschrieben.

In den Interviews nannten die Benutzerinnen aus Projekt A unterschiedliche Aufgaben der Beratung. So sollten die Beraterinnen eine strukturierte und zielgerichtete Arbeitsweise sicherstellen (A2/16). Hierzu gehörte, über die Moderation der Workshops der Benutzerinnen hinaus, die Aufgabenverteilung und Ergebnissicherung zu organisieren. Zudem sollten die Beraterinnen in den gemeinsamen Design-Workshops mit den Entwicklern dafür sorgen, dass die Benutzerinnen „gehört" werden und „Übersetzungsarbeit" leisten. Diese Aufgaben wurden von der Projektleitung im Vorgehensmodell benannt.

Zu diesen Aufgaben der Beraterinnen kamen weitere hinzu, die nicht genau beschrieben waren. Sie waren die konkrete Ausgestaltung des Auftrags „Unterstützen der Benutzerinnengruppe". Eine Benutzerin vermutete, dass selbst die Projektleitung nicht genau wusste, wie die Unterstützung durch die Beraterinnen aussehen sollte.

> „Die Projektleitung, die hat schon gesagt, dass wir mit euch zusammenarbeiten sollen. Aber wie stark und wie intensiv, hatten die ja auch keine Vorstellungen. Die wussten auch nur, dass wir irgendwie von jemand unterstützt werden sollten, also von euch unterstützt werden sollten, aber nicht inwieweit." (A4/30)

Die Begleitung und Unterstützung im Design-Meeting war auch einer Benutzerin anfangs nicht ganz erklärlich. Mit der Zeit merkte sie, dass es sehr sinnvoll war, um den mangelnden Wissensstand in der Gruppe auszugleichen (A6/3). Ihr war die begleitende und wissensvermittelnde Rolle der Beraterinnen wichtig (A6/3). Wenn auf den Design-Workshops Fragen auftraten, war jederzeit jemand da, um diese zu beantworten (A6/15). Relevant war dies aus ihrer Sicht, da es allgemeine Sprachbarrieren zwischen Benutzerinnen und Entwicklern gab und ebenfalls Unverständnis bezogen auf manche technische Diskussionen (A6/15,16). Ähnliches formulierte ihre Kollegin.

> „Für mich hattet ihr immer so eine, also einmal so eine übersetzende Funktion und eine stärkende Funktion. Also da hab ich mit Sicherheit sehr viel gewonnen. Und grad am Anfang. Ich denk einfach auf den ersten Treffen, wir wären untergegangen. [..] Da wär sicherlich viel an uns vorbeigegangen. -- Oder viel in eine ganz andere Richtung gelaufen. Weil einfach dieses ganze Grundverständnis nicht da war." (A5/25)

Im Zusammenhang mit der Unterstützung im Design-Workshop stellten nahezu alle Benutzerinnen in der einen oder anderen Weise fest, dass die Beraterinnen „für sie sprachen". Ausgelöst wurde diese Situation dadurch, dass die Benutzerinnen bei Unsicherheiten oder schwierigen Situationen verstummten, was schon an anderen Stellen beschrieben wurde. Einige der Befragten betonten die Wichtigkeit von Informationen, die durch die Beraterinnen übermittelt wurden.

> „Ja, also ohne euch wären wir hoffnungslos aufgeschmissen gewesen. -- Also ohne euch wären wir in keinster Weise, im Stande und in der Lage gewesen, die Dinge zu überblicken. -- Also das ist halt wirklich nur dadurch gegangen, einen Überblick zu schaffen." (A1/35)

> „So dass wir an und für sich den Informationsfluss, den hatten wir eigentlich. Aber wie gesagt durch euch. Dann hätten wir vielleicht Feinheiten gar nicht so mitbekommen, weil -- wir da gar nicht drauf geachtet hätten." (A3/44)

180

Zu den benötigten Informationen gehörten technische, betriebspolitische und projektinterne Hintergründe. Zusätzlich erschien einer der Benutzerinnen aber auch die Art und Weise wichtig, wie die Beraterinnen in unklaren Situationen während des Design-Workshops agierten.

„Vor allen Dingen auch in der Form wichtig. Wenn wir nicht mehr weiter gewusst haben, dann seid ihr für uns eingesprungen. Und ihr konntet, vor allen Dingen, ganz anders in die Diskussion reingehen wie wir." (A1/36)

Aus ihrer Sicht stellten die Beraterinnen eine Brücke zu den Entwicklern dar. Wenn die Benutzerinnen die Entwickler nicht verstanden, wurden die Inhalte von den Beraterinnen so dargestellt, dass die Benutzerinnen mitreden konnten (A1/36). Auch eine weitere Kollegin stellte fest, dass am Anfang die Beraterinnen für die Benutzerinnen „sprachen" (A5/21).

„Da ihr auch technische Zusammenhänge aus dem Projekt wusstet, die wir, oder zumindest die Neueinsteiger, noch nicht kannten, war das schon sinnvoll an irgendeiner Stelle der Diskussion, zu sagen, Moment mal. Mir wär das überhaupt nicht aufgefallen! Also wenn von euch jemand gesagt hat, Moment mal, hab ich gedacht, ach so ja, Moment mal. Warum eigentlich, Moment mal? Da das nicht aufgefallen und sonst unter gegangen wäre, war das natürlich wichtig. Klar. Dass man erstmal selber dahinter kommt, an welcher Stelle man jetzt sagen muss: HALT! Das hat halt eine Weile gedauert." (A5/22)

Sehr persönlich beschrieb eine ihrer Kolleginnen, welche Funktion die Beraterinnen erfüllten.

„Wichtig für mich, -- wart ihr eigentlich. Ich wäre mir sonst wahrscheinlich unheimlich verloren vorgekommen. In diesem ganzen großen Kreis. [..] Ihr wart für mich eigentlich immer so ein Strohhalm. Und durch euch hab ich mich eigentlich immer sicher gefühlt. Denn ich denke mal, ansonsten wär ich da immer so klein rausgegangen. So total frustriert. Und durch euch hab ich immer gewusst, ich hab jemanden. -- Also an den kann ich mich immer klammern. [..] Ich kann immer zu euch kommen, wenn ich eine Frage habe." (A3/44)

Sie bezeichnete die Beraterinnen als „Sprachrohr", wenn die Benutzerinnen „gewisse Dinge nicht so formulieren konnten, damit die anderen das auch verstehen" (A3/18). Vertrauen war für sie ausschlaggebend, dass sich ein Klima entwickelte, in dem sie Fragen stellen und sich im Design-Workshop sicher fühlen konnte. Sie bezog sich dabei auf technisch inhaltliche Gebiete. Sie beschrieb damit den „Übersetzungsweg" von den Benutzerinnen hin zu den Entwicklern, während ihre oben zitierte Kollegin den umgekehrten Weg, von den Entwicklern zu den Benutzerinnen, beschrieb. Eine weitere Benutzerin erinnerte sich an andere Konflikte in der Design-Gruppe, bei der ihr die Unterstützung durch die Beraterinnen auffiel.

„Wenn es zum Beispiel um so eine Arbeitsweise ging. Oder wenn man so emotionale Sachen angesprochen hat. [..] Wenn es einfach darum gegangen ist, dass man vielleicht einem Entwickler gesagt hat, dass einem dieses oder jenes Verhalten nicht passt! [..] Da haben sich einfach manche Leute raus genommen und nichts dazu gesagt in der öffentlichen Runde. [..] Und das wart im Endeffekt nur ihr dann, die da was gesagt habt." (A2/21,22)

Hier ging es nicht um technische Inhalte, bei denen die Benutzerinnen auf Grund ihres Kenntnisstands verunsichert waren, sondern um unterschiedliche Auffassungen von Vorgehensweisen im Projekt oder um Probleme mit Kommunikationsstilen. Die Frage, ob sich die Beraterinnen an diesen Stellen „zu weit hervor gewagt" hätten, verneinte sie. Sie stellte lediglich fest, dass sie und ihre Kolleginnen mehr hätten sagen müssen.

Dass es in den Design-Workshops durch die Rolle der Beraterinnen zu Auseinandersetzungen kam, macht die Bemerkung einer Benutzerin deutlich. Sie antwortete auf die Frage, was die Aufgabe der Beraterinnen war, sehr salopp: „Und vielleicht sich auch mal mit den Entwicklern anzulegen" (A4/25). Auf die Nachfrage, ob dies ihrer Meinung nach tatsächlich zu den Aufgaben gehörte, beschrieb sie – ganz im Tenor der bereits erwähnten Benutzerinnen, folgendes:

> „Nein, das war nicht eure Aufgabe. Aber einzugreifen, wenn wir da irgendwie nicht weiterkamen. [..] Aber wenn wir dann irgendwie sprachlos wurden, oder ihr habt gemerkt, dass wir da nicht weiterkommen, dass ihr da eingegriffen habt. [..] Das haben wir gebraucht. Das hätten wir ohne nicht geschafft." (A4/25)

Von den Benutzerinnen wurde die Unterstützung und Begleitung im Design-Meeting als notwendig gesehen, um zwischen Entwicklern und Benutzerinnen zu „übersetzen" und schnell auftauchende Fragen zu klären. Die teilweise konfliktbeladene Kommunikation, die neue Rolle der Benutzerinnen zusammen mit ihren technisch fachlichen und individuellen Unsicherheiten führte dazu, dass die Benutzerinnen sich zu Anfang in den großen, teilweise bis zu zwanzig Personen umfassenden, Design-Workshops kaum zu Wort meldeten. Die Beraterinnen schritten in Situationen ein, wenn ein Überrollen der Benutzerinnen drohte.

Auf der Grundlage der Äußerungen könnten die Beraterinnen in einer Funktion als Anwältinnen der Benutzerinnen gesehen werden. Dies war jedoch weder das Konzept der Beraterinnen noch der Projektleitung. Anfangs war diese Funktion der Beraterinnen kaum zu vermeiden, sollten die Benutzerinnen nicht gleich zu Anfang untergehen. Ziel war aber immer, dass die Benutzerinnen im Verlauf des Projekts eine aktive Rolle bekommen. Dass sich dies im Laufe des Beteiligungsprozesses einstellte, wurde an vielen bereits genannten Äußerungen deutlich und zeigt sich auch an der folgenden Textstelle.

> „Weil am Anfang war auch immer so, wozu braucht ihr eigentlich diese Frauenberatung? Ja könnt ihr nicht für euch selbst reden? Und dann war ja für uns immer so, [nuschelt vor sich hin] ja, können wir eigentlich schon, aber wir trauen uns nicht. [Lacht] Also so hatte ich immer den Eindruck. -- Und dann wart ihr beide am Anfang immer da, die dann für uns erstmal gesprochen haben. Und wir dann im Hintergrund. Aber das hat sich irgendwann so eingespielt, dass jeder sich ein bisschen stärker fühlte." (A5/21)

Die Beratung war darauf ausgerichtet, die Benutzerinnen zu unterstützen, diese aktive Rolle selbst ausfüllen zu können. Die Benutzerinnen sollten ihre Interessen gegenüber den Entwicklern selbst vertreten und in den Aushandlungsprozessen eine aktive Rolle übernehmen. Benutzerinnen, die ihre Erlebnisse mit jenen aus dem Vorprojekt verglichen, kamen zu dem Schluss, dass sie sicherer geworden waren (A3/20) und sich auch die Zusammenarbeit mit den

Entwicklern veränderte. Die Beraterinnen halfen, von den Benutzerinnen getroffene Entscheidungen mit durchzusetzen (A4/29).

Kritisiert wurden die Beraterinnen von einer Benutzerin, die sich und eine ihrer Kolleginnen in ihrem Engagement zeitweilig gebremst sah.

„Und dass man da indirekt gefordert hat, oder fast schon direkt, dass die sich da zurücknehmen im Engagement, in ihrer Art. [..] Dieses Thema war immer wieder auf dem Tisch. Immer diese Gleichbehandlung. Ihr habt dafür gesorgt, dass jeder Aufgaben machen muss. [..] Find ich nicht so gut. Das soll aus der Gruppe heraus entstehen. Auch der Schwächere ist gefordert, da an sich zu arbeiten. Nur dann macht es wirklich Sinn." (A2/44)

Nach ihrer Ansicht intervenierten die Beraterinnen hier in einer Art, dass sich einzelne engagierte Frauen zurücknahmen.

„Das sollte man nicht so überbewerten, sondern wirklich die Persönlichkeit einfach so laufen lassen. Die Gruppe muss sich da selber finden. Und wenn es nicht gegangen wäre, dann müssen einfach die Personen ausgetauscht werden. -- Ob es jetzt die Stärkeren sind, so dass die gesamte Mannschaft ruhiger ist. Oder umgekehrt." (A2/44)

Auch eine weitere Kollegin kritisierte an dieser Stelle die Beraterinnen, wenn auch nicht explizit. Von den anderen Befragten aus Projekt A wurden die Begebenheiten oder Gruppendynamiken nicht thematisiert. Eher implizit wird erkennbar, dass einige der vorsichtigeren Benutzerinnen es für sich positiv werteten, bei Präsentationen mitgewirkt zu haben, auch wenn sie sich dies ursprünglich nicht zutrauten. Da die Beraterinnen das Ziel verfolgten, dass alle Gruppenmitglieder sich mit der Zeit in den Design-Workshops einbringen konnten, wurden anstehende Aufgaben zwischen allen Benutzerinnen verteilt. So wurde darauf geachtet, dass die Gruppe bei jedem Benutzerinnen-Workshop festlegte, welche der Frauen die Ergebnisse im nächsten Design-Workshop vorstellen sollte. Auch in der Benutzerinnengruppe waren die üblichen gruppendynamischen Mechanismen vorhanden, so dass sich einige Frauen „öffentliche Auftritte" problemlos zutrauten, andere eher vorsichtig waren. Von Anfang an wurde von den Beraterinnen vorgeschlagen sich abzuwechseln, was von der Gruppe so akzeptiert wurde. Die Beraterinnen achteten darauf, dass Aufgaben nicht „automatisch" verteilt wurden, sondern es immer zur Diskussion stand, welche Frau eine Aufgabe übernehmen sollte. Dadurch übernahmen auch Frauen, die sich sonst nicht öffentlich geäußert hätten, Präsentationsaufgaben sowohl im Design-Workshop als auch bei anderen Gelegenheiten.

Wie sich bei Projekt B interne Hierarchisierungen in der Frauengruppe darstellten, welche der Frauen sich „hervorwagten" und welche nicht, lässt sich schwer beurteilen. Dies wurde von den befragten Benutzerinnen kaum problematisiert. Eine der Benutzerinnen beantwortete die Frage, ob sich alle Gruppenmitglieder gleichermaßen beteiligten konnten, wie folgt:

„Wie heißt das so schön, es gibt immer den Schweiger, es gibt immer den Oberlehrer, es gibt immer den Besserwisser und es gibt immer den Beleidigten, es gibt immer den, der gar nichts sagt. -- Und woanders sieht das wieder anders aus. Also ich bin heute der Schweiger, morgen bin ich der Besserwisser und übermorgen bin ich, weiß ich nicht. -- Ich denke es war immer gemischt. Und diese Schweiger hast du immer. Und diese Oberlehrer hast du auch immer." (B2/36)

Demnach war auch hier die von ihr sehr allgemein beschriebene Gruppendynamik vorhanden. Diese in einem Diskussionsprozess zu berücksichtigen und dabei zu beachten, dass auch eher Schweigsame Möglichkeiten bekommen, ihre Fragen, Vorstellungen und Interessen einzubringen, wurde von den Beraterinnen in beiden Projekten als Aufgabe bei der Moderation und Unterstützung der Gruppe gesehen.

Unterstützung anderer Art beschrieben verschiedene Interviewpartnerinnen aus Projekt A und B mittels Episoden aus der Zusammenarbeit mit den Beraterinnen, die sich unter dem Motto „Ihr habt gesagt, und das hat mir etwas geholfen.." zusammenfassen lassen. Eine Benutzerin aus Projekt B schilderte, dass die Beraterinnen darauf hinwiesen, „sie sollten sich nicht alles erzählen lassen".

> „Also ihr habt uns immer gesagt: Hier, lasst euch nicht alles erzählen wer die Fehler gemacht hat. -- Es ist oft so gewesen oder Frauen neigen dazu, wenn was nicht läuft, zu sagen, das ist mein Fehler. Und ihr habt uns oft gesagt, auch die Programme machen Fehler, auch ein Computer macht mal Fehler. Und das ist ein ganz, ja für mich war das sehr hilfreich gewesen, wie gehe ich dann mit außenstehenden Stellen um, also jetzt mit Firma XY, mit der Softwarefirma, dass ich mich da nicht darauf eingelassen habe, dass ich selber die Fehler gemacht habe. Sondern darauf bestanden habe, hier ich habe den Fehler nicht gemacht, ich habe das zweimal, dreimal kontrolliert, sie sollten bitte schön ihr Programm kontrollieren. Und oftmals ist es dann so gewesen. Also es ist vielleicht einmal so, dass es tatsächlich mein Fehler war, dass ich etwas nicht verstanden hatte. Aber fünfzigmal war es tatsächlich ein Fehler bei den Anderen." (B1/43)

Eine ihrer Kolleginnen hob hervor, dass die Beraterinnen sie „geimpft" hätten, Fragen zu stellen (B2/14). Bei den Beraterinnen hatte sie gelernt „immer schön zu fragen", z.B. wenn sie bei den Softwareentwicklern etwas nicht verstand (B2/28). Ähnliches wurde bereits aus anderen Zitaten der Benutzerinnen aus Projekt A deutlich. Eine Benutzerin aus Projekt A formulierte, die Beraterinnen hätten Durchhalteparolen ausgegeben, wie z.B. „Lasst euch nicht unterkriegen" (A4/9). Eine ihrer Kolleginnen hatte gemerkt, dass die Äußerung, etwas ginge technisch nicht, erstmal auch bedeuten kann, es gehe mit den derzeitig verwendeten Mitteln und Werkzeugen nicht (A1/37) und die Nachfrage „Warum?" gestattet sein müsste.

Zwei Benutzerinnen von Projekt B argumentierten, dass bei der Moderation eine Vergabe an externe Personen wichtig war. Viele Personen aus der eigenen Organisation wären eher betriebsblind, nicht in der Lage oder Willens die Bedürfnisse der Beschäftigten wahrzunehmen (B2/20). Eine Benutzerin befürchtete, dass diese allein Interessen des Unternehmens vertraten und die der Benutzerinnen nicht sehen wollten (B3/17). In Anbetracht der Ausrichtung des Projekts, eine partizipative Anforderungsermittlung mit Frauen, hätte es innerhalb des Unternehmens vermutlich weder Personalkapazitäten noch die entsprechenden Kompetenzen gegeben, um eine Moderation zu stellen, so die Ansicht der Benutzerinnen aus Projekt B (B1/10; B2/20; B3/32).

Eine Benutzerin aus Projekt A beschrieb die Moderation als gelungen (A6/53,54). Allgemein formulierte sie als Anforderung an eine Moderation, dass diese unparteiisch, nicht meinungsbildnerisch vorgehen und die Arbeit von ge-

genseitigem Respekt gekennzeichnet sein sollte (A6/56). Eine weitere Befragte aus Projekt A beschrieb, dass zwar eine Moderatorin immer eine gewisse Dominanz habe, sie aber nicht beeinflussend arbeitete. Nach ihrer Sicht ging es um erforderliche Erklärungen und darum, die Diskussionen zu strukturieren (A4/41). Eine weitere Befragte beschrieb die Moderation der Benutzerinnengruppe als wohltuend, im Vergleich zu jener in den Design-Wokshops (A5/35).

Zusammenfassend kann bei beiden Projekten festgestellt werden, dass Moderation, Beratung und Unterstützung überwiegend positiv eingeschätzt wird. Dies bezieht sich sowohl auf die Arbeit in der Benutzerinnengruppe als auch für ihre Aktionsmöglichkeiten innerhalb des Gesamtprojekts. Kritisiert wird für Projekt A von Einzelnen die Maßgabe, dass in der Gruppe möglichst Hierarchien vermieden werden sollten.

Ungewöhnlich ist es aus Sicht der Frauen, dass sie als eine am unteren Ende der Hierarchie tätige Personengruppe eine Beratungsinstitution zur Seite gestellt bekamen. Von anderen Projektmitarbeitern wird es als fragwürdig angesehen, dass die Beraterinnen sich anfangs mehr in die Diskussionen einmischen als die Benutzerinnen selbst. Obwohl die Benutzerinnen mit Kritik konfrontiert werden, zweifeln sie nicht daran, dass die Beratung für sie von großer Relevanz ist. Immer wieder weisen Interviewpartnerinnen darauf hin, dass sie sich nicht manipuliert oder beeinflusst, sondern ernst genommen fühlen. Diese Äußerungen sind im Zusammenhang damit zu sehen, dass die Benutzerinnen innerhalb der eigenen Organisation oder auch im Projekt, eher gegenteilige Erfahrungen machen.

8.4.6 Auszeiten und strategische Besprechungen

Während die bisherigen strategischen Interventionen überwiegend bereits im Konzept der Beteiligungsmodelle enthalten waren, handelte es sich bei den Auszeiten und den strategischen Besprechungen um Elemente, die in einer akuten Situation bei Projekt A eingeführt wurden. Daher werden in diesem Kapitel allein die Benutzerinnen aus Projekt A zu Wort kommen. Den Informationsfluss sicherzustellen, gehörte zwar zu einer definierten Aufgabe beider Projekte, in der konkreten Ausgestaltung war diese Anforderung bei Projekt A mit den strategischen Besprechungen und den Auszeiten verknüpft. Im Folgenden werden die Zeitpunkte beschrieben, an denen die Elemente eingeführt wurden. Welche Wirkung hatten die Auszeiten und wie werden sie von den Benutzerinnen beurteilt?

Die Schwierigkeiten der Zusammenarbeit mit den Entwicklern zeigten sich für die Benutzerinnen bereits im ersten Design-Workshop. Es kam zu Auseinandersetzungen, da die Entwickler die von der Projektleitung vorgegebenen Maßgaben des partizipativen Prozesses in Frage stellten. Die Entwickler, an ihrer bisherigen Arbeitsweise aus dem Vorprojekt festhaltend, vertraten die Meinung, dass es zeitlich nicht möglich wäre, sich den Luxus eines Beteiligungsmodells zu leisten. Aus ihrer Sicht war es erforderlich, dass die Benutzerinnen jede Woche drei bis vier Tage dem Entwicklungsteam zur Verfügung standen, um ihre auftretenden Fragen sofort zu beantworten. Die Benutzerinnen-Workshops wären projektgefährdend, da sich dadurch die zeitlichen Vorgaben nicht einhalten ließen. Die Entwickler prognostizierten ein Scheitern des Projektes, falls sich die Benutzerinnen nicht darauf einließen, wöchentlich für drei Tage am Projektstandort der Entwicklungsgruppe für Fragen zur Verfügung zu stehen. Eine Benutzerin aus Projekt A schilderte den Konflikt aus ihrer Sicht.

„Die haben das einfach nicht akzeptiert, unsere Begründung. Dass wir diese Zeit in den Benutzerinnen-Workshops brauchen. Dass wir unsere Meinung austauschen müssen. Weil ja überall manche Sachen anders geregelt werden, und dass wir da aber auf eine einheitliche Regelung kommen, so dass wir das auch auf die Oberfläche so bringen. Das wollten sie auch nicht akzeptieren." (A2/15)

Diese Konfrontation führte bei den Benutzerinnen zu einer großen Verunsicherung, da sie nicht überblicken konnten, was an den Argumenten richtig war. Lediglich diejenigen, die diese Arbeitsweise schon aus der Vorprojektphase kannten, intervenierten mit einer gewissen Selbstsicherheit. Das Diskussionsklima dieses Workshops wurde als einschüchternd (A1/39), rücksichtslos (A1/26), eher unfair (A2/15) oder verunsichernd (A5/8) beschrieben. Vor allem die neu hinzugekommenen Benutzerinnen waren von der Fülle der Informationen überfordert und fühlten sich kaum in der Lage Position zu beziehen.

„Diskussionsklima. [Nachdenklich] Also, von meiner Seite aus gesehen, erstmal haben ja andere diskutiert. Weil, ich mich auch gar nicht in der Lage fühlte, da mitzudiskutieren." (A6/22)

Eben diese Benutzerin formulierte, dass es für sie eine Überforderung war, zu entscheiden, welches der „richtige" Weg wäre (A6/24). Auch eine andere neu hinzugekommene Kollegin fand sich in dieser Situation nur schwer zurecht.

„Nach dem heutigen Wissen muss ich sagen, empfinde ich schon an der einen oder anderen Stelle maßlose Wut. -- Maßlose Wut halt in der Form, dass andere Menschen, die da mitgearbeitet haben, dass die sich Verhaltensweisen herausgenommen haben, die eben nicht korrekt waren. Und die man in seiner Unerfahrenheit, in seiner Schüchternheit auch ein bisschen akzeptiert hat." (A1/24)

Unerfahrenheit und Unsicherheit hatten, so lassen sich die Aussagen der meisten Benutzerinnen zusammenfassen, dazu geführt, dass die Benutzerinnen sich nicht in der Diskussion behaupten konnten. An dieser Stelle wurde erstmals eine Sitzungsunterbrechung, im Weiteren als Auszeit bezeichnet, eingefordert. Diese Intervention entsprang der Notsituation, dass sich nur wenige der Benutzerinnen überhaupt in der Lage sahen, sich in die Diskussion einzubringen. Die meisten fühlten sich sowohl unter Druck gesetzt von der Verantwortung, die ihnen zugesprochen wurde, als auch unsicher, in dieser schwierigen Kommunikationssituation etwas zu entscheiden.

Die beantragte Auszeit sollte etwa eine halbe Stunde dauern und hatte zum Ziel, den Benutzerinnen die Möglichkeit zu bieten, sich untereinander auszutauschen und ihre Haltung zu der Frage der zukünftigen Arbeitsweise zu klären. Wie die Reaktionen der anderen Projektmitglieder war, lässt sich an folgenden Äußerungen ablesen.

„Das härtest Kritisierte von allem, die Auszeiten. -- Weil die Männer, die waren ja ganz schön sauer, dass wir dieses Recht hatten, diese Auszeiten. Und dass die dann halt oftmals auch eine halbe Stunde hatten und nicht weitermachen konnten. Heiß gelaufen waren, aber halt einfach nicht weitermachen konnten. Ich mein für den Ablauf war es jetzt, für den Gesamtablauf war es vielleicht nicht so förderlich, aber für uns war das damals absolut wichtig." (A1/26)

„Das wurde schlecht aufgenommen, das weiß ich noch. Dass die da alle, so von wegen „was tun die Weiber sich da zusammen" so ungefähr, und machen hier einen dicken Hals. Also das wurde von den anderen schlecht aufgenommen." (A4/17)

Auch alle anderen Befragten erinnerten sich deutlich an die ablehnenden bis diffamierenden Reaktionen. Dass Auszeiten ein heikles Thema war, bemerkte eine der Befragten auch daran, dass „danach immer einer versuchte sie zu manipulieren". Eine der Benutzerinnen beschrieb, wie unverständlich es ihr erschien, dass die Auszeiten nicht akzeptiert wurden. Sie hätte es „normal" gefunden, wenn eine Gruppe für sich Beratungszeit brauchte, dies zu akzeptieren (A6/25). Eine weitere Kollegin äußerte ihr Unverständnis, da die Entwickler doch hätten froh sein können, dass die Benutzerinnen nun kompetent mitarbeiten konnten.

Einhellig war die Einschätzung der Benutzerinnen, dass sie die Auszeiten benötigten.

„Obwohl das für uns gut war. Weil, das ist, wir hatten nun ja auch nicht den Plan. Und wenn wir dann, was weiß ich, dann eine gefragt, oder eine meldete sich zu Worte und die andere traute sich nicht, oder sonst irgendwas. Ist dann immer nicht richtig von uns rübergekommen. So, wenn die uns dann überrumpeln wollten, -- was sie ja dann teilweise versucht haben, dass wir dann da die Auszeiten genommen haben. Dass es für uns auf jeden Fall positiv war, mit den Auszeiten. -- Und dass wir dann verstärkt mit allen normal in der ganzen Gruppe da reingegangen sind." (A4/17)

„Wir brauchten das eben, um uns über eine Entscheidung, die von uns spontan getroffen werden sollte, wo wir uns eben nicht so schnell entscheiden konnten. Dass wir uns besprechen. Das war eigentlich eine gute Sache, weil -- ja wir teilweise ja auch ein bisschen Probleme hatten, unsere Vorstellung da so im großen Kreis vorzutragen." (A3/34)

„Es war wichtig! Weil wir eben uns eben uneins waren. Und weil dann auch die anderen, also sei es jetzt der Moderator der Design-Gruppe und die anderen gemerkt haben, wir sind uns ja selber nicht grün in diesem einen oder anderen Thema. -- Das wär vielleicht in diese Richtung gegangen, dass wir untereinander ein bisschen ausgespielt worden wären, weil die eine der Meinung war, und die andere der Meinung." (A2/16)

„Für den damaligen Zeitraum, absolut notwendig und wichtig. Weil wir mit sehr vielen Dingen überrollt wurden, mit denen wir nichts anfangen konnten und die wir nicht verstanden HABEN. Und dazu haben die Auszeiten ja auch gedient. Denn letztendlich, sich Informationen zu holen, das zu besprechen und dann neu in die Runde zu gehen." (A1/26)

Deutlich wird aus diesen Äußerungen einmal mehr, wie sehr sich die Benutzerinnen teilweise in die Enge getrieben sahen, aber auch wie viel diese Auszeiten aus ihrer Sicht bedeuteten. Durch die Besprechungen war es nicht mehr so leicht möglich „sie abzubügeln", wie dies eine der Benutzerinnen formulierte (A6/26).

Die Intervention der Auszeit wurde in Absprache mit der Projektleitung für den weiteren Verlauf des Beteiligungsprozesses etabliert. Im Verlauf des Beteiligungsprozesses wurden Auszeiten noch einige Male eingefordert. Nach Aussagen der Benutzerinnen geschah dies in Situationen, in denen es Klärungsbedarf gab. Die Beraterinnen brachten die Sitzungsunterbrechung auf die Tagesordnung, wenn sie über Blickkontakte feststellten, dass „in den Augen der Benutzerinnen Fragezeichen" waren (A5/13). Teilweise war sie froh, so eine der Befragten, wenn eine Auszeit beantragt wurde, damit sie nachfragen konnte, worüber die Entwickler denn geredet hatten (A1/26). Auszeiten waren gut, um auf den gleichen Informationsstand zu kommen und Unsicherheiten zu klären, so eine weitere Benutzerin (A2/18). Wenn Entscheidungen zu treffen waren, bei denen die Hintergründe unklar blieben, zogen sich die Benutzerinnen zurück um diese zu diskutieren. Danach wussten sie, was die Entwickler meinten und stimmten zu oder stellten ihre eigene Position dar (A3/34).

Zusammenfassend zu den Auszeiten ist festzuhalten, dass diese hart umkämpft sind. Überwiegend fühlen sich die Benutzerinnen dafür angegriffen und belächelt. Trotz dieser Gegenwehr sind alle der Meinung, dass die Auszeiten erforderlich und sehr hilfreich sind. Unterstützt werden die Benutzerinnen durch die Projektleitung. Ihre Vorgesetzten in der auftraggebenden Abteilung vertreten eher die Position der Entwickler, dies sei ein absurdes und zeitraubendes Vorgehen.

Im weiteren Verlauf wurden immer seltener Auszeiten eingefordert. Dies hing mit zwei Umständen zusammen. Zum einen spielte sich die Arbeitsweise zwischen Benutzerinnen und Entwicklern ein und die Benutzerinnen fühlten sich mehr und mehr ernst genommen. Auszeiten wurden nur dann eingefordert, wenn in einer aktuellen Diskussion bei den Benutzerinnen dringender Klärungsbedarf bestand. Zum anderen wurden von den Benutzerinnen und Beraterinnen bei den zeitlichen Abläufen des Benutzerinnen-Workshops und des Design-Workshops Abschnitte vorgesehen, die Zeit für Rücksprache und Informationsaustausch boten. Dies wurde durch das Ziel einer stringenteren Sitzungsplanung motiviert, aber auch durch die Suche nach weniger konflikthaften Möglichkeiten, dem Klärungsbedarf auf Seiten der Benutzerinnen durch Besprechungen nachzukommen.

Der Ablauf der Design-Workshops wurde um eine halbstündige Reflexionsphase am Ende der dreitägigen Meetings ergänzt, in der sich die beteiligten Gruppen (Entwickler und Benutzerinnen) zu einem Resümee zurückzogen. Zu den internen Abschlusstreffen der Benutzerinnen auf den Design-Workshops meinte eine Benutzerin:

> „Erstmal wurde ganz offen gesprochen. Das war halt ein ganz anderes Treffen gewesen als in der Projektgruppe im ganzen Team. Und keiner hatte vor dem anderen Angst, sich jetzt eine Blöße zu geben. Von daher war das immer ein guter Abschluss. Also ich denk, da war hinterher jedem klar, ja darum ging es, und so sollten wir es dann machen. -- Und so war die Arbeit dann produktiv." (A5/11)

Im Anschluss daran wurde gemeinsam eine Kritikphase durchgeführt, in der die offen gebliebenen Fragen, Kritik und Lob des Workshops vorgebracht, die

Planung der weiteren Arbeitsschritte bis zum nächsten Workshop und dessen Agenda festgelegt wurden.

Auch die Benutzerinnen-Workshops wurden um einen Besprechungsabschnitt ergänzt, der von den inhaltlichen Diskussionen der Anforderungen abgesetzt war. Anfangs wurden hier projektinterne Informationen von den Beraterinnen weitergegeben. Daneben war ein weiterer wesentlicher Bestandteil der Austausch von Informationen aus ihren Abteilungen oder von Sitzungen, an denen jeweils zwei Benutzerinnen teilnahmen (z.B. das Entscheidungsgremium). Mit der Zeit entwickelten diese Besprechungen einen strategischen Charakter. Diskutiert wurde, wie die Benutzerinnen ihre Inhalte auf den letzten Design-Workshops einbringen konnten, ob sie mit den Ergebnissen zufrieden waren und wie eine Verbesserung der Kommunikation mit den Entwicklern zu erreichen wäre. So wurde hier z.B. beschlossen, dass sich eine der Benutzerinnen an den Diskussionen nicht beteiligen, sondern zuhören und beobachten sollte. Sie hatte die Aufgabe gegebenenfalls in die Diskussion einzugreifen und beispielsweise Erklärungen von Fachbegriffen, ein faires Diskussionsverhalten oder Ähnliches einzufordern. Außerdem wurde in diesen Besprechungen diskutiert, in welchen Gremien sich die Benutzerinnen zusätzlich einbringen wollten oder welche Inhalte aus ihrer Sicht auf die Tagesordnung kommen sollten.

Schon der Informationsfluss, der durch die Beraterinnen sichergestellt wird, ist aus Sicht der Benutzerinnen wichtig. Durch die gemeinsamen Besprechungen jedoch, ob in den Auszeiten oder den strategischen Besprechungen, bekommt die Gruppe ein hohes Maß an Sicherheit bei ihren Anforderungen. Verknüpft mit den Maßnahmen, jede Einzelne und auch die Gruppe in ihren Handlungsweisen zu unterstützen, erleben die Befragten eine Stärkung ihrer Position. Dadurch werden sie zu Verhandlungspartnerinnen (A6/27), die die Entwickler ernst nehmen müssen.

8.4.7 Von Frauen für Frauen

Bei der Auswertung der Interviews zeigten sich ambivalente und widersprüchliche Einschätzungen der befragten Benutzerinnen im Hinblick auf Frauengruppen und auf die Unterstützung durch Beraterinnen aus einer Frauenbildungseinrichtung. Die Verantwortlichen beider Projekte begründeten die Etablierung einer Frauengruppe unter anderem mit der Brisanz, die das Verhältnis „Geschlecht und Technik" hatte.

Frauengruppen bedeuten eine Zuspitzung des Elements der eigenständig arbeitenden Gruppe von Benutzerinnen und Benutzern. Mit der Bildung einer Frauengruppe wird den Auswirkungen einer Hierarchie entgegengewirkt, die aus geschlechtertypisierten Rollenzuschreibungen entstehen und durch Rollenverhalten unterschiedliche Positionierungen und eine asymmetrische Kommunikationssituation erzeugt. Anhand der Interviews wird geprüft, wie die Benutzerinnen die Frauengruppen sowie die Beratung und Qualifizierung durch die Frauenbildungseinrichtung beurteilen.

In beiden Projekten begründeten die Frauen die Entstehung der Frauengruppe damit, dass in ihren Arbeitsgebieten überwiegend Frauen beschäftigt waren bzw.

sind. Die Frauengruppe war „Zufall", so eine der Interviewpartnerinnen von Projekt A. Zwar wurden später auf Grund von innerorganisatorischen Umstrukturierungsmaßnahmen mehr und mehr auch Männer in die telefonische Kundenberatung gedrängt, deren Erfahrungen reichten zu dem Zeitpunkt der Projektdurchführung nicht aus, um die Anforderungen an eine unterstützende Software zu kennen (A3/70). Nach der Erfahrung einer ihrer Kolleginnen, die erst nach der Vorprojektphase zum Projekt stieß, stellte sich das anders dar.

> „Also! G., das war einer aus unserer Gruppe, der hatte unheimlich gute Computererfahrung. Und der wurde gefragt, ob er denn da hin gehen wollte. Da hat er ja gesagt. -- Und dann hatte meine Chefin ein Gespräch mit unserem Projektleiter. So und nun der hat gesagt, naja geht gar nicht. Weil das ist ein Frauenteam. Und G. ist nicht, weil G. männlich. [Lacht] Und dann sagte meine Chefin, ja dann guckten alle mich an. Und ich: O.k., ich mach das." (A5/1)

Ab einem bestimmten Zeitpunkt war es nicht mehr zufällig, ob eine Frau in die Projektgruppe entsandt wurde. Es wurde durch die Projektleitung gesteuert. Die unterschiedliche Wahrnehmung lässt sich dadurch erklären, dass die Auswahl in der Vorprojektphase tatsächlich „zufällig" geschah. Zu dieser Zeit lag der Anteil von Frauen an den Beschäftigten nach Angaben der Befragten über 90%. Als die Projektleitung sich für das Beteiligungsmodell entschied, berücksichtigte sie die Zusammensetzung der bestehenden Gruppe. Einer der Projektleiter beschrieb seine Befürchtung, wären Kollegen in die bereits bestehende Frauengruppe einbezogen worden.

> „Ob sie sich nicht innerlich den Entwicklern zugeschlagen hätten. Jaja, die verstehen das ja viel schneller, können alles viel besser. Begreifen das ja sofort, und die müssen nicht so lange diskutieren und so. Männer haben ja auch einen Koller in der Beziehung." (Ap2/45)

Für die „Zufälligkeit" der Frauengruppe galt bei Projekt B Ähnliches. Die Verwaltungsangestellten in der Organisation „sind klassischerweise Frauen" (B2/23). Hier entschied der Projektverantwortliche diesem Sachverhalt bei der Konzeption des Beteiligungsmodells Rechnung zu tragen. Für die Frauen jedenfalls gab es dem ersten Anschein nach kein Argument für eine Frauengruppe, außer dass in ihrem Arbeitsbereich überwiegend Frauen beschäftigt waren.

Über die „Zufälligkeit" hinaus wurde bereits in Kapitel 8.3.5 deutlich, dass die Benutzerinnen beider Projekte befürchteten, Männer würden ihnen kein technisches Verständnis zugestehen.

> „Dann würde der Mann sagen: ‚Aber ich habe doch ein viel besseres technisches Verständnis wie die'. Also so ungefähr kann ich mir das vorstellen, dass es dann so gelaufen wäre. Und, dass dann die Frauen vielleicht auch wieder dann nicht ihre Meinung gesagt hätten." (A4/28)

Woher sie diese Einschätzung nahm, erklärte sie mit Erlebnissen an ihrem Arbeitsplatz.

> „Und da war das halt so, dass die das überhaupt nicht verstehen konnten, dass ich als Frau da drin war, und nicht die als Mann. Und dann denk ich mir, wenn dann die Männer und die Frauen zusammengearbeitet hätten, dass die Männer dann halt die Frauen platt geredet hätten." (A4/28)

Ausgehend von der Befürchtung, von Männern werde ihr keine technische Kompetenz zugestanden, folgerte sie nahtlos, dass sich die Kommunikationssituation verschlechtern würde. Sie formulierte Verhaltensweisen für beide Geschlechter, die in so einer Situation eintreten könnten: Männer reden Frauen platt, Frauen sagen ihre Meinung nicht mehr. Diese Situation erklärte sie wie folgt:

> „Ja, das ist bei den Männern dann so, so dieser Neid und so was halt dabei. Dass die besser dastehen wollen, wie die Frauen. Und nicht mit den Frauen irgendwie dann so gleich." (A4/28)

„Männer wollen nicht mit Frauen gleichgestellt sein", so ließe sich diese Aussage zusammenfassen. Sie schränkte kurz darauf diese Aussage dahingehend ein, dass sie dies nicht auf alle Männer verallgemeinern könnte, es allerdings auf ihre Kollegen zutraf. Allgemeiner formulierte sie, wie sich ihrer Meinung nach die Zusammenarbeit zwischen Frauen gestaltete.

> „Denke schon, dass das einen Unterschied gemacht hätte. -- Weil wir Frauen haben da doch schon mehr im Team gearbeitet und die Männer haben halt irgendwie versucht, ein bisschen mehr so auf sich so zu ziehen. (A4/27)

Überwiegend wird von den Benutzerinnen eine erfahrene oder befürchtete Geringschätzung von Männern beschrieben, wenn es um Technik geht. Diese wirkt sich auf die Kommunikationssituation aus. Sie bringen ihre Interessen und Vorstellungen weniger ein oder fürchten, „dumme Fragen" zu stellen.

Eine andere Perspektive entwickelten die Befragten bei der Frage, ob sie Veränderungen in den Workshops erwartet hätten, wenn ein Kollege mit gleichem fachlichen Hintergrund und innerbetrieblichen Status mitgearbeitet hätte. Überwiegend wurde dies verneint. Eine Befragte aus Projekt A formulierte, die Arbeit wäre dann vom gleichen Ausgangspunkt und der gleichen Zielsetzung (A5/32) geprägt und in der Hinsicht hätte sie gegenüber einem Mann in der Gruppe nur geringe Vorbehalte. Kämen Männer aus dem selben Praxisbereich in die Anforderungsermittlungsgruppe und hätten damit die selben Interessen, sah eine Benutzerin aus Projekt B keine Schwierigkeiten.

> „Und ich bin das eigentlich auch immer gewohnt gewesen, mit Männern zusammenzuarbeiten. [..] Ich hab da eigentlich nie Probleme mit gehabt. -- Und so denk ich mir, wenn die aus dem gleichen Bereich kommen, die gleichen Interessen vertreten, wäre ja in dem Moment so gewesen. Die wollten ja auch das Programm mitgestalten. Dann wäre das für mich kein Thema gewesen." (B3/8)

Dazu im Widerspruch formulierte sie an anderer Stelle, dass eine Situation entstehen könnte, bei der sich Frauen nicht in Diskussionen einbringen.

> „Aber ich denke mir, dass Frauen sich, wenn sie untereinander sind, freier geben. Und das war eigentlich ganz toll bei euch. Da hatte man überhaupt nicht irgendwie das Gefühl, du kannst dieses oder jenes nicht sagen. Ne, weil sie dann denken: Ahh, ist die blöd oder so. Denn das haben Männer ja öfter mal an sich. So was kenne ich ja auch. -- Und darum hab ich das als sehr angenehm empfunden." (B3/33)

Sie stellte dies hier in den Zusammenhang mit abwertenden Verhaltensweisen von Männern – unabhängig von technischen Themen. Eine ihrer Kolleginnen, die sich selbst als aus „Frauenzusammenhängen" kommend beschrieb, war der festen Überzeugung, dass die Diskussionen nicht so lebendig verlaufen wären, wenn Männer in der Gruppe dabei gewesen wären (B1/8/27-9/5). Die Spontaneität ging verloren, als einmal ein Mann an der Teamsitzung teilnahm (B1/9).

Die widersprüchlichen Einschätzungen zur Kommunikation lassen sich einerseits auf die Hierarchisierung von Inhalten und andererseits auf die Beziehungsaspekte zurückführen. Zwischen ihnen und ihren Kollegen gebe es keine Hierarchie bezogen auf die Inhalte der Kommunikation, daher sind sie dieser Idee gegenüber aufgeschlossen. Einschränkend reagieren die Befragten, wenn sie an dominierende oder herablassende Verhaltensweisen von Männern gegenüber Frauen denken.

Die Arbeit in einer Frauengruppe wurde ebenfalls ambivalent beurteilt. Meinungsverschiedenheiten unter den Frauen auf fachlicher Ebene wurden für Projekt B einhellig als unproblematisch, teilweise sogar positiv gewertet, da diese zu einem besseren Ergebnis führten. Die lebhaften, teils hitzigen Diskussionen wurden von allen Frauen mit dem gemeinsamen Erfahrungshintergrund und der gemeinsamen Zielsetzung erklärt. Eine weitere Befragte aus Projekt B beschrieb die Situation amüsiert so, dass die Frauen sich die Köpfe eingeschlagen hätten beim Diskutieren. Möglicherweise, so überlegte sie, hätten die Frauen sonst eine Front gebildet, gegen „die oberklugen Männer" (B2/14). Diese Benutzerin erklärte, sie war anfangs einer Frauengruppe gegenüber eher skeptisch, da sie schlechte Erfahrungen mit einer Vorgesetzten hatte. Ihre Erwartung, dass eine Frau als Vorgesetzte ein besseres Arbeitsklima erzeugen würde, wurde enttäuscht. In der betrieblichen Hierarchie empfand sie dies derart unangenehm, dass sie in Zukunft mit Frauen nicht zusammenarbeiten mochte. Hier zeigte sich eine weitere Verknüpfung von organisatorischer Hierarchie und Geschlecht. Ein hierarchisches Verhältnis ging mit Abwertung einher und äußerte sich für sie in Nicht-Anerkennung. Dass dies durch eine Frau geschah, von der sie „anderes" erwartete, stimmte sie gegenüber einer Zusammenarbeit mit Frauen grundsätzlich misstrauisch. Abschließend kam sie jedoch zu der Ansicht, dass es einfacher sei, unter Frauen zu diskutieren (B2/14).

Für eine der Frauen aus Projekt A verlief die Entwicklung umgekehrt. Auf Grund ihrer sonstigen Erfahrungen von Diskussionen mit Männern war sie einer Frauengruppe gegenüber aufgeschlossen und fand diese anfangs gut (A1/21). Aus ihrer Sicht kam es im Verlauf des Beteiligungsprozesses in der Frauengruppe zu persönlichen Animositäten und Konkurrenzen. Für sie entwickelte sich die Arbeit in der Frauengruppe schwierig, so dass sie nach dem Projekt überspitzt formulierte, nie wieder in einer Frauengruppe arbeiten zu wollen. Ihre Einschätzung zu Konflikten und Konkurrenzen tauchte auch bei einigen ihrer Kolleginnen auf. Jede der Frauen war von den Konflikten in der Gruppe unterschiedlich betroffen, wodurch sie in der Erinnerung eine unterschiedliche Dominanz erhielten.

Die betreffenden Aussagen der Frauen weisen auf ein bekanntes Phänomen bei Frauengruppen hin. Einerseits erleben Frauen das Arbeiten häufig entspannter, da sie sich nicht in der Hierarchie mit Männern positionieren müssen bzw. gegen eine bestimmte Rollenerwartung kämpfen müssen. Andererseits gibt es teilweise eine Erwartung von Hierarchie- und Konkurrenzlosigkeit unter Frauen, was zu einer Enttäuschung führen kann. Treten Hierarchien und Konkurrenzen zwischen Frauen zu Tage, werden diese meist schwerwiegender beurteilt, als wenn dies in der Zusammenarbeit mit Männern der Fall ist.

Die Beratung und Qualifizierung von einem Frauenbildungsprojekt durchführen zu lassen war aus Sicht der jeweiligen Projektleiter beabsichtigt. Die Haltung des Projektleiters von Projekt B für die Vergabe wird im folgenden Zitat deutlich.

„War auch, logisch, -- sag ich mal, -- dass man, weil es ja in der Mehrzahl Frauen waren, dass man das genutzt hat, speziell eine Softwareschule, von Frauen für Frauen. -- Wenn man das hätte von, normalen Informatikern, Männern hätte machen lassen, da wären Frauen hingestellt worden als, -- ein bisschen, zu doof für solche Sachverhalte. Auch wenn es nicht, nie gesagt worden wäre, oder so, das ist klar, aber -- so was spielt ja mit. Ob das nur Blicke sind, oder -- ja. Kann ja auch mit dieser Körpersprache, muss man ja nicht verbalisieren unbedingt. Und so was kommt halt rüber, durchaus. Na? Die haben ja ganz feine Antennen, umgekehrt ist es genauso. [lacht]" (Bp/29,30)

Ähnlich äußerten sich die beiden Projektleiter von Projekt A.

Welche Bedeutung maßen die Benutzerinnen der Beratung durch eine Frauenbildungseinrichtung bei? Eine der Benutzerinnen aus Projekt A äußerte sich positiv über die Erfahrung, dass Frauen ihr etwas erklärten „und nicht Informatiker".

„Und mir gibt das immer ein beruhigendes Gefühl, zu sagen, also das macht jetzt eine Frau. Und da geh ich halt einfach davon aus, dass ich das auch verstehen werde." (A1/26)

Sie unterstellte, dass sie nicht verstehen könnte, was „Informatiker" ihr erklärten. Dass ein Frauenprojekt die Qualifizierungen durchführte, war auch nach Ansicht einer Benutzerin von Projekt B wichtig. Männer schätzte sie „besserwisserisch" ein (B2/20). Es wäre schlimm, so äußerte sie,

„... wenn eine Frau oder eine Gruppe von Frauen von Männern Weisheiten eingebläut bekommt." (B2/21)

Dies wäre „bekanntermaßen nicht sinnvoll" (B2/21), wobei sie allerdings keine weitere Begründung dafür anführte. Ähnlich äußerte sich auch eine weitere Kollegin aus Projekt B.

„Insofern wart ihr da schon ein ganz gutes Vorbild für mich. Also was man sich auch tatsächlich so mehr oder weniger auch autodidaktisch aneignen kann. Einige von euch hatten ja auch nicht unbedingt studiert, sondern hatten sich das ja auch zum Teil selber beigebracht. Oder so mit Frauen zusammenzuarbeiten. Und das war schon ein ganz gutes Vorbild für mich." (B1/12)

Eine Benutzerin aus Projekt A betrachtete die Qualifizierung und Beratung durch Frauen ebenfalls als positiv und argumentierte, Frauen hätten mehr Einfühlungsvermögen und eine „ganz andere Art" mit den Benutzerinnen umzugehen (A3/44).

„Mit der Art meine ich zum Beispiel, ich würde jetzt mit einer Frage, die ich habe, die vielleicht ganz dämlich ist, die würde ich jetzt vielleicht jemand anders gar nicht fragen. Weil ihr seid, so als Frauen uns gegenüber, ganz anders. Viel viel, viel sanfter. -- Habt wesentlich mehr Einfühlungsvermögen. [..] Das Vertrauen, was wir miteinander haben, das hätte ich sicher nicht mit einem Mann." (A3/45)

Ernst genommen zu werden war dieser Benutzerin ausgesprochen wichtig (A3/77). Um Fragen stellen zu können, wünschte sie sich eine vertrauensvolle Situation. Zu den Beraterinnen hatte sie dieses Vertrauen.

Eine weitere Benutzerin aus Projekt A war der Meinung, dass Frauen als Beraterinnen und Qualifiziererinnen die angemessene Wahl waren.

„Jetzt, wo wir jetzt alle zusammen waren, wir Frauen und Anwenderinnen. -- Und also jetzt, dass die Frauenbildungseinrichtung die Qualifizierungen, die Moderationen und Beratung von uns übernommen hat, das denke ich schon, dass es besser ist, dass es eine Frau war. Weil wir ja auch nur Frauen waren." (A4/27)

Diese Benutzerin begründete die Wahl der Frauenbildungseinrichtung mit dem Umstand, dass hier eine Frauengruppe zustande gekommen war. Dieses Argument schließt an das Argument an, die Frauengruppe sei zufällig entstanden. Dennoch erschien ihr das im Nachhinein gut und richtig. Auch eine Benutzerin aus Projekt B befürwortete eine Frauenbildungseinrichtung einzubeziehen (B2/21) mit der Begründung, dass es sich um eine Frauengruppe handelte. Einen anderen Tenor hatte die Äußerung einer Benutzerin aus Projekt B, die den „Frauenzusammenhang" explizit betonte.

„Was aber auch mit mit der intensiven Ausbildung zu tun hatte, die wir in der Frauenbildungseinrichtung bekommen hatten. Und hier liegt die Betonung auf Frauen-Bildungseinrichtung. Dass es ein Frauenzusammenhang war." (B1/41)

Die Begründungen für eine positive Beurteilung der Beratung und Qualifizierung durch Frauen sind demnach die Vorbildfunktion, die „Logik", dass eine Gruppe von Frauen auch von Frauen geschult werden sollte und in einem Fall „frauenspezifische" Kompetenzen.

Neben den individuellen und widersprüchlichen Einschätzungen, wurde die Arbeit in den Frauengruppen auch durch Einwirkungen aus dem Projektumfeld torpediert. In beiden Projekten gerieten die Benutzerinnen wegen der Frauengruppe und der Beratung durch eine Frauenbildungseinrichtung unter einen Rechtfertigungsdruck. Der Vorwurf der „Männerdiskriminierung" entstand durch Situationen, bei denen Männer an Sitzungen teilnehmen sollten oder anwesend waren. Den Männern wurde nahe gelegt, auf ihre Teilnahme zu verzichten.

Die Einschätzungen der befragten Benutzerinnen aus Projekt B waren ambivalent. Einerseits wollten sie den Mann nicht vor den Kopf stoßen, hegten durchaus Sympathien für ihn. Andererseits waren sie aber mit der Entscheidung einverstanden, zumal er auch kein „echter Anwender" war. Aus Sicht einer Befragten ermöglichte der Vorwurf von Männern, die sich ihrerseits als diskriminiert ansahen, ein solches Projekt zu torpedieren. Eine der Befragten meinte hierzu,

„... aber, im Nachhinein -- war das wieder so, jetzt kippen wir dieses Frauenprojekt."
(B2/21)

Auch eine ihrer Kolleginnen sah die Aktion, einen Mann in diese Gruppe zu entsenden als einen Versuch, das Projekt zu kippen.

„Also bis zu solchen Sachen, dass die dann den einzigen Mann, den sie auftreiben konnten vom Bildungszentrum, in die Frauenbildungseinrichtung schickten, in der Hoffnung, dass ihr den Mann rausschmeißt oder keine Toilette für ihn habt und dass das ganze Projekt dann gestorben ist." (B1/6,7)

Auch bei Projekt A gab es Auseinandersetzungen zum Thema „Mann in der Frauengruppe". Hintergrund war hier die Haltung der fachlichen Vorgesetzten. Sie akzeptierten nur schwer, dass eine Frauengruppe etabliert wurde. Auch war ihnen nicht einsichtig, dass Diskussionen in der Benutzerinnengruppe ohne Beisein von Vorgesetzten geführt werden sollten. Insofern erschien es einem Vorgesetzten unproblematisch, sich in einer Benutzerinnensitzung abseits an einen Tisch zu setzen um dort Arbeiten zu erledigen. Trotz bestehender Projektvereinbarungen gab es für die Benutzerinnen kaum die Möglichkeit, ihren Vorgesetzten des Raumes zu verweisen. Die Beraterinnen mussten unter Berufung auf die Projektvereinbarungen darauf beharren, dass der fachliche Vorgesetzte den Raum verlässt. Durch die Projektleitung, die das Konzept der Benutzerinnengruppe aufrechterhielt, konnten solche Situationen in der folgenden Zeit vermieden werden.

Zusammenfassend zeigt sich also, dass die befragten Benutzerinnen selbst kaum eine Frauengruppe wählen würden. Überwiegend sind sie mit der Arbeit in der Frauengruppe sehr zufrieden und können dieser Positives abgewinnen. Aus Sicht der Benutzerinnen können ihre Äußerungen vielleicht am ehesten mit dem Satz zusammen gefasst werden: „Sie haben ihre Kollegen nicht vermisst". Ein wichtiges Ergebnis dieser Betrachtungen ist, dass die Benutzerinnen verschiedene Hierarchien benennen: eine Hierarchie der Inhalte (technisch und anwendungsbezogen), Hierarchien zwischen Vorgesetzten und Untergebenen sowie zwischen Männern und Frauen. Die Hierarchien zeigen sich, wenn die Beziehungsaspekte der Kommunikation aus Sicht der Frauen thematisiert werden. Nicht für jede der Befragten hat diese oder jene Hierarchie die gleiche Priorität. Die Bedeutung, die der jeweiligen Hierarchie beigemessen wird, ist abhängig von der jeweiligen Situation, dem jeweiligen Kontext und persönlichen Einstellungen. Der Wunsch, Hierarchien in der Gruppe zu vermeiden, besteht jedoch überwiegend.

Insofern ist die Entscheidung, in der Projektstruktur eine Frauengruppe zu etablieren, als sinnvoll zu beurteilen. Darüber hinaus zeigt sich bei beiden Projekten, was auch sonst mit „Frauenräumen" zu erleben ist. Die Frauengruppe bietet die Möglichkeit, das Projekt mit dem Vorwurf der „Männerdiskriminierung" zu torpedieren. Die Frauen empfinden einen Rechtfertigungsdruck, verteidigen die Frauengruppe aber im Grundsatz.

Eine der Befragten aus Projekt A äußerte, dass die sowieso schon schwierigen Situation zwischen Entwicklungsseite und Anwendungspraxis dadurch zugespitzt wurde, dass es sowohl eine Frauengruppe als auch ein weibliches Qualifizierungs- und Beratungsteam gab (A1/39).

Die Maßnahme der Frauengruppe wird deutlich ambivalenter beurteilt als die, eine Frauenbildungseinrichtung zu beauftragen. Letztere wird durchweg positiv bewertet. Von sich aus eingefordert hätten die Benutzerinnen keine der beiden Maßnahmen.

8.4.8 Welche Bedeutung hatten die strategischen Interventionen?

Die Benutzerinnen beurteilten die strategischen Interventionen überwiegend positiv. Sie konnten ihre Vorstellungen in die partizipative Anforderungsermittlung einbringen und, wenn nötig, auch durchsetzen. Die Benutzerinnen beider Projekte erlebten Aspekte von Macht und Stärke im Verlauf des Beteiligungsprozesses. Das neue Wissen und die erkämpfte Position verschafften ihnen Selbstbewusstsein und mehr Handlungsmöglichkeiten. Die Benutzerinnen aus Projekt A erlebten dies direkt in der Projektarbeit mit den Entwicklern. Die Benutzerinnen von Projekt B sahen dies, wenn sie sich in der Projektlenkungsgruppe präsentierten und durchsetzten.

Vor allem bei Projekt B wurde die Wirkung über den konkreten Projektzeitraum hinaus deutlich. Die Benutzerinnen sahen einen hohen Nutzen für ihre tägliche Arbeit. Sie setzten ihre Kenntnisse in dem späteren Auswahlprozess für eine neue Software selbstbewusst ein.

Die Bewertung der Qualifizierungen, der Auszeiten, der Sicherstellung des Informationsflusses und die Beratung wurden von den Benutzerinnen einhellig positiv hervorgehoben. Diese strategischen Interventionen trugen dazu bei, Selbstsicherheit zu gewinnen und selbständig agieren zu können.

Die Projektlenkungsgruppe bzw. das Entscheidungsgremium wurde von den Benutzerinnen von „wenig sinnvoll" bis „entbehrlich" beurteilt. Selbst wenn diese Gremien nicht in der vorgesehenen Weise in Aktion traten, ist der dadurch gesetzte strukturelle Rahmen als positiv zu werten, da die Benutzerinnen in ihrer Position gestärkt wurden.

Ambivalent wurden all jene Interventionen beurteilt, die zu deutlich mit der Etablierung von Frauengruppen zu tun hatten. In den Aussagen zeigten sich Unterschiede in der Bewertung, je nach dem, auf welchen Kontext sich die Benutzerinnen bezogen. Lag der Fokus bei den computertechnischen Qualifizierungen, wurde das Verhältnis „Frauen – Technik – Männer" und damit Zuschreibungen, Verhaltensmuster, Positionen und Kommunikationsverhalten thematisiert. Ging es um die Anforderungsermittlung, dominierte der Anwendungskontext. Dann stellten sich die Frauen eine Zusammenarbeit mit Männern unproblematisch vor, da ihre Kollegen das gleiche Ziel mit dem gleichen Interesse verfolgten.

Bei der Zusammensetzung von Gruppen wurde ein „gleicher Hintergrund" als erwünscht formuliert. Handelte es sich um die Anforderungsermittlung, war der gemeinsame Hintergrund die praktische Arbeit. Bei technisch ausgerichteten Qualifizierungen wurde zwischen Männern und und Frauen zwar nicht per se ein unterschiedlicher Hintergrund vorausgesetzt, aber es wurden unterschiedliche

Formen der Selbstdarstellung und geschlechtsstereotype Zuschreibungen von technischen Kompetenzen angeführt. Zusätzlich spielten bei den Aussagen zu „Frauengruppen" die allgemeine Ablehnung und die Angriffe aus dem Projektumfeld eine Rolle, die von den Befragten missbilligt, manchmal auch mit Verständnis bedacht wurden.

Im Folgenden werden einige Aspekte entlang der Dimensionen der Geschlechterhierarchie zusammengefasst und strukturiert. Es geht dabei nicht um eine Vollständigkeit der Aspekte oder Phänomene. Die strategischen Interventionen werden im Zusammenhang mit, von den Benutzerinnen, genannten und analysierten Ansatzpunkten und Auswirkungen systematisiert, um die in den Projekten festzustellenden Wirkungen struktureller Maßnahmen in der normativ-symbolischen und individuellen Dimension zu verdeutlichen (vgl. Tabelle S.197-199). Bei der Systematisierung wird deutlich, dass die strategischen Interventionen in jeder der Dimensionen wirken.

Strategische Intervention	*strukturelle Dimension*	*normativ-symbolische Dimension*	*individuelle Dimension*
Beteiligungsmodell Intervention um eine technikzentrierte Entwicklung zu vermeiden und eine nutzungszentrierte Entwicklung zu fördern Gegen das Modellmonopol einer technisch orientierten Entwicklungssicht gerichtet	Kooperation von Benutzerinnen und Entwicklern Modifizieren der Entscheidungsverläufe in der Organisation – die Erfahrungen der Benutzerinnen sind relevant für die Anforderungen, nicht die Vorgesetzten Einschränkungen auf Fragen der Technikgestaltung	Verschieben der Hierarchie in der Bewertung der fachlichen Zuständigkeit (Entwicklung steht über Anwendung) Aufwertung der Bedeutung der Benutzerinnen sowohl innerbetrieblich als auch bezogen auf die Bewertung der fachlichen Zuständigkeit	Sich im Interesse der Organisation und im Interesse des eigenen Arbeitsplatzes engagieren Reflektieren der eigenen Arbeitspraxis in einer Gruppe
Entscheidungsgremium Intervention, um die Position der Benutzerinnen (und der Entwickler) bei der Anforderungsermittlung deutlich zu machen Formalisieren von Entscheidungsprozessen	Formaler Rahmen um die Entscheidungsmöglichkeit für die Benutzerinnen im Projekt zu sichern In der Umsetzung kann das Gremium bei geringer Akzeptanz ins Leere laufen	Aufwertung der Rolle der Benutzerinnen, formal mehr Entscheidungsmacht für einen bestimmten Prozess Innerbetriebliche Grenzen von Entscheidungsmöglichkeiten bleiben auch in den Köpfen	Erfolgserlebnisse (B) Frustrationserlebnisse (A)

Strategische Intervention	strukturelle Dimension	normativ-symbolische Dimension	individuelle Dimension
Qualifizierungen Intervention, um ein Mitentscheiden und Verstehen in Bezug auf die technischen Möglichkeiten zu erreichen Gegen das Modellmonopol einer technisch orientierten Entwicklungssicht gerichtet	Fachliche Barrieren verringern Kommunikation auf der Sachenebene ermöglichen	Sich entgegen den gesellschaftlich zugeschriebenen Fähigkeiten und Kompetenzen erleben können In Frage stellen von scheinbar gesicherten Auskünften („Das geht technisch nicht") In Frage stellen von Kommunikationsweisen (Abkürzungen...)	Selbstbewusster werden Technisch argumentieren, fragen, Positionen vertreten Handlungsmöglichkeiten
Eigenständig arbeitende Benutzerinnengruppe Intervention, die sowohl formal (innerbetriebliche) als auch informell (Technik/Anwendung) hierarchische Beziehungen ausschließen soll Gegen das Modellmonopol einer technisch orientierten Entwicklungssicht gerichtet	Innerbetriebliche und inhaltliche (Technik/Anwendung) Hierarchie heraushalten Ermöglicht strategische Überlegungen Eröffnet einen Freiraum für Diskussionen	Benutzerinnen sind notwendig, um Anforderungen für die benötigte Software zu erstellen Auch die Untersten in der betrieblichen Hierarchieleiter können zur betrieblichen Weiterentwicklung beitragen	Stabilisierung der eigenen Position und die der Gruppe Erhöhen der Durchsetzungsmöglichkeiten, Selbstbewusstsein durch Gruppendiskussion gegenüber der inhaltlichen Hierarchie Technik/Anwendung
Beratung der Benutzerinnen / Informationsfluss Intervention, um mit den Benutzerinnen an einer strategisch besseren Verhandlungsposition zu arbeiten	Ansprechpersonen Coaching Informationsfluss sichern Reflexionen initiieren und begleiten „Übersetzung" zwischen Benutzerinnen und Entwicklern (A) Begleitung im Design-Meeting	Bestätigung der Wichtigkeit der Rolle der Benutzerinnen Stärkung, Bestätigung, Status	Stärkung von Einzelnen und der Gruppe als Ganzes

Strategische Intervention	strukturelle Dimension	normativ-symbolische Dimension	individuelle Dimension
Auszeiten Akute Intervention im Bedarfsfall um eine Ohnmachtssituation zu verlassen	Strategische Besprechungen ermöglichen Handeln	Stärkung	In unklaren Situationen Sicherheit gewinnen, Entscheidungen treffen zu können
Benutzerinnengruppe und Beratung durch Frauenbildungseinrichtung Intervention in die Konstellation „Frauen – Technik – Männer"	Von Geschlechterstereotype und Rollenverhalten unterschiedliche Positionierungen ermöglichen Offenheit für Fragen ermöglichen Keine „Vorturner"	Frauen können Technik Es gibt keine „dummen Fragen" Rollenverhalten aufbrechen	Wird überwiegend als angenehm empfunden Individuelle Stärkung, Selbstbewusstsein Als Gruppe nicht notwendig, individuelle Stärke gefragt

Die genannten strategischen Interventionen sind strukturelle Maßnahmen. Sie sind darauf ausgerichtet Strukturen zu verändern, um damit wiederum Veränderungen in der normativ-symbolischen und der individuellen Dimension zu ermöglichen.

Die strukturellen Maßnahmen sind notwendig, da sie den vereinbarten Rahmen darstellen auf den sich alle, auch die Benutzerinnen, berufen können. Hinreichend sind sie jedoch nicht. Wie die strukturell vorhandenen Handlungsmöglichkeiten genutzt werden können ist davon abhängig, ob sie durch die normativ-symbolischen und individuellen Bedingungen eingeschränkt oder unterstützt werden. Die häufige Nennung der Benutzerinnen von Einschränkungen oder Unterstützungen zeigen auf, wie wichtig die normativ-symbolischen und individuellen Bedingungen für ihre Handlungsmöglichkeiten sind.

Die Benutzerinnengruppe und die Beratung durch eine Frauenbildungseinrichtung beziehen sich ausdrücklich auf die normativ-symbolische und individuelle Dimension des Geschlechterverhältnisses. Die eigenständige Gruppe von Benutzerinnen und Benutzern bei einer partizipativen Softwareentwicklung kann davon getrennt betrachtet werden. Sie unterstützt die Handlungsmöglichkeiten von Benutzerinnen und Benutzern hinsichtlich der normativ-symbolischen und der individuellen Dimension, die sich in den Beziehungsaspekten der Kommunikation mit den Entwicklerinnen und Entwicklern zeigen. Durch diese strategischen Interventionen wird ein Rahmen geschaffen, in dem die Benutzerinnen ein Selbstverständnis entwickeln können mit dem sie zu selbstbewussten Verhandlungspartnerinnen werden. Die strukturellen Maßnahmen, die die Rolle der Benutzerinnen in der partizipativen Anforderungsermittlung unterstreichen, und die Maßnahmen, die auf die normativ-symbolische und die individuelle Dimension zielen, tragen den Beziehungsaspekten der Kommunikation Rechnung. Mit den strategischen Interventionen ist es gelungen, die Auswirkung bestehender Hierarchien zu verringern.

8.5 Zusammenfassung: Gestaltungsmöglichkeiten und -grenzen

Die Auswertung des empirischen Materials erfolgte aus vier verschiedenen Perspektiven, unter denen die Erfahrungen der Benutzerinnen betrachtet wurden:

- eine Perspektive der Softwaretechnik, wie sich Anforderungsermittlungprozesse darstellen,
- eine Perspektive, die technisch-organisatorische Veränderungsprozesse betrachtet,
- eine Perspektive, die die Geschlechterhierarchie ins Zentrum stellt,
- eine Perspektive, die den Prozess entlang der partizipationsfördernden Elemente betrachtet.

Im Folgenden werden Bezüge zwischen den verschiedenen Perspektiven hergestellt, um die Grenzen und Möglichkeiten aufzuarbeiten, die sich in den partizipativen Prozessen zeigten.

Aus der Perspektive der Softwaretechnik ergeben sich für die beiden Projekte Einblicke in die Zusammenarbeit mit Entwicklern aus der Sicht von Benutzerinnen. Die Mitarbeit an Systemen, die sie in ihrer Arbeitspraxis unterstützen sollen, halten sie für wichtig und unumgänglich. Gestaltungsmöglichkeiten bezogen auf die technischen Systeme sind aus Sicht der Benutzerinnen motiviert durch ihre Anforderungen an eine zukünftige Arbeitspraxis, die sie in einem Beteiligungsprozess produktbezogen umsetzen wollen. Die Benutzerinnen bringen Anforderungen aus ihrer Arbeitspraxis ein und versuchen Fehlentwicklungen aus ihrer Sicht zu verhinderten.

Vor allem in Projekt A ergeben sich aus softwaretechnischer Sicht hilfreiche Einblicke bezogen auf die Konzepte für partizipative Softwareentwicklung. Es zeigen sich die Grenzen der Bemühungen der Benutzerinnen durch die anfangs konflikthaften Situationen mit den Entwicklern und eigene Unsicherheiten auf Grund mangelnder technischer Fachkenntnis. Es lässt sich bestätigen, dass eine Brücke zwischen fachlichen Kulturen und Kenntnissen geschlagen werden musste. In der detaillierten Analyse der Überlegungen der Benutzerinnen zu erlebten oder befürchteten Situationen der Zusammenarbeit werden darüber hinaus noch weitere Aspekte deutlich.

Zum ersten handelt es sich nicht um zwei als gleichwertig betrachtete Wissensgebiete. Von beiden Seiten, Entwicklern und Benutzerinnen, werden die technischen Inhalte als über den anwendungsbezogenen eingestuft. Es liegt demnach eine Hierarchie bezogen auf die Inhalte vor, die zusätzlich mit der fachlichen Kompetenz der Personen verknüpft ist. Durch verschiedene strategische Interventionen im partizipativen Vorgehensmodell verändern sich die Einstellungen im Laufe des Prozesses. Mit strukturellen Elementen, wie der eigenständigen Benutzerinnengruppe, dem Stimmrecht im Entscheidungsgremium und der Beratung, wird die Bedeutung der Benutzerinnen für die partizipative Anforderungsermittlung unterstrichen.

Zum zweiten beschreiben die Benutzerinnen vielfältige Erlebnisse, bei denen sie sich nicht ernst genommen, angegriffen oder ignoriert fühlen. Ignoriert oder nicht ernst genommen zu werden sind Anzeichen für ein hierarchisches Verhältnis zwischen Personen. Hierarchien sind ein Ausdruck von Machtunterschieden. Die Hierarchien sind nicht auf die unterschiedlichen fachlichen Hintergründe zurückzuführen, sondern sind Ausdruck der Beziehungsaspekte in der Kommunikation zwischen Benutzerinnen und Entwicklern (bzw. Vorgesetzten). Für die partizipative Anforderungsermittlung ist ausschlaggebend, dass es den Benutzerinnen gelingt ihre wichtige Rolle, ihre Handlungsmöglichkeiten und ihre Stärken zu erkennen. Dies äußert sich vor allem in der Unterstützung hinsichtlich der normativ-symbolischen und individuellen Dimensionen. Zusammen mit der Struktur wird dadurch erreicht, dass die Entwickler die Benutzerinnen ernst nehmen.

Zum dritten zeigen die Erzählungen der Benutzerinnen, dass die Situation zusätzlich überlagert wird durch stereotype Zuschreibungen bezogen auf Technik und Geschlecht. Die Hierarchie zwischen Frauen und Männern bezogen auf die technischen Kompetenzen wirkt sich als Beziehungsaspekt auf die Kommunikation zwischen Benutzerinnen und Entwicklern aus.

Durch die partizipativen Prozesse mit den jeweiligen strategischen Interventionen und der situativen Umsetzung wurde diesen Auswirkungen einseitig von den Benutzerinnen entgegengewirkt. Nach Aussagen der Benutzerinnen von Projekt A förderten die Entwickler keine Veränderung in auch nur einem der drei hierarchischen Verhältnisse.

Wird die Analyse der Kommunikation zwischen den Benutzerinnen und den Entwicklern kontrastiert mit jener zwischen Benutzerinnen und den fachlichen Vorgesetzten, können weitere Überlegungen bezogen auf die Potenziale der strategischen Interventionen als partizipative Elemente angestellt werden. Obwohl es auch hier Elemente gab, die den Benutzerinnen mehr Handlungsspielraum als in der üblichen organisatorischen Position einräumten, gelang dies nur bedingt. Es war allerdings auch kein Ziel der Beteiligungsverfahren, die innerorganisatorischen Hierarchien und Entscheidungsverläufe zu verändern.

Im Falle von Projekt A verharren die fachlichen Vorgesetzten auf ihrem Rollenverhalten als Vorgesetze und bringen dies den Benutzerinnen durch ihre Verhaltensweisen immer wieder in Erinnerung. Die strategischen Elemente, bei denen sie den Benutzerinnen das formale Mitspracherecht bei Entscheidungen im Vorgehensmodell zugestehen, unterlaufen sie durch Nicht-Anwesenheit. Sie zeigen damit deutlich ihre gewohnte, hierarchisch übergeordnete Position gegenüber den Benutzerinnen.

Dass sich das Verhältnis zwischen den Benutzerinnen und den Vorgesetzten in Projekt B bezogen auf die Projektentscheidungen nahezu umkehrt, erscheint nur teilweise beabsichtigt und eher situativ bedingt. Nach den Beschreibungen der Benutzerinnen ist einerseits die Demonstration der Hierarchie spürbar, z.B. durch die herablassenden Verhaltensweisen in Bezug auf Verwaltungsangestellte. Andererseits überlassen die Vorgesetzen den Benutzerinnen die Entscheidung und Handlungsspielräume.

Auf der Grundlage der Auswertung wird deutlich, dass die innerbetriebliche Machtkonstellation nicht in ähnlichem Maße beeinflussbar ist durch partizipative Vorgehensmodelle wie die Konstellation zwischen Entwicklern und Benutzerinnen. Dennoch haben die partizipativen Verfahren bei den beiden Projekten innerbetriebliche Konsequenzen. Die Benutzerinnen von Projekt B erklären, dass eine weitere Auswahl der Software für ihre Arbeitssysteme auf Grund der Erfahrungen mit dem partizipativen Verfahren nicht ohne sie geschehen kann. Auch bei Projekt A führt die Projektarbeit bei den Benutzerinnen zu neuen Überlegungen und persönlichen Entwicklungen bezogen auf ihre Arbeitssituation. Es handelt sich hier allerdings um individuelle Entscheidungen. Ebenso wie beim Verhältnis zu den Entwicklern sind Veränderungen im Verhältnis zu den Vorgesetzten auf einseitige Bemühungen der Benutzerinnen zurückzuführen. Der Erfolg ist umso geringer, je stärker die jeweiligen Vorgesetzen ihre Rolle ausüben. Die strategischen Interventionen helfen zwar individuelle und kollektive Stärken und Selbstbewusstsein zu entwickeln, eine Veränderung in Status und Anerkennung bleibt jedoch aus.

Auch wenn technische Restriktionen vorliegen, bieten sich wenig Handlungsalternativen. Anstehende Entscheidungen bei Projekt A, welches Entwicklungswerkzeug eingesetzt wird, und die Vielfalt bestehender Datenbanken und Systeme müssen berücksichtigt werden. Dagegen kann auf die Gestaltung der Schnittstellen für neu zu konzipierende Datenbanken Einfluss genommen werden, so dass die erforderlichen Informationen für die Benutzungsschnittstelle zur Verfügung stehen. Für Projekt B gilt Ähnliches, wobei die Auseinandersetzungen um technische Restriktionen erst nach Auswahl des anzupassenden Produktes auftreten.

Der Blick auf arbeitsorganisatorische Veränderungen sind für die Benutzerinnen bei beiden Projekten von großer Bedeutung. Implizite Themen der Technikentwicklung sind Ablauf- und Arbeitsorganisation, nur bei Projekt B werden diese auch explizit bearbeitet. Insbesondere an Projekt B lassen sich kleine Weichenstellungen durch die Benutzerinnen ablesen. Besonders erhellend ist bei der Perspektive auf Organisation und Technik, wie sich die unterschiedliche Sicht in den beiden Projekten auf den Projektverlauf oder besser das Projektklima auswirken. In beiden Projekten wird von den Benutzerinnen engagiert an der Anforderungsermittlung für das zukünftige Softwaresystem diskutiert. Es wird auch deutlich, dass in Projekt A die Benutzerinnen organisatorische Aspekte als der Softwareentwicklung nachgelagert betrachten. Die Anforderungen an die Technik sind zwar geprägt von ihren Vorstellungen über aktuelle und zukünftige Arbeitssituationen, die Gestaltung der Benutzungsschnittstelle steht aber im Mittelpunkt des Beteiligungsmodells. Die Benutzerinnen in Projekt A erhalten keinerlei Entscheidungskompetenz, was organisatorische Fragen angeht. Im Gegensatz dazu formulieren die Benutzerinnen aus Projekt B die Reorganisation als zentrales Ziel. Im Anforderungskatalog an das zukünftige System werden Kriterien und Vorschläge festgehalten, die mit ihren organisatorischen Überlegungen harmonieren müssen.

Der genauere Blick auf die arbeitsorganisatorischen Aspekte beider Projekte für partizipative Softwareentwicklung zeigt, dass die Benutzerinnen tatsächlich entlang ihrer arbeitsbezogenen Interessen Einfluss nehmen konnten. Dies gelang auch, obwohl die fachlichen Vorgesetzten die Entscheidungsmacht letztlich nicht aus der Hand gaben. Es handelt sich in den meisten Fällen um Einflussnahmen, die den Unternehmenszielen dienen. Die Benutzerinnen formulieren einerseits die Befürchtung, neue und unnötige Aufgaben durch die potenziellen Möglichkeiten eines Systems erfüllen zu müssen, und andererseits das Ziel, ihre Aufgaben effizienter bewältigen zu können. Auch diese Einflussnahme ist bei beiden Projekten für die Benutzerinnen nicht ohne die partizipativen Elemente denkbar, die zu Stärkung und Selbstbewusstsein beigetragen haben.

Über die arbeits- und produktbezogenen Anforderungen hinaus zeigt die Auswertung vielfältige Auswirkungen des Geschlechterverhältnisses auf den Projektkontext auf. Für Frauen als Beteiligte stellt sich die Situation in einem Softwareentwicklungsprozess in spezifischer Weise dar. Strukturelle Voraussetzungen, wie zum Beispiel die Zuständigkeit für Familie und/oder Beziehungen, verknüpft mit den dadurch entstehenden zeitlichen Einschränkungen, erschweren Frauen die Teilnahme, bzw. begrenzen das zeitliche Engagement. Das Engagement der Frauen muss höher sein, da sie sich auf verschiedensten Ebenen gegen mehr Widerstände behaupten müssen. Die Benutzerinnen müssen gegen Vorurteile ankämpfen, gegen innere Vorbehalte sowie gegen Angriffe von außen. Die ihnen zugeschriebenen Rollen der „Untergebenen", der „technisch inkompetenten Frau", der „Benutzerin" werden durch die Rolle als engagierte, mitentscheidende Projektmitarbeiterin gebrochen. Diese Rolle nahmen sie gerne ein – die Konflikte entstanden für sie durch die Nicht-Anerkennung und Zuweisungen in die „alten Rollen". Die Bereitschaft, an technisch-organisatorischen Veränderungsprozessen mitzuwirken, war und ist hoch. Ohne die durchgeführte Unterstützung hätten bei Projekt A aller Wahrscheinlichkeit nach die demotivierenden Verhaltensweisen von Entwicklern oder Vorgesetzten zu einem Rückzug der Frauen aus ihrem Engagement geführt.

Viele Aspekte des Geschlechterverhältnisses werden im privaten und beruflichen Alltag nicht wahrgenommen und nicht zum Thema von Veränderungen gemacht. Wenn dennoch einzelne Akteure Auswirkungen der Geschlechterhierarchie auf die Tagesordnung bringen, wird dies – von Frauen häufig genauso wie von Männern – belächelt oder als störend empfunden, die Thematik als übertrieben und nicht relevant behandelt. Deutlich wird dies in der ablehnenden Haltung von anderen Projektbeteiligten, aber auch bei den Ambivalenzen der Benutzerinnen.

Die meisten Benutzerinnen bezogen das Geschlechterverhältnis nicht explizit in ihre Überlegungen ein. Sie beziehen sich vielmehr auf ihre konkreten Erlebnisse und Erfahrungen. Eine männliche Selbstüberschätzung und damit einhergehende Abqualifizierungen sehen sie durchaus als Problem und benennen dies auch explizit. Als eine besonders drastische Form der Wirkung der Geschlechterhierarchie müssen die Situationen der sexuellen Belästigung gewertet werden. Diese entzogen sich einer Einwirkung, da sie sich im tabuisierten Raum abspielten. Worüber nicht gesprochen werden darf, kann auch nicht verhandelt werden. Die Bearbeitung dieser Situationen wird als individuelle Aufgabe verstanden und in persönlichen Gesprächen bearbeitet. Doch diese Situationen sind Ausdruck einer gesellschaftlichen Struktur der Geschlechterhierarchie.

Ein Einfluss bestand demnach sowohl bezogen auf das Produkt als auch in eingeschränktem Maße auf arbeitsorganisatorische Aspekte. Dieser Einfluss ist das entscheidende Indiz für die häufig genannte Annahme, dass mit partizipativen Vorgehensmodellen die Benutzerinnen ihre Interessen bezogen auf Arbeitsbedingungen einbringen können. Die Benutzerinnen erreichten, dass ihre vielfältigen und verantwortungsvollen Aufgaben wahrgenommen wurden. Durch den Austausch über Arbeitsweisen und Abläufe bestärkten sie sich gegenseitig und damit ihre Verhandlungsposition. Vormals individuell gesehene Unzulänglichkeiten der Vorgaben von Vorgesetzten konnten sie gemeinsam besprechen und z.B. bei Projekt B Veränderungsvorschläge durchsetzen. Zu einer strukturellen Veränderung der geschlechtshierarchischen Arbeitsteilung führte dies zwar nicht, die Arbeitszufriedenheit erhöhte sich jedoch und die Handlungsmöglichkeiten wurden erweitert.

Aus Sicht der Benutzerinnen war es ein positiver Schritt. Durch die speziellen partizipativen Vorgehensmodelle konnten ihre Veränderungsvorschläge und Anforderungen an eine softwaretechnische Unterstützung einfließen und das Arbeitsergebnis in ihrem Sinne verbessern.

9 Interventionsansätze für Vorgehensmodelle in hierarchischen Verhältnissen

Ausgangspunkt der vorliegenden Untersuchung ist die Annahme, dass in der partizipativen Softwareentwicklung das Potenzial liegt, eine Brücke zwischen Nutzungskontext und Softwareentwicklung zu schlagen. Vor allem bei der Entwicklung von Software, die zur Unterstützung von Kommunikationssituationen eingesetzt werden soll, sind detaillierte Kenntnisse des Arbeitsbereiches und der Arbeitsweisen wichtig um die Software an den Arbeitserfordernissen auszurichten. Wenn der Nutzungskontext ein Frauenerwerbsbereich ist, stellt sich die Frage, wie sich das Geschlechterverhältnis auf die partizipative Softwareentwicklung auswirkt.

Welche Schlüsse lassen sich aus den theoretischen Überlegungen und den empirischen Ergebnissen der Untersuchung ziehen? Welche Konsequenzen und praxisbezogenen Hinweise lassen sich daraus für die Konzeption partizipativer Vorgehensmodelle ableiten? Abschließend werden die Ergebnisse der empirischen Untersuchung in Beziehung zu den theoretischen Vorarbeiten diskutiert. Daraus werden Vorschläge für partizipative Vorgehensmodelle und prozessbegleitende Maßnahmen abgeleitet.

9.1 *Ergebnisse der Untersuchung*

Die **theoretischen Vorarbeiten** zeigen, dass die bisherige Diskussion um partizipative Softwareentwicklung für die vorliegende Untersuchung vertieft und ergänzt werden musste. Die dabei wesentlichen Punkte sind der Zusammenhang zwischen Softwareentwicklung und Nutzungskontext, die Bedeutung von Hierarchien bei partizipativer Softwareentwicklung und die Rolle des Geschlechterverhältnisses bei Softwareentwicklung und -nutzung.

· Die Diskussion um partizipative Softwareentwicklung ist geprägt durch die Unklarheit, welche Auswirkungen die Vorstellungen über den Nutzungskontext auf die Modellierung haben und wie sich diese beim Einsatz der Software auswirken. Um dies einschätzen zu können, wird ein Analyserahmen benötigt, bei der die Softwareentwicklung im Zusammenhang mit dem Nutzungskontext betrachtet wird.
Hierzu habe ich die Überlegungen von Christiane Floyd und Wanda Orlikowski in ein Modell mit dem Fokus auf Softwareentwicklung weiterentwickelt (vgl. Kapitel 2). Mit dem Modell können Grenzen und Möglichkeiten einer partizipativen Softwareentwicklung ausgelotet werden. Von besonderer Relevanz ist, dass mit diesem Modell die gegenseitige Bedingtheit von individuellem Handeln und strukturellen Bedingungen dargestellt wird, ohne das eine gegenüber dem anderen zu überhöhen.
Mit den Darstellung der Forschungsergebnisse zur Wechselwirkung zwischen Geschlechterverhältnis und Technikentwicklung bzw. -nutzung wurde gezeigt, dass Werte, Interessen und Annahmen bei der Softwareentwicklung durch die Geschlechterhierarchie geprägt werden (vgl. Kapitel 3).

- Auf Hierarchien, Machtverhältnisse und Interessengegensätze wird bei partizipativer Softwareentwicklung zwar häufig hingewiesen, die methodischen Überlegungen und Vorgehensmodelle beziehen sich darauf jedoch nur selten. Wenn Kommunikations- und Kooperationsprobleme festgestellt werden, orientieren sich die Verbesserungsvorschläge vorwiegend an inhaltlichen Aspekten. Die Beziehungsaspekte in der Kommunikation zwischen BenutzerInnen und EntwickerInnen werden unterschätzt und konzeptionell ausgeblendet.

  Für die Untersuchung habe ich die bestehenden Ansätze aufgezeigt, die Hierarchien bei partizipativer Softwareentwicklung benennen und methodische Vorschläge unterbreiten. Darüber hinaus schlage ich eine analytische Trennung von Inhalts- und Beziehungsaspekten bei der Kommunikation zwischen BenutzerInnen und EntwicklerInnen vor (vgl. Kapitel 4.2). Die Beziehungsaspekte bei der Kommunikation sind mit ausschlaggebend, ob Inhalte thematisiert und diskutiert werden können.

- Die Rolle von Hierarchien und die Aspekte der Kommunikation erfordern eine spezifische Betrachtung, wenn die partizipative Softwareentwicklung in einem Frauenerwerbsbereich stattfindet. Sowohl die Frage der Annahmen bei der Modellierung als auch die der Kommunikationssituation im partizipativen Prozess müssen unter Berücksichtigung des Geschlechterverhältnisses analysiert werden.

  In der Untersuchung habe ich den Ansatz von Sandra Harding, drei Dimensionen des Geschlechterverhältnisses zu differenzieren, benutzt (vgl. Kapitel 3.1). Aus der Literatur wurde das Problemfeld erschlossen, dass sowohl bei Softwareentwicklung als auch -nutzung Zuschreibungen bezogen auf „Frauen – Technik – Männer" wirken (vgl. Kapitel 3.2). Bei der partizipativen Softwareentwicklung wird die Kommunikation zwischen BenutzerInnen und Entwicklern durch die Geschlechterhierarchie zusätzlich beeinträchtigt.

Diese theoretischen Vorarbeiten wurden auf die empirische Untersuchung angewendet und eine **Analyse der Projektkontexte** und der **spezifischen Vorgehensmodelle** vorgenommen.

Die **Analyse der Projektkontexte** gab Hinweise für die Wechselwirkung von Nutzungskontext und Technikentwicklung. Die Benutzerinnen aus beiden Projekten stellten überzeugend dar, warum ihre Mitarbeit bei der Anforderungsermittlung erforderlich war, um ein Ergebnis zu erhalten, das ihren Arbeitserfordernissen entsprach. Es ließen sich produktbezogene (vgl. Kapitel 8.1.1) und arbeits- und ablauforganisatorische (vgl. Kapitel 8.2) Aspekte identifizieren, die durch die Interessenlage der Benutzerinnen eingebracht wurden. Die Einstellung, inwieweit Organisation, z.B. in Form von Arbeitsabläufen oder Aufgabenzuschnitten, Bestandteil der partizipativen Softwareentwicklung ist, wirkte sich auf Diskussionen und mögliche Themen bei der Anforderungsermittlung aus. Dies zeigte sich besonders im Vergleich der beiden Projekte. Vor allem bei Projekt B beinhaltete explizit die partizipative Anforderungsermittlung potenzielle Veränderungen der Organisation (vgl. Kapitel 8.2).

Ein Fazit ist, dass die Anforderungen der Benutzerinnen insbesondere dann konstruktiv umgesetzt werden können, wenn im Projektkontext Organisation und Softwareentwicklung als miteinander verbundenen betrachtet werden.

Bei der Mitarbeit der Benutzerinnen in beiden partizipativen Projekten überlagerten sich verschiedene hierarchische Verhältnisse: die betriebliche Hierarchie, die projektorganisatorische Hierarchie, die Hierarchie zwischen Entwicklung und Nutzung sowie die Geschlechterhierarchie. Die Kommunikations- und Kooperationssituationen zwischen allen Akteuren, wie auch die Situationsdeutungen, wurden von diesen geprägt.

Die Zusammenarbeit zwischen Benutzerinnen und Entwicklern konnte vor allem an Projekt A untersucht werden. Die Kommunikation gestaltete sich schwierig und zeigte asymmetrische Strukturen. Die Asymmetrien konnten auf hierarchische Verhältnisse zurückgeführt werden. Durch die analytische Trennung von Inhalts- und Beziehungsaspekten wurde herausgearbeitet, wie sich die verschiedenen Hierarchien auf Kommunikation und Kooperation auswirkten.

Zum einen zeigte sich eine Hierarchie, die sich auf die Bewertung des jeweiligen fachlichen Schwerpunktes bezog (vgl. Kapitel 8.1.2 und 8.1.3). Die hierarchische Beziehung zwischen BenutzerInnen und EntwicklerInnen (Modellmonopol und Perspektivität, vgl. Kapitel 4.3) wurde zusätzlich überlagert durch Ausprägungen der Geschlechterhierarchie. Sie wurde durch geschlechtertypisierende Zuschreibungen und Rollenerwartungen bezogen auf technische Inhalte polarisiert. Zum anderen zeigten sich geschlechtshierarchische Strukturen im Kommunikations- und Kooperationsverhalten (vgl. Kapitel 8.3.2 und 8.3.3). Diese Aspekte lassen sich der normativ-symbolischen Dimension des Geschlechterverhältnisses zuordnen. Die sich überlagernden hierarchischen Verhältnisse zeigten sich konkret in herablassenden und abwertenden Umgangsformen und Äußerungen von Seiten der Entwickler. Die Benutzerinnen agierten zeitweise in den selben geschlechtertypisierten Zuschreibungen und Rollen. Um ihre Rolle als Partizipierende in der partizipativen Anforderungsermittlung zu erreichen, mussten sie sich teilweise gegen eigene Vorstellungen und gegen die der Entwickler positionieren.

Zu den strukturellen Bedingungen der Benutzerinnen zählte, dass sie innerhalb der betrieblichen Organisation am untersten Ende der Hierarchieleiter beschäftigt waren. Vor diesem Hintergrund sind sowohl ihre große Zustimmung zu den partizipativen Vorgehen als auch die zeitweiligen Unsicherheiten bei Auseinandersetzungen mit Entwicklern und Vorgesetzen zu werten.

Die Ergebnisse bestärken die Sichtweise, dass sich der Nutzungskontext mit seinen organisatorischen Rahmenbedingungen und hierarchischen Verhältnissen nicht aus einer partizipativen Softwareentwicklung heraushalten lässt. An einigen Stellen konnte aufgezeigt werden, wie sich Annahmen über den Nutzungskontext in der späteren Arbeitssituation auswirken. Die Wechselwirkung besteht, auch wenn sie ignoriert wird.

Bei der Untersuchung der **spezifischen Vorgehensmodelle** wurden die verschiedenen strategischen Interventionen (vgl. Kapitel 5) im Detail betrachtet. Innerhalb des Projektumfeldes waren die Interventionen teilweise umstritten, wodurch die Benutzerinnen mit Kritik konfrontiert wurden. Dennoch beurteilten sie die strategischen Interventionen überwiegend als erforderlich.

Die eigenständige Benutzerinnengruppe, die Qualifizierungseinheiten, die Beratung, das Gewährleisten des Informationsflusses, die reflektierenden und strategischen Besprechungen und die Auszeiten wurden von den Benutzerinnen uneingeschränkt als notwendig und hilfreich eingestuft. Das Entscheidungsgremium bzw. die Projektlenkungsgruppe war nach Einschätzung der Benutzerinnen bedeutungslos und entbehrlich. Eingeschränkt positiv reagierten die meisten Benutzerinnen auf die Etablierung der „Frauengruppe" und die Beratung durch eine Frauenbildungseinrichtung. Diese ergaben sich zufällig und waren aus ihrer Sicht nicht unbedingt erforderlich.

Die strategischen Interventionen lassen sich unterscheiden in Maßnahmen, die vorwiegend darauf abzielen die bestehenden Strukturen zu verändern, und in jene, die vorwiegend die normativ-symbolischen Aspekte aufgreifen.

Die strategischen Interventionen, die auf eine Veränderung der Strukturen abzielen, sind:

- der Projektlenkungsausschuss bzw. das Entscheidungsgremium,
- das Stimmrecht der Benutzerinnen,
- die eigenständige Benutzerinnengruppe,
- die Auszeiten oder Sitzungsunterbrechungen
- und die Beratung.

Die strategischen Interventionen, die auf die normativ-symbolische Dimension abzielen, sind:

- die aktivierenden Strategien zur Unterstützung des Selbstbewusstseins,
- die Reflexionseinheiten bezogen auf Positionierung und Darstellung
- und das bewusste Vermeiden von gewohnten Stereotypen und Rollenzuschreibungen.

Mit den strategischen Interventionen in den beiden Projekten wurden die strukturellen Rahmenbedingungen verändert und damit Potenziale für eine Veränderung der normativ-symbolischen Zuschreibungsprozesse geschaffen. Die strategischen Interventionen, die sich vorwiegend auf die normativ-symbolische Dimension bezogen, unterstützten diese Veränderungen.

Strukturelle Maßnahmen können ins Leere laufen, wenn nicht gleichzeitig gängigen Zuschreibungen in der normativ-symbolischen Dimension entgegengearbeitet wird. Bereits bestehende Brüche in den Rollenkonzepten können berücksichtigt und zur Stärkung der hierarchisch unterlegenen Personengruppe produktiv genutzt werden.

Trotz der skeptischen Beurteilung durch die Benutzerinnen sind „Frauengruppen" bei partizipativen Softwareentwicklungsprozessen in frauentypischen Beschäftigungsfeldern ratsam. Zum einen besteht die Tendenz, eher die wenigen Männer, die in solchen Feldern arbeiten, in die partizipativen Prozesse einzubeziehen als die Frauen. Die (gegenseitige) Unterstellung, Männer verstünden mehr von Technik als ihre Kolleginnen wird ergänzt durch die häufig höhere zeitliche und räumliche Flexibilität bei Männern auf Grund der gesellschaftlich vorherrschenden geschlechtertypischen Arbeitsteilung. Aus der Theorie (vgl. Kapitel 3) kann abgeleitet werden, dass sich Interessen und Vorstellungen bezogen auf die technischen und organisatorischen Veränderungen bei Frauen und Männern unterscheiden. Damit entsteht die Situation, dass eine männliche Minderheit aus dem Anwendungskontext zusammen mit Entwicklern Veränderungen für ein mehrheitlich von Frauen besetztes Berufsfeld gestalten. Zum anderen ermöglicht eine „Frauengruppe" bei technischen Themenfeldern den Frauen eine Positionierung unabhängig von Stereotypen und Rollenverhalten. Die gewohnten Kommunikations- und Verhaltensstrukturen zwischen Frauen und Männern werden ausgeschlossen. Dies erklärt dann auch die positiven Einschätzungen der Benutzerinnen über Beratung und Qualifizierungsmaßnahmen. Die Erfahrungen und Unterstellungen der Benutzerinnen, in welcher Weise Frauen bzw. Männer mit Technik umgehen und wie sie technische Inhalte vermitteln, prägen die Zusammenarbeit. Zusätzlich kann die Vorbildfunktion durch die „weibliche" kompetente Technikberatung positive Effekte haben, wie die vorliegende Untersuchung zeigt.

Das Geschlecht einer Person ist allerdings nicht hinreichend, um die Berücksichtigung des Geschlechterverhältnisses sicherzustellen (vgl. Kapitel 3.1). Die Kategorie „Geschlecht" ist nicht die einzige strukturierende Kategorie, die zu Diskriminierungserfahrungen führt. Die Zugehörigkeit zur Gruppe der „Benutzer" hatte für einige der befragten Frauen in verschiedenen Situationen einen höheren Stellenwert als die Zugehörigkeit zur Gruppe der „Frauen" (vgl. Kapitel 8.4.4. und 8.4.7). Losgelöst vom Geschlecht der Akteurinnen und Akteure kann allgemein formuliert werden, dass ein geschlechtersensibler Blick auf Rahmenbedingungen und Prozesse erforderlich ist (vgl. Kapitel 3.3). Unter Berücksichtigung dieser Ergebnisse ist es von Vorteil, bei Frauengruppen weibliche Lehr- und Beratungskräfte mit geschlechtersensiblem Blick zu bevorzugen. Ziel ist hierbei, eine Öffnung der rollenspezifischen und geschlechterstereotypen Zuschreibungen zu fördern und die bereits bestehenden Brüche aufzuzeigen. Die Berücksichtigung weiblicher Lehr- und Beratungskräfte stellt daher eine stategische Intervention in der normativ-symbolischen Dimension des Geschlechterverhältnisses dar.

Begrifflich lassen sich solche methodischen Elemente wie die beschriebenen strategischen Interventionen am besten unter „Empowerment" fassen. Der Begriff, der auf der Weltfrauenkonferenz von Beijing programmatisch betont wurde, ist heute weit verbreitet und wird inflationär benutzt. Im Zusammenhang mit der Untersuchung wird er in der folgenden Weise verwendet: Das Ziel von Empowerment ist, Macht zu erreichen, indem durch aktivierende Strategien die Potenziale des individuellen und gemeinschaftlichen Handelns gefördert werden (vgl. z.B. Stark 1993). Das Konzept Empowerment wird von daher jenem des „emancipatory design" vorgezogen, da es sich um einen offenen Prozess handelt. Empowerment-Strategien bestehen darin, strukturelle Bedingungen zu schaffen und diskriminierende Rollentypisierungen zu vermeiden, um Handlungspotenziale zu erweitern und langfristige Veränderungen zu ermöglichen.

Empowerment beinhaltet eine Konfliktperspektive (vgl. Kapitel 4.3). Vorgehensweisen, die auf Empowerment abzielen, wurden bereits bei einigen Partizipationsmodellen in frauentypischen Beschäftigungsfeldern eingesetzt (vgl. Kapitel 4.5).

Vor allem der Verlauf des Beteiligungsprozesses von Fall A zeigt, dass Partizipation mit strategischen Interventionen auch in schwierigen Kontexten möglich und Erfolg versprechend sein kann. Die Beurteilung der strategischen Interventionen zeigt, wie die Beziehungsaspekte der Kommunikation in Vorgehensmodellen methodisch berücksichtigt werden können.

Die Erkenntnisse aus der Analyse der beiden partizipativen Projekte geben allgemeine Hinweise, was bei der Kooperation zwischen BenutzerInnen und EntwicklerInnen zu beachten ist. Da es tendenziell eine Hierarchie bezogen auf die Fachkompetenzen zwischen BenutzerInnen und EntwicklerInnen gibt, genügen auch hier qualifizierende Maßnahmen nicht.

Die Kritik der Kommunikationssituationen bezog sich deutlich auf Beziehungsaspekte, die mit den verschiedenen Hierarchien zusammenhingen. In den beiden Projekten verwoben sich Auswirkungen der Geschlechterhierarchie mit der innerbetrieblichen und projektbezogenen Hierarchie sowie der Hierarchie zwischen BenutzerInnen und EntwicklerInnen.

Die Kommunikation und Kooperation findet in hierarchischen Verhältnissen statt. Die individuellen Fähigkeiten und Engagements, eine gleichwertige Kommunikationssituation anzustreben, werden durch Strukturen (Entscheidungsrechte, Positionen) und normativ-symbolische Aspekte (Rollen, Zuschreibungen) begrenzt oder ermöglicht. Dies gilt sowohl für die Geschlechterhierarchie wie auch für die anderen genannten Hierarchien. Mit strukturellen Maßnahmen sowie Maßnahmen, bei denen Brüche in der normativ-symbolischen Dimension aufgenommen und weiterentwickelt werden können, werden Veränderungen hin zu einer gleichwertigen Kommunikation unterstützt.

9.2 Konzeptionelle Vorschläge für Vorgehensmodelle bei partizipativer Softwareentwicklung

Die Entwicklung einer Software, die an den Arbeitserfordernissen einer Kommunikationssituation (z.B. zwischen Angestellten und Kundinnen) ausgerichtet sein soll, wird durch ein partizipatives Vorgehensmodell gefördert. Die Ergebnisse der Untersuchung bestätigen, dass die situativen und betrieblichen Kontexte von Projekten bei der Konzeption von Vorgehensmodellen zu berücksichtigen sind. Aus der Untersuchung resultieren folgende Ansätze, die die traditionellen Vorgehensmodelle erweitern.

Die Rahmenbedingungen von Projekten müssen hinsichtlich der hierarchischen Verhältnisse und den sich daraus ergebenden strukturellen und normativ-symbolischen Implikationen reflektiert werden. Für den Zusammenhang zwischen Softwareentwicklung und Nutzungskontext gibt das an Orlikowski angelehnte Modell eine Orientierung (vgl. Abbildung 5). Die Differenzierung in individuelle, normativ-symbolische und strukturelle Dimensionen ergänzt Verfahren, die hierarchische Beziehungen analysieren (vgl. Kapitel 4.3):

- Auf der Grundlage dieser Analyse der Projektkontexte kann bei der Konzeption partizipativer Vorgehensmodelle zum einen hinterfragt werden, ob für die zu beteiligende Personengruppe **strukturelle Hürden** vorliegen, die ihre Beteiligungschancen vermindern. Diese strukturellen Hürden (z.b. zeitliche und örtliche Restriktionen, mangelnder Zugang zu Ressourcen und Informationen) werden im Vorgehensmodell durch strukturelle Maßnahmen berücksichtigt.
- Zum anderen wird geprüft, ob in den betrieblichen und projektbezogenen Konstellationen **Rollenzuschreibungen und Stereotype** greifen, die eine gleichwertige Kommunikation und Kooperation stören können. Die Reflexion der Konstellationen sollte zu Überlegungen führen, welche strategischen Interventionen hinsichtlich der strukturellen und normativ-symbolischen Dimensionen konzipiert werden.

Die Vorgehensmodelle und prozessbegleitenden Maßnahmen sind daran auszurichten, dass die Benutzerinnen und Benutzer selbst verhandeln können. Für die Umsetzung in **Vorgehensmodelle** sind folgende strukturelle Maßnahmen geeignet:

- EntwicklerInnen und BenutzerInnen bilden **eigenständige Arbeitsgruppen** zur Vorbereitung der Themen für die gemeinsamen Workshops und entwickeln darin Anforderungen und Vorschläge aus ihrer Perspektive.
- Die Etablierung eines **Projektlenkungsausschusses mit Stimmrecht** der Benutzerinnen und Benutzer dient der Formalisierung von Entscheidungsprozessen.
- Mit der Verankerung von **Sitzungsunterbrechungen auf Antrag** für die beteiligten Gruppen kann diese Unterbrechung bei gemeinsamen Sitzungen im Falle von nachhaltigen Störungen der Kommunikations- und Kooperationssituation eingefordert werden.

Als **prozessbegleitende Maßnahmen** für die Benutzerinnen und Benutzer sind folgende Interventionen sinnvoll:

- Ein **Coaching**, ähnlich einer parteilichen Beratung, ermöglicht der BenutzerInnengruppe während des Prozesses eine verlässliche und vertrauenswürdige Ansprechperson.
- **Reflektierende Anteile** zu Positionierung und Darstellungsmethoden: Reflektierende Anteile als fester Bestandteil der moderierten Workshops der Benutzerinnen und Benutzer, in denen Handlungsmöglichkeiten und Informationsbedarf geklärt werden. Sie ermöglichen eine Stabilisierung von eigenen Positionen.

Mit den strategischen Interventionen wird ein offener Prozess unterstützt. Die aktivierenden Strategien haben den Vorteil, dass die Anforderungen und Kenntnisse von den Benutzerinnen und Benutzern selbstbewusst eingebracht werden können. Dies ist nicht nur eine Voraussetzung dafür, die Systeme an den

Anforderungen des Nutzungskontextes auszurichten, sondern ebenfalls eine gute Basis für iterative und evolutionäre Softwareentwicklung.

Werden Hierarchien im Vorgehensmodell nicht berücksichtigt, wirken sie sich auf den Prozess nachteilig aus. Die Ergebnisse der empirischen Untersuchung zeigen auf, an welchen Stellen in partizipativen Vorgehensmodellen strategische Interventionen eingesetzt werden können, um Auswirkungen bestehender Hierarchien im Interesse der Benutzerinnen und Benutzer zu verringern. Dies bildet eine konzeptionelle Voraussetzung, um die Anforderungen der Benutzerinnen und Benutzer berücksichtigen und dadurch die Softwaresysteme an den Arbeitserfordernissen ausrichten zu können.

Abbildungsverzeichnis

Literaturverzeichnis

Adam, Alison (1998): Artificial Knowing: Gender and the Thinking Machine. Routledge – London

Adam, Alison; Emms, Judy; Green, Eileen; Owen, Jenny (Hrsg.) (1994): Breaking Old Boundaries – Building New Forms. Proceedings of the IFIP TC9/WG9.1 Fifth International Conference on Women, Work and Computerization. Elsevier – Amsterdam

Alemann, Ulrich von; Schatz, Heribert (1986): Mensch und Technik. Grundlagen und Perspektiven einer sozialverträglichen Technikgestaltung. Sozialverträgliche Technikgestaltung, Band 1. Westdeutscher Verlag – Opladen

Andelfinger, Urs (1995): Diskursive Anforderungsanalyse und Validierung – ein Beitrag zum Reduktionsproblem bei der Systementwicklung. Dissertation an der Technischen Universität Darmstadt

Aulenbacher, Brigitte (1991): Arbeits- und Technikgestaltung ist Geschlechterpolitik! Geschlechterungleichheit und deren Veränderung als Gegenstand von Arbeits- und Technikgestaltung. In: DGB Frauenpolitik (Hrsg.): Gestaltung von Arbeit und Technik - nichts für Frauen? Tagungsbericht 23. Materialien zur gewerkschaftlichen Bildungsarbeit, Frauenpolitik (5), 1991. Düsseldorf, S.17-30

Aulenbacher, Brigitte; Goldmann, Monika (Hrsg.) (1993): Transformationen im Geschlechterverhältnis, Campus – Frankfurt/Main

Aulenbacher, Brigitte; Siegel, Tilla (Hrsg.) (1995): Diese Welt wird völlig anders sein. Denkmuster der Rationalisierung. Centaurus – Pfaffenweiler

Avison, David; Kendall, June E.; De Gross, Janice I. (Hrsg.) (1993): Human, Organizational and Social Dimensions of Information Systems Development. Elsevier – Amsterdam

Bannon, Liam J. (1995): The Politics of Representing. In: Communications of the ACM, 38(9), 1995, S.66-68

Beck, Astrid (1993): Benutzerpartizipation aus Sicht von SW-Entwicklern und Benutzern. Eine Untersuchung von beteiligungsorientierten SW-Entwicklungsprojekten. In: Rödiger, Karl-Heinz (Hrsg.) (1993): Software-Ergonomie. Von der Benutzungsoberfläche zur Arbeitsgestaltung. German Chapter of the ACM, Berichte 39. Teubner – Stuttgart, S.263-274

Becker-Schmidt, Regina (1992): Verdrängung Rationalisierung Ideologie. Geschlechterdifferenz und Unbewusstes, Geschlechterverhältnis und Gesellschaft. In: Knapp/Wetterer (1992), S.65-114

Becker-Schmidt, Regina (1998): Relationalität zwischen den Geschlechtern, Konnexionen im Geschlechterverhältnis. In: Zeitschrift für Frauenforschung 3, 1998, S.5-21

Berg, Ann-Jorunn (1995): A Gendered Socio-technical Construction: The Smart House. In: Heap u.a. (1995), S.74-98

Berger, Peter (1991): Gestaltete Technik. Die Genese der Informationstechnik als Basis politischer Gestaltungsstrategien. Campus – Frankfurt/Main

Berselli, Beth (1998): Girl power: Software makers waking up to 'pink' profits. The Washington Post, 8.2.1998
(http://www.kentuckyconnect.com/heraldleader/news/020898/b1girl.html)

Bieber, Daniel (1995): Der diskrete Charme des technologischen Determinismus. Zur Bedeutung von Technikmärkten für die industrielle Rationalisierung. In: Aulenbacher/ Siegel (1995), S.231-247

Bjerknes, Gro (1993): Some PD Advice. In: Communications of the ACM, 36(4), 1993, S.39

Bjerknes, Gro; Bratteteig, Tone (1987): Florence in Wonderland. System Development with Nurses. In: Bjerknes u.a. (1987), S. 279-311

Bjerknes, Gro; Ehn, Pelle; Kyng, Morton (Hrsg.) (1987): Computer and Democracy. A Scandinavian Challenge. Aldershot – Avebury

Bødker, Susanne (1996): Creating Conditions for Participation: Conflicts and Resources in Systems Development. In: Trigg/Anderson (1996), S.217-236.

Bødker, Susanne; Ehn, Pelle; Kyng, Morton; Kammersgaard, John; Sundblad, Yngve (1987): An UTOPIAN Experience. On design of powerful computer-based tools for skilled graphic workers. In: Bjerknes u.a. (1987), S.251-278

Boehm, Barry (1988): A Spiral Model of Software Development and Enhancement. In: IEEE Computer, 21(5), 1988, S.61-72

Bogumil, Jörg; Kißler, Leo (1998): Verwaltungsmodernisierung auf dem Prüfstand der Partizipationspraxis. Erfahrungen mit Beschäftigtenbeteiligung in den Kommunalverwaltungen Hagen, Saarbrücken und Wuppertal. In: WSI Mitteilungen 1, 1998, S.54-60

Bräuer, Sigrid (1997): Kommunikation und Sprache in der Softwareentwicklung. Vorschläge für das Einbringen von Kommunikation in die Software Engineering Lehre an der Universität Linz. Mitteilung Nr.270; Memo No. 270; Fachbereich Informatik der Universität Hamburg

Bråten, Stein (1973): Model Monopoly and Communication: Systems Theoretical Notes on Democratization. In: Acta Sociologica 16(2), 1973, S.98-107

Brandstedt, Ursula; Elke, Gabriele; Schamborski, Heike (1992): Sexuelle Belästigung am Arbeitsplatz - Wahrnehmung und Bewältigungsstrategien berufstätiger Frauen. Eine Studie. In: Institut Frau und Gesellschaft (Hrsg.) (1992): Frauenforschung (1+2), S.84-104

Bremer, Georg (1998): Genealogie von Entwicklungsschemata. In: Kneuper, Ralf; Müller-Luschnat, Günther; Oberweis, Andreas (1998): Vorgehensmodelle für die betriebliche Anwendungsentwicklung. Teubner – Stuttgart, S.232-297

Brooks, Frederick S. Jr. (1986): No Silver Bullet – Essence and Accidents of Software Engineering. In: Information Processing, 1986, S. 1069-1076. Nachgedruckt in: Heap u.a. (1995), S.358-376

Brown, Alan W.; Earl, Anthony N.; McDermid, John (1992): Software Engineering Environments, McGraw Hill – New York

Buhr, Regina (1996): Leitbilder Geschichten Klischees. Technikgeneseforschung an der Schreibmaschine. In: Wechselwirkung 2, 1996, S.62-67

Buhr, Regina; Helmers, Sabine (1993): Männliche „Sachlichkeit". Vorurteilsbeladene Büromaschinen-Entwicklung. In: Forum Wissenschaft 3, 1993, S.52-55

Butler, Judith (1991): Das Unbehagen der Geschlechter. Suhrkamp – Frankfurt/Main

Button, Graham; Dourish, Paul (1996): Technomethodology: Paradoxes and Possibilities. In: Conference Computer Human Interaction, April 13-18, 1996, S.19-26

Carmel, Erran; Keil, Mark (1995): Customer-Developer Links in Software Development. In: Communications of the ACM, 38(5), 1995, S. 33-44

Carmel, Erran; Whitaker, Randall D.; George, Joey F. (1993): PD and Joint Application Design: A Transatlantic Comparison. In: Communications of the ACM, 36(4), 1993, S.40-48

Carroll, John M. (1996): Encountering Others: Reciprocal Openings in Participatory Design and User-Centered Design. In: Trigg/Anderson (1996), S.285-290

Cierjacks, Martin; Antoni, Conny; Resch, Dörte; Mangold, R. (11.12.1997): IVA, Instrument zur Vorgangsanalyse (Daimler Benz), (http://www.psychologie.uni-mannheim.de/cip/leute/Mac/iva_page.htm)

Clement, Andrew (1991): Designing without Designers: More hidden skills in the office computerization? In: Eriksson u.a. (1991), S.15-32

Clement, Andrew (1994): Computing at Work: Empowering Action by „Low-level Users". In: Communications of the ACM, 37(1), 1994, S.53-63

Clement, Andrew; Van den Besselaar, Peter (1993): A Retrospective Look at PD Projects. In: Communications of the ACM, 36(4), 1993, S.29-37

Cockburn, Cynthia (1983): Brothers. Male Dominance and Technological Change. Westview Press – London

Cockburn, Cynthia (1988): Die Herrschaftsmaschine. Geschlechterverhältnisse und technisches Know-How. Argument – Berlin

Cockburn, Cynthia (1993): Blockierte Frauenwege. Wie Männer Gleichheit in Institutionen und Betrieben verweigern. Argument – Hamburg

Cockburn, Cynthia; Ormrod, Susan (1997): Wie Geschlecht und Technologie in der sozialen Praxis „gemacht" werden. In: Dölling/Krais (1997), S.17-47

Collmer, Sabine (1997): Frauen, Männer und Computer. Deutscher Universitätsverlag – Wiesbaden

Computer Zeitung 26 (1. Juli 1999), S.6: Software im Vertrieb frustriert viele Anwender

Coy, Wolfgang (1993): Reduziertes Denken. Informatik in der Tradition des formalistischen Forschungsprogramms. In: Schefe u.a. (1993), S. 31-52

Coy, Wolfgang; Nake, Frieder; Pflüger, Jörg-Martin; Rolf, Arno; Seetzen, Jürgen; Siefkes, Dirk; Stransfeld, Reinhard (Hrsg.) (1992): Sichtweisen der Informatik. Vieweg – Braunschweig

Crutzen, Cecile (1993): A Female View on the Design of Information Systems. In: Haggerty, Sharon;Holmes, Ann (Hrsg.) (1993): Transforming Science and Technology: Our Future Depends on it. Contributions GASAT 7th International Conference. The University of Waterloo – Ontario, S.460-468

Cyba, Eya (1993): Überlegungen zu einer Theorie geschlechtsspezifischer Ungleichheiten. In: Frerichs/Steinrücke (1993), S.33-49

Dahlbom, Bo; Matthiassen, Lars (1993): Computers in Context: The Philosophy and Practice of Systems Design. Blackwell – Cambridge

Deifel, Bernhard; Hinkel, Ursula; Paech, Barbara; Scholz, Peter; Thurner, Veronika (1999): Die Praxis der Softwareentwicklung: Eine Erhebung. In: Informatik-Spektrum, 22(1), 1999, S.24-36

Denisow, Karin; Duell, Werner (1996): Gestaltung von Partizipationsprozessen. Schnittstellengestaltung von Mitarbeiter- und Managementhandeln in der Tradition der Arbeits- und Organisationswissenschaft. In: Denisow u.a. (1996): Partizipation und Produktivität

Denisow, Karin; Fricke, Werner; Stieler-Lorenz (Hrsg.) (1996): Partizipation und Produktivität. Zu einigen Aspekten der Ökonomie. Forum Zukunft der Arbeit (5). Friedrich Ebert Stiftung – Bonn

Denning, Peter J. (1991): Beyond Formalism. In: American Scientist 79, 1991, S.8-10

Denning, Peter J.; Dargan, Pamela (1996): Action-Centered Design. In: Winograd (1996), S.106-120

Dierkes, Meinolf (Hrsg.) (1997): Technikgenese. Befunde aus einem Forschungsprogramm. Sigma – Berlin

Dierkes, Meinolf; Hoffmann, Ute (Hrsg.) (1992): New Technology at the Outset. Social Forces in the Shaping of Technological Innovations. Campus – Frankfurt/Main

Diezinger, Angelika; Kitzer, Hedwig; Anker, Ingrid; Bingel, Irma; Haas, Erika; Odierna, Simone (Hrsg.) (1994): Erfahrung mit Methode. Kore – Freiburg

Dijkstra, E.W. (1989): On the Cruelty of Really Teaching Computing Science. In: Communications of the ACM 32(12), 1989, S.1398-1404

Dippelhofer-Stiem, Barbara; Odebrett, Ellen (1994): Computertechnik im Büro: Sichtweisen, Kompetenzen und Weiterbildungserwartungen von Frauen im Schreibdienst. Kleine – Bielefeld

Dölling, Irene; Krais, Beate (Hrsg.) (1997): Ein alltägliches Spiel. Geschlechterkonstruktion in der sozialen Praxis. Suhrkamp – Frankfurt/Main

Dörr, Gisela (1991): Haushaltstechnisierung und geschlechtsspezifische Arbeitsteilung im Haushalt. In: Glatzer, Wolfgang; Dörr, Gisela; Hübinger, Werner; Prinz, Karin; Bös, Mathias; Neumann, Udo (Hrsg.) (1991): Haushaltstechnisierung und gesellschaftliche Arbeitsteilung. Campus – Frankfurt/Main, S.233-296

Dörr, Gisela (1992): Von der „Frankfurter Küche" zum „Intelligent Home". Der Einfluß der Frauen auf die Genese der Haushaltstechnik. In: Glatzer, Wolfgang (Hrsg.) (1992): Haushaltstechnisierung und Gesellschaftliche Arbeitsteilung, Projektbericht 1992 Frankfurt/Main

Dörr, Gisela (1995): Neue Haushaltstechnik - alte Arbeitsteilung. Die Rationalisierung der Haushaltsproduktion. In: Aulenbacher/Siegel (1995), S.157-171

Dostal, Werner; Troll, Lothar (1995): Frauen und Technik am Arbeitsmarkt. Aspekte der Frauenbeschäftigung im Strukturwandel. Materialien aus der Arbeitsmarkt- und Berufsforschung Nr.3, Bundesanstalt für Arbeit – Nürnberg

Dostal, Werner (1996): Arbeitsmarkt für Computerberufe leicht erholt. Materialien aus der Arbeitsmarkt- und Berufsforschung Nr. 2, Bundesanstalt für Arbeit – Nürnberg

Ehn, Pelle (1992): Scandinavian Design: On Participation and Skill. In: Adler, Paul S.; Winograd, Terry A. (Hrsg.) (1992): Usability: Turning Technologies into Tools. Oxford University Press – New York, S.96-132

Ehn, Pelle; Kyng, Morton (1987): The Collective Resource Approach to Software Development. In: Bjerknes u.a. (1987), S.18-57

Engler, Steffani (1993): Frauenforschung und Technik. In: Zeitschrift für Frauenforschung (1993) 3, S.59-70

Erb, Ulrike (1996): Frauenperspektiven auf die Informatik. Westfälisches Dampfboot – Münster

Erb, Ulrike (1998): Technikgestaltung aus Frauenperspektive. In: Oechtering/Winker (1998), S.185-198

Eriksson, Inger V.;Kitchenham, Barbara A.;Tijdens, Kea G. (Hrsg.) (1991): Women, Work and Computerization: Understanding and Overcoming Bias in Work and Education. IFIP TC9/WG 9.1 in Helsinki. Elsevier – Amsterdam

Falck, Margrit (1989a): Nutzerbezogene Gestaltung von Informations- und Kommunikationssystemen in sozialen Organisationen. Dissertation an der Humboldt-Universität Berlin

Falck, Margrit (1989b): IMPACT – ein Methodenansatz zur interessengeleiteten Systemgestaltung als Beispiel zum Gestaltungsvorgehen einer Informatikerin. In: Schelhowe (1989), S.230-236

Falck, Margrit (1992): Arbeit in Organisationen. Zur Rolle der Kommunikation als Arbeit in der Arbeit und als Gegenstand technischer Gestaltung. In: Coy u.a. (1992), S.157-169

Feldberg, Roslyn L. (1993): „Doing it the Hard Way". Computergestützte Pflegeplanung in amerikanischen Krankenhäusern. In: Wagner (1993c), S.111-133

Fleck, James (1993): Configurations: Crystallizing Contingenzy. In: Internal Journal of Human Factors in Manufacturing, 3(1), 1993, S.15-36

Floyd, Christiane (1987): Outline of a Paradigm Change in Software Engineering. In: Bjerknes u.a. (1987), S. 191-210

Floyd, Christiane (1991): Software Development as Reality Construction. In: Floyd u.a. (1991), S.86-100

Floyd, Christiane (1994): Software-Engineering – und dann? In: Informatik Spektrum 17(1), 1994, S.29-37

Floyd, Christiane (1995): Software Engineering: Kritik und Perspektiven. In: Friedrich u.a. (1995), S. 238-256

Floyd, Christiane (1997): Autooperationale Form und situiertes Handeln. In: Hubig, Christoph (Hrsg.) (1997): Cognito humana – Dynamik des Wissens und der Werte. XVII. Deutscher Kongreß für Philosophie, Leipzig (September 1996), Akademie – Berlin, S.237-252

Floyd, Christiane; Mehl, Wolf-Michael; Reisin, Fanny-Michaela; Schmidt, Gerhard; Wolf, Gregor (1987): SCANORAMA. Werkstattbericht Nr. 30 der Reihe „Mensch und Technik. Sozialverträgliche Technikgestaltung" des Ministeriums für Arbeit, Gesundheit und Soziales des Landes Nordrhein-Westfalen – Ahaus

Floyd, Christiane; Reisin, Fanny-Michaela; Schmidt, Gerhard (1989): STEPS to Software Development with Users. In: Ghezzi, Carlo; McDermid, John A. (Hrsg.): European Software Engineering Conference 1989. Lecture Notes in Computer Science, 387. Springer – Berlin, S.48-64

Floyd, Christiane; Mehl, Wolf-Michael; Reisin, Fanny-Michaela; Wolf, Gregor (1990): Projekt PEtS: Partizipative Entwicklung transparenzschaffender Software für EDV-gestützte Arbeitsplätze., Endbericht an das Ministerium für Arbeit, Gesundheit und Soziales des Landes Nordrhein-Westfalen. Technische Universität Berlin

Floyd, Christiane; Züllighoven, Heinz; Budde, Reinhard; Keil-Slawik, Reinhard (Hrsg.) (1991): Software Development and Reality Construction. Springer – Berlin

Floyd, Christiane; Züllighoven, Heinz (1999): Softwaretechnik. In: Rechenberg, Peter; Pomberger, Gustav (Hrsg.) (1999): Informatik-Handbuch, Bd. 2. Hanser – München, S.763-790

Frerichs, Petra; Steinrücke, Margareta (Hrsg.) (1993): Soziale Ungleichheit und Geschlechterverhältnisse. Leske und Budrich – Opladen

Fricke, Werner (1996): Beteiligung - ein notwendiges Element im Prozeß reflexiver Modernisierung von Wirtschaft und Gesellschaft. In: Denisow u.a. (1996), S.57-68

Friedrich, Jürgen; Herrmann, Thomas; Peschek, Max (Hrsg.) (1995): Informatik und Gesellschaft. Spektrum – Heidelberg

Friedrichs, Jürgen (1990): Methoden empirischer Sozialforschung. Westdeutscher Verlag – Opladen

Fris, Siv (1995): The PROTEVS Approach: A Short Presentation of Background, Principles and Methods, AI & Society 9, 1995, S.193-207

Funken, Christiane (1994): Das Bild des Entwicklers vom Benutzer. Eine Problemskizze. In: Fricke, Else (Hrsg.) (1994): Zur Zukunftsorientierung von Ingenieuren und Naturwissenschaftlern. Forum Humane Technikgestaltung (12), Friedrich-Ebert-Stiftung – Bonn, S.75-92

Fuß, Margarete; Ansorge, Peter (1989): FAIT Informationssystem Frauenarbeit und Informationstechnologien. In: Schelhowe (1989), S. 243-249

Gärtner, Johannes; Wagner, Ina (1996): Mapping Actors and Agendas: Political Frameworks of System Design and Participation. In: Trigg/Anderson (1996), S.187-214

Geideck, Susan; Hammel, Martina (1998): Frauen-Softwarehaus e.V. Frankfurt/Main – Zehn Jahre frauenpolitische Bildungsarbeit im Bereich Informations- und Kommunikationstechnologien. In: Oechtering/Winker (1998), S.133-140

Geis, Thomas; Hartwig, Thomas (1998): Auf die Finger geschaut. Neue ISO-Norm für benutzergerechte interaktive Systeme. In: c't 14, 1998, S.168-171

Gerhard, Ute; Wischermann, Ursula (1990): Unerhört. Die Geschichte der deutschen Frauenbewegung. Rowohlt – Reinbek bei Hamburg

Giddens, Anthony (1988): Die Konstitution von Gesellschaft – Grundzüge einer Theorie der Strukturierung. Campus – Frankfurt/Main

Glass, Robert L. (1994): The Software Research Crisis. In: IEEE Software, 11(6), 1994, S.42-47

Gould, John D.; Lewis, Clayton (1985): Designing for Usability: Key Principles and What Designers Think. Communications of the ACM, 28(3), 1985, S.300-311

Green, Eileen (1994): Gender Perspectives, Office Systems and Organizational Changes. In: Adam u.a. (1994), S.365-377

Green, Eileen; Owen, Jenny; Pain, Dan (1991): Developing Computerized Office Systems: A Gender Perspective in UK Approach. In: Eriksson u.a. (1991), S.217-231

Green, Eileen; Owen, Jenny; Pain, Dan (Hrsg.) (1993a): Gendered by Design? Information Technology and Office Systems. Taylor and Francis – London

Green, Eileen; Owen, Jenny; Pain, Dan (1993b): City Libraries: Human-Centred Opportunities for Women? In: Green u.a. (1993a), S.127-152

Greenbaum, Joan; Kyng, Morton (Hrsg.) (1991a): Design at Work: Cooperative Design of Computer Systems. Erlbaum – Hillsdale, NJ

Greenbaum, Joan; Kyng, Morton (1991b): Introduction: Situated Design. In: Greenbaum/Kyng (1991a), S.1-24

Greifenstein, Ralph; Jansen, Peter; Kißler, Leo (1991): Neue Technologien und Mitbestimmung am Arbeitsplatz. Implementationsprobleme direkter Partizipation bei technischen Innovationen. Westdeutscher Verlag – Opladen

Greifenstein, Ralph; Kißler, Leo (1998): Den Gewinnern nützen, die Verlierer schützen! Wie der Personalrat die kommunale Verwaltungsmodernisierung aktiv mitgestalten kann. Hans-Böckler-Stiftung – Düsseldorf

Grønbaek, Kaj; Kyng, Morton; Mogensen, Preben (1993): CSCW Challenges: Cooperative Design in Engineering Projects. In: Communications of the ACM, 36(4), 1993, S.67-76

Grudin, Jonathan (1991): Interactive Systems. Bridging the Gaps Between Developers and Users. In: IEEE Computer, 24(4), 1991, S.59-69

Grundy, Frances; Köhler, Doris; Oechtering, Veronika; Petersen, Ulrike (Hrsg.) (1997): Women, Work and Computerization 1997. Spinning a Web from Past to Future. Springer – Berlin

Hacker, Sally (1990): Sex Stratification, Technology, and Organizational Change: A Longitudinal Case Study of AT&T. In: Smith, Dorothy E.; Turner, Susan M. (Hrsg.) (1990): Doing it the hard way. Routledge – New York, S.45-67

Hagemann-White, Carol (1984): Sozialisation: weiblich – männlich? Leske und Budrich – Opladen

Hagemann-White, Carol (1994): Der Umgang mit Zweigeschlechtlichkeit als Forschungsaufgabe. In: Diezinger u.a. (1994), S.301-318

Haraway, Donna (1995): Ein Manifest für Cyborgs. In: Haraway, Donna (1995): Die Neuerfindung der Natur. Campus – Frankfurt/Main, S.33-72

Harding, Sandra (1990): Feministische Wissenschaftstheorie. Zum Verhältnis von Wissenschaft und sozialem Geschlecht. Argument – Hamburg

Harding, Sandra (1994): Das Geschlecht des Wissens. Frauen denken die Wissenschaft neu. Campus – Frankfurt/Main

Heap, Nick; Thomas, Ray; Geoff, Einon; Mason, Robin; Mackay, Hugie (Hrsg.) (1995): Information Technology and Society. Melksham – Wiltshire

Heintz, Bettina (1993): Die Auflösung der Geschlechterdifferenz. Entwicklungstendenzen in der Theorie der Geschlechter. In: Bühler, Elisabeth; Meyer, Heidi; Reichert, Dagmar; Scheller, Andrea (Hrsg.) (1993): Ortssuche. Zur Geographie der Geschlechterdifferenz, eFeF – Zürich, S.17-48

Henwood, Flis (1993): Establishing Gender Perspectives in Information Technology: Problems, Issues and Opportunities. In: Green u.a. (1993), S.31-49

Hoffmann, Ute (1987): Computerfrauen. Welchen Anteil haben Frauen an Computergeschichte und -arbeit. Hampp – München

Hofmann, Jeanette (1997): Über Nutzerbilder in Textverarbeitungsprogrammen – Drei Fallbeispiele. In: Dierkes, Meinolf (1997), S.71-97

Hofstetter, Helmut (1983): Organisationspsychologische Aspekte der Softwareentwicklung. In: Schelle, Heinz; Molzberger, Peter (Hrsg.) (1983): Psychologische Aspekte der Software-Entwicklung. Beiträge zu einem Symposion an der Hochschule der Bundeswehr München. Oldenbourg – München, S.25-62

Holtgrewe, Ursula (1997): Frauen zwischen Zuarbeit und Eigensinn. Der EDV-Einzug in Kleinstbetriebe und die Veränderung weiblicher Assistenzarbeit. Sigma – Berlin

Holzbecher, Monika; Braszeit, Anne; Müller, Ursula; Plogsted (1997): Sexuelle Belästigung am Arbeitsplatz. Kohlhammer – Stuttgart

Hopf, Christel (1979): Soziologie und qualitative Sozialforschung. In: Hopf, Christel; Weingarten, Elmar (Hrsg.) (1979): Qualitative Sozialforschung. Klett-Kotta – Stuttgart, S.11-37

Huff, Charles/Cooper, Joel (1987): Sex Bias in Educational Software: The Effect of Designers' Stereotypes on the Software They Design. In: Journal of Applied Social Psychology, 17(6), 1987, S.519-532

Informatik Spektrum (1998): Differenzierte Einschätzungen, die emotional gefärbt sind – keine durchgängige Akzeptanz für Informationstechnik. 21(6), S.374-375

ISO 13407 (1999): Human-Centered Design Processes for Interactive Systems

Jacobson, Ivar; Christerson, Magnus; Jonsson, Patrik; Overgaard, Gunnar (1993): Object-Oriented Software Engineering, A Use Case Driven Approach. Addison Wesley – New York

Jansen, Klaus-Dieter; Schwitalla, Ulla; Wicke, Walter (Hrsg.) (1989): Beteiligungsorientierte Systementwicklung. Beiträge zu Methoden der Partizipation bei der Entwicklung computergestützter Arbeitssysteme. Westdeutscher Verlag – Opladen

Jones, Matthew; Nandhakumar, Joe (1993): Structured Development? A Structurational Analysis of the Development of an Executive Information System. In: Avison u.a. (1993), S. 475-496

Kaindl, Hermann; Carroll, John M. (1999): Symbolic Modeling in Practice – Introduction. In: Communications of the ACM, 42(1), 1999, S.28-30

Kall, Sabine (1998): Humorlos und zickig? In: Mitbestimmung 4, 1998, S.49-51

Karasti, Helena (1994): What's Different in Gender Orientend ISD? Identifying Gender Oriented Information Systems Development Approach. In: Adam u.a. (1994), S.45-58

Karasti, Helena (1997): Notes on Gendered Experiences in Fieldwork Related to a Teleradiology Experiment. In: Grundy u.a. (1997), S.339-349

Kavemann, Barbara (1997): Zwischen Politik und Professionalität: Das Konzept der Parteilichkeit. In: Hagemann-White, Carol; Kavemann, Barbara; Ohl, Dagmar (Hrsg.) (1997): Parteilichkeit und Solidarität. Praxiserfahrungen und Streitfragen zur Gewalt im Geschlechterverhältnis. Kleine – Bielefeld, S.179-235

Kendall, June E.; Avison, David (1993): Emancipatory Research Themes in Informations Systems Development. Human Organizational and Social Aspects. In: Avison u.a. (1993), S.1-12

Kensing, Finn; Simonsen, Jesper ; Bødker, Keld (1998): MUST: A Method for Participatory Design. In: Human Computer Interaction, 13(2), 1998, S.167-198

Kensing, Finn; Munk-Madsen, Andreas (1993): PD: Structure in the Toolbox. In: Communications of the ACM, 36(4), 1993, S.78-85

Kieback, Antoinette;Lichter, Horst; Schneider-Hufschmidt, Matthias; Züllighoven, Heinz (1992): Prototyping in industriellen Software-Projekten. In: Informatik Spektrum 15(1), 1992, S. 65-77

Kilberth, Klaus; Gryczan, Guido; Züllighoven, Heinz (1994): Objektorientierte Anwendungsentwicklung. Konzepte, Strategien, Erfahrungen. Vieweg – Braunschweig

Kißler, Leo (Hrsg.) (1988): Computer und Beteiligung. Westdeutscher Verlag – Opladen

Kißler, Leo; Euringer, Sandra; Graf, Melanie; Wiechmann, Elke (1999): Im Schatten der Verwaltungsreform - Beschäftigtenbeteiligung im Urteil der Personalräte. Ergebnisse einer bundesweiten Befragung in den Großstadtverwaltungen. In: WSI Mitteilungen (1999) 11, S.783-790

Klaeren, Herbert (1994): Probleme des Software-Engineering. Die Programmiersprache – Werkzeug des Softwareentwicklers. In: Informatik Spektrum, 17(1), 1994, S.21-28

Klischewski, Ralf (1996): Anarchie – ein Leitbild für die Informatik. Lang – Frankfurt/Main

Klischewski, Ralf; Wetzel, Ingrid (2000): Serviceflow Management. In: Informatik Spektrum, 23(1), 2000, S.38-46

Klumpp, Dieter; Neubert, Karlheinz (1994): Zukunftstechnologien in der Informations- und Kommunikationstechnik: Lösungen auf der Suche nach Problemen. In: Fricke, Werner (Hrsg.) (1994): Jahrbuch Arbeit und Technik. Dietz – Bonn, S.104-116

Knapp, Gudrun-Axeli (1989): Männliche Technik – weibliche Frau? Zur Analyse einer problematischen Beziehung. In: Becker, Dietmar; Becker-Schmidt, Regina; Knapp, Gudrun-Axeli; Wacker, Ali (Hrsg.) (1989): Zeitbilder der Technik. Essays zur Geschichte von Arbeit und Technologie. Dietz – Bonn

Knapp, Gudrun-Axeli (1997): Differenz und Dekonstruktion: Anmerkungen zum „Paradigmenwechsel" in der Frauenforschung. In: Hradil, Stefan (Hrsg.) (1997): Differenz und Integration. Zur Zukunft moderner Gesellschaften (Kongressband). Westdeutscher Verlag – Opladen, S.497-513

Knapp, Gudrun-Axeli; Wetterer, Angelika (1992): TraditionenBrüche. Entwicklungen feministischer Theorie. Kore – Freiburg

Kuhn, Sarah (1996): Design for People at Work. In: Winograd (1996), S. 274-289

Kuhn, Sarah; Winograd, Terry (1996): Participatory Design. In: Winograd (1996), S. 290-294

Kuhnt, Beate (1997): Systemische Beratung in kooperativen Softwareprojekten. In: Informatik Spektrum, 20(1), 1997, S.29-32

Kuhnt, Beate (1998): Software als systemische Intervention in Organisationen. Dissertation an der Universität Zürich

Kyng, Morton (1991): Designing for Cooperation: Cooperating in Design. In: Communications of the ACM, 34(12), 1991, S.65-73

Kyng, Morton (1995): Making Representations of Work. In: Communications of the ACM, 38(9), 1995, S.46-55

Lamnek, Siegfried (1988): Qualitative Sozialforschung. Band 1. Methodologie. Beltz – München

Lamnek, Siegfried (1989): Qualitative Sozialforschung. Band 2. Methoden und Techniken. Beltz – München

Langenheder, Werner; Müller, Günter; Schinzel, Britta (1992): Informatik cui bono? Springer – Berlin

Lehman, Meir M. (1980): Programs, Life Cycles and Laws of Software Evolution. In: Proceedings of the IEEE, 68(9), 1980, S.1060-1076

Lorber, Judith (1999): Gender-Paradoxien. Leske und Budrich – Opladen

MacKenzie, Donald; Wajcman, Judy (Hrsg.) (1985): The Social Shaping of Technology. Open University Press – Buckingham

Mambrey, Peter; Oppermann, Reinhard (Hrsg.) (1983): Beteiligung von Betroffenen bei der Entwicklung von Informationssystemen. Campus – Frankfurt/Main

Mambrey, Peter ;Oppermann, Reinhard; Tepper, August (1989): Erfahrungen mit der Beteiligung bei der Systementwicklung. In: Jansen u.a. (1989), S.37-55

Markussen, Randi (1996): Politics of Intervention in Design: Feminist Reflections on the Scandinavian Tradition. In: AI & Society 10, 1996, S.127-141

Matuschek, Ingo; Henninger, Annette; Kleemann, Frank (Hrsg.) (2001): Neue Medien im Arbeitsalltag. Westdeutscher Verlag – Wiesbaden

Mehl, Wolf-Michael; Reisin, Fanny-Michaela (1989): Skandinavische Ansätze zur kooperativen Gestaltung computergestützter System. In: Jansen u.a. (1989), S.120-132

Mehl, Wolf-Michael; Reisin, Fanny-Michaela; Wolf, Gregor (1993): PeTS-Seminar. Management und Methoden der Partizipativen Softwareentwicklung. Mensch und Technik, Werkstattbericht 107. Ministerium für Arbeit, Gesundheit und Soziales des Landes Nordrhein-Westfalen – Düsseldorf

Metselaar, Carolien (1991): Gender Issues in the Design of Knowledge Based Systems. In: Eriksson u.a. (1991), S.233-245

Meschkutat, Bärbel; Holzbecher, Monika; Richter, Gudrun (1993): Strategien gegen sexuelle Belästigung am Arbeitsplatz. Konzeption – Materialien – Handlungshilfen. HBS-Praxis Band 6. Hans-Böckler-Stiftung – Köln

Meyer, Sibylle; Schulze, Eva (1995): Technik ... ganz privat. Technikfolgen für Familien. In: Wechselwirkung, April 1995, S.56-61

Miller, Stephen E. (1993): From System Design to Democracy. In: Communications of the ACM, 36(4), 1993, S.38

Muller, Michael; Kuhn, Sarah (Hrsg.) (1993): Special Issue on Participatory Design. In: Communications of the ACM, 34(4), S.25-28

Mumford, Enid (1987): Sociotechnical Systems Design. Evolving theory and practice. In: Bjerknes u.a. (1987), S.59-76

Mumford, Enid; Land, Frank F.; Hawgood, John (1978): A Participative Approach to the Design of Computer Systems. In: Impact of Science on Society, 28, 1978, S.235-253

Mussmann, Carin; Papst, Jutta (1990): Zur Arbeits- und Lebenssituation von Frauen. In: Frei, Felix; Udris, Ivars (Hrsg.) (1990): Das Bild der Arbeit. Huber – Bern, S.315-328

Nake, Frieder (1992): Informatik und die Maschinisierung von Kopfarbeit. In: Coy u.a. (1992), S. 181-201

Neubauer, Günter (1996): Kontinuität und Wandel bei der staatlichen Förderung von Beteiligungsprojekten. In: Denisow u.a. (1996), S.87-101

Nygaard, Kristen; Sørgaard, Pål (1987): The Perspective Concept in Informatics. In: Bjerknes u.a. (1987), S.372 -393

Nyssen, Elke; Kampshoff, Marita (1996): Wie Technik zur Mädchensache wird. In: Kaiser, Astrid (Hrsg.): FrauenStärken – ändern Schule. 10. Bundeskongreß Frauen und Schule. Kleine - Bielefeld

Oberquelle, Horst (Hrsg.) (1991): Kooperative Arbeit und Computerunterstützung. Stand und Perspektiven. Verlag für angewandte Psychologie – Göttingen

Oberweis, Andreas; Pohl, Klaus; Schürr, Andy; Vossen, Gottfried (1998): Modellierung '98: Nicht länger rein technische Aspekte in den Vordergrund stellen. Bericht von einem fachgruppenübergreifenden Workshop der Gesellschaft für Informatik in Münster. In: Informatik Spektrum, 21(4), 1998, S. 227-228

Oechtering, Veronika; Winker, Gabriele (Hrsg.) (1998): Computernetze Frauenplätze. Frauen in der Informationsgesellschaft. Leske und Budrich – Opladen

Oppermann, Reinhard (1989): Herausforderungen der Partizipation an Systementwicklungsmethoden. In: Jansen u.a. (1989), S.106-119

Orlikowski, Wanda J. (1992): The Duality of Technology: Rethinking the Concept of Technology in Organizations In: Organization Science, 3(3), 1992, S.398-427

Orlikowski, Wanda J.;Yates, JoAnne; Okamura, Kazuo; Fujimoto, Masayo (1995): Shaping Electronic Communication: The Metastructuring of Technology in the Context of Use. In: Organization Science, 6(4), 1995, S.423-444

Osietzki, Maria (1992): Männertechnik und Frauenwelt. Technikgeschichte aus der Perspektive des Geschlechterverhältnisses. In: Technikgeschichte, 59(1), 1992, S.45-72

Ott, Erhard; Leisinger, Olga (1993): Wir sind nicht von gestern ... aber unsere Vergütung und das Berufsbild. Frauen im Schreibdienst wollen mehr. Eigendruck ÖTV – Berlin

Pasch, Jürgen (1994): Software-Entwicklung im Team. Mehr Qualität durch das dialogische Prinzip bei der Projektarbeit. Springer – Berlin

Rammert, Werner (1993): Technik aus soziologischer Perspektive. Forschungsstand, Theorieansätze, Fallbeispiele. Westdeutscher Verlag – Opladen

Rauterberg, Matthias; Spinas, Phillip; Strohm, Oliver; Ulich, Eberhard; Waeber, Daniel (1994): Benutzerorientierte Software-Entwicklung. Teubner – Stuttgart

Reisin, Fanny-Michaela (1992a): Kooperative Gestaltung in partizipativen Softwareprojekten. Lang – Frankfurt/Main

Reisin, Fanny Michaela (1992b): Nicht Projektmamas, eine andere Informatik braucht's! In: Langenheder u.a. (1992), S.123-128

Rolf, Arno (1992): Sichtwechsel – Informatik als (gezähmte) Gestaltungswissenschaft. In: Coy u.a. (1992), S.33-48

Rolf, Arno (1998): Grundlagen der Organisations- und Wirtschaftsinformatik. Springer – Berlin

Rothe, Isabel (1993): Arbeitsgestaltung als Perspektive auch für Frauen? Einführung von Gruppenarbeit im CIM-Umfeld, in: Aulenbacher/Goldmann (1993), S. 71-93

Rothschild, Joan (Hrsg.) (1981): Women, Technology, and Innovation. Women's Studies Quaterly. Special Issue, 4(3)

Sachs, Patricia (1995): Transforming Work: Collaboration, Learning, and Design. In: Communications of the ACM, 38(9), 1995, S.36-44

Sandberg, Åke (1976): The Limits to Democratic Planning. Knowledge, Power and Methods in the Struggle for the Future. LiberFörlag – Stockholm

Schefe, Peter (1999): Softwaretechnik und Erkenntnistheorie. In: Informatik Spektrum, 22(2), 1999, S.122-135

Schefe, Peter; Hastedt, Heiner; Dittrich, Yvonne; Keil,Geert (Hrsg.) (1993): Informatik und Philosophie. BI-Wissenschaftsverlag – Mannheim

Schelhowe, Heidi (1997): Fachbericht Informatik. In: Niedersächsiches Ministerium für Wissenschaft und Kultur (Hrsg.) (1997): Berichte aus der Frauenforschung: Perspektiven für Naturwissenschaften, Technik und Medizin. Niedersächsisches Ministerium für Wissenschaft und Kultur, Referat für Presse- und Öffentlichkeitsarbeit – Hannover, S.127-154

Schelhowe, Heidi (Hrsg.) (1989): Frauenwelt - Computerräume. Proceedings der GI-Fachtagung der Fachgruppe „Frauenarbeit und Informatik" in Bremen. Springer – Berlin

Schimweg, Ralf; Stahn, Gudrun (1996): Beteiligungsqualifizierung als Fundament lernender Unternehmen. In: Denisow u.a. (1996), S.129-148

Schinzel, Britta (1998): Mit Frauen gegen die Softwarekrise. In: FIFF Kommunikation 1, 1998, S.25-31

Schinzel, Britta (Hrsg.) (1996): Schnittstellen. Zum Verhältnis von Informatik und Gesellschaft. Vieweg – Wiesbaden

Schinzel, Britta; Parpart, Nadja (1996): Die aktuelle Lage der Technology Assessment Forschung in der Informatik. In: Schinzel (1996), S.53-56

Schmidt, Christiane (1997): „Am Material": Auswertungstechniken für Leitfadeninterviews. In: Friebertshäuser, Barbara; Prengel, Annedore (Hrsg.): Handbuch Qualitativer Forschungsmethoden in den Erziehungswissenschaften. Juventa – Weinheim, S.544-568

Schuler, Douglas; Namioka, Aki (Hrsg.) (1993): Participatory Design: Principles and Practices. Erlbaum – Hillsdale, NJ

Senghaas-Knobloch, Eva (1993): Computergestützte Arbeit und eigensinnige Kooperation. In: Wagner (1993c), S. 88-107

Star, Susan Leigh (1991): Invisible Work and Silenced Dialogues in Knowledge Representation. In: Erikkson u.a. (1991), S. 81-92

Stark, Wolfgang (1993): Die Menschen stärken. Empowerment als eine neue Sicht auf klassische Themen von Sozialpolitik und sozialer Arbeit. In: Wohlfahrtswerk für Baden-Württemberg (Hrsg.) (1993): Blätter der Wohlfahrtspflege. Deutsche Zeitschrift für Sozialarbeit, 2, S.41-44

Steinmüller, Wilhelm (1993): Informationstechnologie und Gesellschaft. Einführung in die angewandte Informatik. Wissenschaftliche Buchgesellschaft – Darmstadt

Sterkel, Gabriele (1997): Beteiligungschancen und Emanzipationsbarrieren: Probleme mit betrieblicher Beteiligung. Westfälisches Dampfboot – Münster

Strauss, Anselm L. (1994): Grundlagen qualitativer Sozialforschung. utb – Paderborn

Strauss, Anselm L.; Corbin, Juliet M. (1996): Grounded Theory. Beltz – Weinheim

Strübing, Jörg (1992): Arbeitsstil und Habitus. Werkstattberichte des Wissenschaftlichen Zentrums für Berufs- und Hochschulforschung der Gesamthochschule Kassel, Band 34 – Kassel

Suchman, Lucy (1987): Plans and Situated Actions. Cambridge University Press – Cambridge

Suchman, Lucy (1988): Designing with the User. In: ACM Transactions on Office Information Systems, 6(2), 1988, S.173-183

Suchman, Lucy (1994): Supporting Articulation Work: Aspects of a feminist practice of technology production. In: Adam u.a. (1994), S. 7-21

Suchman, Lucy (1995): Making Work Visible. In: Communications of the ACM, 38(9), 1995, S.56-65

Sørensen, Knut H. (1992): Towards a Feminized Technology? Gendered Values in the Construction of Technology. In: Social Studies of Science, 1992, S.5-31

Teubner, Ulrike (1992): Geschlecht und Hierarchie. In: Wetterer, Angelika (Hrsg.) (1992): Profession und Geschlecht. Campus – Frankfurt/Main, S.45-50

Teubner, Ulrike (1993): Geschlecht und Wissenschaft. In:Schefe u.a. (Hrsg.) (1993), S.261-278

Teubner, Ulrike (1998): Geschlechtertrennung als Frauenförderung. In: Regenhard, Ulla (Hrsg.) (1998): Die männliche Wirtschaft. Sigma – Berlin, S.235-250

Teubner, Ulrike; Zitzelsberger, Olga (1995): Frauenstudiengang im technisch-naturwissenschaftlichen Bereich an der Fachhochschule Darmstadt. Forschungsbericht der Fachhochschule Darmstadt.

Theißing, Florian (2001): Interaktionsarbeit und Softwaregestaltung. In: Matuschek u.a. (2001), S.147-161

Tischer, Ute (1998): Neue Beschäftigungsfelder und weibliche Qualifikationspotentiale. In: Oechtering/Winker (1998), S. 33-55

Travis, David (1997): When GUI fail. System Concepts Ltd. (http://www.system-concepts.com/articles/gui.html)

Trigg, Randall; Anderson, Susan I. (Hrsg.) (1996): Special Issue on Current Perspectives on Participatory Design. Human Computer Interaction, 11(3)

Tyre, Macie J.; Orlikowski, Wanda J. (1994): Windows of Opportunity: Temporal Patterns of Technological Adaption in Organizations. In: Organization Science, 5(1), 1994, S.98-118

Vehviläinen, Marja (1991): Gender in Information Systems Development – A Woman Office Worker's Standpoint. In: Eriksson u.a. (1991), S. 247-262

Volkholz, Volker (1996): Das Kreuz der Beteiligung. Thesen. In: Denisow u.a. (1996), S.185-188

Volmerg, Birgit; Senghaas-Knobloch, Eva (1992): Technikgestaltung und Verantwortung. Westdeutscher Verlag – Opladen

Volpert, Walter (1992): Erhalten und Gestalten. Von der notwendigen Zähmung des Gestaltungsdrangs. In: Coy u.a. (1992), S.171-180

Volpert, Walter; Oesterreich, Rainer; Gablenz-Kolakovic, Silke (1983): Verfahren zur Ermittlung von Regulationserfordernissen in der Arbeitstätigkeit (VERA). Verlag TÜV Rheinland – Köln

Volst, Angelika; Wagner Ina (1990): Kontrollierte Dezentralisierung. Sigma – Berlin

Wagner, Ina (1993a): Women's Voices: The Case of Nursing Information Systems. In: AI & Society 7, 1993, S.295-310

Wagner, Ina (1993b): A Web of Fuzzy Problems: Confronting The Ethical Issues. In: Communications of the ACM, 36(4), 1993, S.94-101

Wagner, Ina (Hrsg.) (1993c): Kooperative Medien. Informationstechnische Gestaltung moderner Organisationen. Campus – Frankfurt/Main

Wagner, Ina (1994): Hard Times: The Politics of Women Working in Computerised Environments. In: Adam u.a. (1994), S.23-34

Wajcman, Judy (1994): Technik und Geschlecht. Die feministische Technikdebatte. Campus – Frankfurt/Main

Watzlawick, Paul; Beavin, Janet H.; Jackson, Don D. (2000): Menschliche Kommunikation. Formen Störungen Paradoxien. Huber – Bern

Webster, Juliet (1991a): The Social Office: Secretaries, Bosses and New Technology. Eriksson u.a. (1991), S.145-158

Webster, Juliet (1991b): Revolution in the Office? Information Technology and Work Organization. PICT Paper – Edinburgh

Webster, Juliet (1993): From the Word Processor to the Micro. In: Green u.a. (1993), S.111-123

Webster, Juliet (1994): Gender and Technology at Work: 15 Years On. In: Adam u.a. (1994), S.311-323

Wetterer, Angelika (1993): Die Frauenuniversität – Überlegungen zu einer paradoxen Intervention. In: Arndt, Marlies; Deters, Magdalene; Harth, Gabriele; Jähnert, Gabriele; Kootz, Johanna; Riegraf, Birgit; Roßbach, Manuela; Zimmermann, Karin (Hrsg.) (1993): Ausgegrenzt und mittendrin. Frauen in der Wissenschaft. Sigma – Berlin, S.189-197

Wetterer, Angelika (1995): Dekonstruktion und Alltagshandeln. Die (möglichen) Grenzen der Vergeschlechtlichung von Berufsarbeit. In: Wetterer, Angelika (Hrsg.): Die soziale Konstruktion von Geschlecht in Professionalisierungsprozessen. Campus – Frankfurt/Main, S.223-246

Wicke, Walter (1988): Methoden der Partizipation bei der Entwicklung computergestützter Arbeitssysteme. In: Kißler (1988), S. 117-139

Wiechmann, Elke; Kißler, Leo (1997): Frauenförderung zwischen Integration und Isolation. Gleichstellungspolitik im kommunalen Modernisierungsprozeß. Sigma – Berlin

Williams, Marian; Begg, Vivienne (1993): Translation between Software Designers and Users. In: Communications of the ACM, 36(4), 1993, S.102-103

Williams, Robin (1997):The Social Shaping of Information and Communications Technologies. In: Kubicek, Herbert; Dutton, William H.; Willams, Robin (Hrsg.) (1997): The Social Shaping of Information Super Highways – European and American Roads on the Information Society. Campus – Frankfurt/Main, S.299-338

Williams, Robin; Edge, David (1992): The Social Shaping of Technology: Research concepts and findings in Great Britain. In: Dierkes/Hoffmann (1992), S.31-61

Winker, Gabriele (1995): Büro, Computer, Geschlechterhierarchie. Frauenförderliche Arbeitsgestaltung im Schreibbereich. Leske und Budrich – Opladen

Winker, Gabriele; Preiß, Gabriele (2000): Unterstützung des Frauen-Alltags per Mausklick? Zum Potenzial elektronischer Stadtinformationssysteme. In: Zeitschrift für Frauenforschung, 18(1+2), 2000, S.49-80

Winograd, Terry (1989): Antwort auf E.W. Dijkstras „On the Cruelity of Really Teaching Computing Science". In: Communications of the ACM, 32(12), 1989, S.1412-1413

Winograd, Terry (Hrsg.) (1996): Bringing Design to Software. Addison-Wesley – Reading, Mass.

Winograd, Terry; Flores, Fernando (1987): Understanding Computers and Cognition. Ablex Publishing Corporation – Norwood, N.J.

Witzel, Andreas (1982): Verfahren der qualitativen Sozialforschung. Überblick und Alternativen. Campus – Fankfurt/Main

Witzel, Andreas (1995): Auswertung problemzentrierter Interviews: Grundlagen und Erfahrungen. In: Strobl, Rainer; Böttger, Andreas (Hrsg.) (1995): Wahre Geschichten? Zur Theorie und Praxis qualitativer Interviews. Nomos – Baden-Baden, S.49-76